“十二五”国家重点图书出版规划项目

高等量子力学习题解答

井孝功　郑仰东　编著

哈爾濱工業大學出版社

内 容 简 介

本书是作者编著的《高等量子力学》教材的配套书。书中收集的165道习题大致可以分为三大类，第一类是对教材中略去推导的公式进行了详细的推导；第二类是对教材中所讲授理论的具体应用；第三类是对教材内容的扩充和推广。

本书是物理学各专业硕士研究生学习“高等量子力学”课程的辅助教材，也可以作为相关专业研究生和科技工作者的参考书。

图书在版编目(CIP)数据

高等量子力学习题解答/井孝功，郑仰东编著. —2版. —哈尔滨：哈尔滨工业大学出版社，2016.10

ISBN 978-7-5603-5868-0

Ⅰ.①高… Ⅱ.①井…②郑… Ⅲ.①量子力学-研究生-解题 Ⅳ.①O413.1-44

中国版本图书馆CIP数据核字(2016)第032369号

策划编辑 张秀华
责任编辑 张秀华
出版发行 哈尔滨工业大学出版社
社　　址 哈尔滨市南岗区复华四道街10号 邮编150006
传　　真 0451-86414749
网　　址 http://hitpress.hit.edu.cn
印　　刷 哈尔滨市石桥印务有限公司
开　　本 787mm×960mm 1/16 印张14 字数320千字
版　　次 2016年10月第2版 2016年10月第1次印刷
书　　号 ISBN 978-7-5603-5868-0
定　　价 36.00元

前　言

高等量子力学是对量子力学内容的深化与拓展，它是物理系各专业硕士研究生的一门共同的基础理论课程，在研究生的培养过程中具有重要的作用，通常将其选作博士研究生的入学考试课程。

在讲授高等量子力学的过程中，学生经常会提出这样一个带有普遍性的问题：觉得教师在课堂上讲的似乎都能听明白，但是，一旦遇到具体的问题还是感到无从下手。其实原因很简单，那就是自己很少动脑动手去处理和解决一些问题。为了给读者一个检查学习效果的机会，特编写了这本《高等量子力学习题解答》，它是与作者编写的《高等量子力学》教材配套使用的。

本书中的习题大致可以分为三类，第一类习题是对教材中略去推导的公式进行了详细的推导，第二类习题是教材中所讲授理论的具体应用，第三类习题属于课程内容的扩充或推广。

应该提醒读者的是，作为一个物理学工作者，物理思想和物理结论是问题的出发点和归宿，其中的数学演绎只不过是一个过程或手段，真正的目的是有意识地对自己发现问题和解决问题能力的培养。这些能力包括，对物理问题实质的洞察与理解能力，逻辑思维与理论推导能力，知识的综合运用与特殊技巧的使用能力，发现看似不同问题之间关联和看似相同问题之间差异的能力，以致创新能力，等等。

本书中的一些题目是作者与同事们的研究成果，借此书出版的机会向他们表示谢意。十分感谢哈尔滨工业大学出版社多年来对作者的大力支持。

由于作者的水平有限，难免有诸多不当之处，还望读者不吝赐教。

井孝功　郑仰东

2015 年 12 月

目　　录

第 1 章　量子力学纲要

习题 1.1　设有一个体重为 $m=50$ kg 的短跑运动员，以 $v=10\ \mathrm{m\cdot s^{-1}}$ 的速度做直线运动，求其相应的德布罗意波长。

解　该运动员的动量为

$$p=mv=500\ \mathrm{kg\cdot m\cdot s^{-1}} \tag{1}$$

相应的德布罗意波长只有

$$\lambda=h/p=1.33\times10^{-36}\,\mathrm{m} \tag{2}$$

上述结果表明，不仅是微客体具有波粒二象性，即使是具有宏观尺度的运动员也具有波粒二象性，换句话说，一切运动的物体都具有波粒二象性。只不过在此问题中，相对运动员本身的尺度而言，其德布罗意波长实在是太短了，以至其粒子性占据了绝对的主导地位，波动性完全可以被忽略，这也就是能够用经典物理方法处理宏观问题的原因所在。

也许有人会说，如果运动员的速度再小一些，那么，他相应的德布罗意波长不就变大了吗。实际上，即使运动员以每秒 1 nm(纳米) 的速度移动，他相应的德布罗意波长也不过只有 $\lambda=1.33\times10^{-26}$ m。仔细想来，以 $1\ \mathrm{nm\cdot s^{-1}}$ 的速度运动，对一个体重 50 kg 的运动员来说，实在是勉为其难了。

进一步有人会问，当运动员的速度为零时，他的德布罗意波长会如何？其实答案很简单，由式(2) 可知，这时的德布罗意波长不存在。如果他的速度为零，则意味着他处于静止的状态，而静止的物体是不存在波粒二象性的，因为它不满足波粒二象性的定义，也就更谈不上德布罗意波长了。

习题 1.2　求出能量为 100 eV 的自由电子的德布罗意波长。

解　由计算德布罗意波长的公式可知

$$\lambda=\frac{h}{\sqrt{2mE}}=\frac{6.626\times10^{-34}\,\mathrm{J\cdot s}}{\sqrt{2\times9.11\times10^{-31}\,\mathrm{kg}\times10^{2}\,\mathrm{eV}}}=$$

$$\frac{6.626\times10^{-34}\,\mathrm{J\cdot s}}{\sqrt{2\times9.11\times10^{-31}\,\mathrm{kg}\times10^{2}\times1.602\times10^{-19}\,\mathrm{kg\cdot m^{2}\cdot s^{-2}}}}=$$

$$1.23\times10^{-10}\,\mathrm{m}$$

为了将电子的德布罗意波长与其本身的尺度比较，需要知道电子的尺度有多大。实际上，至今在10^{-20} m 的尺度上仍未探测到电子的大小，人们还在努力解开这个谜团。理论计算的结果表明，电子的经典半径约为 2.82×10^{-15} m。

由此看来，该电子所具有的德布罗意波长远远大于其经典半径，它的波动性是绝对不可忽略的。这就是必须用量子力学的方法来处理它的原因所在。

运动粒子的波粒二象性是量子论最重要的基本概念，也是建立量子力学的基础，由于它已经超出了经典力学的范畴，所以很难用经典力学的语言来描述它。作者曾试图用神话中的孙悟空来比喻电子，也可以称之为“孙悟空模型”：当他一动不动地站在你面前时，他就是一个活灵活现的孙悟空，并不具有波动性，完全是一个经典的粒子；当他一个筋斗翻出十万八千里时，能知道的只是他隐身于筋斗云之中，根本无法确定他到底身在何处，或者说，他可能在任何地方出现，用量子力学的语言来说，做自由运动的孙悟空出现在空间任何地方的概率是相同的，体现出他具有波动性，这时，他的能量可以在正负无穷大之间连续取值。更进一步，如果运动着的孙悟空不是自由的，例如，若他受到如来佛手掌的作用，则其出现在佛掌中任何位置的概率都是确定的，而他出现在佛掌之外的概率为零，这时，他的能量只能取断续值，此即所谓的量子限域效应。

习题 1.3 设有一个功率为 0.01 W 的光源，发出波长为 560 nm 的黄光，若一个人站在距光源 $R=100$ m 处，计算每秒钟进入此人一个瞳孔中的光子个数。假设瞳孔的半径 r 约为 2 mm。

解 光源每秒钟发出的能量为

$$E=0.01\ \mathrm{W}\times 1\ \mathrm{s}=0.01\ \mathrm{J} \tag{1}$$

由爱因斯坦的光量子论可知，波长为 560 nm 的一个光子具有的能量为

$$\varepsilon=h\nu=hc/\lambda=\frac{6.626\times 10^{-34}\ \mathrm{J\cdot s}\times 2.998\times 10^{8}\ \mathrm{m\cdot s^{-1}}}{560\times 10^{-9}\mathrm{m}}= 0.3547\times 10^{-18}\mathrm{J} \tag{2}$$

于是，光源每秒钟发出的光子个数为

$$N=\frac{E}{\varepsilon}=\frac{0.01\ \mathrm{J}}{0.3547\times 10^{-18}\mathrm{J}}=2.82\times 10^{16} \tag{3}$$

由初等几何图形知识可知，若观察者与光源的距离 $R=100$ m，则光球的表面积为

$$S=4\pi R^2=4\pi\times 10^4\,\mathrm{m}^2 \tag{4}$$

观察者瞳孔的表面积的计算公式为

$$s=\pi(r^2+h^2) \tag{5}$$

其中，h 是拱高，其表达式为

$$h=R-\sqrt{R^2-r^2} \tag{6}$$

由于 $R^2=10^4\,\mathrm{m}^2$，$r^2=4\times 10^{-6}\,\mathrm{m}^2$，故 $R\gg r$，于是，上式可以改写成

$$h=R-\sqrt{R^2-r^2}=R(1-\sqrt{1-r^2/R^2})\approx R[1-1+r^2/(2R^2)]=r^2/(2R) \tag{7}$$

将式(7)代入式(5)，得到

$$s=\pi(r^2+h^2)\approx \pi r^2[1+r^2/(4R^2)] \tag{8}$$

由于，$R\gg r$，故上式中右端的第2项可以略去，这时，相当于用小圆的面积代替小圆弧的面积，即

$$s\approx \pi r^2 \tag{9}$$

最后，由式(3)、(4)与(8)可知，每秒钟进入观察者一个瞳孔中的光子个数是

$$n=N\frac{s}{S}=\frac{N\pi r^2}{4\pi R^2}=\frac{2.82\times 10^{16}\times 4\times 10^{-6}\,\mathrm{m}^2}{4\times 10^4\,\mathrm{m}^2}=2.82\times 10^6 \tag{10}$$

上述结果表明，在1秒钟之内观察者的一个瞳孔将受到282万个光子的作用，而瞳孔的面积只有 $12.56\times 10^{-6}\,\mathrm{m}^2$，难怪人们感受不到光子的作用是断续的。

习题1.4　设一个角频率为 ω、等效质量为 $m^*=\hbar\omega c^{-2}$ 的光子在重力场中垂直向上飞行的距离为 z，求其由引力产生的频率的移动(引力红移)。

解　由于光子在运动时需要克服重力做功，故如下关系式成立

$$m^* gz=\hbar\omega-\hbar\omega' \tag{1}$$

其中，g 为重力加速度，$\hbar\omega$ 为光子的初始能量，$\hbar\omega'$ 为光子飞行了距离 z 后的能量。光子的频率移动为

$$\Delta\omega=\omega'-\omega=-\frac{m^* gz}{\hbar}=-\frac{\hbar\omega gz}{\hbar c^2}=-\frac{\omega gz}{c^2} \tag{2}$$

上述引力红移的理论结果已被实验证实。

习题1.5　求波包的群速度与相速度。

解　设有一个质量为 m 的粒子沿 x 方向做一维自由运动，为书写方便，分别将 p_x 与 k_x 简记为 p 与 k。通过求解定态薛定谔方程可知，其能量本征波函数是单色平面波，如果考虑到其状态随时间的变化，则此粒子的本征函数为

$$\psi_p(x,t)=(2\pi\hbar)^{-1/2}\mathrm{e}^{\frac{\mathrm{i}}{\hbar}(px-Et)}=(2\pi\hbar)^{-1/2}\mathrm{e}^{\frac{\mathrm{i}}{\hbar}(px-2^{-1}m^{-1}p^2t)} \tag{1}$$

利用 $p=k\hbar$，上式可以改写成

$$\psi_{k_x}(x,t)=(2\pi)^{-1/2}\mathrm{e}^{\mathrm{i}[kx-\omega(k)t]} \tag{2}$$

式中

$$\omega(k)=\frac{k^2\hbar}{2m} \tag{3}$$

首先，讨论波包的群速度。

所谓波包就是上述单色平面波的叠加，即

$$\Psi(x,t)=(2\pi)^{-1/2}\int_{-\infty}^{\infty}\mathrm{d}k\,\Phi(k)\mathrm{e}^{\mathrm{i}[kx-\omega(k)t]} \tag{4}$$

波包的中心位置 x_c 将出现在相角 $\varphi = kx - \omega(k)t$ 取极值的位置，具体地说，要求满足

$$\frac{\partial\varphi}{\partial k} = 0 \tag{5}$$

即

$$x_c = \frac{\partial\omega(k)}{\partial k}t \tag{6}$$

波包中心的运动速度

$$v_g = \frac{dx_c}{dt} = \frac{\partial\omega(k)}{\partial k} \tag{7}$$

称之为波包的群速度。

对于自由粒子构成的波包而言，由式(3)可知，群速度为

$$v_g = \frac{2k\hbar}{2m} = \frac{p}{m} = v \tag{8}$$

它等于自由粒子的运动速度 v。

如果顾及到相对论效应，已知粒子满足的质能关系为

$$E^2 = m^2c^4 = p^2c^2 + m_0^2c^4 \tag{9}$$

式中的 m_0 为粒子的静止质量。将上式两端对 p 求偏导，得到

$$2E\frac{\partial E}{\partial p} = 2pc^2 \tag{10}$$

由式(8)可知

$$v_g = \frac{p}{m} = \frac{\partial}{\partial p}\left(\frac{p^2}{2m}\right) = \frac{\partial E}{\partial p} \tag{11}$$

再利用式(10)，得到

$$v_g = \frac{\partial E}{\partial p} = \frac{pc^2}{E} = \frac{mvc^2}{mc^2} = v \tag{12}$$

此结果与非相对论的公式完全相同。

其次，讨论波包的相速度。

根据德布罗意假设可知，能量和动量与波长的关系为

$$E = h\nu = hv_p/\lambda$$
$$p = h/\lambda \tag{13}$$

其中，ν 是频率，λ 是波长，h 是普朗克常数，而 v_p 称之为相速度。利用相对论的质能关系式(9)，可以导出相速度的表达式为

$$\begin{aligned} v_p = \lambda h^{-1}E = \lambda h^{-1}\sqrt{p^2c^2 + m_0^2c^4} = \\ \lambda h^{-1}c\sqrt{h^2\lambda^{-2} + m_0^2c^2} = c\sqrt{1 + m_0^2c^2\lambda^2h^{-2}} \end{aligned} \tag{14}$$

上式表明，相速度 v_p 是大于光速 c 的。

最后，讨论群速度与相速度之间的关系。

由德布罗意关系式(13) 可知，相速度

$$v_{\mathrm{p}} = h/\lambda = E/p \tag{15}$$

于是得到群速度与相速度满足的关系式

$$v_{\mathrm{g}} v_{\mathrm{p}} = \frac{p}{m}\frac{E}{p} = \frac{mc^2}{m} = c^2 \tag{16}$$

总之，粒子存在于构成波包的波群之中，能量由粒子携带，能量传播的速度是群速度，群速度是小于光速的。由式(14) 可知，相速度是与波长相关的，因此，相速度是构成波包的单个波的传播速度。由式(16) 可知，群速度越小相速度越大，两者之积为光速的平方。

习题 1.6　讨论高斯(Gauss) 波包的扩散。

解　随着时间的推移，若一个波包的宽度逐渐变大，则认为此波包是扩散的。若一个波包是扩散的，则其存在的时间(寿命) 是有限的。一个波包是否扩散取决于 $\omega(k)$ 的函数形式。

在 $t=0$ 时，假设有一个一维的高斯型波包，即

$$\Psi(x,0) = A\mathrm{e}^{-2^{-1}a^{-2}x^2+\mathrm{i}k_0 x} \tag{1}$$

式中的归一化常数 $A = (a\sqrt{\pi})^{-1/2}$。将上式向平面波展开，展开系数为

$$\Phi(k,0) = (2\pi)^{-1/2}\int_{-\infty}^{\infty} \mathrm{d}x \Psi(x,0)\mathrm{e}^{-\mathrm{i}kx} =$$

$$A\,(2\pi)^{-1/2}\int_{-\infty}^{\infty} \mathrm{d}x \mathrm{e}^{-2^{-1}a^{-2}x^2+\mathrm{i}k_0 x-\mathrm{i}kx} \tag{2}$$

式中的 k 为波矢量在 x 方向的分量。上述积分可用配方法来完成，即

$$\Phi(k,0) = A\,(2\pi)^{-1/2}\int_{-\infty}^{\infty} \mathrm{d}x \mathrm{e}^{-[x/(\sqrt{2}a)+\mathrm{i}a(k-k_0)/\sqrt{2}]^2}\mathrm{e}^{-a^2(k-k_0)^2/2} \tag{3}$$

若令

$$\xi^2 = [x/(\sqrt{2}a) + \mathrm{i}a(k-k_0)/\sqrt{2}]^2 \tag{4}$$

则式(3) 化为

$$\Phi(k,0) = A\,(2\pi)^{-1/2}\mathrm{e}^{-a^2(k-k_0)^2/2}\int_{-\infty}^{\infty}\mathrm{d}\xi \mathrm{e}^{-\xi^2}\sqrt{2}a =$$

$$A a \mathrm{e}^{-a^2(k-k_0)^2/2} \tag{5}$$

显然，$\Phi(k,0)$ 表示 k 分波在高斯波包中占据的份额，实际上，$\Phi(k,0)$ 就是 $\Psi(x,0)$ 在波矢 k 表象中的表示。

在坐标表象中，高斯波包由式(1) 描述，由于，$|\Psi(x,0)|^2 = |A|^2\mathrm{e}^{x^2/a^2}$，故

它的宽度近似为

$$\Delta x \approx a \tag{6}$$

同理可知,在波矢表象中,宽度近似为

$$\Delta k \approx 1/a \tag{7}$$

两者之积满足不确定关系

$$\Delta x \cdot \Delta k \approx 1 \tag{8}$$

在任意时刻 t,高斯波包所处的状态为

$$\Psi(x,t) = (2\pi)^{-1/2} \int_{-\infty}^{\infty} \mathrm{d}k \Phi(k,0) \mathrm{e}^{\mathrm{i}[kx-\omega(k)t]} \tag{9}$$

将 $\Phi(k,0)$ 与 $\omega(k)$ 的表达式代入上式,得到

$$\Psi(x,t) = Aa\ (2\pi)^{-1/2} \int_{-\infty}^{\infty} \mathrm{d}k \mathrm{e}^{-a^2(k-k_0)^2/2+\mathrm{i}kx-\mathrm{i}k^2\hbar t/(2m)} \tag{10}$$

对被积函数进行配方,然后做积分得到

$$\Psi(x,t) = A\ (1+\mathrm{i}m^{-1}a^{-2}\hbar t)^{-1/2} \mathrm{e}^{-\frac{x^2-\mathrm{i}2a^2k_0x+\mathrm{i}a^2k_0^2m^{-1}\hbar t}{2a^2(1+\mathrm{i}m^{-1}a^{-2}\hbar t)}} \tag{11}$$

进而得到坐标的取值概率密度为

$$|\Psi(x,t)|^2 = |A|^2 [1+(m^{-1}a^{-2}\hbar t)^2]^{-1/2} \mathrm{e}^{-\frac{(x-m^{-1}k_0\hbar t)^2}{a^2[1+(m^{-1}a^{-2}\hbar t)^2]}} \tag{12}$$

上式表明,坐标概率密度是一个高斯函数,极大值出现在 $x=k_0\hbar t/m$ 处,它以群速度 $v_g=k_0\hbar/m$ 运动。

由式(12)可知,在任意时刻 t,波包的宽度变为

$$a(t) = a\ [1+(m^{-1}a^{-2}\hbar t)^2]^{1/2} \tag{13}$$

上式表明,$t=0$ 时高斯波包的宽度为 a,随着时间的推移,该波包的宽度 $a(t)$ 将会逐渐变宽,大约在 $t=1.6\times10^{-26}$ s 时波包将消失。

总之,用波包来描述微观粒子是不恰当的,这是因为它只强调了微观粒子的波动性,而忽略了它的粒子性。

习题 1.7 导出瑞利－金斯和普朗克的黑体辐射公式。

解 黑体辐射的能量是由电磁场的本征振动(共振)引起的,若振动频率为 ν,则频率 ν 到 $\nu+\mathrm{d}\nu$ 之间的振动次数是

$$\frac{\mathrm{d}N(\nu)}{\mathrm{d}\nu} = \frac{8\pi V}{c^3}\nu^2 \tag{1}$$

式中,c 为光速,V 为空腔的体积。

设 $\bar{\varepsilon}(T,\nu)$ 表示温度为 T、频率为 ν 的本征振动的平均能量,$\rho(T,\nu)$ 为相应的能量密度,则振动频率在 ν 到 $\nu+\mathrm{d}\nu$ 之间的能量为

$$V\rho(T,\nu)\mathrm{d}\nu = \frac{8\pi V}{c^3}\nu^2\bar{\varepsilon}(T,\nu)\mathrm{d}\nu \tag{2}$$

消去等式两端的V，于是得到

$$\rho(T,\nu)\mathrm{d}\nu=\frac{8\pi}{c^3}\nu^2\bar{\varepsilon}(T,\nu)\mathrm{d}\nu \tag{3}$$

本征振动是简谐振动，由热力学与统计物理的能量均分定理可知，平均能量为

$$\bar{\varepsilon}(T,\nu)=\int_0^\infty \mathrm{d}\varepsilon\,\varepsilon\,\mathrm{e}^{-\varepsilon k^{-1}T^{-1}}\Big/\int_0^\infty \mathrm{d}\varepsilon\,\mathrm{e}^{-\varepsilon k^{-1}T^{-1}}=(kT)^2/(kT)=kT \tag{4}$$

其中，k为玻尔兹曼常数。

将式(4)代入式(3)，立即得到瑞利－金斯的黑体辐射公式，即

$$\rho(T,\nu)\mathrm{d}\nu=8\pi c^{-3}kT\nu^2\mathrm{d}\nu \tag{5}$$

应该特别指出的是，在上述推导过程中认定简谐振子的能量是连续取值的，这正是经典物理的观点。

普朗克的惊人之举是，假设简谐振子的能量的取值是断续的，即

$$\varepsilon_n=nh\nu\quad(n=0,1,2,\cdots) \tag{6}$$

在此基础上，计算热平衡状态下的平均能量

$$\bar{\varepsilon}(T,\nu)=\sum_{n=0}^\infty \varepsilon_n\mathrm{e}^{-\varepsilon_n k^{-1}T^{-1}}\Big/\sum_{n=0}^\infty \mathrm{e}^{-\varepsilon_n k^{-1}T^{-1}} \tag{7}$$

若令

$$\beta=1/(kT) \tag{8}$$

$$Z=\sum_{n=0}^\infty \mathrm{e}^{-\beta\varepsilon_n} \tag{9}$$

则式(7)可以改写为

$$\bar{\varepsilon}(T,\nu)=-\frac{1}{Z}\frac{\mathrm{d}}{\mathrm{d}\beta}Z \tag{10}$$

将式(6)代入式(9)，得到

$$Z=\sum_{n=0}^\infty \mathrm{e}^{-n\beta h\nu}=\sum_{n=0}^\infty(\mathrm{e}^{-\beta h\nu})^n \tag{11}$$

由于，$\mathrm{e}^{-\beta h\nu}<1$，故可以利用级数公式

$$\sum_{n=0}^\infty x^n=1/(1-x)\quad(|x|<1) \tag{12}$$

将式(11)变成

$$Z=\frac{1}{1-\mathrm{e}^{-\beta h\nu}} \tag{13}$$

再将上式代入式(10)，通过简单的微分运算得到

$$\bar{\varepsilon}(T,\nu)=\frac{h\nu}{\mathrm{e}^{h\nu k^{-1}T^{-1}}-1} \tag{14}$$

最后，将上式代入式(3)，得到普朗克黑体辐射公式

$$\rho(T,\nu)\mathrm{d}\nu=\frac{8\pi h}{c^3}\frac{\nu^3}{\mathrm{e}^{h\nu k^{-1}T^{-1}}-1}\mathrm{d}\nu \tag{15}$$

普朗克的黑体辐射公式在高频趋于与维恩公式一致，而在低频区域与瑞利－金斯公式一致，从而在全频段与实验结果精确符合。普朗克黑体辐射公式引入了一个常数 h(或者 $\hbar=h/(2\pi)$)，称之为普朗克常数。正像光速 c 是相对论和玻尔兹曼常数 k 是热力学与统计物理学的标志性常数一样，普朗克常数 h 是量子论的标志性常数，由此可见普朗克常数的作用非同一般。

习题 1.8　在量子力学向经典力学过渡时，指出普朗克常数所起的作用。

解　当普朗克常数 $\hbar\to 0$ 时，能量本征值、算符的对易关系、不确定关系、自旋和薛定谔方程都将过渡到经典力学。

(1) 当 $\hbar\to 0$ 时，能量本征值将趋于取连续值。

对于线谐振子而言，已知其能量本征值为

$$E_n=(n+1/2)\hbar\omega\quad(n=0,1,2,\cdots) \tag{1}$$

相邻两能级之差

$$\Delta E_n=E_{n+1}-E_n=\hbar\omega\underset{\hbar\to 0}{\longrightarrow}0 \tag{2}$$

处于宽度为 a 的非对称的一维无限深方势阱中的粒子，已知其能量本征值为

$$E_n=\frac{\pi^2\hbar^2}{2ma^2}n^2\quad(n=1,2,3,\cdots) \tag{3}$$

而相邻两个能级之差为

$$\Delta E_n=\frac{\pi^2\hbar^2}{2ma^2}[(n+1)^2-n^2]=\frac{\pi^2\hbar^2}{2ma^2}(2n+1)\underset{\substack{\hbar\to 0\\ n\to\infty}}{\longrightarrow}0 \tag{4}$$

其中，$n\to\infty$ 是玻尔的对应原理要求的。

氢原子的能量本征值为

$$E_n=-\frac{\mu e^4}{2\hbar^2}\frac{1}{n^2}\quad(n=1,2,3,\cdots) \tag{5}$$

相邻两个能级之差为

$$\Delta E_n=-\frac{\mu e^4}{2\hbar^2}\left[\frac{1}{(n+1)^2}-\frac{1}{n^2}\right]=\frac{\mu e^4}{2\hbar^2}\frac{2n+1}{[n(n+1)]^2}\underset{\substack{\hbar\to 0\\ n\to\infty}}{\longrightarrow}0 \tag{6}$$

总之，当 $\hbar\to 0$，$n\to\infty$ 时，能量趋于取连续值。

(2) 当 $\hbar\to 0$ 时，两个力学量算符的对易关系趋于零。

例如，常见的不为零的对易关系有

$$[\mu,\hat{p}_\mu]=\mathrm{i}\hbar\quad(\mu=x,y,z)$$

$$[t,\hat{E}]=-\mathrm{i}\hbar \tag{7}$$

$$[\hat{L}_x, \hat{L}_y] = \mathrm{i}\hbar\hat{L}_z;\ [\hat{L}_y, \hat{L}_z] = \mathrm{i}\hbar\hat{L}_x;\ [\hat{L}_z, \hat{L}_x] = \mathrm{i}\hbar\hat{L}_y \tag{8}$$

$$\begin{gathered}[\hat{L}_x, y] = \mathrm{i}\hbar z;\ [\hat{L}_y, x] = -\mathrm{i}\hbar z \\ [\hat{L}_y, z] = \mathrm{i}\hbar x;\ [\hat{L}_z, y] = -\mathrm{i}\hbar x \\ [\hat{L}_z, x] = \mathrm{i}\hbar y;\ [\hat{L}_x, z] = -\mathrm{i}\hbar y\end{gathered} \tag{9}$$

$$\begin{gathered}[\hat{L}_x, \hat{p}_y] = \mathrm{i}\hbar\hat{p}_z;\ [\hat{L}_y, \hat{p}_x] = -\mathrm{i}\hbar\hat{p}_z \\ [\hat{L}_y, \hat{p}_z] = \mathrm{i}\hbar\hat{p}_x;\ [\hat{L}_z, \hat{p}_y] = -\mathrm{i}\hbar\hat{p}_x \\ [\hat{L}_z, \hat{p}_x] = \mathrm{i}\hbar\hat{p}_y;\ [\hat{L}_x, \hat{p}_z] = -\mathrm{i}\hbar\hat{p}_y\end{gathered} \tag{10}$$

当 $\hbar \to 0$ 时，上述对易关系全部变成零，这就意味着这些算符之间是可以交换的，量子力学中的算符变成了经典力学中的常量，量子力学退化为经典力学。

(3) 当 $\hbar \to 0$ 时，两个力学量的不确定关系趋于零。

例如

$$\Delta x \cdot \Delta p \geqslant \hbar/2 \tag{11}$$

$$\Delta t \cdot \Delta E \geqslant \hbar/2 \tag{12}$$

当 $\hbar \to 0$ 时，上述不确定关系的右端全部变成零，这就意味着这些算符对应的力学量是可以同时取确定值的，这正是经典力学的观点。

(4) 当 $\hbar \to 0$ 时，粒子的自旋皆为零。

自旋是量子力学中的一个特有的力学量，在经典力学中没有相应的量与之对应。不论是费米子还是玻色子，自旋的本征值都是以 $\hbar$ 为单位的，当 $\hbar \to 0$ 时，相当于所有粒子的自旋都将变成零，这正是经典力学的结果。

(5) 当 $\hbar \to 0$ 时，薛定谔方程变成经典力学的运动方程和连续性方程。

设有一个接近经典情况的量子体系，处于状态

$$\psi(\boldsymbol{r}, t) = A(\boldsymbol{r}, t)\, \mathrm{e}^{\frac{\mathrm{i}}{\hbar}S(\boldsymbol{r}, t)} \tag{13}$$

式中，$A(\boldsymbol{r}, t)$ 为振幅，$S(\boldsymbol{r}, t)$ 为作用量。设体系满足薛定谔方程

$$\mathrm{i}\hbar\frac{\partial}{\partial t}\psi(\boldsymbol{r}, t) = \left[-\frac{\hbar^2}{2m}\vec{\nabla}^2 + V(\boldsymbol{r})\right]\psi(\boldsymbol{r}, t) \tag{14}$$

将式(13) 代入式(14)，为简捷计，略去波函数 $\psi(\boldsymbol{r}, t)$、位势 $V(\boldsymbol{r})$、振幅 $A(\boldsymbol{r}, t)$ 及作用量 $S(\boldsymbol{r}, t)$ 中的自变量。于是，式(14) 右端的 $\vec{\nabla}^2\psi(\boldsymbol{r}, t)$ 可以写成

$$\begin{aligned}\vec{\nabla}^2\psi &= \vec{\nabla} \cdot [\vec{\nabla}(A\mathrm{e}^{\frac{\mathrm{i}}{\hbar}S})] = \vec{\nabla} \cdot \left\{\left[(\vec{\nabla}A) + \frac{\mathrm{i}}{\hbar}A(\vec{\nabla}S)\right]\mathrm{e}^{\frac{\mathrm{i}}{\hbar}S}\right\} = \\ &\left\{\vec{\nabla} \cdot \left[(\vec{\nabla}A) + \frac{\mathrm{i}}{\hbar}A(\vec{\nabla}S)\right]\right\}\mathrm{e}^{\frac{\mathrm{i}}{\hbar}S} + \\ &\left[(\vec{\nabla}A) + \frac{\mathrm{i}}{\hbar}A(\vec{\nabla}S)\right]\frac{\mathrm{i}}{\hbar} \cdot (\vec{\nabla}S)\,\mathrm{e}^{\frac{\mathrm{i}}{\hbar}S} =\end{aligned}$$

$$\left[\vec{\nabla}^2 A+\frac{\mathrm{i}}{\hbar}(\vec{\nabla}A)\cdot(\vec{\nabla}S)+\frac{\mathrm{i}}{\hbar}A\,\vec{\nabla}^2 S\right]\mathrm{e}^{\frac{\mathrm{i}}{\hbar}S}+$$
$$\left[\frac{\mathrm{i}}{\hbar}(\vec{\nabla}A)\cdot(\vec{\nabla}S)-\frac{1}{\hbar^2}A\,(\vec{\nabla}S)^2\right]\mathrm{e}^{\frac{\mathrm{i}}{\hbar}S}=$$
$$\left[\vec{\nabla}^2 A+\frac{2\mathrm{i}}{\hbar}(\vec{\nabla}A)\cdot(\vec{\nabla}S)-\frac{1}{\hbar^2}A\,(\vec{\nabla}S)^2+\frac{\mathrm{i}}{\hbar}A\,\vec{\nabla}^2 S\right]\mathrm{e}^{\frac{\mathrm{i}}{\hbar}S} \tag{15}$$

将上式代入式(14),得到

$$A\frac{\partial S}{\partial t}-\mathrm{i}\hbar\frac{\partial A}{\partial t}+AV-\frac{\hbar^2}{2m}\left[\vec{\nabla}^2 A+\frac{2\mathrm{i}}{\hbar}(\vec{\nabla}A)\cdot(\vec{\nabla}S)-\frac{1}{\hbar^2}A\,(\vec{\nabla}S)^2+\frac{\mathrm{i}}{\hbar}A\,\vec{\nabla}^2 S\right]=0 \tag{16}$$

将上式的实部与虚部分别写出,可得关于振幅 A 与作用量 S 的联立方程

$$\begin{cases}\dfrac{\partial S}{\partial t}+\dfrac{1}{2m}(\vec{\nabla}S)^2+V-\dfrac{\hbar^2}{2mA}\vec{\nabla}^2 A=0\\[2mm] \dfrac{\partial A}{\partial t}+\dfrac{A}{2m}\vec{\nabla}^2 S+\dfrac{1}{m}\vec{\nabla}S\cdot\vec{\nabla}A=0\end{cases} \tag{17}$$

在式(17)中,略去与 $\hbar^2$ 相关的项,并用 $2A$ 乘以第 2 式的两端,得到

$$\begin{cases}\dfrac{\partial S}{\partial t}+\dfrac{1}{2m}(\vec{\nabla}S)^2+V=0\\[2mm] 2A\dfrac{\partial A}{\partial t}+\dfrac{A^2}{m}\vec{\nabla}^2 S+\dfrac{2A}{m}\vec{\nabla}S\cdot\vec{\nabla}A=0\end{cases} \tag{18}$$

由于

$$\frac{1}{2m}(\vec{\nabla}S)^2+V=H(\vec{\nabla}S,V)$$
$$\vec{\nabla}\cdot(A^2\,\vec{\nabla}S)=2A\,\vec{\nabla}A\cdot\vec{\nabla}S+A^2\,\vec{\nabla}^2 S \tag{19}$$

式(18)可以改写为

$$\begin{cases}\dfrac{\partial S}{\partial t}+H(\vec{\nabla}S,V)=0\\[2mm] \dfrac{\partial}{\partial t}A^2+\dfrac{1}{m}\vec{\nabla}\cdot(A^2\,\vec{\nabla}S)=0\end{cases} \tag{20}$$

在式(20)中,第 1 个方程就是单粒子作用量 S 的经典运动方程,若把 A^2 与 $A^2\,\vec{\nabla}S/m$ 分别视为粒子密度与粒子流密度,则第 2 个方程可视为经典力学的连续性方程。

总之,当薛定谔方程中的 $\hbar\to 0$ 时,若略去与 $\hbar^2$ 相关的项,则退化为经典力学方程。

综上所述,经典力学只是量子力学的一种极限情况,或者说,量子力学并没有全盘否定经典力学,而是将经典力学涵盖在内的更高层次的理论。至此,可

以更深入地理解普朗克常数在量子力学中的极其重要的作用。

实际上，$\hbar = 1.054\times 10^{-34}\,\mathrm{J\cdot s^{-1}}$ 是一个有确切数值和量纲的物理量，所谓 $\hbar\to 0$ 的意思是，所研究对象的角动量在数值上远大于 $\hbar$，或者说，相对所研究对象的角动量而言，$\hbar$ 可以忽略不计。

习题 1.9　利用坐标变换或赫尔曼－费恩曼定理求解下列哈密顿算符的本征值。

(1) $\hat{H}_1 = \dfrac{\hat{p}_x^2}{2\mu} + \dfrac{1}{2}\mu\omega^2 x^2 + \lambda x = \hat{H}_0 + \lambda x$

(2) $\hat{H}_2 = \dfrac{\hat{p}_x^2}{2\mu} + \dfrac{1}{2}\mu\omega^2 x^2 + \lambda x^2 = \hat{H}_0 + \lambda x^2$

(3) $\hat{H}_3 = \dfrac{\hat{p}_x^2}{2\mu} + V(x) + \dfrac{\lambda}{\mu}\hat{p}_x = \hat{H}_0 + \dfrac{\lambda}{\mu}\hat{p}_x$

解　设 $\hat{H}_0$ 满足

$$\hat{H}_0\varphi_n(x) = E_n^0\varphi_n(x) \tag{1}$$

(1) 用配方的方法改写位势

$$V_1(x) = \frac{1}{2}\mu\omega^2 x^2 + \lambda x = \frac{1}{2}\mu\omega^2\left[x^2 + \frac{2\lambda}{\mu\omega^2}x + \left(\frac{\lambda}{\mu\omega^2}\right)^2\right] - \frac{\lambda^2}{2\mu\omega^2} = \frac{1}{2}\mu\omega^2\left(x + \frac{\lambda}{\mu\omega^2}\right)^2 - \frac{\lambda^2}{2\mu\omega^2} \tag{2}$$

若令

$$\tilde{x} = x + \frac{\lambda}{\mu\omega^2}$$

$$\tilde{E} = E + \frac{\lambda^2}{2\mu\omega^2} \tag{3}$$

则定态薛定谔方程可以写为

$$\left(-\frac{\hbar^2}{2\mu}\frac{\mathrm{d}^2}{\mathrm{d}\tilde{x}^2} + \frac{1}{2}\mu\omega^2\tilde{x}^2\right)\psi(\tilde{x}) = \tilde{E}\psi(\tilde{x}) \tag{4}$$

此即正常的线谐振子的能量本征方程，已知它的能量本征值为

$$\tilde{E}_n = (n + 1/2)\hbar\omega \tag{5}$$

利用式(3) 可以得到 $\hat{H}_1$ 的本征解为

$$E_n = \left(n + \frac{1}{2}\right)\hbar\omega - \frac{\lambda^2}{2\mu\omega^2}$$

$$\psi_n(x) = N_n\mathrm{e}^{-\alpha^2\tilde{x}^2/2}\mathrm{H}_n(\alpha\tilde{x}) \tag{6}$$

式中的 $\tilde{x}$ 由式(3) 定义，而 $\mathrm{H}_n(\alpha\tilde{x})$ 为厄米多项式。

(2) 改写位势

$$V_2(x)=\frac{1}{2}\mu\omega^2x^2+\lambda x^2=\frac{1}{2}\mu(\omega^2+2\lambda\mu^{-1})x^2 \tag{7}$$

若令

$$\Omega^2=\omega^2+2\lambda\mu^{-1} \tag{8}$$

则定态薛定谔方程可以写为

$$\left(-\frac{\hbar^2}{2\mu}\frac{\mathrm{d}^2}{\mathrm{d}x^2}+\frac{1}{2}\mu\Omega^2x^2\right)\psi(x)=E\psi(x) \tag{9}$$

此亦为正常的线谐振子的能量本征方程,它的能量本征解为

$$E_n=(n+1/2)\hbar\Omega=E_n^0\sqrt{1+2\lambda\mu^{-1}\omega^{-2}}$$

$$\psi_n(x)=N_n\mathrm{e}^{-\alpha^2x^2/2}\mathrm{H}_n(\alpha x) \tag{10}$$

式中

$$\alpha^2=\mu\Omega\hbar^{-1}=\mu\hbar^{-1}\sqrt{\omega^2+2\lambda\mu^{-1}} \tag{11}$$

(3) 视 λ 为参变量,则有

$$\frac{\partial\hat{H}_3}{\partial\lambda}=\frac{\hat{p}_x}{\mu} \tag{12}$$

对于哈密顿算符的任意束缚本征态 $|n\rangle$,利用赫尔曼－费恩曼定理可知

$$\frac{\partial E_n}{\partial\lambda}=\langle n|\frac{\partial\hat{H}_3}{\partial\lambda}|n\rangle=\frac{1}{\mu}\langle n|\hat{p}_x|n\rangle \tag{13}$$

又知

$$\langle n|\frac{\mathrm{d}x}{\mathrm{d}t}|n\rangle=\frac{1}{\mathrm{i}\hbar}\langle n|[x,\hat{H}_3]|n\rangle=\frac{1}{\mathrm{i}\hbar\mu}\left[x,\frac{\hat{p}_x^2}{2}+\lambda\hat{p}_x\right]=$$

$$\frac{1}{\mu}[\langle n|\hat{p}_x|n\rangle+\lambda] \tag{14}$$

从另一个角度,得到

$$\langle n|\frac{\mathrm{d}x}{\mathrm{d}t}|n\rangle=\frac{1}{\mathrm{i}\hbar}\langle n|[x,\hat{H}_3]|n\rangle=\frac{1}{\mathrm{i}\hbar}\langle n|x\hat{H}_3-\hat{H}_3x|n\rangle=0 \tag{15}$$

所以

$$\langle n|\hat{p}_x|n\rangle=-\lambda \tag{16}$$

进而得到能量本征值满足的微分方程

$$\frac{\partial E_n}{\partial\lambda}=-\frac{\lambda}{\mu} \tag{17}$$

将式(17)对 λ 做积分,得到

$$E_n=-\lambda^2/(2\mu)+c \tag{18}$$

利用 $\lambda=0$ 时,$\hat{H}_3=\hat{H}_0$,定出积分常数

$$c=E_n^0 \tag{19}$$

最后，得到 $\hat{H}_3$ 的本征值为

$$E_n = E_n^0 - \lambda^2/(2\mu) \tag{20}$$

若 $V_3 = \lambda\hat{p}_x$，则

$$E_n = E_n^0 - \mu\lambda^2/2 \tag{21}$$

按着常规，需要求解哈密顿算符满足的本征方程才能得到能量本征解，但是，在一些特定的情况下，也可以利用某种技巧直接得到能量本征解。下一题也属于这种情况。

习题 1.10　求哈密顿算符

$$\hat{H} = \frac{\hat{p}_x^2}{2\mu} + \frac{1}{2}\mu\omega^2 x^2 + ax + b\hat{p}_x$$

的本征值。其中，a,b 为实常数。

解　将哈密顿算符改写为

$$\hat{H} = \hat{H}_1 + b\hat{p}_x \tag{1}$$

式中

$$\hat{H}_1 = \hat{H}_0 + ax$$

$$\hat{H}_0 = \frac{\hat{p}_x^2}{2\mu} + \frac{1}{2}\mu\omega^2 x^2 \tag{2}$$

已知 $\hat{H}_0$ 的本征值为

$$E_n^0 = (n + 1/2)\hbar\omega \tag{3}$$

由上题中的式(6) 可知，$\hat{H}_1$ 的本征值为

$$E_n^1 = \left(n + \frac{1}{2}\right)\hbar\omega - \frac{a^2}{2\mu\omega^2} \tag{4}$$

最后，由上题中的式(21) 可知，$\hat{H}$ 的本征值为

$$E_n = \left(n + \frac{1}{2}\right)\hbar\omega - \frac{a^2}{2\mu\omega^2} - \frac{\mu b^2}{2} \tag{5}$$

习题 1.11　不顾及自旋时，讨论均匀磁场中自由电子的能级，即朗道(Landau) 能级。取磁场为 z 方向，即矢势 $\mathbf{A} = (-By, 0, 0)$。

解　不顾及自旋时，若令 $b = eB/c$，则均匀磁场中自由电子的哈密顿算符为

$$\hat{H} = \frac{1}{2\mu}[(\hat{p}_x + by)^2 + \hat{p}_y^2 + \hat{p}_z^2] = \frac{1}{2\mu}(\hat{p}_x^2 + 2by\hat{p}_x + b^2y^2 + \hat{p}_y^2 + \hat{p}_z^2) \tag{1}$$

由于，哈密顿算符中不含有与 x 和 z 相关的项，所以，p_x 与 p_z 是守恒量。

设波函数的形式为

$$\psi(x,y,z) = \mathrm{e}^{\frac{\mathrm{i}}{\hbar}(p_x x + p_z z)}\varphi(y) \tag{2}$$

将其代入哈密顿算符满足的本征方程，得到

$$\frac{1}{2\mu}(\hat{p}_x^2+2by\hat{p}_x+b^2y^2+\hat{p}_y^2+\hat{p}_z^2)\mathrm{e}^{\frac{\mathrm{i}}{\hbar}(p_xx+p_zz)}\varphi(y)=$$

$$E\mathrm{e}^{\frac{\mathrm{i}}{\hbar}(p_xx+p_zz)}\varphi(y) \tag{3}$$

由于

$$\hat{p}_x\mathrm{e}^{\frac{\mathrm{i}}{\hbar}(p_xx+p_zz)}\varphi(y)=p_x\mathrm{e}^{\frac{\mathrm{i}}{\hbar}(p_xx+p_zz)}\varphi(y) \tag{4}$$

$$\hat{p}_x^2\mathrm{e}^{\frac{\mathrm{i}}{\hbar}(p_xx+p_zz)}\varphi(y)=p_x^2\mathrm{e}^{\frac{\mathrm{i}}{\hbar}(p_xx+p_zz)}\varphi(y) \tag{5}$$

$$\hat{p}_z^2\mathrm{e}^{\frac{\mathrm{i}}{\hbar}(p_xx+p_zz)}\varphi(y)=p_z^2\mathrm{e}^{\frac{\mathrm{i}}{\hbar}(p_xx+p_zz)}\varphi(y) \tag{6}$$

所以，$\psi(x,y,z)$ 是算符 $\hat{p}_x,\hat{p}_x^2,\hat{p}_z^2$ 的共同本征波函数，对应的本征值分别为 p_x,p_x^2,p_z^2。

将上述式(4) ~ (6) 代入式(3)，得到

$$\frac{1}{2\mu}(p_x^2+2byp_x+b^2y^2+\hat{p}_y^2+p_z^2)\mathrm{e}^{\frac{\mathrm{i}}{\hbar}(p_xx+p_zz)}\varphi(y)=$$

$$E\mathrm{e}^{\frac{\mathrm{i}}{\hbar}(p_xx+p_zz)}\varphi(y) \tag{7}$$

整理之，有

$$\frac{1}{2\mu}(2byp_x+b^2y^2+\hat{p}_y^2)\mathrm{e}^{\frac{\mathrm{i}}{\hbar}(p_xx+p_zz)}\varphi(y)=$$

$$[E-(p_x^2+p_z^2)/(2\mu)]\mathrm{e}^{\frac{\mathrm{i}}{\hbar}(p_xx+p_zz)}\varphi(y) \tag{8}$$

在式(8) 中，左端的算符可以改写成

$$\frac{1}{2\mu}(2bp_xy+b^2y^2+\hat{p}_y^2)=\frac{\hat{p}_y^2}{2\mu}+\frac{b^2}{2\mu}\left(y^2+\frac{2}{b}p_xy\right)=$$

$$\frac{\hat{p}_y^2}{2\mu}+\frac{b^2}{2\mu}\left(y+\frac{p_x}{b}\right)^2-\frac{p_x^2}{2\mu}=$$

$$\frac{\hat{p}_y^2}{2\mu}+\frac{1}{2}\mu\Omega^2\left(y+\frac{p_x}{b}\right)^2-\frac{p_x^2}{2\mu} \tag{9}$$

式中

$$\Omega=b/\mu \tag{10}$$

将式(9) 代入式(8)，得到

$$\left[\frac{\hat{p}_y^2}{2\mu}+\frac{1}{2}\mu\Omega^2\left(y+\frac{p_x}{b}\right)^2\right]\varphi(y)=\left(E-\frac{p_z^2}{2\mu}\right)\varphi(y) \tag{11}$$

此即线谐振子满足的本征方程，其能量本征值为

$$E_n=\left(n+\frac{1}{2}\right)\Omega\hbar+\frac{p_z^2}{2\mu}\quad(n=0,1,2,\cdots) \tag{12}$$

称之为朗道能级。

习题 1.12 设体系哈密顿算符 $\hat{H}$ 在任意状态 $|\psi\rangle$ 上的平均值

$$\bar{E}=\langle\psi\mid\hat{H}\mid\psi\rangle$$

有下限而无上限，证明 $\hat{H}$ 的本征函数系$\{\mid\varphi_n\rangle\}$是完备的。

证明　在量子力学中，总是认为厄米算符的本征矢是完备的，但是，这种完备性尚不能通过数学的方法得到统一的证明，只能针对具体的问题来证明之。

在本题给出的条件下，首先证明 $\hat{H}$ 的本征值都是 $\hat{H}$ 在任意状态 $\mid\psi\rangle$ 上的平均值 $\bar{E}=\langle\psi\mid\hat{H}\mid\psi\rangle$ 的极值。

在保持归一化条件$\langle\psi\mid\psi\rangle=1$不变的条件下，对态矢 $\mid\psi\rangle$ 做变分，即

$$\langle\delta\psi\mid\psi\rangle+\langle\psi\mid\delta\psi\rangle=0 \tag{1}$$

使 $\bar{E}$ 取极值的条件为

$$\langle\delta\psi\mid\hat{H}\mid\psi\rangle+\langle\psi\mid\hat{H}\mid\delta\psi\rangle=0 \tag{2}$$

用 E 乘以式(1) 两端，再与式(2) 相减，得到

$$\langle\delta\psi\mid\hat{H}-E\mid\psi\rangle+\langle\psi\mid\hat{H}-E\mid\delta\psi\rangle=0 \tag{3}$$

为了使上式对任意 $\mid\delta\psi\rangle$ 均成立，必须要求

$$(\hat{H}-E)\mid\psi\rangle=0 \tag{4}$$

上式正是算符 $\hat{H}$ 满足的本征方程。由此可见，使 $\hat{H}$ 的平均值取极值的状态一定是 $\hat{H}$ 的本征态。

下面证明 $\hat{H}$ 的本征矢满足封闭关系。

由于 $\hat{H}$ 是厄米算符，故其本征值一定是实数，设它是断续取值的。已知 $\hat{H}$ 的平均值有下限，可设最小的本征值 $E_0\geqslant 0$，且满足

$$0\leqslant E_0\leqslant E_1\leqslant E_2\leqslant\cdots \tag{5}$$

相应的本征矢 $\mid\varphi_0\rangle$，$\mid\varphi_1\rangle$，$\mid\varphi_2\rangle$，… 是正交归一的。

对于任意归一化的态矢 $\mid\psi\rangle$ 而言，$\hat{H}$ 平均值中最小的一个是 E_0。若令

$$\mid\psi_1\rangle=\mid\psi\rangle-\mid\varphi_0\rangle\langle\varphi_0\mid\psi\rangle \tag{6}$$

则 $\mid\psi_1\rangle$ 与 $\mid\varphi_0\rangle$ 正交。显然，在此状态之下，$\hat{H}$ 平均值中最小的一个是 E_1。若令

$$\mid\psi_2\rangle=\mid\psi\rangle-\sum_{k=0}^{1}\mid\varphi_k\rangle\langle\varphi_k\mid\psi\rangle \tag{7}$$

则 $\mid\psi_1\rangle$ 与 $\mid\varphi_0\rangle$、$\mid\varphi_1\rangle$ 正交。显然，在此状态之下，$\hat{H}$ 平均值中最小的一个是 E_2。如此继续做下去，若令

$$|\psi_m\rangle = |\psi\rangle - \sum_{k=0}^{m-1} |\varphi_k\rangle\langle\varphi_k|\psi\rangle \tag{8}$$

则 $|\psi_1\rangle$ 与 $|\varphi_0\rangle, |\varphi_1\rangle, \cdots, |\varphi_{m-1}\rangle$ 正交。显然，在此状态之下，$\hat{H}$ 平均值中最小的一个是 E_m。顾及到 $|\psi_m\rangle$ 的归一化条件，有

$$\langle\psi_m|\hat{H}|\psi_m\rangle \geqslant E_m\langle\psi_m|\psi_m\rangle \tag{9}$$

而由式(8) 可知

$$\begin{aligned}\langle\psi_m|\hat{H}|\psi_m\rangle = {} & \Big(\langle\psi| - \sum_{j=0}^{m-1}\langle\psi|\varphi_j\rangle\langle\varphi_j|\Big)\hat{H}\Big(|\psi\rangle - \sum_{k=0}^{m-1}|\varphi_k\rangle\langle\varphi_k|\psi\rangle\Big) = \\ & \langle\psi|\hat{H}|\psi\rangle - \sum_{j=0}^{m-1}\langle\psi|\varphi_j\rangle\langle\varphi_j|\hat{H}|\psi\rangle - \\ & \langle\psi|\hat{H}\sum_{k=0}^{m-1}|\varphi_k\rangle\langle\varphi_k|\psi\rangle + \\ & \sum_{j=0}^{m-1}\langle\psi|\varphi_j\rangle\langle\varphi_j|\hat{H}\sum_{k=0}^{m-1}|\varphi_k\rangle\langle\varphi_k|\psi\rangle = \\ & \langle\psi|\hat{H}|\psi\rangle - \sum_{k=0}^{m-1}E_k|\langle\varphi_k|\psi\rangle|^2 \end{aligned} \tag{10}$$

由于上式的右端第 2 项

$$\sum_{k=0}^{m-1}E_k|\langle\varphi_k|\psi\rangle|^2 \geqslant 0 \tag{11}$$

所以有

$$\langle\psi|\hat{H}|\psi\rangle \geqslant \langle\psi_m|\hat{H}|\psi_m\rangle \tag{12}$$

将上式与式(9) 比较，得到

$$\langle\psi|\hat{H}|\psi\rangle \geqslant E_m\langle\psi_m|\psi_m\rangle \tag{13}$$

当 $m\to\infty$ 时，上式的左端与 m 无关，对上式右端而言，由于假定 $E_m\to\infty$，所以，要求 $\langle\psi_m|\psi_m\rangle\to 0$，即

$$|\psi_\infty\rangle = |\psi\rangle - \sum_{k=0}^{\infty}|\varphi_k\rangle\langle\varphi_k|\psi\rangle = 0 \tag{14}$$

由状态 $|\psi\rangle$ 的任意性，立即得到封闭关系

$$\sum_{k=0}^{\infty}|\varphi_k\rangle\langle\varphi_k| = 1 \tag{15}$$

上式表明 $\{|\varphi_k\rangle\}$ 是完备的。

习题 1.13 设厄米算符 $\hat{F}$ 的本征值谱是由断续谱和连续谱两部分构成的，称之为具有混合谱，即

$$\hat{F}\psi_n(x) = f_n\psi_n(x)$$

$$\hat{F}\psi_{\lambda}(x)=f_{\lambda}\psi_{\lambda}(x)$$

在任意归一化的状态 $\psi(x)$ 下，导出 $\psi(x)$ 满足的归一化条件及力学量 F 的平均值公式。

解　根据展开假定，状态 $\psi(x)$ 可以展开为

$$\psi(x)=\sum_{n}c_n\psi_n(x)+\int \mathrm{d}\lambda c_{\lambda}\psi_{\lambda}(x) \tag{1}$$

其复共轭形式为

$$\psi^*(x)=\sum_{n'}c_{n'}^*\psi_{n'}^*(x)+\int \mathrm{d}\lambda' c_{\lambda'}^*\psi_{\lambda'}^*(x) \tag{2}$$

当 $\psi(x)$ 已经归一化时，即

$$\begin{aligned}\int_{-\infty}^{\infty}\mathrm{d}x\psi^*(x)\psi(x)=\sum_{nn'}c_{n'}^*c_n\int_{-\infty}^{\infty}\mathrm{d}x\psi_{n'}^*(x)\psi_n(x)+\\ \int \mathrm{d}\lambda'\int \mathrm{d}\lambda c_{\lambda'}^*c_{\lambda}\int_{-\infty}^{\infty}\mathrm{d}x\psi_{\lambda'}^*(x)\psi_{\lambda}(x)=1\end{aligned} \tag{3}$$

利用

$$\begin{aligned}\int_{-\infty}^{\infty}\mathrm{d}x\psi_{n'}^*(x)\psi_n(x)=\delta_{n,n'}\\ \int_{-\infty}^{\infty}\mathrm{d}x\psi_{\lambda'}^*(x)\psi_{\lambda}(x)=\delta(\lambda-\lambda')\end{aligned} \tag{4}$$

可以将式(3) 改写成

$$\sum_{n}|c_n|^2+\int \mathrm{d}\lambda\,|c_{\lambda}|^2=1 \tag{5}$$

此即 $\psi(x)$ 在混合谱表象下的归一化条件。

在任意归一化状态 $\psi(x)$ 下，力学量 F 的平均值公式为

$$\bar{F}=\int_{-\infty}^{\infty}\mathrm{d}x\psi^*(x)\hat{F}\psi(x) \tag{6}$$

将式(1) 与式(2) 代入上式，并利用已知的本征方程，得到力学量 F 的平均值公式

$$\bar{F}=\sum_{n}f_n\,|c_n|^2+\int \mathrm{d}\lambda f_{\lambda}\,|c_{\lambda}|^2 \tag{7}$$

混合谱并非人为杜撰出来的，它是根据实际需要引入的。例如，氢原子是由一个电子和一个质子构成的二体体系，通常情况下，只研究它的束缚态的本征解，这时，体系只有断续能谱。如果讨论由一个电子和一个质子构成的二体

体系，那么，它除了有断续能谱外还应该具有连续能谱，即混合谱。

习题 1.14 一个力学量的取值概率与平均值在什么情况下不随时间改变。

解 一旦说到力学量的取值概率与平均值，必须说明是哪一个力学量在哪一个状态下的取值概率与平均值。当时间 $t \neq 0$ 时，如果力学量算符与时间相关，则其取值概率与平均值和时间有关是很自然的事情。通常情况下，力学量算符是不显含时间的，而状态是与时间相关的，一般情况下，它的取值概率与平均值仍然可能和时间相关。

下面来研究一类特殊的情况，即一个力学量的取值概率与平均值在什么情况下不随时间改变。下面两种情况可以满足上述要求。

第 1 种情况是，如果力学量 F 是一个守恒量，则其在体系任意状态下的取值概率与平均值都不随时间改变。

根据守恒量的定义可知，若 F 是一个守恒量，则算符 $\hat{F}$ 应满足两个条件，即

$$\frac{\partial \hat{F}}{\partial t}=0 \qquad [\hat{F},\hat{H}]=0 \tag{1}$$

由于算符 $\hat{F}$ 与哈密顿算符对易，所以两者具有共同完备本征函数系 $\{|n\rangle\}$，即满足

$$\hat{F}\,|\,n\rangle=f_n\,|\,n\rangle \qquad \hat{H}\,|\,n\rangle=E_n\,|\,n\rangle \tag{2}$$

体系的任意一个状态 $|\,\Psi(t)\rangle$ 可以展开为

$$|\,\Psi(t)\rangle=\sum_n c_n(t)\,|\,n\rangle \tag{3}$$

其中

$$c_n(t)=\langle n\,|\,\Psi(t)\rangle \tag{4}$$

将上式两端对时间 t 求导，利用哈密顿算符的厄米性质得到

$$\frac{\mathrm{d}}{\mathrm{d}t}c_n(t)=\frac{\mathrm{d}}{\mathrm{d}t}\langle n\,|\,\Psi(t)\rangle=\langle n\,|\,\frac{\mathrm{d}}{\mathrm{d}t}\,|\,\Psi(t)\rangle=-\frac{\mathrm{i}}{\hbar}\langle n\,|\,\hat{H}\,|\,\Psi(t)\rangle=-\frac{\mathrm{i}}{\hbar}E_n\langle n\,|\,\Psi(t)\rangle=-\frac{\mathrm{i}}{\hbar}E_n c_n(t) \tag{5}$$

将上式对时间 t 积分，得到

$$c_n(t)=c\mathrm{e}^{-\frac{\mathrm{i}}{\hbar}E_n t} \tag{6}$$

式中 c 是一个积分常数，它可以利用 $t=0$ 时的条件定出为 $c=c_n(0)$。于是，上式可以写成

$$c_n(t)=c_n(0)\mathrm{e}^{-\frac{\mathrm{i}}{\hbar}E_n t} \tag{7}$$

根据展开假定，在任意时刻 t，力学量 F 在 $|\Psi(t)\rangle$ 上取 f_n 值的概率为

$$W(f_n,t)=|c_n(t)|^2 \tag{8}$$

将式(7) 代入式(8)，有

$$W(f_n,t)=W(f_n,0) \tag{9}$$

上式说明，当力学量 F 为守恒量时，它在任意状态上的取值概率不随时间改变。

由力学量平均值的公式可知

$$\bar{F}=\sum_n f_n W(f_n,t)=\sum_n f_n W(f_n,0) \tag{10}$$

显然，守恒量在任意状态上的平均值亦不随时间变化。

第 2 种情况是，任意不显含时间的力学量在定态下的取值概率与平均值不随时间变化。

若哈密顿算符满足本征方程

$$\hat{H}|n\rangle=E_n|n\rangle \tag{11}$$

则 $\mathrm{e}^{-\mathrm{i}\hbar^{-1}E_n t}|n\rangle$ 是体系的第 n 个定态。

设算符 $\hat{F}$ 满足本征方程

$$\hat{F}|\varphi_k\rangle=f_k|\varphi_k\rangle \tag{12}$$

将定态 $\mathrm{e}^{-\mathrm{i}\hbar^{-1}E_n t}|n\rangle$ 向 $|\varphi_k\rangle$ 展开，即

$$\mathrm{e}^{-\frac{\mathrm{i}}{\hbar}E_n t}|n\rangle=\sum_k c_{kn}(t)|\varphi_k\rangle \tag{13}$$

其中展开系数

$$c_{kn}(t)=\mathrm{e}^{-\frac{\mathrm{i}}{\hbar}E_n t}\langle\varphi_k|n\rangle \tag{14}$$

由展开假定可知，力学量 F 取 f_k 的概率为

$$W(f_k,t)=|c_{kn}(t)|^2=|\langle\varphi_k|n\rangle|^2 \tag{15}$$

显然，任意不显含时间的力学量在定态下的取值概率与时间无关，进而可知，其平均值也不随时间变化。

习题 1.15　设厄米算符 $\hat{F}$ 满足本征方程

$$\hat{F}|n\rangle=f_n|n\rangle$$

验证算符 $\hat{F}$ 可以写成谱分解的形式，即

$$\hat{F}=\sum_m f_m \mid m\rangle\langle m \mid$$

若定义厄米算符 $\hat{F}$ 的开方为

$$\hat{F}^{1/2}=\sum_m f_m{}^{1/2} \mid m\rangle\langle m \mid$$

证明

$$\hat{F}^{1/2}\hat{F}^{1/2}=\hat{F}$$

进而导出 $(1+\hat{\sigma}_z)^{1/2}$，$(1+\hat{\sigma}_x)^{1/2}$ 与 $(1+\hat{\sigma}_y)^{1/2}$ 的表达式。式中，$\hat{\sigma}_x$，$\hat{\sigma}_y$，$\hat{\sigma}_z$ 为泡利算符的分量形式。

证明　将算符 $\hat{F}$ 的谱分解形式作用到其本征态上

$$\hat{F} \mid n\rangle=\sum_m f_m \mid m\rangle\langle m \mid n\rangle=\sum_m f_m \mid m\rangle\delta_{m,n}=f_n \mid n\rangle \tag{1}$$

显然，$\hat{F}$ 的谱分解形式满足与 $\hat{F}$ 同样的本征方程，故算符 $\hat{F}$ 的谱分解的形式成立。

由于

$$\hat{F}^{1/2}=\sum_m f_m{}^{1/2} \mid m\rangle\langle m \mid \tag{2}$$

故有

$$\hat{F}^{1/2}\hat{F}^{1/2}=\sum_m f_m{}^{1/2} \mid m\rangle\langle m \mid \sum_n f_n{}^{1/2} \mid n\rangle\langle n \mid=$$
$$\sum_m f_m{}^{1/2} \mid m\rangle \sum_n f_m{}^{1/2}\langle n \mid \delta_{m,n}=$$
$$\sum_m f_m \mid m\rangle\langle m \mid=\hat{F} \tag{3}$$

已知算符 $\hat{\sigma}_z$ 的两个本征值分别为 $+1$ 与 -1，相应的本征矢分别为 $|+\rangle$ 与 $|-\rangle$。利用式(2)，算符 $(1+\hat{\sigma}_z)^{1/2}$ 可以写成

$$(1+\hat{\sigma}_z)^{1/2}=\sum_{\sigma_z=\pm1}(1+\sigma_z)^{1/2} \mid \sigma_z\rangle\langle\sigma_z \mid=\sqrt{2}\ |+\rangle\langle+| \tag{4}$$

同理可知，算符 $(1+\hat{\sigma}_z)$ 为

$$(1+\hat{\sigma}_z)=\sum_{\sigma_z=\pm1}(1+\sigma_z) \mid \sigma_z\rangle\langle\sigma_z \mid=2\ |+\rangle\langle+| \tag{5}$$

由式(5) 可知

$$|+\rangle\langle+|=\frac{1}{2}(1+\hat{\sigma}_z) \tag{6}$$

将式(6) 代入式(4)，于是有

$$(1+\hat{\sigma}_z)^{1/2}=\sqrt{2}\ |+\rangle\langle+|=\frac{1}{\sqrt{2}}(1+\hat{\sigma}_z) \tag{7}$$

同理可知

$$(1+\hat{\sigma}_x)^{1/2}=\frac{1}{\sqrt{2}}(1+\hat{\sigma}_x)$$
$$(1+\hat{\sigma}_y)^{1/2}=\frac{1}{\sqrt{2}}(1+\hat{\sigma}_y) \tag{8}$$

习题 1.16　已知实厄米算符 $\hat{A}$、$\hat{B}$、$\hat{C}$ 与 $\hat{D}$ 满足如下关系

$$\hat{C}=-\mathrm{i}[\hat{A},\hat{B}]$$
$$\hat{D}=\{\hat{A},\hat{B}\}$$

证明

$$\overline{A^2}\,\overline{B^2}\geqslant\frac{1}{4}[(\bar{C})^2+(\bar{D})^2]$$

证明　设 $\Psi(\boldsymbol{r},t)$ 是体系任意一个状态，且 $\lambda=\alpha+\mathrm{i}\beta$ 为一个复数，于是有

$$0\leqslant\int\mathrm{d}\tau\left|(\hat{A}+\mathrm{i}\lambda\hat{B})\Psi(\boldsymbol{r},t)\right|^2=$$
$$\int\mathrm{d}\tau\Psi^*(\boldsymbol{r},t)(\hat{A}-\mathrm{i}\lambda^*\hat{B})(\hat{A}+\mathrm{i}\lambda\hat{B})\Psi(\boldsymbol{r},t)=$$
$$\int\mathrm{d}\tau\Psi^*(\boldsymbol{r},t)\hat{A}^2\Psi(\boldsymbol{r},t)+$$
$$|\lambda|^2\int\mathrm{d}\tau\Psi^*(\boldsymbol{r},t)\hat{B}^2\Psi(\boldsymbol{r},t)+$$
$$\int\mathrm{d}\tau\Psi^*(\boldsymbol{r},t)[\mathrm{i}\lambda\hat{A}\hat{B}-\mathrm{i}\lambda^*\hat{B}\hat{A}]\Psi(\boldsymbol{r},t)=$$
$$\overline{A^2}+|\lambda|^2\,\overline{B^2}+\overline{\{\mathrm{i}(\alpha+\mathrm{i}\beta)AB-\mathrm{i}(\alpha-\mathrm{i}\beta)BA\}}=$$
$$\overline{A^2}+(\alpha^2+\beta^2)\overline{B^2}-\alpha\bar{C}-\beta\bar{D} \tag{1}$$

由

$$\overline{B^2}\,[\alpha-\bar{C}/(2\,\overline{B^2})]^2=\alpha^2\,\overline{B^2}-\alpha\bar{C}+(\bar{C})^2/(4\,\overline{B^2})$$
$$\overline{B^2}\,[\beta-\bar{D}/(2\,\overline{B^2})]^2=\beta^2\,\overline{B^2}-\beta\bar{D}+(\bar{D})^2/(4\,\overline{B^2}) \tag{2}$$

可知

$$\overline{B^2}\,[\alpha-\bar{C}/(2\,\overline{B^2})]^2+\overline{B^2}\,[\beta-\bar{D}/(2\,\overline{B^2})]^2=$$
$$\alpha^2\,\overline{B^2}-\alpha\,\bar{C}+(\bar{C})^2/(4\,\overline{B^2})+\beta^2\,\overline{B^2}-\beta\bar{D}+(\bar{D})^2/(4\,\overline{B^2})= \tag{3}$$
$$(\alpha^2+\beta^2)\overline{B^2}-\alpha\bar{C}-\beta\bar{D}+[(\bar{C})^2+(\bar{D})^2]/(4\,\overline{B^2})$$

将式(3) 代入式(1)，得到

$$\overline{A^2}+(\alpha^2+\beta^2)\overline{B^2}-\alpha\bar{C}-\beta\bar{D}=\overline{A^2}+\overline{B^2}\left[\alpha-\bar{C}/(2\overline{B^2})\right]^2+\overline{B^2}\left[\beta-\bar{D}/(2\overline{B^2})\right]^2-(\bar{C})^2/(4\overline{B^2})-(\bar{D})^2/(4\overline{B^2})\geqslant 0 \tag{4}$$

由于 α 与 β 是可以任意选择的参数，若取

$$\alpha=\bar{C}/(2\overline{B^2}) \qquad \beta=\bar{D}/(2\overline{B^2}) \tag{5}$$

则式(4) 变成

$$\overline{A^2}\,\overline{B^2}\geqslant\frac{1}{4}\left[(\bar{C})^2+(\bar{D})^2\right] \tag{6}$$

此即求证之式。

习题 1.17 证明泡利算符满足

$$\hat{\sigma}_i^2=\hat{I}$$

$$\hat{\sigma}_i\hat{\sigma}_j+\hat{\sigma}_j\hat{\sigma}_i=2\delta_{i,j}\hat{I}$$

其中，$\hat{I}$ 为 2×2 的单位矩阵；$i,j=x,y,z$。

证明 当 $i=x$ 时，有

$$\hat{\sigma}_x^2=\begin{bmatrix}0&1\\1&0\end{bmatrix}\begin{bmatrix}0&1\\1&0\end{bmatrix}=\begin{bmatrix}1&0\\0&1\end{bmatrix}=\hat{I} \tag{1}$$

同理可知

$$\hat{\sigma}_y^2=\begin{bmatrix}0&-\mathrm{i}\\\mathrm{i}&0\end{bmatrix}\begin{bmatrix}0&-\mathrm{i}\\\mathrm{i}&0\end{bmatrix}=\begin{bmatrix}1&0\\0&1\end{bmatrix}=\hat{I} \tag{2}$$

$$\hat{\sigma}_z^2=\begin{bmatrix}1&0\\0&-1\end{bmatrix}\begin{bmatrix}1&0\\0&-1\end{bmatrix}=\begin{bmatrix}1&0\\0&1\end{bmatrix}=\hat{I} \tag{3}$$

综合上述 3 式可知

$$\hat{\sigma}_i^2=\hat{I}\quad(i=x,y,z) \tag{4}$$

当 $i=j$ 时，由式(4) 可知

$$\hat{\sigma}_i\hat{\sigma}_i+\hat{\sigma}_i\hat{\sigma}_i=2\hat{\sigma}_i\hat{\sigma}_i=2\hat{I} \tag{5}$$

当 $i\neq j$ 时，例如，若 $i=x,j=y$，则有

$$\hat{\sigma}_x\hat{\sigma}_y+\hat{\sigma}_y\hat{\sigma}_x=\begin{bmatrix}0&1\\1&0\end{bmatrix}\begin{bmatrix}0&-\mathrm{i}\\\mathrm{i}&0\end{bmatrix}+\begin{bmatrix}0&-\mathrm{i}\\\mathrm{i}&0\end{bmatrix}\begin{bmatrix}0&1\\1&0\end{bmatrix}=\begin{bmatrix}\mathrm{i}&0\\0&-\mathrm{i}\end{bmatrix}+\begin{bmatrix}-\mathrm{i}&0\\0&\mathrm{i}\end{bmatrix}=\hat{O} \tag{6}$$

式中，$\hat{O}$ 为 2×2 的零矩阵。同理可知

$$\hat{\sigma}_x\hat{\sigma}_z+\hat{\sigma}_z\hat{\sigma}_x=\begin{bmatrix}0&1\\1&0\end{bmatrix}\begin{bmatrix}1&0\\0&-1\end{bmatrix}+\begin{bmatrix}1&0\\0&-1\end{bmatrix}\begin{bmatrix}0&1\\1&0\end{bmatrix}=$$

$$\begin{bmatrix}0&-1\\1&0\end{bmatrix}+\begin{bmatrix}0&1\\-1&0\end{bmatrix}=\hat{O} \tag{7}$$

$$\hat{\sigma}_z\hat{\sigma}_y+\hat{\sigma}_y\hat{\sigma}_z=\begin{bmatrix}1&0\\0&-1\end{bmatrix}\begin{bmatrix}0&-\mathrm{i}\\\mathrm{i}&0\end{bmatrix}+\begin{bmatrix}0&-\mathrm{i}\\\mathrm{i}&0\end{bmatrix}\begin{bmatrix}1&0\\0&-1\end{bmatrix}=$$

$$\begin{bmatrix}0&-\mathrm{i}\\-\mathrm{i}&0\end{bmatrix}+\begin{bmatrix}0&\mathrm{i}\\\mathrm{i}&0\end{bmatrix}=\hat{O} \tag{8}$$

综合式(5),(6),(7),(8) 可知

$$\hat{\sigma}_i\hat{\sigma}_j+\hat{\sigma}_j\hat{\sigma}_i=2\delta_{i,j}\hat{I} \tag{9}$$

上述公式也可以写成算符形式，即

$$\begin{aligned}&\hat{\sigma}_i^2=1\\&\hat{\sigma}_i\hat{\sigma}_j+\hat{\sigma}_j\hat{\sigma}_i=2\delta_{i,j}\end{aligned} \tag{10}$$

习题 1.18　设 $\hat{\boldsymbol{\sigma}}_1$ 与 $\hat{\boldsymbol{\sigma}}_2$ 分别为两个粒子的泡利算符，试将算符 $(\hat{\boldsymbol{\sigma}}_1\cdot\hat{\boldsymbol{\sigma}}_2)^n$ 用 $(\hat{\boldsymbol{\sigma}}_1\cdot\hat{\boldsymbol{\sigma}}_2)$ 线性地表示出来。

解　对于由两个自旋皆为 $\hbar/2$ 的粒子构成的体系而言，耦合波函数是由 3 个三重态与 1 个单态构成的。

算符 $(\hat{\boldsymbol{\sigma}}_1\cdot\hat{\boldsymbol{\sigma}}_2)$ 对耦合波函数 $|SM\rangle$ 的作用为

$$(\hat{\boldsymbol{\sigma}}_1\cdot\hat{\boldsymbol{\sigma}}_2)|SM\rangle=\frac{4}{\hbar^2}(\hat{\boldsymbol{s}}_1\cdot\hat{\boldsymbol{s}}_2)|SM\rangle=$$

$$\frac{2}{\hbar^2}[\hat{S}^2-\hat{s}_1^2-\hat{s}_2^2]|SM\rangle= \tag{1}$$

$$2\left[S(S+1)-\frac{3}{2}\right]|SM\rangle=\begin{cases}-3|00\rangle & \text{单态}\\|1M\rangle & \text{三重态}\end{cases}$$

反复利用上式可以得到

$$(\hat{\boldsymbol{\sigma}}_1\cdot\hat{\boldsymbol{\sigma}}_2)^n|SM\rangle=\begin{cases}(-3)^n|00\rangle\\|1M\rangle\end{cases} \tag{2}$$

比较上述两式可知，算符 $(\hat{\boldsymbol{\sigma}}_1\cdot\hat{\boldsymbol{\sigma}}_2)^n$ 可以用 $(\hat{\boldsymbol{\sigma}}_1\cdot\hat{\boldsymbol{\sigma}}_2)$ 线性地表示出来。设

$$(\hat{\boldsymbol{\sigma}}_1\cdot\hat{\boldsymbol{\sigma}}_2)^n=A+B(\hat{\boldsymbol{\sigma}}_1\cdot\hat{\boldsymbol{\sigma}}_2) \tag{3}$$

将式(3) 代入式(2)，并利用式(1)，得到

$$\begin{aligned}&(A+B)|1M\rangle=|1M\rangle\\&(A-3B)|00\rangle=(-3)^n|00\rangle\end{aligned} \tag{4}$$

于是，得到 A、B 满足的联立方程

$$\begin{cases}A+B=1\\A-3B=(-3)^n\end{cases} \tag{5}$$

解之得

$$A=[3+(-3)^n]/4$$
$$B=[1-(-3)^n]/4 \tag{6}$$

将式(6)代入式(3)，得到

$$(\hat{\boldsymbol{\sigma}}_1\cdot\hat{\boldsymbol{\sigma}}_2)^n=\frac{1}{4}[3+(-3)^n]+\frac{1}{4}[1-(-3)^n](\hat{\boldsymbol{\sigma}}_1\cdot\hat{\boldsymbol{\sigma}}_2) \tag{7}$$

显然，利用上式可以将算符$(\hat{\boldsymbol{\sigma}}_1\cdot\hat{\boldsymbol{\sigma}}_2)^n$用$(\hat{\boldsymbol{\sigma}}_1\cdot\hat{\boldsymbol{\sigma}}_2)$线性地表示出来。

由式(7)可知，当$n=1,2,3$时，分别有

$$(\hat{\boldsymbol{\sigma}}_1\cdot\hat{\boldsymbol{\sigma}}_2)^1=(\hat{\boldsymbol{\sigma}}_1\cdot\hat{\boldsymbol{\sigma}}_2)$$
$$(\hat{\boldsymbol{\sigma}}_1\cdot\hat{\boldsymbol{\sigma}}_2)^2=3-2(\hat{\boldsymbol{\sigma}}_1\cdot\hat{\boldsymbol{\sigma}}_2) \tag{8}$$
$$(\hat{\boldsymbol{\sigma}}_1\cdot\hat{\boldsymbol{\sigma}}_2)^3=-6+7(\hat{\boldsymbol{\sigma}}_1\cdot\hat{\boldsymbol{\sigma}}_2)$$

习题 1.19 设$\hat{\boldsymbol{A}}$和$\hat{\boldsymbol{B}}$是与泡利算符$\hat{\boldsymbol{\sigma}}$对易的两个矢量算符，证明

$$(\hat{\boldsymbol{\sigma}}\cdot\hat{\boldsymbol{A}})(\hat{\boldsymbol{\sigma}}\cdot\hat{\boldsymbol{B}})=\hat{\boldsymbol{A}}\cdot\hat{\boldsymbol{B}}+\mathrm{i}\hat{\boldsymbol{\sigma}}\cdot(\hat{\boldsymbol{A}}\times\hat{\boldsymbol{B}})$$

证明 将等式左端写成分量形式，即

$$\begin{aligned}(\hat{\boldsymbol{\sigma}}\cdot\hat{\boldsymbol{A}})(\hat{\boldsymbol{\sigma}}\cdot\hat{\boldsymbol{B}})=&(\hat{\sigma}_x\hat{A}_x+\hat{\sigma}_y\hat{A}_y+\hat{\sigma}_z\hat{A}_z)(\hat{\sigma}_x\hat{B}_x+\hat{\sigma}_y\hat{B}_y+\hat{\sigma}_z\hat{B}_z)=\\&(\hat{\sigma}_x^2\hat{A}_x\hat{B}_x+\sigma_y^2\hat{A}_y\hat{B}_y+\sigma_z^2\hat{A}_z\hat{B}_z)+\\&(\hat{\sigma}_x\sigma_y\hat{A}_x\hat{B}_y+\hat{\sigma}_y\hat{\sigma}_x\hat{A}_y\hat{B}_x)+\\&(\hat{\sigma}_y\hat{\sigma}_z\hat{A}_y\hat{B}_z+\hat{\sigma}_z\hat{\sigma}_y\hat{A}_z\hat{B}_y)+\\&(\hat{\sigma}_z\hat{\sigma}_x\hat{A}_z\hat{B}_x+\hat{\sigma}_x\hat{\sigma}_z\hat{A}_x\hat{B}_z)\end{aligned} \tag{1}$$

利用

$$\hat{\sigma}_x^2=\hat{\sigma}_y^2=\hat{\sigma}_z^2=1 \tag{2}$$

及

$$\begin{aligned}\hat{\sigma}_x\hat{\sigma}_y&=\mathrm{i}\hat{\sigma}_z=-\hat{\sigma}_y\hat{\sigma}_x\\\hat{\sigma}_y\hat{\sigma}_z&=\mathrm{i}\hat{\sigma}_x=-\hat{\sigma}_z\hat{\sigma}_y\\\hat{\sigma}_z\hat{\sigma}_x&=\mathrm{i}\hat{\sigma}_y=-\hat{\sigma}_x\hat{\sigma}_z\end{aligned} \tag{3}$$

得到

$$\begin{aligned}(\hat{\boldsymbol{\sigma}}\cdot\hat{\boldsymbol{A}})(\hat{\boldsymbol{\sigma}}\cdot\hat{\boldsymbol{B}})=&(\hat{A}_x\hat{B}_x+\hat{A}_y\hat{B}_y+\hat{A}_z\hat{B}_z)+\mathrm{i}\hat{\sigma}_z(\hat{A}_x\hat{B}_y-\hat{A}_y\hat{B}_x)+\\&\mathrm{i}\hat{\sigma}_x(\hat{A}_y\hat{B}_z-\hat{A}_z\hat{B}_y)+\mathrm{i}\hat{\sigma}_y(\hat{A}_z\hat{B}_x-\hat{A}_x\hat{B}_z)=\\&\hat{\boldsymbol{A}}\cdot\hat{\boldsymbol{B}}+\mathrm{i}\hat{\boldsymbol{\sigma}}\cdot(\hat{\boldsymbol{A}}\times\hat{\boldsymbol{B}})\end{aligned} \tag{4}$$

这是一个非常有用的公式，后面将会经常用到它。

习题 1.20 证明角动量算符$\hat{\boldsymbol{j}}$的各分量算符及其升降算符满足下列关系

式

$$[\hat{j}_x, \hat{j}_\pm] = \mp \hbar \hat{j}_z$$

$$[\hat{j}_y, \hat{j}_\pm] = -\mathrm{i}\hbar \hat{j}_z$$

$$[\hat{j}_z, \hat{j}_\pm] = \pm \hbar \hat{j}_\pm$$

$$[\hat{\boldsymbol{j}}^2, \hat{j}_\pm] = 0$$

证明　由升降算符的定义

$$\hat{j}_\pm = \hat{j}_x \pm \mathrm{i}\hat{j}_y \tag{1}$$

可知

$$[\hat{j}_x, \hat{j}_\pm] = [\hat{j}_x, \hat{j}_x \pm \mathrm{i}\hat{j}_y] = \pm \mathrm{i}[\hat{j}_x, \hat{j}_y] = \pm \mathrm{i}\mathrm{i}\hbar\hat{j}_z = \mp \hbar\hat{j}_z \tag{2}$$

$$[\hat{j}_y, \hat{j}_\pm] = [\hat{j}_y, \hat{j}_x \pm \mathrm{i}\hat{j}_y] = [\hat{j}_y, \hat{j}_x] = -\mathrm{i}\hbar\hat{j}_z \tag{3}$$

$$[\hat{j}_z, \hat{j}_\pm] = [\hat{j}_z, \hat{j}_x \pm \mathrm{i}\hat{j}_y] = \mathrm{i}\hbar\hat{j}_y \pm \hbar\hat{j}_x = \pm \hbar\hat{j}_\pm \tag{4}$$

$$[\hat{\boldsymbol{j}}^2, \hat{j}_\pm] = [\hat{\boldsymbol{j}}^2, \hat{j}_x \pm \mathrm{i}\hat{j}_y] = 0 \tag{5}$$

上式中用到

$$[\hat{\boldsymbol{j}}^2, \hat{j}_x] = 0; \quad [\hat{\boldsymbol{j}}^2, \hat{j}_y] = 0; \quad [\hat{\boldsymbol{j}}^2, \hat{j}_z] = 0 \tag{6}$$

习题 1.21　证明角动量算符 $\hat{\boldsymbol{j}}$ 的各分量算符及其升降算符满足下列关系式

$$\hat{j}_x^2 + \hat{j}_y^2 = \frac{1}{2}(\hat{j}_+ \hat{j}_- + \hat{j}_- \hat{j}_+)$$

$$\hat{\boldsymbol{j}}^2 = \frac{1}{2}(\hat{j}_+ \hat{j}_- + \hat{j}_- \hat{j}_+) + \hat{j}_z^2$$

$$\hat{j}_- \hat{j}_+ = \hat{\boldsymbol{j}}^2 - \hat{j}_z^2 - \hat{j}_z$$

$$\hat{j}_+ \hat{j}_- = \hat{\boldsymbol{j}}^2 - \hat{j}_z^2 + \hat{j}_z$$

证明　由升降算符的定义

$$\hat{j}_\pm = \hat{j}_x \pm \mathrm{i}\hat{j}_y \tag{1}$$

可知

$$\begin{aligned} \hat{j}_x &= \frac{1}{2}(\hat{j}_+ + \hat{j}_-) \\ \hat{j}_y &= \frac{1}{2\mathrm{i}}(\hat{j}_+ - \hat{j}_-) \end{aligned} \tag{2}$$

于是有

$$\hat{j}_x^2+\hat{j}_y^2=\left[\frac{1}{2}(\hat{j}_+ +\hat{j}_-)\right]^2+\left[\frac{1}{2\mathrm{i}}(\hat{j}_+ -\hat{j}_-)\right]^2=$$

$$\frac{1}{4}(2\hat{j}_+\hat{j}_- +2\hat{j}_-\hat{j}_+)=\frac{1}{2}(\hat{j}_+\hat{j}_- +\hat{j}_-\hat{j}_+) \tag{3}$$

利用上式可以得到

$$\hat{\boldsymbol{j}}^2=\hat{j}_x^2+\hat{j}_y^2+\hat{j}_z^2=\frac{1}{2}(\hat{j}_+\hat{j}_- +\hat{j}_-\hat{j}_+)+\hat{j}_z^2 \tag{4}$$

$$\hat{j}_-\hat{j}_+=(\hat{j}_x-\mathrm{i}\hat{j}_y)(\hat{j}_x+\mathrm{i}\hat{j}_y)=\hat{j}_x^2+\hat{j}_y^2+\mathrm{i}\hat{j}_x\hat{j}_y-\mathrm{i}\hat{j}_y\hat{j}_x=$$

$$\hat{\boldsymbol{j}}^2-\hat{j}_z^2+\mathrm{i}[\hat{j}_x,\hat{j}_y]=\hat{\boldsymbol{j}}^2-\hat{j}_z^2-\hbar\hat{j}_z \tag{5}$$

$$\hat{j}_+\hat{j}_-=(\hat{j}_x+\mathrm{i}\hat{j}_y)(\hat{j}_x-\mathrm{i}\hat{j}_y)=\hat{j}_x^2+\hat{j}_y^2-\mathrm{i}\hat{j}_x\hat{j}_y+\mathrm{i}\hat{j}_y\hat{j}_x=$$

$$\hat{\boldsymbol{j}}^2-\hat{j}_z^2-\mathrm{i}[\hat{j}_x,\hat{j}_y]=\hat{\boldsymbol{j}}^2-\hat{j}_z^2+\hbar\hat{j}_z \tag{6}$$

上述两式也可以改写成

$$\hat{\boldsymbol{j}}^2=\hat{j}_-\hat{j}_+ +\hat{j}_z^2+\hbar\hat{j}_z \tag{7}$$

$$\hat{\boldsymbol{j}}^2=\hat{j}_+\hat{j}_- +\hat{j}_z^2-\hbar\hat{j}_z \tag{8}$$

习题 1.22 在 $\boldsymbol{j}^2, j_z$ 的共同本征矢 $|jm\rangle$ 下，计算矩阵元 $\langle j'm'|\hat{j}_+\hat{j}_-|jm\rangle$ 与 $\langle j'm'|\hat{j}_-\hat{j}_+|jm\rangle$。

解 由上题的公式

$$\hat{j}_+\hat{j}_-=\hat{\boldsymbol{j}}^2-\hat{j}_z^2+\hbar\hat{j}_z \tag{1}$$

可知

$$\langle j'm'|\hat{j}_+\hat{j}_-|jm\rangle=\langle j'm'|\hat{\boldsymbol{j}}^2-\hat{j}_z^2+\hbar\hat{j}_z|jm\rangle=$$

$$[j(j+1)-m^2+m]\hbar^2\delta_{j,j'}\delta_{m,m'} \tag{2}$$

同理可得

$$\langle j'm'|\hat{j}_-\hat{j}_+|jm\rangle=\langle j'm'|\hat{\boldsymbol{j}}^2-\hat{j}_z^2-\hbar\hat{j}_z|jm\rangle=$$

$$[j(j+1)-m^2-m]\hbar^2\delta_{j,j'}\delta_{m,m'} \tag{3}$$

习题 1.23 证明封闭关系

$$\sum_n |n\rangle\langle n|=1$$

与

$$\sum_n \psi_n^*(\boldsymbol{r}')\psi_n(\boldsymbol{r})=\delta^3(\boldsymbol{r}'-\boldsymbol{r})$$

是等价的。

证明 首先，利用一般的封闭关系证明坐标表象下的封闭关系。

坐标表象下的波函数可以写成

$$\begin{aligned}\psi_n(\boldsymbol{r})&=\langle \boldsymbol{r}\mid n\rangle\\ \psi_n^*(\boldsymbol{r}')&=\langle n\mid \boldsymbol{r}'\rangle\end{aligned}\tag{1}$$

由上式可知

$$\begin{aligned}&\sum_n\psi_n^*(\boldsymbol{r}')\psi_n(\boldsymbol{r})=\sum_n\langle n\mid\boldsymbol{r}'\rangle\langle\boldsymbol{r}\mid n\rangle=\\&\sum_n\langle\boldsymbol{r}\mid n\rangle\langle n\mid\boldsymbol{r}'\rangle=\langle\boldsymbol{r}\mid\boldsymbol{r}'\rangle=\delta^3(\boldsymbol{r}'-\boldsymbol{r})\end{aligned}\tag{2}$$

其次，利用坐标表象下的封闭关系证明一般的封闭关系。

从坐标表象下的封闭关系出发，得到

$$\begin{aligned}\delta^3(\boldsymbol{r}'-\boldsymbol{r})&=\sum_n\psi_n^*(\boldsymbol{r}')\psi_n(\boldsymbol{r})=\sum_n\langle n\mid\boldsymbol{r}'\rangle\langle\boldsymbol{r}\mid n\rangle=\\&\sum_n\langle\boldsymbol{r}\mid n\rangle\langle n\mid\boldsymbol{r}'\rangle=\langle\boldsymbol{r}\mid\sum_n\mid n\rangle\langle n\mid\boldsymbol{r}'\rangle\end{aligned}\tag{3}$$

为使上式成立，要求

$$\sum_n\mid n\rangle\langle n\mid=1\tag{4}$$

需要特别强调的是，封闭关系是量子力学中最常用的公式之一。

习题 1.24　粒子在宽度为 a 的非对称一维无限深方势阱中运动，设粒子分别处于状态

$$\psi_1(x)=\begin{cases}Aa & (0<x<a)\\ 0 & (x\leqslant 0,x\geqslant a)\end{cases}$$

$$\psi_2(x)=\begin{cases}A(a-x) & (0<x<a)\\ 0 & (x\leqslant 0,x\geqslant a)\end{cases}$$

式中 A 为归一化常数。证明如下无穷级数之求和公式

$$\sum_{n=1,3,5,\cdots}^{\infty}\frac{1}{n^2}=\frac{\pi^2}{8};\quad\sum_{n=1}^{\infty}\frac{1}{n^2}=\frac{\pi^2}{6};\quad\sum_{n=2,4,6,\cdots}^{\infty}\frac{1}{n^2}=\frac{\pi^2}{24}$$

解　在宽度为 a 的非对称一维无限深方势阱中运动的粒子，已知其能量本征值与本征函数分别为

$$E_n=\frac{\pi^2\hbar^2}{2ma^2}n^2\quad(n=1,2,3,\cdots)\tag{1}$$

$$\varphi_n(x)=\sqrt{\frac{2}{a}}\sin\left(\frac{n\pi}{a}x\right)\quad(0<x<a)\tag{2}$$

当粒子处于状态 $\psi_1(x)$ 时，首先利用 $\psi_1(x)$ 的归一化条件求出归一化常数 A，即

$$\int_0^a\mathrm{d}x\mid\psi_1(x)\mid^2=\mid A\mid^2a^3=1\tag{3}$$

于是得到归一化常数的模方为

$$|A|^2 = a^{-3} \tag{4}$$

其次，将波函数 $\psi_1(x)$ 向能量的本征函数系展开，得到

$$\psi_1(x) = \sum_{n=1}^{\infty} C_n \varphi_n(x) \tag{5}$$

式中的展开系数为

$$C_n = \int_0^a \mathrm{d}x \varphi_n^*(x) \psi_1(x) = A\sqrt{\frac{2}{a}} \int_0^a \mathrm{d}x a \sin(\alpha x) =$$

$$\frac{A\sqrt{2a}}{\alpha}[1-\cos(n\pi)] =$$

$$-\frac{A\sqrt{2a}}{\alpha}[(-1)^n - 1] \tag{6}$$

式中，$\alpha = n\pi/a$。显然，当 n 为偶数时，$C_n = 0$，而当 n 为奇数时

$$C_n = 2\sqrt{2a}A/\alpha \tag{7}$$

由展开系数的模方之和为 1 可知

$$1 = \sum_{n=1}^{\infty} |C_n|^2 = |A|^2 \frac{2a^3}{\pi^2} \sum_{n=1}^{\infty} \frac{1}{n^2} [(-1)^n - 1]^2 = \frac{8}{\pi^2} \sum_{n=1,3,5,\cdots}^{\infty} \frac{1}{n^2} \tag{8}$$

于是得到无穷级数之和的公式

$$\sum_{n=1,3,5,\cdots}^{\infty} \frac{1}{n^2} = \frac{\pi^2}{8} \tag{9}$$

当粒子处于状态 $\psi_2(x)$ 时，首先利用 $\psi_2(x)$ 的归一化条件求出归一化常数的模方为

$$|A|^2 = 3a^{-3} \tag{10}$$

其次，将波函数 $\psi_2(x)$ 向能量的本征函数系展开，得到展开系数

$$C_n = \int_0^a \mathrm{d}x \varphi_n^*(x) \psi_2(x) = A\sqrt{\frac{2}{a}} \int_0^a \mathrm{d}x (a-x) \sin(\alpha x) = \frac{A\sqrt{2a}}{\alpha} \tag{11}$$

由展开系数的模方之和等于 1 可知

$$1 = \sum_{n=1}^{\infty} |C_n|^2 = |A|^2 \frac{2a^3}{\pi^2} \sum_{n=1}^{\infty} \frac{1}{n^2} = \frac{6}{\pi^2} \sum_{n=1}^{\infty} \frac{1}{n^2} \tag{12}$$

于是得到无穷级数之和的公式

$$\sum_{n=1}^{\infty} \frac{1}{n^2} = \frac{\pi^2}{6} \tag{13}$$

进而还可以得到另外两个无穷级数之和的表达式

$$\sum_{n=2,4,6,\cdots}^{\infty}\frac{1}{n^2}=\sum_{n=1}^{\infty}\frac{1}{n^2}-\sum_{n=1,3,5,\cdots}^{\infty}\frac{1}{n^2}=\frac{\pi^2}{6}-\frac{\pi^2}{8}=\frac{\pi^2}{24}$$
$$\sum_{n=1}^{\infty}(-1)^{n+1}\frac{1}{n^2}=\sum_{n=1,3,5,\cdots}^{\infty}\frac{1}{n^2}-\sum_{n=2,4,6,\cdots}^{\infty}\frac{1}{n^2}=\frac{\pi^2}{12}\tag{14}$$

推而广之，利用上述方法可以得到许多更复杂的无穷级数的求和公式。

通常情况下，需要用数学公式来处理物理问题，此题却反其道而行之，用量子力学方法导出级数求和的数学公式，应该说是一种新的思路。

习题 1.25　设粒子处于状态

$$\psi(x)=\begin{cases}Aa & (0<x<a)\\ 0 & (x\leqslant 0, x\geqslant a)\end{cases}$$

利用平面波导出定积分公式

$$\int_{-\infty}^{\infty}\mathrm{d}k\,\frac{1}{k^2}[1-\cos(ka)]=\pi a$$

解　在坐标表象中，波函数 $\psi(x)$ 的归一化常数的模方为

$$|A|^2=a^{-3}\tag{1}$$

将波函数 $\psi(x)$ 向平面波展开，即

$$\psi(x)=\int_{-\infty}^{\infty}\mathrm{d}k c_k\frac{1}{\sqrt{2\pi}}\mathrm{e}^{\mathrm{i}kx}\tag{2}$$

其中，展开系数

$$c_k=\int_0^a\mathrm{d}xAa\frac{1}{\sqrt{2\pi}}\mathrm{e}^{-\mathrm{i}kx}=\frac{Aa}{\sqrt{2\pi}}\frac{1}{(-\mathrm{i}k)}(\mathrm{e}^{-\mathrm{i}ka}-1)\tag{3}$$

由

$$\int_{-\infty}^{\infty}\mathrm{d}k\,|c_k|^2=1\tag{4}$$

可知

$$\int_{-\infty}^{\infty}\mathrm{d}k\left|\frac{Aa}{\sqrt{2\pi}}\frac{1}{-\mathrm{i}k}(\mathrm{e}^{-\mathrm{i}ka}-1)\right|^2=\frac{|A|^2a^2}{2\pi}\int_{-\infty}^{\infty}\mathrm{d}k\frac{1}{k^2}(\mathrm{e}^{-\mathrm{i}ka}-1)(\mathrm{e}^{\mathrm{i}ka}-1)=$$
$$\frac{1}{2\pi a}\int_{-\infty}^{\infty}\mathrm{d}k\frac{1}{k^2}[2-2\cos(ka)]=1\tag{5}$$

于是，得到定积分公式

$$\int_{-\infty}^{\infty}\mathrm{d}k\,\frac{1}{k^2}[1-\cos(ka)]=\pi a\tag{6}$$

用类似的方法可以得到另外一些定积分公式。

例如，对于状态

$$\psi(x)=\begin{cases}Ax & (0<x<a)\\ 0 & (x\leqslant 0,x\geqslant a)\end{cases} \tag{7}$$

有

$$\int_{-\infty}^{\infty}\mathrm{d}k\,\frac{1}{k^4}\left[a^2k^2-2ak\sin(ak)-2\cos(ak)+2\right]=\frac{2a^3}{3}\pi \tag{8}$$

对于状态

$$\psi(x)=\begin{cases}Ax^2 & (0<x<a)\\ 0 & (x\leqslant 0,x\geqslant a)\end{cases} \tag{9}$$

有

$$\int_{-\infty}^{\infty}\mathrm{d}k\,\frac{1}{k^6}\left[a^4k^4+4a^2k^2\cos(ak)-8ak\sin(ak)-8\cos(ak)+8\right]=\frac{2a^5}{5}\pi \tag{10}$$

此题用量子力学方法导出了计算定积分的数学公式，也是利用物理的方法处理数学问题的典型范例。

习题 1.26 讨论 δ 函数势阱与方势阱的能量本征值之间的关系。

解 汤川曾指出，δ 函数位势是方形位势的极限情况，即当位势宽度 $a\to 0$、高(深)度 $V_0\to\infty$ 且保持 aV_0 为常数时，方形位势将变成 δ 函数位势。由此可以推论，在上述极限条件下，方形位势的解将变成 δ 函数位势的解。下面来证明之。

对于如下形式的有限深对称方势阱

$$V_{\mathrm{F}}(x)=\begin{cases}0 & (|x|\geqslant a/2)\\ -V_0 & (|x|<a/2)\end{cases} \tag{1}$$

略去求解的过程，直接给出能量本征值 $E<0$ 满足的超越方程

$$\gamma a=n\pi-2\arcsin\left(\frac{\gamma}{\sqrt{\gamma^2+k^2}}\right)\quad(n=1,2,3,\cdots) \tag{2}$$

式中

$$\begin{aligned}\gamma&=\sqrt{2m(V_0-|E|)/\hbar^2}\\ k&=\sqrt{2m|E|/\hbar^2}\end{aligned} \tag{3}$$

将式(3) 代入式(2)，整理之有

$$\gamma a=n\pi-2\arcsin\left(\sqrt{1-|E|/V_0}\right) \tag{4}$$

当 $V_0\to\infty$ 时，$1-|E|/V_0\to 1$，于是，式(4) 的右端变为

$$n\pi-2\arcsin\left(\sqrt{1-|E|/V_0}\right)\to(n-1)\pi \tag{5}$$

而当 $a\to 0$ 时，显然式(4) 的左端 $\gamma a\to 0$，于是式(4) 变成

$$(n-1)\pi=0 \tag{6}$$

进而得到

$$n=1 \tag{7}$$

由三角函数关系可知，当 $n=1$ 时，式(4) 化为

$$\gamma a=2\arccos(\sqrt{1-|E|/V_0}) \tag{8}$$

上式可以改写成

$$\sqrt{1-|E|/V_0}=\cos(\gamma a/2) \tag{9}$$

由于 $|\gamma a|<\infty$，故

$$\cos\left(\frac{\gamma a}{2}\right)=\sum_{n=0}^{\infty}\frac{(-1)^n}{(2n)!}\left(\frac{\gamma a}{2}\right)^{2n}=1-\frac{1}{2!}\left(\frac{\gamma a}{2}\right)^2+\frac{1}{4!}\left(\frac{\gamma a}{2}\right)^4-\cdots \tag{10}$$

将式(10) 代入式(9)，得到

$$1-\frac{|E|}{V_0}=\left[1-\frac{1}{2!}\left(\frac{\gamma a}{2}\right)^2+\frac{1}{4!}\left(\frac{\gamma a}{2}\right)^4-\cdots\right]^2=1-\left(\frac{\gamma a}{2}\right)^2+\cdots \tag{11}$$

于是得到能量的本征值为

$$E=-V_0(\gamma^2a^2/4+\cdots) \tag{12}$$

当 $a\to 0$ 时，只有与 γ^2a^2 相关的项不等于零，故有

$$E=-\frac{\gamma^2a^2V_0}{4}=-\frac{2m(V_0-|E|)V_0a^2}{4\hbar^2} \tag{13}$$

对于式(13) 的右端而言，当 $a\to 0$ 时，显然与 $|E|$ 相关的部分趋于零，而另一部分保持为常数，故式(13) 可简化为

$$E=-\frac{ma^2V_0^2}{2\hbar^2} \tag{14}$$

此结果与 δ 函数势阱的能量本征值完全相同。

此题给出了两个看似不同问题之间的关联。

习题 1.27　讨论 δ 函数势垒与方势垒的透射系数之间的关系。

解　当入射能量 $E>V_0$ 时，已知方势垒的透射系数 $T_>^{\mathrm{F}}$ 为

$$T_>^{\mathrm{F}}=\frac{4E(E-V_0)}{4E(E-V_0)+V_0^2\sin^2(\alpha a)} \tag{1}$$

其中

$$\alpha=\sqrt{2m(E-V_0)/\hbar^2} \tag{2}$$

由于 $|\alpha a|<\infty$，故

$$\sin(\alpha a)=\sum_{n=0}^{\infty}(-1)^n\frac{(\alpha a)^{2n+1}}{(2n+1)!}=\alpha a-\frac{(\alpha a)^3}{3!}+\cdots \tag{3}$$

当 $a\to 0$ 时

$$V_0^2\sin^2(\alpha a)=2m(E-V_0)V_0^2a^2/\hbar^2 \tag{4}$$

将式(4) 代入式(1)，得到

$$T_{>}^{\mathrm{F}}=\frac{4E(E-V_0)\hbar^2}{4E(E-V_0)\hbar^2+2ma^2V_0^2(E-V_0)}=\frac{2E\hbar^2}{2E\hbar^2+ma^2V_0^2}=T^{\delta} \tag{5}$$

式中 T^{δ} 为 δ 函数势垒的透射系数。

当入射能量 $E<V_0$ 时，已知方势垒的透射系数 $T_{<}^{\mathrm{F}}$ 为

$$T_{<}^{\mathrm{F}}=\frac{4E(V_0-E)}{4E(V_0-E)+V_0^2\,\mathrm{sh}^2(\beta a)} \tag{6}$$

其中

$$\beta=\sqrt{2m(V_0-E)/\hbar^2} \tag{7}$$

由于 $|\beta a|<\infty$，故

$$\mathrm{sh}(\beta a)=\sum_{n=0}^{\infty}\frac{(\beta a)^{2n+1}}{(2n+1)!}=\beta a+\frac{1}{3!}(\beta a)^3+\cdots \tag{8}$$

当 $a\to 0$ 时

$$V_0^2\,\mathrm{sh}^2(\beta a)=2m(V_0-E)V_0^2a^2/\hbar^2 \tag{9}$$

将上式代入式(6)，得到

$$T_{<}^{\mathrm{F}}=\frac{4E(V_0-E)\hbar^2}{4E(V_0-E)\hbar^2+2mV_0^2a^2(V_0-E)}=T^{\delta} \tag{10}$$

总之，在上述的极限情况下，不论是 $E>V_0$，还是 $E<V_0$，方势垒的透射系数都将变得与 δ 函数势垒完全一致。

同样，此题也给出了两个看似不同问题之间的关联。

习题 1.28 导出曲线坐标系中动能算符的量子化表示。

解 对 N 个质量皆为 m 粒子构成的体系而言，共有 $3N$ 个自由度，在笛卡儿坐标系中，它们是 $x_1,x_2,\cdots,x_{3N}$，相应的动量为 $p_1,p_2,\cdots,p_{3N}$。经典的动能为

$$T=\sum_{i=1}^{3N}\frac{p_i^2}{2m} \tag{1}$$

利用对单粒子算符量子化的方法，得到动能算符为

$$\hat{T}=-\frac{\hbar^2}{2m}\left(\frac{\partial^2}{\partial x_1^2}+\frac{\partial^2}{\partial x_2^2}+\cdots+\frac{\partial^2}{\partial x_{3N}^2}\right) \tag{2}$$

类似地，考虑曲线坐标 $u_1,u_2,\cdots,u_{3N}$，其长度元平方取为

$$(\mathrm{d}s)^2=\sum_{i,j=1}^{3N}g_{ij}\,\mathrm{d}u_i\mathrm{d}u_j \tag{3}$$

其中，系数 g_{ij} 称之为度规张量，它与所选的坐标有关。由动能公式

$$T=\frac{1}{2m}\left(\frac{\mathrm{d}s}{\mathrm{d}t}\right)^2 \tag{4}$$

得到

$$T=\frac{1}{2m}\sum_{i,j=1}^{3N}g_{ij}\frac{\mathrm{d}u_i}{\mathrm{d}t}\frac{\mathrm{d}u_j}{\mathrm{d}t} \tag{5}$$

将由 g_{ij} 构成的矩阵的行列式与逆分别记为

$$\begin{aligned} g&=\det(g_{ij}) \\ g^{ij}&=(g_{ij})^{-1} \end{aligned} \tag{6}$$

由矢量分析可知，在曲线坐标 $u_1,u_2,\cdots,u_{3N}$ 中，拉普拉斯算符是

$$\Delta=\frac{1}{\sqrt{g}}\sum_{i,j=1}^{3N}\frac{\partial}{\partial u_i}\left(\sqrt{g}g^{ij}\frac{\partial}{\partial u_j}\right) \tag{7}$$

于是，动能算符为

$$\hat{T}=-\frac{\hbar^2}{2m}\frac{1}{\sqrt{g}}\sum_{i,j=1}^{3N}\frac{\partial}{\partial u_i}\left(\sqrt{g}g^{ij}\frac{\partial}{\partial u_j}\right) \tag{8}$$

习题 1.29　利用曲线坐标系中动能算符的量子化表示导出球坐标系的动能算符。

解　在球坐标系中，长度元平方为

$$(\mathrm{d}s)^2=(\mathrm{d}r)^2+r^2(\mathrm{d}\theta)^2+r^2\sin^2\theta(\mathrm{d}\varphi)^2=\sum_{i=1}^{3}g_{ii}(\mathrm{d}u_i)^2 \tag{1}$$

于是，可以得到度规张量的元素

$$\begin{aligned} g_{11}&=1 \\ g_{22}&=r^2 \\ g_{33}&=r^2\sin^2\theta \end{aligned} \tag{2}$$

由上述元素构成的矩阵是

$$(g_{ij})=\begin{pmatrix}1 & 0 & 0\\ 0 & r^2 & 0\\ 0 & 0 & r^2\sin^2\theta\end{pmatrix} \tag{3}$$

进而可以求出行列式的值及逆矩阵，即

$$g=\det(g_{ij})=r^4\sin^2\theta$$

$$(g^{ij})=\begin{pmatrix}1 & 0 & 0\\ 0 & \dfrac{1}{r^2} & 0\\ 0 & 0 & \dfrac{1}{r^2\sin^2\theta}\end{pmatrix} \tag{4}$$

将上述结果代入曲线坐标下的动能算符表达式

$$\hat{T}=-\frac{\hbar^2}{2m}\frac{1}{\sqrt{g}}\sum_{i,j=1}^{3N}\frac{\partial}{\partial u_i}\left(\sqrt{g}g^{ij}\frac{\partial}{\partial u_j}\right) \tag{5}$$

由于矩阵是对角形式的，故动能算符只有 3 项，即

$$\hat{T}=-\frac{\hbar^2}{2m}\frac{1}{\sqrt{g}}\sum_{i,j=1}^{3}\frac{\partial}{\partial u_i}\left(\sqrt{g}g^{ij}\frac{\partial}{\partial u_j}\right)=$$

$$-\frac{\hbar^2}{2m}\frac{1}{\sqrt{g}}\left\{\frac{\partial}{\partial r}\sqrt{g}\frac{\partial}{\partial r}+\frac{\partial}{\partial\theta}\frac{\sqrt{g}}{r^2}\frac{\partial}{\partial\theta}+\frac{\partial}{\partial\varphi}\frac{\sqrt{g}}{r^2\sin^2\theta}\frac{\partial}{\partial\varphi}\right\} \tag{6}$$

其中

$$\frac{\partial}{\partial r}\sqrt{g}\frac{\partial}{\partial r}=\frac{\partial}{\partial r}\left(r^2\sin\theta\frac{\partial}{\partial r}\right)=r^2\sin\theta\frac{\partial^2}{\partial r^2}+2r\sin\theta\frac{\partial}{\partial r} \tag{7}$$

$$\frac{\partial}{\partial\theta}\frac{\sqrt{g}}{r^2}\frac{\partial}{\partial\theta}=\frac{\partial}{\partial\theta}\left(\sin\theta\frac{\partial}{\partial\theta}\right) \tag{8}$$

$$\frac{\partial}{\partial\varphi}\frac{\sqrt{g}}{r^2\sin^2\theta}\frac{\partial}{\partial\varphi}=\frac{1}{\sin\theta}\frac{\partial^2}{\partial\varphi^2} \tag{9}$$

将式(7)～式(9)代入式(5)，得到球坐标系中动能算符的表达式

$$\hat{T}=-\frac{\hbar^2}{2m}\left(\frac{\partial^2}{\partial r^2}+\frac{2}{r}\frac{\partial}{\partial r}+\frac{1}{r^2\sin\theta}\frac{\partial}{\partial\theta}\sin\theta\frac{\partial}{\partial\theta}+\frac{1}{r^2\sin^2\theta}\frac{\partial^2}{\partial\varphi^2}\right) \tag{10}$$

第2章　量子力学的形式理论

习题 2.1　若 $\hat{S}$ 为任意一个幺正算符，$\hat{A}$ 与 $\hat{B}$ 为任意厄米算符，且 $\hat{A}\mid\varphi_n\rangle = a_n\mid\varphi_n\rangle$，证明

$$(\hat{S}^\dagger\hat{A}\hat{S})\hat{S}^\dagger\mid\varphi_n\rangle = a_n\hat{S}^\dagger\mid\varphi_n\rangle$$

$$\hat{S}^\dagger[\hat{A},\hat{B}]\hat{S} = [\hat{S}^\dagger\hat{A}\hat{S},\hat{S}^\dagger\hat{B}\hat{S}]$$

$$\mathrm{Tr}(\hat{S}^\dagger\hat{A}\hat{S}) = \mathrm{Tr}\hat{A}$$

$$\det(\hat{S}^\dagger\hat{A}\hat{S}) = \det\hat{A}$$

证明　用 $\hat{S}^\dagger$ 从左作用算符 $\hat{A}$ 满足的本征方程，得到

$$\hat{S}^\dagger\hat{A}\mid\varphi_n\rangle = a_n\hat{S}^\dagger\mid\varphi_n\rangle \tag{1}$$

由幺正算符的性质

$$\begin{aligned}\hat{S}^\dagger\hat{S} &= 1\\ \hat{S}\hat{S}^\dagger &= 1\end{aligned} \tag{2}$$

可知

$$(\hat{S}^\dagger\hat{A}\hat{S})\hat{S}^\dagger\mid\varphi_n\rangle = \hat{S}^\dagger\hat{A}\mid\varphi_n\rangle = a_n\hat{S}^\dagger\mid\varphi_n\rangle \tag{3}$$

上式表明，幺正变换不改变算符的本征值。

同理可知，变换后算符的对易关系为

$$\begin{aligned}&[\hat{S}^\dagger\hat{A}\hat{S},\hat{S}^\dagger\hat{B}\hat{S}] = \hat{S}^\dagger\hat{A}\hat{S}\hat{S}^\dagger\hat{B}\hat{S} - \hat{S}^\dagger\hat{B}\hat{S}\hat{S}^\dagger\hat{A}\hat{S} =\\ &\hat{S}^\dagger\hat{A}\hat{B}\hat{S} - \hat{S}^\dagger\hat{B}\hat{A}\hat{S} = \hat{S}^\dagger[\hat{A},\hat{B}]\hat{S}\end{aligned} \tag{4}$$

上式表明，幺正变换不改变算符之间的对易关系。

由阵迹的性质与封闭关系可知，变换后的算符的阵迹为

$$\begin{aligned}\mathrm{Tr}(\hat{S}^\dagger\hat{A}\hat{S}) &= \sum_n\langle\varphi_n\mid\hat{S}^\dagger\hat{A}\hat{S}\mid\varphi_n\rangle =\\ &\sum_n\langle\varphi_n\mid\hat{S}^\dagger\sum_m\mid\varphi_m\rangle\langle\varphi_m\mid\hat{A}\sum_{m'}\mid\varphi_{m'}\rangle\langle\varphi_{m'}\mid\hat{S}\mid\varphi_n\rangle =\\ &\sum_m\sum_{m'}\sum_n\langle\varphi_{m'}\mid\hat{S}\mid\varphi_n\rangle\langle\varphi_n\mid\hat{S}^\dagger\mid\varphi_m\rangle\langle\varphi_m\mid\hat{A}\mid\varphi_{m'}\rangle =\end{aligned}$$

$$\sum_m \sum_{m'} \langle \varphi_{m'} \mid \hat{S}\hat{S}^\dagger \mid \varphi_m \rangle \langle \varphi_m \mid \hat{A} \mid \varphi_{m'} \rangle =$$

$$\sum_m \sum_{m'} \langle \varphi_{m'} \mid \varphi_m \rangle \langle \varphi_m \mid \hat{A} \mid \varphi_{m'} \rangle = \sum_m \langle \varphi_m \mid \hat{A} \mid \varphi_m \rangle = \mathrm{Tr}\hat{A} \tag{5}$$

上式表明,幺正变换不改变算符的阵迹。

由行列式的性质可知

$$\det(\hat{A}\hat{B}) = \det\hat{A}\det\hat{B} \tag{6}$$

于是有

$$\begin{aligned} &\det(\hat{S}^\dagger\hat{A}\hat{S}) = \det\hat{S}^\dagger\det\hat{A}\det\hat{S} = \\ &\det\hat{S}^\dagger\det\hat{S}\det\hat{A} = \det(\hat{S}^\dagger\hat{S})\det\hat{A} = \det\hat{A} \end{aligned} \tag{7}$$

上式表明,幺正变换不改变算符行列式的值。

如果对态矢 $|\psi\rangle$ 和算符 $\hat{A}$ 做如下幺正变换

$$\begin{aligned} &|\tilde{\psi}\rangle = \hat{S} \mid \psi\rangle \\ &\tilde{\hat{A}} = \hat{S}\hat{A}\hat{S}^\dagger \end{aligned} \tag{8}$$

则用类似的方法也可以证明

$$\begin{aligned} &(\hat{S}\hat{A}\hat{S}^\dagger)\hat{S} \mid \varphi_n\rangle = a_n\hat{S} \mid \varphi_n\rangle \\ &\hat{S}[\hat{A},\hat{B}]\hat{S}^\dagger = [\hat{S}\hat{A}\hat{S}^\dagger, \hat{S}\hat{B}\hat{S}^\dagger] \\ &\mathrm{Tr}(\hat{S}\hat{A}\hat{S}^\dagger) = \mathrm{Tr}\hat{A} \\ &\det(\hat{S}\hat{A}\hat{S}^\dagger) = \det\hat{A} \end{aligned} \tag{9}$$

另外,如果对态矢 $|\psi\rangle$ 做如下幺正变换

$$|\tilde{\psi}\rangle = \hat{S} \mid \psi\rangle \tag{10}$$

由算符 $\hat{S}$ 的幺正性的表达式(2) 可知

$$\hat{S}^\dagger = \hat{S}^{-1} \tag{11}$$

于是,相应的算符变换也可以写成

$$\tilde{\hat{A}} = \hat{S}\hat{A}\hat{S}^{-1} \tag{12}$$

在此基础上可以证明

$$
\begin{aligned}
&(\hat{S}\hat{A}\hat{S}^{-1})\hat{S}\mid\varphi_n\rangle = a_n\hat{S}\mid\varphi_n\rangle \\
&\hat{S}[\hat{A},\hat{B}]\hat{S}^{-1} = [\hat{S}\hat{A}\hat{S}^{-1},\hat{S}\hat{B}\hat{S}^{-1}] \\
&\mathrm{Tr}(\hat{S}\hat{A}\hat{S}^{-1}) = \mathrm{Tr}\hat{A} \\
&\det(\hat{S}\hat{A}\hat{S}^{-1}) = \det\hat{A}
\end{aligned}
\tag{13}
$$

综上所述，虽然幺正变换有不同的形式，但是，不论何种幺正变换都不改变算符的本征值、阵迹和行列式的值，也不改变算符之间的对易关系。

此外，幺正变换也不改变算符的取值概率与平均值(见习题 2.3)。

习题 2.2　导出坐标算符在动量表象中的形式，即

$$\hat{\boldsymbol{r}} = \mathrm{i}\hbar\vec{\nabla}_p = \mathrm{i}\hbar\left(\boldsymbol{i}\frac{\partial}{\partial p_x} + \boldsymbol{j}\frac{\partial}{\partial p_y} + \boldsymbol{k}\frac{\partial}{\partial p_z}\right)$$

解　导出坐标算符在动量表象中的形式的方法有多种，下面分别介绍之。

第 1 种方法是，利用两个算符的对易关系不随表象变化的性质，导出坐标算符在动量表象中的形式。

在一维情况下，已知在坐标表象下，坐标算符与动量算符的对易关系为

$$[x,\hat{p}_x] = \mathrm{i}\hbar \tag{1}$$

其中

$$\hat{p}_x = -\mathrm{i}\hbar\frac{\partial}{\partial x} \tag{2}$$

在动量表象下，坐标算符与动量算符应该满足同样的对易关系，即

$$[\hat{x},p_x] = \mathrm{i}\hbar \tag{3}$$

为保证与式(1)一致，坐标算符应写成

$$\hat{x} = \mathrm{i}\hbar\frac{\partial}{\partial p_x} \tag{4}$$

进而可知，在动量表象下，三维坐标算符的形式为

$$\hat{\boldsymbol{r}} = \mathrm{i}\hbar\vec{\nabla}_p \tag{5}$$

第 2 种方法是，利用力学量平均值不随表象变化的性质，导出坐标算符在动量表象中的形式。

在坐标表象下，已知任意状态 $\psi(x)$ 可以展开为

$$\psi(x) = (2\pi\hbar)^{-1/2}\int_{-\infty}^{\infty}\mathrm{d}p_x\varphi(p_x)\mathrm{e}^{\frac{\mathrm{i}}{\hbar}p_x x} \tag{6}$$

式中 $\varphi(p_x)$ 为状态 $\psi(x)$ 在动量表象下的表示。利用式(6)可以将坐标算符在任意状态 $\psi(x)$ 上的平均值改写为

$$\int_{-\infty}^{\infty} \mathrm{d}x\psi^*(x)x\psi(x) =$$

$$\frac{1}{2\pi\hbar}\int_{-\infty}^{\infty} \mathrm{d}x \int_{-\infty}^{\infty} \mathrm{d}p_x\varphi^*(p_x)\,\mathrm{e}^{-\frac{\mathrm{i}}{\hbar}p_x x}x\int_{-\infty}^{\infty} \mathrm{d}p'_x\varphi(p'_x)\,\mathrm{e}^{\frac{\mathrm{i}}{\hbar}p'_x x} =$$

$$\frac{1}{2\pi\hbar}\int_{-\infty}^{\infty} \mathrm{d}x \int_{-\infty}^{\infty} \mathrm{d}p_x\varphi^*(p_x)\left(\mathrm{i}\hbar\frac{\partial}{\partial p_x}\right)\mathrm{e}^{-\frac{\mathrm{i}}{\hbar}p_x x}\int_{-\infty}^{\infty} \mathrm{d}p'_x\varphi(p'_x)\,\mathrm{e}^{\frac{\mathrm{i}}{\hbar}p'_x x} = \tag{7}$$

$$\int_{-\infty}^{\infty} \mathrm{d}p_x\varphi^*(p_x)\left(\mathrm{i}\hbar\frac{\partial}{\partial p_x}\right)\int_{-\infty}^{\infty} \mathrm{d}p'_x\varphi(p'_x)\frac{1}{2\pi\hbar}\int_{-\infty}^{\infty} \mathrm{d}x\,\mathrm{e}^{\frac{\mathrm{i}}{\hbar}(p'_x-p_x)x} =$$

$$\int_{-\infty}^{\infty} \mathrm{d}p_x\varphi^*(p_x)\left(\mathrm{i}\hbar\frac{\partial}{\partial p_x}\right)\int_{-\infty}^{\infty} \mathrm{d}p'_x\varphi(p'_x)\delta(p_x-p'_x) =$$

$$\int_{-\infty}^{\infty} \mathrm{d}p_x\varphi^*(p_x)\left(\mathrm{i}\hbar\frac{\partial}{\partial p_x}\right)\varphi(p_x)$$

式中用到 δ 函数的定义

$$\delta(p_x) = (2\pi\hbar)^{-1}\int_{-\infty}^{\infty} \mathrm{d}x\,\mathrm{e}^{-\frac{\mathrm{i}}{\hbar}p_x x} \tag{8}$$

实际上，式(7) 的右端为坐标算符在动量表象下的平均值，于是得到在动量表象下的坐标算符为

$$\hat{x} = \mathrm{i}\hbar\frac{\partial}{\partial p_x} \tag{9}$$

进而得到式(5)。

第 3 种方法是，利用直接计算坐标算符在动量表象下矩阵元的方法证明此问题。

坐标算符在动量表象中的矩阵元

$$\langle p_x \mid \hat{x} \mid p'_x\rangle = \int_{-\infty}^{\infty} \mathrm{d}x\psi^*_{p_x}(x)x\psi_{p'_x}(x) \tag{10}$$

式中 $\psi_{p_x}(x)$ 为动量算符本征波函数在坐标表象中的表示，即

$$\psi_{p_x}(x) = (2\pi\hbar)^{-1/2}\mathrm{e}^{\frac{\mathrm{i}}{\hbar}p_x x} \tag{11}$$

将式(11) 代入式(10)，得到

$$\langle p_x \mid \hat{x} \mid p'_x\rangle = \int_{-\infty}^{\infty} \mathrm{d}x\psi^*_{p_x}(x)x\psi_{p'_x}(x) =$$

$$\frac{1}{2\pi\hbar}\int_{-\infty}^{\infty} \mathrm{d}x\,\mathrm{e}^{-\frac{\mathrm{i}}{\hbar}p_x x}x\,\mathrm{e}^{\frac{\mathrm{i}}{\hbar}p'_x x} =$$

$$\frac{1}{2\pi\hbar}\left(\mathrm{i}\hbar\frac{\partial}{\partial p_x}\right)\int_{-\infty}^{\infty}\mathrm{d}x\,\mathrm{e}^{\frac{\mathrm{i}}{\hbar}(p_x'-p_x)x}=$$

$$\mathrm{i}\hbar\frac{\partial}{\partial p_x}\delta(p_x-p_x') \tag{12}$$

对任意态矢 $|\psi\rangle$，设坐标算符满足算符方程

$$|\varphi\rangle=\hat{x}|\psi\rangle \tag{13}$$

用 $\langle p_x|$ 从左作用上式两端，得到在动量表象下的波函数

$$\langle p_x|\varphi\rangle=\langle p_x|\hat{x}|\psi\rangle=\int_{-\infty}^{\infty}\mathrm{d}p_x'\langle p_x|\hat{x}|p_x'\rangle\langle p_x'|\psi\rangle \tag{14}$$

将式(12) 代入上式，得到

$$\langle p_x|\varphi\rangle=\mathrm{i}\hbar\int_{-\infty}^{\infty}\mathrm{d}p_x'\frac{\partial}{\partial p_x}\delta(p_x-p_x')\langle p_x'|\psi\rangle=\mathrm{i}\hbar\frac{\partial}{\partial p_x}\langle p_x|\psi\rangle \tag{15}$$

上式就是动量表象下的坐标算符满足的方程，即

$$\varphi(p_x)=\mathrm{i}\hbar\frac{\partial}{\partial p_x}\psi(p_x) \tag{16}$$

于是，在动量表象下坐标算符的形式为

$$\hat{x}=\mathrm{i}\hbar\frac{\partial}{\partial p_x} \tag{17}$$

进而得到式(5)。

习题 2.3　若 $\hat{S}$ 为任意一个幺正算符，$\hat{A}$ 为任意厄米算符，且

$$\hat{A}|\varphi_n\rangle=a_n|\varphi_n\rangle$$

在任意状态 $|\psi\rangle$ 下，证明表象变换不影响 A 的取值概率与平均值。

证明　在任意状态 $|\psi\rangle$ 下，力学量 A 取 a_n 值的概率为

$$W(a_n)=|\langle\varphi_n|\psi\rangle|^2 \tag{1}$$

在做幺正变换 $\hat{S}$ 之后，状态 $|\psi\rangle$ 与 $|\varphi_n\rangle$ 分别变成

$$\begin{aligned}|\Psi\rangle&=\hat{S}|\psi\rangle\\|\Phi_n\rangle&=\hat{S}|\varphi_n\rangle\end{aligned} \tag{2}$$

在状态 $|\Psi\rangle$ 下，力学量 A 取 a_n 值的概率为

$$\begin{aligned}\widetilde{W}(a_n)&=|\langle\Phi_n|\Psi\rangle|^2=\langle\Psi|\Phi_n\rangle\langle\Phi_n|\Psi\rangle=\\&\langle\psi|\hat{S}^\dagger\hat{S}|\varphi_n\rangle\langle\varphi_n|\hat{S}^\dagger\hat{S}|\psi\rangle=|\langle\varphi_n|\psi\rangle|^2=W(a_n)\end{aligned} \tag{3}$$

显然，表象变换不改变力学量 A 的取值概率。

在任意状态 $|\psi\rangle$ 下，力学量 A 的平均值为

$$\bar{A} = \langle \psi \mid \hat{A} \mid \psi \rangle \tag{4}$$

在做幺正变换 $\hat{S}$ 之后，算符 $\hat{A}$ 变成

$$\tilde{\hat{A}} = \hat{S}\hat{A}\hat{S}^\dagger \tag{5}$$

在状态 $\mid \Psi \rangle$ 下，力学量 A 的平均值为

$$\bar{\tilde{A}} = \langle \Psi \mid \hat{S}\hat{A}\hat{S}^\dagger \mid \Psi \rangle = \langle \psi \mid \hat{S}^\dagger \hat{S}\hat{A}\hat{S}^\dagger \hat{S} \mid \psi \rangle = \langle \psi \mid \hat{A} \mid \psi \rangle = \bar{A} \tag{6}$$

显然，表象变换不改变力学量 A 的平均值。

总之，幺正变换不改变力学量的取值概率与平均值。

习题 2.4 若算符 $\hat{U}$ 与 $\hat{V}$ 的定义分别为

$$\hat{U} = \sum_k \mid a_k \rangle \langle b_k \mid$$

$$\hat{V} = \sum_k \mid b_k \rangle \langle a_k \mid$$

其中，$\{\mid a_k \rangle\}$ 与 $\{\mid b_k \rangle\}$ 为任意两个正交归一完备函数系，证明算符 $\hat{U}$ 与 $\hat{V}$ 皆为幺正算符，互为厄米共轭，并且满足

$$U_{ij} = \langle b_i \mid a_j \rangle$$

$$V_{ij} = \langle a_i \mid b_j \rangle$$

证明 利用 $\{\mid a_k \rangle\}$ 与 $\{\mid b_k \rangle\}$ 的封闭关系，分别计算 $\hat{U}\hat{U}^\dagger$ 与 $\hat{U}^\dagger\hat{U}$，得到

$$\begin{aligned} \hat{U}\hat{U}^\dagger = \sum_i \mid a_i \rangle \langle b_i \mid \sum_j (\mid a_j \rangle \langle b_j \mid)^\dagger = \\ \sum_i \mid a_i \rangle \langle b_i \mid \sum_j \mid b_j \rangle \langle a_j \mid = \sum_i \mid a_i \rangle \langle a_i \mid = 1 \end{aligned} \tag{1}$$

$$\begin{aligned} \hat{U}^\dagger\hat{U} = \sum_i (\mid a_i \rangle \langle b_i \mid)^\dagger \sum_j \mid a_j \rangle \langle b_j \mid = \\ \sum_i \mid b_i \rangle \langle a_i \mid \sum_j \mid a_j \rangle \langle b_j \mid = \sum_i \mid b_i \rangle \langle b_i \mid = 1 \end{aligned} \tag{2}$$

显然，算符 $\hat{U}$ 是幺正算符。同理可证 $\hat{V}$ 也是幺正算符。

算符 $\hat{U}$ 与 $\hat{V}$ 的共轭算符分别为

$$\hat{U}^\dagger = \left(\sum_k \mid a_k \rangle \langle b_k \mid\right)^\dagger = \sum_k \mid b_k \rangle \langle a_k \mid = \hat{V} \tag{3}$$

$$\hat{V}^\dagger = \left(\sum_k \mid b_k \rangle \langle a_k \mid\right)^\dagger = \sum_k \mid a_k \rangle \langle b_k \mid = \hat{U} \tag{4}$$

于是，证得算符 $\hat{U}$ 与 $\hat{V}$ 互为共轭算符。

最后，在$\{|a_k\rangle\}$与$\{|b_k\rangle\}$两个基底之下，算符$\hat{U}$的矩阵元分别为

$$U_{ij}(a)=\langle a_i|\hat{U}|a_j\rangle=\langle a_i|\Big(\sum_k|a_k\rangle\langle b_k|\Big)|a_j\rangle=\langle b_i|a_j\rangle \tag{5}$$

$$U_{ij}(b)=\langle b_i|\hat{U}|b_j\rangle=\langle b_i|\Big(\sum_k|a_k\rangle\langle b_k|\Big)|b_j\rangle=\langle b_i|a_j\rangle \tag{6}$$

显然，算符$\hat{U}$在两个基底下的矩阵元是相同的。

对于算符$\hat{V}$也有同样的结论，即

$$V_{ij}(a)=\langle a_i|\hat{V}|a_j\rangle=\langle a_i|\Big(\sum_k|b_k\rangle\langle a_k|\Big)|a_j\rangle=\langle a_i|b_j\rangle \tag{7}$$

$$V_{ij}(b)=\langle b_i|\hat{V}|b_j\rangle=\langle b_i|\Big(\sum_k|b_k\rangle\langle a_k|\Big)|b_j\rangle=\langle a_i|b_j\rangle \tag{8}$$

习题 2.5　一个中子处于如下的旋转磁场中

$$\boldsymbol{B}=B_0\boldsymbol{k}+B_1\cos(\omega t)\boldsymbol{i}-B_1\sin(\omega t)\boldsymbol{j}$$

式中，B_0、B_1皆为常数。在相互作用绘景中，导出波函数满足的运动方程。若初始时刻$(t=0)$中子的磁矩与z轴同向，求出任意时刻发现其自旋向上的概率。

解　实验发现，中子虽然不带电，但是它也具有磁矩

$$\hat{\boldsymbol{\mu}}_{\mathrm{n}}=-\mu\hat{\boldsymbol{\sigma}} \tag{1}$$

式中

$$\mu=1.9129\mu_{\mathrm{N}}=1.9129\times\frac{e\hbar}{2m_{\mathrm{p}}c} \tag{2}$$

μ_{N}称之为核磁子，m_{p}为质子的质量。由于中子的磁矩为反常磁矩，与自旋方向反平行，故初始时刻中子处于自旋向下的状态。

当只考虑磁场的作用时，体系的哈密顿算符可以写成

$$\begin{aligned}\hat{H}(t)=&-\hat{\boldsymbol{\mu}}_{\mathrm{n}}\cdot\boldsymbol{B}=\mu\hat{\boldsymbol{\sigma}}\cdot\boldsymbol{B}=\mu(\hat{\sigma}_xB_x+\hat{\sigma}_yB_y+\hat{\sigma}_zB_z)=\\&\mu B_1\begin{pmatrix}0&\cos(\omega t)\\\cos(\omega t)&0\end{pmatrix}+\\&\mathrm{i}\mu B_1\begin{pmatrix}0&\sin(\omega t)\\-\sin(\omega t)&0\end{pmatrix}+\\&\mu B_0\begin{pmatrix}1&0\\0&-1\end{pmatrix}=\mu\begin{pmatrix}B_0&B_1\mathrm{e}^{\mathrm{i}\omega t}\\B_1\mathrm{e}^{-\mathrm{i}\omega t}&-B_0\end{pmatrix}\end{aligned} \tag{3}$$

若令

$$\begin{aligned}\omega_0&=\mu B_0/\hbar\\\omega_1&=\mu B_1/\hbar\end{aligned} \tag{4}$$

则式(3)变成

$$\hat{H}(t)=\mu\begin{pmatrix} B_0 & B_1\mathrm{e}^{\mathrm{i}\omega t} \\ B_1\mathrm{e}^{-\mathrm{i}\omega t} & -B_0 \end{pmatrix}=\hbar\begin{pmatrix} \omega_0 & \omega_1\mathrm{e}^{\mathrm{i}\omega t} \\ \omega_1\mathrm{e}^{-\mathrm{i}\omega t} & -\omega_0 \end{pmatrix} \tag{5}$$

上式还可以改写为

$$\hat{H}(t)=\hbar\omega_0\begin{pmatrix} 1 & 0 \\ 0 & -1 \end{pmatrix}+\hbar\omega_1\begin{pmatrix} 0 & \mathrm{e}^{\mathrm{i}\omega t} \\ \mathrm{e}^{-\mathrm{i}\omega t} & 0 \end{pmatrix} \tag{6}$$

需要解决的问题是，利用上述哈密顿算符与初始条件求解薛定谔方程，即

$$\begin{aligned} &\mathrm{i}\hbar\frac{\partial}{\partial t}\psi(t)=\hat{H}(t)\psi(t) \\ &\psi(0)=\begin{pmatrix} 0 \\ 1 \end{pmatrix} \end{aligned} \tag{7}$$

求解此问题的方法有多种，为了加深对绘景概念的理解，在相互作用绘景中处理它。

若哈密顿算符可以写成 $\hat{H}(t)=\hat{H}_0+\hat{W}(t)$，则在相互作用绘景中的波函数与算符分别为

$$\begin{aligned} &\psi_{\mathrm{I}}(t)=\mathrm{e}^{\frac{\mathrm{i}}{\hbar}\hat{H}_0 t}\psi(t) \\ &\hat{W}_{\mathrm{I}}(t)=\mathrm{e}^{\frac{\mathrm{i}}{\hbar}\hat{H}_0 t}\hat{W}(t)\mathrm{e}^{-\frac{\mathrm{i}}{\hbar}\hat{H}_0 t} \end{aligned} \tag{8}$$

相应的运动方程是

$$\begin{aligned} &\mathrm{i}\hbar\frac{\partial}{\partial t}\psi_{\mathrm{I}}(t)=\hat{W}_{\mathrm{I}}(t)\psi_{\mathrm{I}}(t) \\ &\psi_{\mathrm{I}}(0)=\begin{pmatrix} 0 \\ 1 \end{pmatrix} \end{aligned} \tag{9}$$

设

$$\hat{H}_0=\omega'\hbar\begin{pmatrix} 1 & 0 \\ 0 & -1 \end{pmatrix}=\omega'\hbar\hat{\sigma}_z \tag{10}$$

式中 ω' 是一个参数。由式(6) 可知

$$\hat{W}(t)=\hat{H}(t)-\hat{H}_0=\hbar(\omega_0-\omega')\hat{\sigma}_z+\hbar\omega_1\begin{pmatrix} 0 & \mathrm{e}^{\mathrm{i}\omega t} \\ \mathrm{e}^{-\mathrm{i}\omega t} & 0 \end{pmatrix} \tag{11}$$

利用式(8) 将 $\hat{W}(t)$ 变至相互作用绘景中，于是有

$$\begin{aligned} \hat{W}_{\mathrm{I}}(t)&=\mathrm{e}^{\frac{\mathrm{i}}{\hbar}\hat{H}_0 t}\hat{W}(t)\mathrm{e}^{-\frac{\mathrm{i}}{\hbar}\hat{H}_0 t}= \\ &\hbar(\omega_0-\omega')\hat{\sigma}_z+\hbar\omega_1\mathrm{e}^{\mathrm{i}\omega'\hat{\sigma}_z t}\begin{pmatrix} 0 & \mathrm{e}^{\mathrm{i}\omega t} \\ \mathrm{e}^{-\mathrm{i}\omega t} & 0 \end{pmatrix}\mathrm{e}^{-\mathrm{i}\omega'\hat{\sigma}_z t} \end{aligned} \tag{12}$$

首先，计算

$$\begin{pmatrix} 0 & e^{i\omega t} \\ e^{-i\omega t} & 0 \end{pmatrix} e^{-i\omega'\hat{\sigma}_z t} = \begin{pmatrix} 0 & e^{i\omega t} \\ e^{-i\omega t} & 0 \end{pmatrix} \sum_n \frac{(-i\omega' t)^n}{n!}\hat{\sigma}_z^n =$$

$$\sum_n \frac{(-i\omega' t)^n}{n!} \begin{pmatrix} 0 & e^{i\omega t} \\ e^{-i\omega t} & 0 \end{pmatrix} \hat{\sigma}_z^n \tag{13}$$

其中

$$\begin{pmatrix} 0 & e^{i\omega t} \\ e^{-i\omega t} & 0 \end{pmatrix} \hat{\sigma}_z = \begin{pmatrix} 0 & e^{i\omega t} \\ e^{-i\omega t} & 0 \end{pmatrix} \begin{pmatrix} 1 & 0 \\ 0 & -1 \end{pmatrix} = \begin{pmatrix} 0 & -e^{i\omega t} \\ e^{-i\omega t} & 0 \end{pmatrix} \tag{14}$$

进而可知

$$\begin{pmatrix} 0 & e^{i\omega t} \\ e^{-i\omega t} & 0 \end{pmatrix} \hat{\sigma}_z^n = \begin{pmatrix} 0 & (-1)^n e^{i\omega t} \\ e^{-i\omega t} & 0 \end{pmatrix} \tag{15}$$

将其代入式(13)，得到

$$\begin{aligned} \begin{pmatrix} 0 & e^{i\omega t} \\ e^{-i\omega t} & 0 \end{pmatrix} e^{-i\omega'\hat{\sigma}_z t} &= \sum_n \frac{(-i\omega' t)^n}{n!} \begin{pmatrix} 0 & (-1)^n e^{i\omega t} \\ e^{-i\omega t} & 0 \end{pmatrix} = \\ \begin{pmatrix} 0 & e^{i\omega' t} e^{i\omega t} \\ e^{-i\omega' t} e^{-i\omega t} & 0 \end{pmatrix} &= \begin{pmatrix} 0 & e^{i(\omega+\omega')t} \\ e^{-i(\omega+\omega')t} & 0 \end{pmatrix} \end{aligned} \tag{16}$$

其次，用类似的方法可以得到

$$\begin{aligned} & e^{i\omega'\hat{\sigma}_z t} \begin{pmatrix} 0 & e^{i\omega t} \\ e^{-i\omega t} & 0 \end{pmatrix} e^{-i\omega'\hat{\sigma}_z t} = \\ & e^{i\omega'\hat{\sigma}_z t} \begin{pmatrix} 0 & e^{i(\omega+\omega')t} \\ e^{-i(\omega+\omega')t} & 0 \end{pmatrix} = \\ & \sum_n \frac{(i\omega' t)^n}{n!}\hat{\sigma}_z^{n-1} \begin{pmatrix} 1 & 0 \\ 0 & -1 \end{pmatrix} \begin{pmatrix} 0 & e^{i(\omega+\omega')t} \\ e^{-i(\omega+\omega')t} & 0 \end{pmatrix} = \\ & \sum_n \frac{(i\omega' t)^n}{n!}\hat{\sigma}_z^{n-1} \begin{pmatrix} 0 & e^{i(\omega+\omega')t} \\ -e^{-i(\omega+\omega')t} & 0 \end{pmatrix} = \\ & \sum_n \frac{(i\omega' t)^n}{n!} \begin{pmatrix} 0 & e^{i(\omega+\omega')t} \\ (-1)^n e^{-i(\omega+\omega')t} & 0 \end{pmatrix} = \\ & \begin{pmatrix} 0 & e^{i\omega' t} e^{i(\omega+\omega')t} \\ e^{-i\omega' t} e^{-i(\omega+\omega')t} & 0 \end{pmatrix} = \begin{pmatrix} 0 & e^{i(\omega+2\omega')t} \\ e^{-i(\omega+2\omega')t} & 0 \end{pmatrix} \end{aligned} \tag{17}$$

将式(17) 代入式(12)，得到

$$\hat{W}_I(t) = \hbar(\omega_0 - \omega')\hat{\sigma}_z + \hbar\omega_1 \begin{pmatrix} 0 & e^{i(\omega+2\omega')t} \\ e^{-i(\omega+2\omega')t} & 0 \end{pmatrix} \tag{18}$$

若将参数选为 $\omega' = -\omega/2$，为简洁计，令 $\omega_2 = \omega_0 + \omega/2$，将其代入上式，则有

$$\hat{W}_I(t) = \omega_2 \hbar \hat{\sigma}_z + \hbar\omega_1 \begin{pmatrix} 0 & 1 \\ 1 & 0 \end{pmatrix} = \omega_2 \hbar \hat{\sigma}_z + \omega_1 \hbar \hat{\sigma}_x \tag{19}$$

显然，此时的 $\hat{W}_{\mathrm{I}}(t)=\hat{W}_{\mathrm{I}}$ 并不显含时间，于是，相互作用绘景中的运动方程类似于薛定谔绘景中的薛定谔方程。

体系任意时刻的状态可以由相应的时间演化算符作用到初始状态上得到，即

$$\psi_{\mathrm{I}}(t)=\mathrm{e}^{-\frac{\mathrm{i}}{\hbar}\hat{W}_{\mathrm{I}}t}\psi_{\mathrm{I}}(0) \tag{20}$$

时间演化算符可以改写成

$$\mathrm{e}^{-\frac{\mathrm{i}}{\hbar}\hat{W}_{\mathrm{I}}t}=\mathrm{e}^{-\frac{\mathrm{i}}{\hbar}(\omega_2\hbar\hat{\sigma}_z+\omega_1\hbar\hat{\sigma}_x)t}=\mathrm{e}^{-\mathrm{i}\begin{pmatrix}\omega_2 & \omega_1\\ \omega_1 & -\omega_2\end{pmatrix}t}=$$

$$\sum_n\frac{(-\mathrm{i}t)^n}{n!}\begin{bmatrix}\omega_2 & \omega_1\\ \omega_1 & -\omega_2\end{bmatrix}^n \tag{21}$$

若设

$$\omega_3^2=\omega_2^2+\omega_1^2 \tag{22}$$

则式(21)中的矩阵满足

$$\begin{bmatrix}\omega_2 & \omega_1\\ \omega_1 & -\omega_2\end{bmatrix}\begin{bmatrix}\omega_2 & \omega_1\\ \omega_1 & -\omega_2\end{bmatrix}=\begin{bmatrix}\omega_2^2+\omega_1^2 & 0\\ 0 & \omega_2^2+\omega_1^2\end{bmatrix}=\omega_3^2 \tag{23}$$

进而得到

$$\begin{bmatrix}\omega_2 & \omega_1\\ \omega_1 & -\omega_2\end{bmatrix}^n=\begin{cases}(\omega_3^2)^{n/2} & (\text{当 } n \text{ 为偶数时})\\ (\omega_3^2)^{(n-1)/2}\dfrac{\hat{W}_{\mathrm{I}}}{\hbar} & (\text{当 } n \text{ 为奇数时})\end{cases} \tag{24}$$

将上式代入式(21)，得到

$$\mathrm{e}^{-\frac{\mathrm{i}}{\hbar}\hat{W}_{\mathrm{I}}t}\begin{pmatrix}0\\1\end{pmatrix}=\sum_n\frac{(-\mathrm{i}t)^n}{n!}\begin{bmatrix}\omega_2 & \omega_1\\ \omega_1 & -\omega_2\end{bmatrix}^n\begin{pmatrix}0\\1\end{pmatrix}=$$

$$\sum_{n=0,2,4\cdots}\frac{(-\mathrm{i}t)^n}{n!}(\omega_3^2)^{n/2}\begin{pmatrix}0\\1\end{pmatrix}+$$

$$\sum_{n=1,3,5,\cdots}\frac{(-\mathrm{i}t)^n}{n!}(\omega_3^2)^{(n-1)/2}\frac{\hat{W}_{\mathrm{I}}}{\hbar}\begin{pmatrix}0\\1\end{pmatrix}=$$

$$\cos(\omega_3t)\begin{pmatrix}0\\1\end{pmatrix}-\mathrm{i}\frac{\sin(\omega_3t)}{\omega_3}\frac{\hat{W}_{\mathrm{I}}}{\hbar}\begin{pmatrix}0\\1\end{pmatrix} \tag{25}$$

其中用到

$$\begin{aligned}\cos x&=\sum_{k=0}^{\infty}\frac{(-1)^kx^{2k}}{(2k)!}\\ \sin x&=\sum_{k=0}^{\infty}\frac{(-1)^kx^{2k+1}}{(2k+1)!}\end{aligned} \tag{26}$$

将

$$\frac{\hat{W}_{\mathrm{I}}}{\hbar}\begin{pmatrix}0\\1\end{pmatrix}=\begin{bmatrix}\omega_2 & \omega_1\\ \omega_1 & -\omega_2\end{bmatrix}\begin{pmatrix}0\\1\end{pmatrix}=\begin{bmatrix}\omega_1\\ -\omega_2\end{bmatrix} \tag{27}$$

代入式(25),得到

$$\mathrm{e}^{-\frac{\mathrm{i}}{\hbar}\hat{W}_{\mathrm{I}}t}\begin{pmatrix}0\\1\end{pmatrix}=\begin{bmatrix}-\mathrm{i}(\omega_1/\omega_3)\sin(\omega_3 t)\\ \cos(\omega_3 t)+\mathrm{i}(\omega_2/\omega_3)\sin(\omega_3 t)\end{bmatrix} \tag{28}$$

最后,可以得到中子自旋向上的概率为

$$W(s_z=/2,t)=(\omega_1^2/\omega_3^2)\sin^2(\omega_3 t) \tag{29}$$

其中

$$\begin{aligned}\omega_3^2&=\omega_2^2+\omega_1^2\\ \omega_2&=\omega_0+\omega/2\end{aligned} \tag{30}$$

习题 2.6　证明

$$\hat{A}^n\hat{B}=\sum_{i=0}^{n}c_{ni}[\hat{A}^{(i)},\hat{B}]\hat{A}^{n-i}=\sum_{i=0}^{n}\frac{n!}{(n-i)!\ i!}[\hat{A}^{(i)},\hat{B}]\hat{A}^{n-i}$$

其中,两个互不对易的线性算符 $\hat{A}$ 与 $\hat{B}$ 的多重对易子为

$$\begin{aligned}&[\hat{A}^{(0)},\hat{B}]=\hat{B};[\hat{B},\hat{A}^{(0)}]=\hat{B}\\ &[\hat{A}^{(1)},\hat{B}]=[\hat{A},\hat{B}];[\hat{B},\hat{A}^{(1)}]=[\hat{B},\hat{A}]\\ &[\hat{A}^{(2)},\hat{B}]=[\hat{A},[\hat{A}^{(1)},\hat{B}]];[\hat{B},\hat{A}^{(2)}]=[[\hat{B},\hat{A}^{(1)}],\hat{A}]\\ &[\hat{A}^{(3)},\hat{B}]=[\hat{A},[\hat{A}^{(2)},\hat{B}]];[\hat{B},\hat{A}^{(3)}]=[[\hat{B},\hat{A}^{(2)}],\hat{A}]\\ &\qquad\vdots\qquad\qquad\qquad\qquad\vdots\end{aligned}$$

证明　由于当 $i>n$ 时,组合系数 $c_{ni}=0$,故求证之式中的求和上限可以取为无穷。

利用数学归纳法来证明之。当 $n=1$ 时,有

$$\hat{A}\hat{B}=\sum_{i=0}^{1}\frac{1}{(1-i)!\ i!}[\hat{A}^{(i)},\hat{B}]\hat{A}^{1-i}=\hat{B}\hat{A}+[\hat{A},\hat{B}] \tag{1}$$

此时求证之式成立。

设 $n=k$ 时求证之式成立,即

$$\hat{A}^k\hat{B}=\sum_{i=0}^{k}\frac{k!}{(k-i)!\ i!}[\hat{A}^{(i)},\hat{B}]\hat{A}^{k-i} \tag{2}$$

用算符 $\hat{A}$ 从左作用上式两端,得到

$$\hat{A}^{k+1}\hat{B}=\sum_{i=0}^{k}\frac{k!}{(k-i)!\ i!}\hat{A}[\hat{A}^{(i)},\hat{B}]\hat{A}^{k-i} \tag{3}$$

由多重对易子的定义

$$[\hat{A}^{(i+1)},\hat{B}]=[\hat{A},[\hat{A}^{(i)},\hat{B}]]=\hat{A}[\hat{A}^{(i)},\hat{B}]-[\hat{A}^{(i)},\hat{B}]\hat{A} \tag{4}$$

可知

$$\hat{A}[\hat{A}^{(i)},\hat{B}]=[\hat{A}^{(i)},\hat{B}]\hat{A}+[\hat{A}^{(i+1)},\hat{B}] \tag{5}$$

于是式(3)可以改写为

$$\hat{A}^{k+1}\hat{B}=\sum_{i=0}^{k}\frac{k!}{(k-i)!\ i!}\hat{A}[\hat{A}^{(i)},\hat{B}]\hat{A}^{k-i}=$$

$$\sum_{i=0}^{k}\frac{k!}{(k-i)!\ i!}[\hat{A}^{(i)},\hat{B}]\hat{A}^{k+1-i}+\sum_{i=0}^{k}\frac{k!}{(k-i)!\ i!}[\hat{A}^{(i+1)},\hat{B}]\hat{A}^{k-i}=$$

$$\sum_{i=0}^{k}\frac{k!}{(k-i)!\ i!}[\hat{A}^{(i)},\hat{B}]\hat{A}^{k+1-i}+\sum_{j=1}^{k+1}\frac{k!}{(k+1-j)!\ (j-1)!}[\hat{A}^{(j)},\hat{B}]\hat{A}^{k+1-j}=$$

$$\sum_{i=0}^{k+1}\frac{k!}{(k-i)!\ i!}[\hat{A}^{(i)},\hat{B}]\hat{A}^{k+1-i}+\sum_{i=0}^{k+1}\frac{k!}{(k+1-i)!\ (i-1)!}[\hat{A}^{(i)},\hat{B}]\hat{A}^{k+1-i}=$$

$$\sum_{i=0}^{k+1}\left[\frac{k!}{(k-i)!\ i!}+\frac{k!}{(k+1-i)!\ (i-1)!}\right][\hat{A}^{(i)},\hat{B}]\hat{A}^{k+1-i}=$$

$$\sum_{i=0}^{k+1}\frac{(k+1)!}{(k+1-i)!\ i!}[\hat{A}^{(i)},\hat{B}]\hat{A}^{k+1-i} \tag{6}$$

显然,当 $n=k+1$ 时求证之式成立。

习题 2.7 证明

$$e^{\hat{A}}\hat{B}e^{-\hat{A}}=\sum_{i=0}^{\infty}\frac{1}{i!}[\hat{A}^{(i)},\hat{B}]$$

进而导出

$$\hat{W}(t)=\beta\hbar[\hat{A}_+ e^{i\omega t}+\hat{A}_- e^{-i\omega t}]$$

证明 利用上题的结果可知

$$\begin{aligned}
e^{\hat{A}}\hat{B}e^{-\hat{A}}&=\sum_{n=0}^{\infty}\frac{1}{n!}\hat{A}^{n}\hat{B}e^{-\hat{A}}=\\
&\sum_{n=0}^{\infty}\frac{1}{n!}\sum_{i=0}^{\infty}\frac{n!}{(n-i)!\ i!}[\hat{A}^{(i)},\hat{B}]\hat{A}^{n-i}e^{-\hat{A}}=\\
&\sum_{i=0}^{\infty}\frac{1}{i!}[\hat{A}^{(i)},\hat{B}]\left(\sum_{n=0}^{\infty}\frac{1}{(n-i)!}\hat{A}^{n-i}\right)e^{-\hat{A}}=\\
&\sum_{i=0}^{\infty}\frac{1}{i!}[\hat{A}^{(i)},\hat{B}]e^{\hat{A}}e^{-\hat{A}}=\sum_{i=0}^{\infty}\frac{1}{i!}[\hat{A}^{(i)},\hat{B}]
\end{aligned} \tag{1}$$

此即求证之式。

若令

$$\begin{aligned}&\hat{A}=a\hat{C}\\&\hat{B}=\hat{W}=\beta\hbar(\hat{A}_{+}+\hat{A}_{-})\\&a=\mathrm{i}\omega t\\&\hat{C}=\hat{A}_{+}\hat{A}_{-}+1/2\end{aligned}\tag{2}$$

则有

$$\begin{aligned}[\hat{C},\hat{W}]=&\beta\hbar[\hat{A}_{+}\hat{A}_{-}+1/2,\hat{A}_{+}+\hat{A}_{-}]=\\&\beta\hbar\{[\hat{A}_{+}\hat{A}_{-},\hat{A}_{+}]+[\hat{A}_{+}\hat{A}_{-},\hat{A}_{-}]\}=\\&\beta\hbar\{\hat{A}_{+}[\hat{A}_{-},\hat{A}_{+}]+[\hat{A}_{+},\hat{A}_{-}]\hat{A}_{-}\}=\\&\beta\hbar(\hat{A}_{+}-\hat{A}_{-})\end{aligned}\tag{3}$$

$$\begin{aligned}[\hat{C}^{(2)},\hat{W}]=[\hat{C},[\hat{C},\hat{W}]]=&\beta\hbar[\hat{A}_{+}\hat{A}_{-}+1/2,\hat{A}_{+}-\hat{A}_{-}]=\\&\beta\hbar\{[\hat{A}_{+}\hat{A}_{-},\hat{A}_{+}]-[\hat{A}_{+}\hat{A}_{-},\hat{A}_{-}]\}=\\&\beta\hbar\{\hat{A}_{+}[\hat{A}_{-},\hat{A}_{+}]-[\hat{A}_{+},\hat{A}_{-}]\hat{A}_{-}\}=\beta\hbar(\hat{A}_{+}+\hat{A}_{-})\end{aligned}\tag{4}$$

进而可知

$$[\hat{C},\hat{W}]=[\hat{C}^{(3)},\hat{W}]=[\hat{C}^{(5)},\hat{W}]=\cdots=\beta\hbar(\hat{A}_{+}-\hat{A}_{-})\tag{5}$$

$$[\hat{C}^{(2)},\hat{W}]=[\hat{C}^{(4)},\hat{W}]=[\hat{C}^{(6)},\hat{W}]=\cdots=\beta\hbar(\hat{A}_{+}+\hat{A}_{-})\tag{6}$$

利用上述公式可得

$$\begin{aligned}\hat{W}(t)=\mathrm{e}^{a\hat{C}}\hat{W}\mathrm{e}^{-a\hat{C}}=&\sum_{i=0}^{\infty}\frac{a^{i}}{i\,!}[\hat{C}^{(i)},\hat{W}]=\\&\hat{W}+a[\hat{C},\hat{W}]+\frac{a^{2}}{2!}[\hat{C}^{(2)},\hat{W}]+\frac{a^{3}}{3!}[\hat{C}^{(3)},\hat{W}]+\cdots=\\&\beta\hbar\left[(\hat{A}_{+}+\hat{A}_{-})+a(\hat{A}_{+}-\hat{A}_{-})+\frac{a^{2}}{2!}(\hat{A}_{+}+\hat{A}_{-})+\frac{a^{3}}{3!}(\hat{A}_{+}-\hat{A}_{-})+\cdots\right]=\\&\beta\hbar\left[\hat{A}_{+}\left(1+a+\frac{a^{2}}{2!}+\cdots\right)+\hat{A}_{-}\left(1-a+\frac{a^{2}}{2!}+\cdots\right)\right]=\\&\beta\hbar(\hat{A}_{+}\mathrm{e}^{a}+\hat{A}_{-}\mathrm{e}^{-a})=\beta\hbar(\hat{A}_{+}\mathrm{e}^{\mathrm{i}\omega t}+\hat{A}_{-}\mathrm{e}^{-\mathrm{i}\omega t})\end{aligned}\tag{7}$$

习题 2.8　利用上题中的结果计算 $\hat{U}(t,0)$ 至 2 级近似。

解　$\hat{U}(t,0)$ 的 2 级近似表达式为

$$\hat{U}(t,0)=1+\left(-\frac{\mathrm{i}}{\hbar}\right)\int_{0}^{t}\mathrm{d}t_{1}\hat{W}(t_{1})+\left(-\frac{\mathrm{i}}{\hbar}\right)^{2}\int_{0}^{t}\mathrm{d}t_{1}\hat{W}(t_{1})\int_{0}^{t_{1}}\mathrm{d}t_{2}\hat{W}(t_{2})\tag{1}$$

式中 1 级修正为

$$\hat{U}^{(1)}(t,0)=-\frac{\mathrm{i}}{\hbar}\int_0^t \mathrm{d}t_1\hat{W}(t_1)=$$

$$-\frac{\mathrm{i}}{\hbar}\int_0^t \mathrm{d}t_1\beta\hbar(\hat{A}_+\mathrm{e}^{\mathrm{i}\omega t_1}+\hat{A}_-\mathrm{e}^{-\mathrm{i}\omega t_1})=$$

$$-\frac{\beta}{\omega}[\hat{A}_+(\mathrm{e}^{\mathrm{i}\omega t}-1)-\hat{A}_-(\mathrm{e}^{-\mathrm{i}\omega t}-1)] \tag{2}$$

2 级修正为

$$\hat{U}^{(2)}(t,0)=\left(-\frac{\mathrm{i}}{\hbar}\right)^2\int_0^t \mathrm{d}t_1\hat{W}(t_1)\int_0^{t_1}\mathrm{d}t_2\hat{W}(t_2)=$$

$$\left(-\frac{\mathrm{i}}{\hbar}\right)\int_0^t \mathrm{d}t_1\hat{W}(t_1)\left(-\frac{\mathrm{i}}{\hbar}\right)\int_0^{t_1}\mathrm{d}t_2\hat{W}(t_2)=$$

$$\left(-\frac{\mathrm{i}}{\hbar}\right)\int_0^t \mathrm{d}t_1\hat{W}(t_1)\left(-\frac{\beta}{\omega}\right)[\hat{A}_+(\mathrm{e}^{\mathrm{i}\omega t_1}-1)-\hat{A}_-(\mathrm{e}^{-\mathrm{i}\omega t_1}-1)] \tag{3}$$

上式的右端共有 4 项,分别用 $\hat{U}_i^{(2)}(t,0)\ (i=1,2,3,4)$ 表示之,计算的结果是

$$\hat{U}_1^{(2)}(t,0)=-\frac{\mathrm{i}}{\hbar}\int_0^t \mathrm{d}t_1\hat{W}(t_1)\left(-\frac{\beta}{\omega}\right)\hat{A}_+\mathrm{e}^{\mathrm{i}\omega t_1}=$$

$$\frac{\mathrm{i}\beta}{\omega\hbar}\int_0^t \mathrm{d}t_1\beta\hbar(\hat{A}_+\mathrm{e}^{\mathrm{i}\omega t_1}+\hat{A}_-\mathrm{e}^{-\mathrm{i}\omega t_1})\hat{A}_+\mathrm{e}^{\mathrm{i}\omega t_1}=$$

$$\frac{\mathrm{i}\beta^2}{\omega}\int_0^t \mathrm{d}t_1(\hat{A}_+\hat{A}_+\mathrm{e}^{\mathrm{i}2\omega t_1}+\hat{A}_-\hat{A}_+)=$$

$$\frac{\beta^2}{2\omega^2}\hat{A}_+\hat{A}_+(\mathrm{e}^{\mathrm{i}2\omega t}-1)+\frac{\beta^2}{\omega^2}\hat{A}_-\hat{A}_+(\mathrm{i}\omega t) \tag{4}$$

$$\hat{U}_2^{(2)}(t,0)=-\frac{\mathrm{i}}{\hbar}\int_0^t \mathrm{d}t_1\hat{W}(t_1)\frac{\beta}{\omega}\hat{A}_+=$$

$$-\frac{\mathrm{i}\beta}{\omega\hbar}\int_0^t \mathrm{d}t_1\beta\hbar(\hat{A}_+\mathrm{e}^{\mathrm{i}\omega t_1}+\hat{A}_-\mathrm{e}^{-\mathrm{i}\omega t_1})\hat{A}_+=$$

$$-\frac{\mathrm{i}\beta^2}{\omega}\int_0^t \mathrm{d}t_1(\hat{A}_+\hat{A}_+\mathrm{e}^{\mathrm{i}\omega t_1}+\hat{A}_-\hat{A}_+\mathrm{e}^{-\mathrm{i}\omega t_1})=$$

$$-\frac{\beta^2}{\omega^2}\hat{A}_+\hat{A}_+(\mathrm{e}^{\mathrm{i}\omega t}-1)+\frac{\beta^2}{\omega^2}\hat{A}_-\hat{A}_+(\mathrm{e}^{-\mathrm{i}\omega t}-1) \tag{5}$$

$$\hat{U}_3^{(2)}(t,0)=-\frac{\mathrm{i}}{\hbar}\int_0^t \mathrm{d}t_1\hat{W}(t_1)\frac{\beta}{\omega}\hat{A}_-\mathrm{e}^{-\mathrm{i}\omega t_1}=$$

$$-\frac{\mathrm{i}\beta}{\omega\hbar}\int_0^t \mathrm{d}t_1\beta\hbar(\hat{A}_+\mathrm{e}^{\mathrm{i}\omega t_1}+\hat{A}_-\mathrm{e}^{-\mathrm{i}\omega t_1})\hat{A}_-\mathrm{e}^{-\mathrm{i}\omega t_1}=$$

$$-\frac{\mathrm{i}\beta^2}{\omega}\int_0^t \mathrm{d}t_1(\hat{A}_+\hat{A}_-+\hat{A}_-\hat{A}_-\mathrm{e}^{-\mathrm{i}2\omega t_1})=$$

$$-\frac{\beta^2}{\omega^2}\hat{A}_+\hat{A}_-(\mathrm{i}\omega t)+\frac{\beta^2}{2\omega^2}\hat{A}_-\hat{A}_-(\mathrm{e}^{-\mathrm{i}2\omega t}-1) \tag{6}$$

$$\hat{U}_4^{(2)}(t,0)=-\frac{\mathrm{i}}{\hbar}\int_0^t \mathrm{d}t_1\hat{W}(t_1)\left(-\frac{\beta}{\omega}\right)\hat{A}_-=$$

$$\frac{\mathrm{i}\beta}{\omega\hbar}\int_0^t \mathrm{d}t_1\beta\hbar(\hat{A}_+\mathrm{e}^{\mathrm{i}\omega t_1}+\hat{A}_-\mathrm{e}^{-\mathrm{i}\omega t_1})\hat{A}_-=$$

$$\frac{\mathrm{i}\beta^2}{\omega}\int_0^t \mathrm{d}t_1(\hat{A}_+\hat{A}_-\mathrm{e}^{\mathrm{i}\omega t_1}+\hat{A}_-\hat{A}_-\mathrm{e}^{-\mathrm{i}\omega t_1})=$$

$$\frac{\beta^2}{\omega^2}\hat{A}_+\hat{A}_-(\mathrm{e}^{\mathrm{i}\omega t}-1)-\frac{\beta^2}{\omega^2}\hat{A}_-\hat{A}_-(\mathrm{e}^{-\mathrm{i}\omega t}-1) \tag{7}$$

整理之,得到

$$\hat{U}^{(2)}(t,0)=\hat{U}_1^{(2)}(t,0)+\hat{U}_2^{(2)}(t,0)+\hat{U}_3^{(2)}(t,0)+\hat{U}_4^{(2)}(t,0)=$$

$$\frac{\beta^2}{2\omega^2}\hat{A}_+\hat{A}_+(\mathrm{e}^{\mathrm{i}2\omega t}-1)+\frac{\beta^2}{\omega^2}\hat{A}_-\hat{A}_+(\mathrm{i}\omega t)-$$

$$\frac{\beta^2}{\omega^2}\hat{A}_+\hat{A}_+(\mathrm{e}^{\mathrm{i}\omega t}-1)+$$

$$\frac{\beta^2}{\omega^2}\hat{A}_-\hat{A}_+(\mathrm{e}^{-\mathrm{i}\omega t}-1)-\frac{\beta^2}{\omega^2}\hat{A}_+\hat{A}_-(\mathrm{i}\omega t)+$$

$$\frac{\beta^2}{2\omega^2}\hat{A}_-\hat{A}_-(\mathrm{e}^{-\mathrm{i}2\omega t}-1)+$$

$$\frac{\beta^2}{\omega^2}\hat{A}_+\hat{A}_-(\mathrm{e}^{\mathrm{i}\omega t}-1)-\frac{\beta^2}{\omega^2}\hat{A}_-\hat{A}_-(\mathrm{e}^{-\mathrm{i}\omega t}-1)=$$

$$\frac{\beta^2}{2\omega^2}\hat{A}_+\hat{A}_+[\mathrm{e}^{\mathrm{i}2\omega t}-1-2(\mathrm{e}^{\mathrm{i}\omega t}-1)]+$$

$$\frac{\beta^2}{2\omega^2}\hat{A}_-\hat{A}_-[\mathrm{e}^{-\mathrm{i}2\omega t}-1-2(\mathrm{e}^{-\mathrm{i}\omega t}-1)]+$$

$$\frac{\beta^2}{\omega^2}\hat{A}_+\hat{A}_-(\mathrm{e}^{\mathrm{i}\omega t}-1-\mathrm{i}\omega t)+\frac{\beta^2}{\omega^2}\hat{A}_-\hat{A}_+(\mathrm{e}^{-\mathrm{i}\omega t}-1+\mathrm{i}\omega t)=$$

$$\frac{\beta^2}{2\omega^2}\hat{A}_+\hat{A}_+(\mathrm{e}^{\mathrm{i}\omega t}-1)^2+\frac{\beta^2}{2\omega^2}\hat{A}_-\hat{A}_-(\mathrm{e}^{-\mathrm{i}\omega t}-1)^2+$$

$$\frac{\beta^2}{\omega^2}\hat{A}_+\hat{A}_-(\mathrm{e}^{\mathrm{i}\omega t}-1-\mathrm{i}\omega t)+\frac{\beta^2}{\omega^2}\hat{A}_-\hat{A}_+(\mathrm{e}^{-\mathrm{i}\omega t}-1+\mathrm{i}\omega t) \tag{8}$$

习题 2.9　利用上题中的结果计算 $|\Psi(t)\rangle=\hat{U}(t,0)|n\rangle$ 至 2 级近似。

解　2 级近似波函数为

$$|\Psi(t)\rangle^{(2)}=\sum_{i=0}^{2}\hat{U}^{(i)}(t,0)|n\rangle=|\Psi^{(0)}(t)\rangle+|\Psi^{(1)}(t)\rangle+|\Psi^{(2)}(t)\rangle \tag{1}$$

其中,波函数的 0 级近似、1 级修正和 2 级修正分别为

$$|\Psi^{(0)}(t)\rangle=|n\rangle \tag{2}$$

$$\begin{aligned}|\Psi^{(1)}(t)\rangle=&-\frac{\beta}{\omega}[\hat{A}_+(\mathrm{e}^{\mathrm{i}\omega t}-1)-\hat{A}_-(\mathrm{e}^{-\mathrm{i}\omega t}-1)]|n\rangle=\\&-\frac{\beta}{\omega}\sqrt{n+1}(\mathrm{e}^{\mathrm{i}\omega t}-1)|n+1\rangle+\frac{\beta}{\omega}\sqrt{n}(\mathrm{e}^{-\mathrm{i}\omega t}-1)|n-1\rangle\end{aligned} \tag{3}$$

$$\begin{aligned}|\Psi^{(2)}(t)\rangle=&\frac{\beta^2}{2\omega^2}\hat{A}_+\hat{A}_+(\mathrm{e}^{\mathrm{i}\omega t}-1)^2|n\rangle+\frac{\beta^2}{2\omega^2}\hat{A}_-\hat{A}_-(\mathrm{e}^{-\mathrm{i}\omega t}-1)^2|n\rangle+\\&\frac{\beta^2}{\omega^2}\hat{A}_+\hat{A}_-(\mathrm{e}^{\mathrm{i}\omega t}-1-\mathrm{i}\omega t)|n\rangle+\frac{\beta^2}{\omega^2}\hat{A}_-\hat{A}_+(\mathrm{e}^{-\mathrm{i}\omega t}-1+\mathrm{i}\omega t)|n\rangle=\\&\frac{\beta^2}{2\omega^2}\sqrt{(n+1)(n+2)}(\mathrm{e}^{\mathrm{i}\omega t}-1)^2|n+2\rangle+\\&\frac{\beta^2}{2\omega^2}\sqrt{n(n-1)}(\mathrm{e}^{-\mathrm{i}\omega t}-1)^2|n-2\rangle-\\&\frac{\beta^2}{\omega^2}(2n+1)[1-\cos(\omega t)+\mathrm{i}\sin(\omega t)-\mathrm{i}\omega t]|n\rangle\end{aligned} \tag{4}$$

将上述 3 式代入式(1),立即得到 2 级近似波函数的表达式

$$\begin{aligned}|\Psi(t)\rangle^{(2)}=&|\Psi^{(0)}(t)\rangle+|\Psi^{(1)}(t)\rangle+|\Psi^{(2)}(t)\rangle=\\&|n\rangle-\frac{\beta^2}{\omega^2}(2n+1)[1-\cos(\omega t)+\mathrm{i}\sin(\omega t)-\mathrm{i}\omega t]|n\rangle-\\&\frac{\beta}{\omega}\sqrt{n+1}(\mathrm{e}^{\mathrm{i}\omega t}-1)|n+1\rangle+\frac{\beta}{\omega}\sqrt{n}(\mathrm{e}^{-\mathrm{i}\omega t}-1)|n-1\rangle+\\&\frac{\beta^2}{2\omega^2}\sqrt{(n+1)(n+2)}(\mathrm{e}^{\mathrm{i}\omega t}-1)^2|n+2\rangle+\\&\frac{\beta^2}{2\omega^2}\sqrt{n(n-1)}(\mathrm{e}^{-\mathrm{i}\omega t}-1)^2|n-2\rangle\end{aligned} \tag{5}$$

习题 2.10　若两个互不对易的算符 $\hat{A}$ 与 $\hat{B}$ 皆与它们的对易子 $\hat{C}=[\hat{A},\hat{B}]$ 对易,则有

$$(\hat{A}+\hat{B})[\hat{A}+\hat{B}]^n=[\hat{A}+\hat{B}]^{n+1}-n\hat{C}[\hat{A}+\hat{B}]^{n-1}$$

其中,$[\hat{A}+\hat{B}]^n$ 不是通常的两个算符之和的 n 次幂,它不顾及算符之间的对易关系,在展开式的每一项中,总是把算符 $\hat{A}$ 写在算符 $\hat{B}$ 的前面,即

$$[\hat{A}+\hat{B}]^{n}=\sum_{i=0}^{\infty}\frac{n!}{(n-i)!\ i!}\hat{A}^{n-i}\hat{B}^{i}$$

证明　利用$[\hat{A}+\hat{B}]^{n}$的定义可知

$$(\hat{A}+\hat{B})\ [\hat{A}+\hat{B}]^{n}=\hat{A}\ [\hat{A}+\hat{B}]^{n}+\sum_{i=0}^{\infty}\frac{n!}{(n-i)!\ i!}\hat{B}\hat{A}^{n-i}\hat{B}^{i} \tag{1}$$

当两个互不对易的线性算符$\hat{A}$与$\hat{B}$皆与它们的对易子$\hat{C}=[\hat{A},\hat{B}]$对易时,满足如下对易关系(见习题 4.5)

$$[\hat{B},\hat{A}^{k}]=k\hat{A}^{k-1}[\hat{B},\hat{A}] \tag{2}$$

将式(2) 代入式(1),得到

$$\begin{aligned}(\hat{A}+\hat{B})\ [\hat{A}+\hat{B}]^{n}=&\ \hat{A}\ [\hat{A}+\hat{B}]^{n}+\sum_{i=0}^{\infty}\frac{n!}{(n-i)!\ i!}\hat{B}\hat{A}^{n-i}\hat{B}^{i}=\\&\hat{A}\ [\hat{A}+\hat{B}]^{n}+\sum_{i=0}^{\infty}\frac{n!}{i!\ (n-i)!}[\hat{A}^{n-i}\hat{B}-(n-i)\hat{C}\hat{A}^{n-i-1}]\hat{B}^{i}=\\&\hat{A}\ [\hat{A}+\hat{B}]^{n}+\sum_{i=0}^{\infty}\frac{n!}{i!\ (n-i)!}\hat{A}^{n-i}\hat{B}^{i+1}-\\&\hat{C}\sum_{i=0}^{\infty}\frac{n(n-1)!}{(n-1-i)!\ i!}\hat{A}^{n-1-i}\hat{B}^{i}=\\&\hat{A}\ [\hat{A}+\hat{B}]^{n}+[\hat{A}+\hat{B}]^{n}\hat{B}-n\hat{C}\ [\hat{A}+\hat{B}]^{n-1}=\\&[\hat{A}+\hat{B}]^{n+1}-n\hat{C}\ [\hat{A}+\hat{B}]^{n-1}\end{aligned} \tag{3}$$

此即求证之式。

习题 2.11　若两个互不对易的算符$\hat{A}$与$\hat{B}$皆与它们的对易子$\hat{C}=[\hat{A},\hat{B}]$对易,证明

$$(\hat{A}+\hat{B})^{n}=\sum_{i=0}^{\infty}\frac{n!}{(n-2i)!\ i!}[\hat{A}+\hat{B}]^{n-2i}(-\hat{C}/2)^{i}$$

证明　利用数学归纳法证明之。

当 $n=1$ 时,有

$$(\hat{A}+\hat{B})=\sum_{i=0}^{\infty}\frac{1}{(1-2i)!\ i!}[\hat{A}+\hat{B}]^{1-2i}(-\hat{C}/2)^{i}=[\hat{A}+\hat{B}] \tag{1}$$

显然求证之式成立。

设 $n=k$ 时求证之式成立,即

$$(\hat{A}+\hat{B})^{k}=\sum_{i=0}^{\infty}\frac{k!}{(k-2i)!\ i!}[\hat{A}+\hat{B}]^{k-2i}(-\hat{C}/2)^{i} \tag{2}$$

利用上题的结果

$$(\hat{A}+\hat{B})\,[\hat{A}+\hat{B}]^{n}=[\hat{A}+\hat{B}]^{n+1}-n\hat{C}\,[\hat{A}+\hat{B}]^{n-1} \tag{3}$$

推导 $n=k+1$ 时的公式

$$(\hat{A}+\hat{B})^{k+1}=(\hat{A}+\hat{B})\,(\hat{A}+\hat{B})^{k}=$$

$$\sum_{i=0}^{\infty}\frac{k!}{(k-2i)!\;i!}(\hat{A}+\hat{B})\,[\hat{A}+\hat{B}]^{k-2i}\,(-\hat{C}/2)^{i}=$$

$$\sum_{i=0}^{\infty}\frac{k!}{(k-2i)!\;i!}\{[\hat{A}+\hat{B}]^{k-2i+1}-$$

$$(k-2i)\hat{C}\,[\hat{A}+\hat{B}]^{k-2i-1}\}\,(-\hat{C}/2)^{i}=$$

$$\sum_{i=0}^{\infty}\frac{k!}{(k-2i)!\;i!}\,[\hat{A}+\hat{B}]^{k-2i+1}\,(-\hat{C}/2)^{i}+$$

$$\sum_{i=0}^{\infty}\frac{2k!}{(k-2i-1)!\;i!}\,[\hat{A}+\hat{B}]^{k-2i-1}\,(-\hat{C}/2)^{i+1}=$$

$$\sum_{i=0}^{\infty}\frac{k!}{(k-2i)!\;i!}\,[\hat{A}+\hat{B}]^{k-2i+1}\,(-\hat{C}/2)^{i}+$$

$$\sum_{j=1}^{\infty}\frac{2k!}{(k-2j+1)!\;(j-1)!}\,[\hat{A}+\hat{B}]^{k-2j+1}\,(-\hat{C}/2)^{j}=$$

$$\sum_{i=0}^{\infty}\frac{(k+1)!}{(k+1-2i)!\;i!}\,[\hat{A}+\hat{B}]^{k+1-2i}\,(-\hat{C}/2)^{i} \tag{4}$$

于是证明了当 $n=k+1$ 时原式成立。

习题 2.12　若两个互不对易的算符 $\hat{A}$ 与 $\hat{B}$ 皆与它们的对易子 $\hat{C}=[\hat{A},\hat{B}]$ 对易，证明哥劳勃公式

$$\mathrm{e}^{\hat{A}+\hat{B}}=\mathrm{e}^{\hat{A}}\,\mathrm{e}^{\hat{B}}\mathrm{e}^{-\hat{C}/2}$$

证明　指数算符的幂级数展开式为

$$\mathrm{e}^{\hat{A}+\hat{B}}=\sum_{n=0}^{\infty}\frac{1}{n!}\,(\hat{A}+\hat{B})^{n} \tag{1}$$

将上题的结果

$$(\hat{A}+\hat{B})^{n}=\sum_{i=0}^{\infty}\frac{n!}{(n-2i)!\;i!}\,[\hat{A}+\hat{B}]^{n-2i}\,(-\hat{C}/2)^{i} \tag{2}$$

代入式(1)，得到求证之式

$$\mathrm{e}^{\hat{A}+\hat{B}}=\sum_{n=0}^{\infty}\frac{1}{n!}\,(\hat{A}+\hat{B})^{n}=$$

$$\sum_{n=0}^{\infty}\frac{1}{n!}\sum_{i=0}^{\infty}\frac{n!}{(n-2i)!\;i!}[\hat{A}+\hat{B}]^{n-2i}\,(-\hat{C}/2)^{i}=$$

$$\sum_{i=0}^{\infty}\frac{1}{i!}\left\{\sum_{n=0}^{\infty}\frac{1}{(n-2i)!}[\hat{A}+\hat{B}]^{n-2i}\right\}(-\hat{C}/2)^{i}=$$

$$\sum_{i=0}^{\infty}\frac{1}{i!}\mathrm{e}^{[\hat{A}+\hat{B}]}(-\hat{C}/2)^{i}=\mathrm{e}^{[\hat{A}+\hat{B}]}\mathrm{e}^{-\hat{C}/2}=\mathrm{e}^{\hat{A}}\mathrm{e}^{\hat{B}}\mathrm{e}^{-\hat{C}/2} \tag{3}$$

需要说明的是，若算符 $\hat{A}$ 与 $\hat{B}$ 相互对易(即 $\hat{C}=0$)，则式(3) 简化为

$$\mathrm{e}^{\hat{A}+\hat{B}}=\mathrm{e}^{\hat{A}}\mathrm{e}^{\hat{B}} \tag{4}$$

这时，算符的指数运算变得与数字的指数运算相同。

习题 2.13　若两个互不对易的算符 $\hat{A}$ 与 $\hat{B}$ 皆与它们的对易子 $\hat{C}=[\hat{A},\hat{B}]$ 对易，用另外的方法证明哥劳勃公式

$$\mathrm{e}^{\hat{A}+\hat{B}}=\mathrm{e}^{\hat{A}}\mathrm{e}^{\hat{B}}\mathrm{e}^{-\hat{C}/2}$$

证明　用另外的方法也可以证明哥劳勃公式。令

$$T(s)=\mathrm{e}^{s\hat{A}}\mathrm{e}^{s\hat{B}} \tag{1}$$

式中 s 为参数。将式(1) 两端对 s 求导，得到

$$\frac{\mathrm{d}}{\mathrm{d}s}T(s)=\hat{A}\mathrm{e}^{s\hat{A}}\mathrm{e}^{s\hat{B}}+\mathrm{e}^{s\hat{A}}\hat{B}\mathrm{e}^{s\hat{B}}=(\hat{A}+\mathrm{e}^{s\hat{A}}\hat{B}\mathrm{e}^{-s\hat{A}})T(s) \tag{2}$$

由对易关系(见习题 4.5)

$$[\hat{B},\hat{A}^{n}]=n\hat{A}^{n-1}[\hat{B},\hat{A}] \tag{3}$$

可知

$$[\hat{B},\mathrm{e}^{-s\hat{A}}]=\sum_{n=0}^{\infty}\frac{(-s)^{n}}{n!}[\hat{B},\hat{A}^{n}]=$$

$$\sum_{n=0}^{\infty}\frac{(-s)^{n}}{n!}n\hat{A}^{n-1}[\hat{B},\hat{A}]=\sum_{n=0}^{\infty}\frac{(-s)^{n}}{(n-1)!}\hat{A}^{n-1}[\hat{B},\hat{A}]$$

$$\sum_{n=0}^{\infty}\frac{-s(-s)^{n-1}}{(n-1)!}\hat{A}^{n-1}[\hat{B},\hat{A}]=-s\mathrm{e}^{-s\hat{A}}[\hat{B},\hat{A}] \tag{4}$$

于是得到

$$\mathrm{e}^{s\hat{A}}\hat{B}\mathrm{e}^{-s\hat{A}}=\mathrm{e}^{s\hat{A}}\{\mathrm{e}^{-s\hat{A}}\hat{B}-s\mathrm{e}^{-s\hat{A}}[\hat{B},\hat{A}]\}=\hat{B}-s[\hat{B},\hat{A}] \tag{5}$$

将式(5) 代入式(2)，得到关于 s 的一阶微分方程

$$\frac{\mathrm{d}}{\mathrm{d}s}T(s)=(\hat{A}+\mathrm{e}^{s\hat{A}}\hat{B}\mathrm{e}^{-s\hat{A}})T(s)=\{\hat{A}+\hat{B}-s[\hat{B},\hat{A}]\}T(s) \tag{6}$$

上述一阶微分方程的初始条件为

$$T(0)=1 \tag{7}$$

由于 $\hat{A}+\hat{B}$ 与对易子 $[\hat{B},\hat{A}]$ 对易，故可以对式(6) 两端进行积分

$$T(s)=e^{s\hat{A}}e^{s\hat{B}}=e^{s(\hat{A}+\hat{B})}e^{s^2[\hat{A},\hat{B}]/2} \tag{8}$$

若取 $s=1$,则有

$$e^{\hat{A}}e^{\hat{B}}=e^{\hat{A}+\hat{B}}e^{[\hat{A},\hat{B}]/2} \tag{9}$$

或者写成

$$e^{\hat{A}+\hat{B}}=e^{\hat{A}}e^{\hat{B}}e^{-\hat{C}/2} \tag{10}$$

此即哥劳勃公式。

习题 2.14 在线谐振子基态 $|0\rangle$ 之下,证明

$$\overline{(\Delta x)^2}\;\overline{(\Delta p)^2}=\hbar^2/4$$

证明 在线谐振子基态 $|0\rangle$ 之下,已知

$$\begin{aligned}&\hat{A}_-|0\rangle=0\\&\langle 0|\hat{A}_+|0\rangle=0\\&\langle 0|\hat{A}_+\hat{A}_+|0\rangle=0\end{aligned} \tag{1}$$

首先,分别计算坐标 x 与动量 x 分量 p 的平均值

$$\bar{x}=\langle 0|x|0\rangle=\sqrt{\frac{\hbar}{2\mu\omega}}\langle 0|\hat{A}_++\hat{A}_-|0\rangle=0 \tag{2}$$

$$\bar{p}=\langle 0|\hat{p}|0\rangle=\mathrm{i}\sqrt{\frac{\mu\omega\hbar}{2}}\langle 0|\hat{A}_+-\hat{A}_-|0\rangle=0 \tag{3}$$

其次,分别计算坐标与动量平方的平均值

$$\begin{aligned}\overline{x^2}&=\langle 0|x^2|0\rangle=\frac{\hbar}{2\mu\omega}\langle 0|(\hat{A}_++\hat{A}_-)^2|0\rangle=\\&\frac{\hbar}{2\mu\omega}\langle 0|\hat{A}_+\hat{A}_++\hat{A}_+\hat{A}_-+\hat{A}_-\hat{A}_++\hat{A}_-\hat{A}_-|0\rangle=\\&\frac{\hbar}{2\mu\omega}\langle 0|\hat{A}_-\hat{A}_+|0\rangle=\frac{\hbar}{2\mu\omega}\end{aligned} \tag{4}$$

$$\begin{aligned}\overline{p^2}&=\langle 0|\hat{p}^2|0\rangle=-\frac{\mu\omega\hbar}{2}\langle 0|(\hat{A}_+-\hat{A}_-)^2|0\rangle=\\&-\frac{\mu\omega\hbar}{2}\langle 0|\hat{A}_+\hat{A}_+-\hat{A}_+\hat{A}_--\hat{A}_-\hat{A}_++\hat{A}_-\hat{A}_-|0\rangle=\\&\frac{\mu\omega\hbar}{2}\langle 0|\hat{A}_-\hat{A}_+|0\rangle=\frac{\mu\omega\hbar}{2}\end{aligned} \tag{5}$$

最后,由差方平均值的定义可知

$$\overline{(\Delta x)^2}\;\overline{(\Delta p)^2}=[\overline{x^2}-(\bar{x})^2][\overline{p^2}-(\bar{p})^2]=\hbar^2/4 \tag{6}$$

上式表明,线谐振子的基态 $|0\rangle$ 是最小不确定态。

习题 2.15　将降算符的本征态

$$|z\rangle=c_0\sum_{n=0}^{\infty}\frac{z^n}{\sqrt{n!}}|n\rangle$$

归一化。

解　由降算符 $\hat{A}_-$ 本征态 $|z\rangle$ 的归一化条件可知

$$1=\langle z|z\rangle=|c_0|^2\left(\sum_{m=0}^{\infty}\langle m|\frac{(z^*)^m}{\sqrt{m!}}\right)\left(\sum_{n=0}^{\infty}\frac{z^n}{\sqrt{n!}}|n\rangle\right)=$$

$$|c_0|^2\sum_{n,m=0}^{\infty}\frac{(z^*)^m z^n}{\sqrt{m!\ n!}}\delta_{m,n}=$$

$$|c_0|^2\sum_{n=0}^{\infty}\frac{(|z|^2)^n}{n!}=|c_0|^2 e^{|z|^2} \tag{1}$$

于是得到归一化常数

$$c_0=e^{-|z|^2/2} \tag{2}$$

习题 2.16　证明升算符 $\hat{A}_+$ 与降算符 $\hat{A}_-$ 经过幺正变换 $\hat{U}(t)$ 后的形式为

$$\hat{U}(t)\hat{A}_-\hat{U}^{-1}(t)=\hat{A}_-+z(t)$$

$$\hat{U}(t)\hat{A}_+\hat{U}^{-1}(t)=\hat{A}_++z^*(t)$$

式中

$$\hat{U}(t)=e^{-z(t)\hat{A}_++z^*(t)\hat{A}_-}$$

证明　利用哥劳勃公式

$$e^{\hat{A}+\hat{B}}=e^{\hat{A}}e^{\hat{B}}e^{-[\hat{A},\hat{B}]/2} \tag{1}$$

及对易关系 $[\hat{A}_-,\hat{A}_+]=1$,将幺正算符 $\hat{U}(t)$ 及其逆算符分别改写成

$$\hat{U}(t)=e^{-z(t)\hat{A}_++z^*(t)\hat{A}_-}=e^{-z(t)\hat{A}_+}e^{z^*(t)\hat{A}_-}e^{-|z(t)|^2/2} \tag{2}$$

$$\hat{U}^{-1}(t)=e^{-z^*(t)\hat{A}_-+z(t)\hat{A}_+}=e^{-z^*(t)\hat{A}_-}e^{z(t)\hat{A}_+}e^{|z(t)|^2/2} \tag{3}$$

实际上,由于 $\hat{U}(t)$ 是幺正算符,所以,它的逆算符就是其共轭算符。由上述两式可知

$$\hat{U}(t)\hat{A}_-\hat{U}^{-1}(t)=$$

$$e^{-z(t)\hat{A}_+}e^{z^*(t)\hat{A}_-}e^{-|z(t)|^2/2}\hat{A}_-\ e^{-z^*(t)\hat{A}_-}e^{z(t)\hat{A}_+}e^{|z(t)|^2/2}= \tag{4}$$

$$e^{-z(t)\hat{A}_+}\hat{A}_-\ e^{z(t)\hat{A}_+}$$

为了简化上式,计算

$$[\hat{A}_-, \mathrm{e}^{z(t)\hat{A}_+}] = \left[\hat{A}_-, \sum_{n=0}^{\infty} \frac{z^n(t)}{n!}(\hat{A}_+)^n\right] \tag{5}$$

由于 $\hat{A}_-$ 与 $\hat{A}_+$ 皆与两者的对易关系对易，故可以利用如下对易关系（见习题 4.5）

$$[\hat{A}_-, \hat{A}_+^n] = n\hat{A}_+^{n-1}[\hat{A}_-, \hat{A}_+] = n\hat{A}_+^{n-1} \tag{6}$$

将式(5) 简化成

$$\begin{aligned}[\hat{A}_-, \mathrm{e}^{z(t)\hat{A}_+}] &= \sum_{n=0}^{\infty} \frac{z^n(t)}{n!}[\hat{A}_-, (\hat{A}_+)^n] = \\ & z(t)\sum_{n=1}^{\infty} \frac{z^{n-1}(t)}{(n-1)!}(\hat{A}_+)^{n-1} = z(t)\mathrm{e}^{z(t)\hat{A}_+}\end{aligned} \tag{7}$$

将上式代入式(4)，得到

$$\begin{aligned}\hat{U}(t)\hat{A}_-\hat{U}^{-1}(t) &= \mathrm{e}^{-z(t)\hat{A}_+}\hat{A}_-\,\mathrm{e}^{z(t)\hat{A}_+} = \\ & \mathrm{e}^{-z(t)\hat{A}_+}[\mathrm{e}^{z(t)\hat{A}_+}\hat{A}_- + z(t)\mathrm{e}^{z(t)\hat{A}_+}] = \hat{A}_- + z(t)\end{aligned} \tag{8}$$

同理可证

$$\hat{U}(t)\hat{A}_+\hat{U}^{-1}(t) = \hat{A}_+ + z^*(t) \tag{9}$$

习题 2.17 受迫振子的哈密顿算符为

$$\hat{H}(t) = \frac{\hat{p}^2}{2\mu} + \frac{1}{2}\mu\omega^2 x^2 - F(t)x - G(t)\hat{p}$$

求出满足薛定谔方程的波函数。

解 首先，利用坐标 x 与动量的 x 分量算符 $\hat{p}$ 构造两个辅助算符，升算符 $\hat{A}_+$ 与降算符 $\hat{A}_-$ 分别定义为

$$\begin{aligned}\hat{A}_- &= \frac{1}{\sqrt{2\mu\omega\hbar}}(\mu\omega x + \mathrm{i}\hat{p}) \\ \hat{A}_+ &= \frac{1}{\sqrt{2\mu\omega\hbar}}(\mu\omega x - \mathrm{i}\hat{p})\end{aligned} \tag{1}$$

反之得到

$$\begin{aligned}x &= \sqrt{\frac{\hbar}{2\mu\omega}}(\hat{A}_+ + \hat{A}_-) \\ \hat{p} &= \mathrm{i}\sqrt{\frac{\mu\omega\hbar}{2}}(\hat{A}_+ - \hat{A}_-)\end{aligned} \tag{2}$$

其中，升算符 $\hat{A}_+$ 与降算符 $\hat{A}_-$ 满足对易关系

$$[\hat{A}_-, \hat{A}_+] = 1 \tag{3}$$

将哈密顿算符中的坐标与动量算符用升降算符表示，其中，与时间无关的部分和线谐振子的哈密顿算符相同，即

$$\frac{\hat{p}^2}{2\mu}+\frac{1}{2}\mu\omega^2x^2=\left(\hat{A}_+\hat{A}_-+\frac{1}{2}\right)\hbar\omega \tag{4}$$

而与时间相关的部分可以写成

$$\begin{aligned}-F(t)x-G(t)\hat{p}=&-\sqrt{\frac{\hbar}{2\mu\omega}}(\hat{A}_++\hat{A}_-)F(t)-\mathrm{i}\sqrt{\frac{\mu\omega\hbar}{2}}(\hat{A}_+-\hat{A}_-)G(t)=\\&\left[-\sqrt{\frac{\hbar}{2\mu\omega}}F(t)-\mathrm{i}\sqrt{\frac{\mu\omega\hbar}{2}}G(t)\right]\hat{A}_++\\&\left[-\sqrt{\frac{\hbar}{2\mu\omega}}F(t)+\mathrm{i}\sqrt{\frac{\mu\omega\hbar}{2}}G(t)\right]\hat{A}_-=\\&f(t)\hat{A}_-+f^*(t)\hat{A}_+\end{aligned} \tag{5}$$

其中

$$f(t)=-\sqrt{\frac{\hbar}{2\mu\omega}}F(t)+\mathrm{i}\sqrt{\frac{\mu\omega\hbar}{2}}G(t) \tag{6}$$

于是，有

$$\hat{H}(t)=(\hat{A}_+\hat{A}_-+1/2)\hbar\omega+f(t)\hat{A}_-+f^*(t)\hat{A}_+ \tag{7}$$

体系满足的薛定谔方程与初始条件为

$$\begin{aligned}&\mathrm{i}\hbar\frac{\partial}{\partial t}\mid\psi(t)\rangle=\hat{H}(t)\mid\psi(t)\rangle\\&\mid\psi(t)\rangle\mid_{t=0}=\mid\psi(0)\rangle\end{aligned} \tag{8}$$

利用 $\hat{U}(t)=\mathrm{e}^{-z(t)\hat{A}_++z^*(t)\hat{A}_-}$ 对薛定谔方程做幺正变换，得到

$$\hat{U}(t)\mathrm{i}\hbar\frac{\partial}{\partial t}\mid\psi(t)\rangle=\hat{U}(t)\hat{H}(t)\mid\psi(t)\rangle \tag{9}$$

上式可以改写成

$$\begin{aligned}&\mathrm{i}\hbar\frac{\partial}{\partial t}[\hat{U}(t)\mid\psi(t)\rangle]-\mathrm{i}\hbar\left[\frac{\partial\hat{U}(t)}{\partial t}\right]\hat{U}^{-1}(t)[\hat{U}(t)\mid\psi(t)\rangle]=\\&[\hat{U}(t)\hat{H}(t)\hat{U}^{-1}(t)][\hat{U}(t)\mid\psi(t)\rangle]\end{aligned} \tag{10}$$

其中，变换算符 $\hat{U}(t)$ 对时间的导数为

$$\begin{aligned}\frac{\partial\hat{U}(t)}{\partial t}=&\frac{\partial}{\partial t}\mathrm{e}^{-z(t)\hat{A}_++z^*(t)\hat{A}_-}=\frac{\partial}{\partial t}[\mathrm{e}^{-|z(t)|^2/2}\mathrm{e}^{-z(t)\hat{A}_+}\mathrm{e}^{z^*(t)\hat{A}_-}]=\\&\left[-\frac{1}{2}\frac{\mathrm{d}\,|z(t)|^2}{\mathrm{d}t}-\frac{\mathrm{d}z(t)}{\mathrm{d}t}\hat{A}_+\right]\hat{U}(t)+\end{aligned}$$

$$\mathrm{e}^{-|z(t)|^2/2}\mathrm{e}^{-z(t)\hat{A}_+}\frac{\mathrm{d}z^*(t)}{\mathrm{d}t}\hat{A}_-\mathrm{e}^{z^*(t)\hat{A}_-}\hat{U}^{-1}(t)\hat{U}(t)=$$

$$\left\{-\frac{1}{2}\frac{\mathrm{d}|z(t)|^2}{\mathrm{d}t}-\frac{\mathrm{d}z(t)}{\mathrm{d}t}\hat{A}_++\frac{\mathrm{d}z^*(t)}{\mathrm{d}t}[\hat{A}_-+z(t)]\right\}\hat{U}(t)=$$

$$\left\{\frac{1}{2}\left[z(t)\frac{\mathrm{d}z^*(t)}{\mathrm{d}t}-z^*(t)\frac{\mathrm{d}z(t)}{\mathrm{d}t}\right]-\frac{\mathrm{d}z(t)}{\mathrm{d}t}\hat{A}_++\frac{\mathrm{d}z^*(t)}{\mathrm{d}t}\hat{A}_-\right\}\hat{U}(t) \tag{11}$$

上面的推导过程中用到习题 2.16 中的式(8),即

$$\hat{U}(t)\hat{A}_-\hat{U}^{-1}(t)=\hat{A}_-+z(t) \tag{12}$$

再利用上式计算哈密顿算符的变换,得到

$$\hat{U}(t)\hat{H}(t)\hat{U}^{-1}(t)=$$

$$\hat{U}(t)[(\hat{A}_+\hat{A}_-+1/2)\hbar\omega+f(t)\hat{A}_-+f^*(t)\hat{A}_+]\hat{U}^{-1}(t)=$$

$$[\hat{A}_++z^*(t)][\hat{A}_-+z(t)]\hbar\omega+$$

$$f(t)[\hat{A}_-+z(t)]+f^*(t)[\hat{A}_++z^*(t)]+\hbar\omega/2=$$

$$(\hat{A}_+\hat{A}_-+1/2)\hbar\omega+z(t)\hat{A}_+\hbar\omega+z^*(t)\hat{A}_-\hbar\omega+|z(t)|^2\hbar\omega+$$

$$f(t)\hat{A}_-+f(t)z(t)+f^*(t)\hat{A}_++f^*(t)z^*(t)=$$

$$(\hat{A}_+\hat{A}_-+1/2)\hbar\omega+[z(t)\hbar\omega+f^*(t)]\hat{A}_++$$

$$[z^*(t)\hbar\omega+f(t)]\hat{A}_-+|z(t)|^2\hbar\omega+f(t)z(t)+f^*(t)z^*(t) \tag{13}$$

将式(11) 与式(13) 代入式(10),得到

$$\begin{aligned}\mathrm{i}\hbar\frac{\partial}{\partial t}[\hat{U}(t)|\psi(t)\rangle]=&(\hat{A}_+\hat{A}_-+1/2)\hbar\omega[\hat{U}(t)|\psi(t)\rangle]+\\&\left[-\mathrm{i}\hbar\frac{\mathrm{d}z(t)}{\mathrm{d}t}+z(t)\hbar\omega+f^*(t)\right]\hat{A}_+[\hat{U}(t)|\psi(t)\rangle]+\\&\left[\mathrm{i}\hbar\frac{\mathrm{d}z^*(t)}{\mathrm{d}t}+z^*(t)\hbar\omega+f(t)\right]\hat{A}_-[\hat{U}(t)|\psi(t)\rangle]+\\&[|z(t)|^2\hbar\omega+f(t)z(t)+f^*(t)z^*(t)][\hat{U}(t)|\psi(t)\rangle]+\\&\frac{\mathrm{i}\hbar}{2}\left[z(t)\frac{\mathrm{d}z^*(t)}{\mathrm{d}t}-z^*(t)\frac{\mathrm{d}z(t)}{\mathrm{d}t}\right][\hat{U}(t)|\psi(t)\rangle]\end{aligned} \tag{14}$$

选取待定函数 $z(t)$ 满足如下方程和初始条件

$$\begin{aligned}&\mathrm{i}\hbar\frac{\mathrm{d}z(t)}{\mathrm{d}t}-z(t)\hbar\omega-f^*(t)=0\\&z(0)=0\end{aligned} \tag{15}$$

上述一阶线性非齐次微分方程的通解为

$$z(t)=-\frac{\mathrm{i}}{\hbar}\mathrm{e}^{-\mathrm{i}\omega t}\int_0^t\mathrm{d}\tau f^*(\tau)\mathrm{e}^{\mathrm{i}\omega\tau} \tag{16}$$

于是,式(14) 可以简化为

$$\mathrm{i}\hbar \frac{\partial}{\partial t}[\hat{U}(t) \mid \psi(t)\rangle]=[\hat{A}_+ \hat{A}_- \hbar\omega + K(t)][\hat{U}(t) \mid \psi(t)\rangle] \tag{17}$$

其中

$$K(t)=|z(t)|^2\hbar\omega + f(t)z(t) + f^*(t)z^*(t) + \frac{\mathrm{i}\hbar}{2}\left[z(t)\frac{\mathrm{d}z^*(t)}{\mathrm{d}t} - z^*(t)\frac{\mathrm{d}z(t)}{\mathrm{d}t}\right] + \frac{1}{2}\hbar\omega \tag{18}$$

由式(15) 可知

$$\begin{aligned} \mathrm{i}\hbar\frac{\mathrm{d}z(t)}{\mathrm{d}t} &= z(t)\hbar\omega + f^*(t) \\ -\mathrm{i}\hbar\frac{\mathrm{d}z^*(t)}{\mathrm{d}t} &= z^*(t)\hbar\omega + f(t) \end{aligned} \tag{19}$$

进而得到

$$\frac{\mathrm{i}\hbar}{2}\left[z(t)\frac{\mathrm{d}z^*(t)}{\mathrm{d}t} - z^*(t)\frac{\mathrm{d}z(t)}{\mathrm{d}t}\right] = -|z(t)|^2\hbar\omega - \frac{1}{2}f^*(t)z^*(t) - \frac{1}{2}f(t)z(t) \tag{20}$$

将式(20) 代入式(18),得到其简化形式

$$K(t)=\frac{1}{2}[f(t)z(t) + f^*(t)z^*(t) + \hbar\omega] \tag{21}$$

最后,式(17) 的解可以写成

$$|\psi(t)\rangle = \hat{U}^{-1}(t)\mathrm{e}^{-\frac{\mathrm{i}}{\hbar}\int_0^t \mathrm{d}\tau K(\tau)}\mathrm{e}^{-\mathrm{i}\hat{A}_+\hat{A}_-\omega t}|\psi(0)\rangle \tag{22}$$

上式可以改写成

$$|\psi(t)\rangle = \mathrm{e}^{-\frac{\mathrm{i}}{\hbar}\int_0^t \mathrm{d}\tau K(\tau)}\hat{U}^{-1}(t)\mathrm{e}^{-\mathrm{i}\hat{A}_+\hat{A}_-\omega t}\hat{U}(t)\hat{U}^{-1}(t)|\psi(0)\rangle \tag{23}$$

由式(12) 可知

$$\begin{aligned} \hat{U}^{-1}(t)\hat{A}_-\hat{U}(t) &= \hat{A}_- - z(t) \\ \hat{U}^{-1}(t)\hat{A}_+\hat{U}(t) &= \hat{A}_+ - z^*(t) \end{aligned} \tag{24}$$

将式(24) 代入式(23),得到

$$|\psi(t)\rangle = \mathrm{e}^{-\frac{\mathrm{i}}{\hbar}\int_0^t \mathrm{d}\tau K(\tau)}\mathrm{e}^{-\mathrm{i}[\hat{A}_+ - z^*(t)]\omega t}\mathrm{e}^{\mathrm{i}[\hat{A}_- - z(t)]\omega t}\hat{U}^{-1}(t)|\psi(0)\rangle \tag{25}$$

习题 2.18　若定义压缩算符

$$\hat{S}(\gamma)=\mathrm{e}^{\gamma\hat{A}_+^2/2-\gamma\hat{A}_-^2/2}$$

证明

$$\hat{S}^\dagger(\gamma)f(\hat{A}_-,\hat{A}_+)\hat{S}(\gamma)=f(\hat{B}_-(\gamma),\hat{B}_+(\gamma))$$

式中，$f(\hat{A}_-,\hat{A}_+)$ 为 $\hat{A}_-$ 与 $\hat{A}_+$ 的任意次幂的函数，而

$$\hat{B}_\pm(\gamma)=\hat{S}^\dagger(\gamma)\hat{A}_\pm\hat{S}(\gamma)$$

证明 若设

$$f(\hat{A}_-,\hat{A}_+)=\sum_{m,n=0}^{k}a_{mn}\hat{A}_+^m\hat{A}_-^n \tag{1}$$

则

$$\begin{aligned}&\hat{S}^\dagger(\gamma)f(\hat{A}_-,\hat{A}_+)\hat{S}(\gamma)=\hat{S}^\dagger(\gamma)\sum_{m,n=0}^{k}a_{mn}\hat{A}_+^m\hat{A}_-^n\hat{S}(\gamma)=\\&\hat{S}^\dagger(\gamma)\sum_{m,n=0}^{k}a_{mn}\hat{A}_+^m\hat{S}(\gamma)\hat{S}^\dagger(\gamma)\hat{A}_-^n\hat{S}(\gamma)=\\&\sum_{m,n=0}^{k}a_{mn}\hat{B}_+^m(\gamma)\hat{B}_-^n(\gamma)=f(\hat{B}_-(\gamma),\hat{B}_+(\gamma))\end{aligned} \tag{2}$$

其中用到

$$\begin{aligned}&\hat{S}^\dagger(\gamma)\hat{A}_\pm^m\hat{S}(\gamma)=\\&\hat{S}^\dagger(\gamma)\hat{A}_\pm\hat{S}(\gamma)\hat{S}^\dagger(\gamma)\hat{A}_\pm\hat{S}(\gamma)\cdots\hat{S}^\dagger(\gamma)\hat{A}_\pm\hat{S}(\gamma)=\hat{B}_\pm^m(\gamma)\end{aligned} \tag{3}$$

即使 $f(\hat{A}_-,\hat{A}_+)$ 的函数形式更复杂，也可以利用同样的方法处理，故求证之式成立。

习题 2.19 证明

$$\hat{S}^\dagger(\gamma)x\hat{S}(\gamma)=x\mathrm{e}^{\gamma}$$

$$\hat{S}^\dagger(\gamma)\hat{p}\hat{S}(\gamma)=\hat{p}\mathrm{e}^{-\gamma}$$

证明 若令

$$\hat{C}(\gamma)=\gamma\hat{A}_-^2/2-\gamma\hat{A}_+^2/2 \tag{1}$$

则压缩算符为

$$\begin{aligned}&\hat{S}(\gamma)=\mathrm{e}^{-\hat{C}(\gamma)}\\&\hat{S}^\dagger(\gamma)=\mathrm{e}^{\hat{C}(\gamma)}\end{aligned} \tag{2}$$

于是

$$\begin{aligned}&\hat{S}^\dagger(\gamma)x\hat{S}(\gamma)=\mathrm{e}^{\hat{C}(\gamma)}x\,\mathrm{e}^{-\hat{C}(\gamma)}\\&\hat{S}^\dagger(\gamma)\hat{p}\hat{S}(\gamma)=\mathrm{e}^{\hat{C}(\gamma)}\hat{p}\,\mathrm{e}^{-\hat{C}(\gamma)}\end{aligned} \tag{3}$$

利用习题 2.7 给出的关系式

$$e^{\hat{A}}\hat{B}e^{-\hat{A}}=\sum_{k=0}^{\infty}\frac{1}{k!}[\hat{A}^{(k)},\hat{B}] \tag{4}$$

得到

$$\begin{aligned}\hat{S}^{\dagger}(\gamma)x\hat{S}(\gamma)=&\sum_{k=0}^{\infty}\frac{1}{k!}[\hat{C}^{(k)}(\gamma),x]=\\ &x+[\hat{C}^{(1)}(\gamma),x]+\frac{1}{2!}[\hat{C}^{(2)}(\gamma),x]+\frac{1}{3!}[\hat{C}^{(3)}(\gamma),x]+\cdots\end{aligned} \tag{5}$$

$$\begin{aligned}\hat{S}^{\dagger}(\gamma)\hat{p}\hat{S}(\gamma)=&\sum_{k=0}^{\infty}\frac{1}{k!}[\hat{C}^{(k)}(\gamma),\hat{p}]=\\ &\hat{p}+[\hat{C}^{(1)}(\gamma),\hat{p}]+\frac{1}{2!}[\hat{C}^{(2)}(\gamma),\hat{p}]+\frac{1}{3!}[\hat{C}^{(3)}(\gamma),\hat{p}]+\cdots\end{aligned} \tag{6}$$

对坐标算符而言，单重对易子为

$$\begin{aligned}[\hat{C}(\gamma),x]=&\left[\frac{\gamma}{2}\hat{A}_-^2-\frac{\gamma}{2}\hat{A}_+^2,x\right]=\frac{\gamma}{2}\{[\hat{A}_-^2,x]-[\hat{A}_+^2,x]\}=\\ &\frac{\gamma}{2}\sqrt{\frac{\hbar}{2\mu\omega}}\{[\hat{A}_-^2,\hat{A}_++\hat{A}_-]-[\hat{A}_+^2,\hat{A}_++\hat{A}_-]\}=\\ &\frac{\gamma}{2}\sqrt{\frac{\hbar}{2\mu\omega}}\{[\hat{A}_-^2,\hat{A}_+]-[\hat{A}_+^2,\hat{A}_-]\}=\\ &\frac{\gamma}{2}\sqrt{\frac{\hbar}{2\mu\omega}}\{\hat{A}_-[\hat{A}_-,\hat{A}_+]+[\hat{A}_-,\hat{A}_+]\hat{A}_-\}-\\ &\frac{\gamma}{2}\sqrt{\frac{\hbar}{2\mu\omega}}\{\hat{A}_+[\hat{A}_+,\hat{A}_-]+[\hat{A}_+,\hat{A}_-]\hat{A}_+\}=\\ &\frac{\gamma}{2}\sqrt{\frac{\hbar}{2\mu\omega}}(2\hat{A}_-+2\hat{A}_+)=\gamma x\end{aligned} \tag{7}$$

利用单重对易子容易得到多重对易子分别为

$$[\hat{C}^{(2)}(\gamma),x]=[\hat{C}(\gamma),[\hat{C}(\gamma),x]]=[\hat{C}(\gamma),\gamma x]=\gamma^2 x \tag{8}$$

$$\begin{matrix}[\hat{C}^{(3)}(\gamma),x]=[\hat{C}(\gamma),[\hat{C}^{(2)}(\gamma),x]]=[\hat{C}(\gamma),\gamma^2 x]=\gamma^3 x\\ \vdots \qquad\qquad \vdots\end{matrix} \tag{9}$$

将式(7) ～ (9) 代入式(5)，得到

$$\hat{S}^{\dagger}(\gamma)x\hat{S}(\gamma)=x+\gamma x+\frac{1}{2!}\gamma^2 x+\frac{1}{3!}\gamma^3 x+\cdots=xe^{\gamma} \tag{10}$$

对动量算符而言，单重对易子为

$$[\hat{C}(\gamma),\hat{p}]=\left[\frac{\gamma}{2}\hat{A}_-^2-\frac{\gamma}{2}\hat{A}_+^2,\hat{p}\right]=\frac{\gamma}{2}\{[\hat{A}_-^2,\hat{p}]-[\hat{A}_+^2,\hat{p}]\}=$$

$$\frac{i\gamma}{4}\sqrt{2\mu\omega\hbar}\{[\hat{A}_-^2,\hat{A}_+-\hat{A}_-]-[\hat{A}_+^2,\hat{A}_+-\hat{A}_-]\}=$$

$$\frac{i\gamma}{4}\sqrt{2\mu\omega\hbar}\{[\hat{A}_-^2,\hat{A}_+]+[\hat{A}_+^2,\hat{A}_-]\}=$$

$$\frac{i\gamma}{4}\sqrt{2\mu\omega\hbar}(2\hat{A}_--2\hat{A}_+)=-\gamma\hat{p} \tag{11}$$

利用单重对易子容易得到多重对易子分别为

$$[\hat{C}^{(2)}(\gamma),\hat{p}]=[\hat{C}(\gamma),[\hat{C}(\gamma),\hat{p}]]=[\hat{C}(\gamma),-\gamma\hat{p}]=\gamma^2\hat{p} \tag{12}$$

$$[\hat{C}^{(3)}(\gamma),\hat{p}]=[\hat{C}(\gamma),[\hat{C}^{(2)}(\gamma),\hat{p}]]=[\hat{C}(\gamma),\gamma^2\hat{p}]=-\gamma^3\hat{p} \tag{13}$$

$$\vdots \qquad\qquad \vdots$$

将式(11)～(13)代入式(6),得到

$$\hat{S}^\dagger(\gamma)\hat{p}\hat{S}(\gamma)=\hat{p}-\gamma\hat{p}+\frac{1}{2!}\gamma^2\hat{p}-\frac{1}{3!}\gamma^3\hat{p}+\cdots=\hat{p}e^{-\gamma} \tag{14}$$

习题 2.20 在压缩后的真空态

$$|0\rangle_\gamma=\hat{S}(\gamma)|0\rangle$$

下,证明

$$\overline{(\Delta x)^2}\,\overline{(\Delta p)^2}=\hbar^2/4$$

证明 在压缩后的真空态$|0\rangle_\gamma$之下分别计算坐标与动量的平均值

$$_\gamma\langle 0|x|0\rangle_\gamma=\langle 0|\hat{S}^\dagger(\gamma)x\hat{S}(\gamma)|0\rangle=\langle 0|xe^\gamma|0\rangle=$$

$$e^\gamma\sqrt{\frac{\hbar}{2\mu\omega}}\langle 0|\hat{A}_++\hat{A}_-|0\rangle=0 \tag{1}$$

$$_\gamma\langle 0|\hat{p}|0\rangle_\gamma=\langle 0|\hat{S}^\dagger(\gamma)\hat{p}\hat{S}(\gamma)|0\rangle=\langle 0|\hat{p}e^{-\gamma}|0\rangle=0 \tag{2}$$

而坐标平方算符与动量平方算符的平均值分别为

$$\begin{aligned}&_\gamma\langle 0|x^2|0\rangle_\gamma=\langle 0|\hat{S}^\dagger(\gamma)x^2\hat{S}(\gamma)|0\rangle=\\&\langle 0|\hat{S}^\dagger(\gamma)x\hat{S}(\gamma)\hat{S}^\dagger(r)x\hat{S}(\gamma)|0\rangle=\\&e^{2\gamma}\langle 0|x^2|0\rangle=e^{2\gamma}\frac{\hbar}{2\mu\omega}\langle 0|(\hat{A}_++\hat{A}_-)^2|0\rangle=\\&e^{2\gamma}\frac{\hbar}{2\mu\omega}\langle 0|\hat{A}_-\hat{A}_+|0\rangle=\frac{\hbar}{2\mu\omega}e^{2\gamma}\end{aligned} \tag{3}$$

$$\begin{aligned}&_\gamma\langle 0|\hat{p}^2|0\rangle_\gamma=\langle 0|\hat{S}^\dagger(\gamma)\hat{p}^2\hat{S}(\gamma)|0\rangle=\\&e^{-2\gamma}\langle 0|\hat{p}^2|0\rangle=-e^{-2\gamma}\frac{\mu\omega\hbar}{2}\langle 0|(\hat{A}_+-\hat{A}_-)^2|0\rangle=\\&\frac{\mu\omega\hbar}{2}e^{-2\gamma}\end{aligned} \tag{4}$$

由上述结果可知，坐标与动量的差方平均值分别为

$$\overline{(\Delta x)^2}=\frac{\hbar}{2\mu\omega}\mathrm{e}^{2\gamma} \tag{5}$$

$$\overline{(\Delta p)^2}=\frac{\mu\omega\hbar}{2}\mathrm{e}^{-2\gamma} \tag{6}$$

如果将它们分别与压缩前的结果（见习题 2.14）比较，则会发现坐标与动量的差方平均值分别扩大和缩小了 $\mathrm{e}^{2\gamma}$ 倍，而两者之积不变，即

$$\overline{(\Delta x)^2}\,\overline{(\Delta p)^2}=\hbar^2/4 \tag{7}$$

上述结果表明，压缩后的真空态仍然是最小不确定态。

习题 2.21 利用位移算符 $\hat{D}(z)$ 将压缩后的真空态 $|0\rangle_\gamma=\hat{S}(\gamma)|0\rangle$ 的中心移至复平面的 z 点处，得到压缩态

$$|z\rangle_\gamma=\hat{D}(z)|0\rangle_\gamma=\hat{D}(z)\hat{S}(\gamma)|0\rangle$$

在此压缩态下，证明

$$\overline{(\Delta A_1)^2}=\mathrm{e}^{2\gamma}/4$$

$$\overline{(\Delta A_2)^2}=\mathrm{e}^{-2\gamma}/4$$

其中

$$\hat{A}_1=\sqrt{\frac{\mu\omega}{2\hbar}}x$$

$$\hat{A}_2=\sqrt{\frac{1}{2\mu\omega\hbar}}\hat{p}$$

证明 在压缩态 $|z\rangle_\gamma$ 之下，算符 $\hat{A}_1$ 的平均值为

$$\begin{aligned}\overline{A_1}&={}_\gamma\langle z|\hat{A}_1|z\rangle_\gamma=\langle 0|\hat{S}^\dagger(\gamma)\hat{D}^\dagger(z)\hat{A}_1\hat{D}(z)\hat{S}(\gamma)|0\rangle\\ \overline{A_2}&={}_\gamma\langle z|\hat{A}_2|z\rangle_\gamma=\langle 0|\hat{S}^\dagger(\gamma)\hat{D}^\dagger(z)\hat{A}_2\hat{D}(z)\hat{S}(\gamma)|0\rangle\end{aligned} \tag{1}$$

其中，位移算符为

$$\hat{D}(z)=\mathrm{e}^{z\hat{A}_+-z^*\hat{A}_-} \tag{2}$$

$$\begin{aligned}\hat{A}_1&=\sqrt{\frac{\mu\omega}{2\hbar}}x=\sqrt{\frac{\mu\omega}{2\hbar}}\sqrt{\frac{\hbar}{2\mu\omega}}(\hat{A}_++\hat{A}_-)=\frac{1}{2}(\hat{A}_++\hat{A}_-)\\ \hat{A}_2&=\sqrt{\frac{1}{2\mu\omega\hbar}}\hat{p}=\sqrt{\frac{1}{2\mu\omega\hbar}}\sqrt{\frac{\mu\omega\hbar}{2}}\mathrm{i}(\hat{A}_+-\hat{A}_-)=\frac{\mathrm{i}}{2}(\hat{A}_+-\hat{A}_-)\end{aligned} \tag{3}$$

习题 2.18 已经证明

$$\hat{S}^\dagger(\gamma)f(\hat{A}_-,\hat{A}_+)\hat{S}(\gamma)=f(\hat{B}_-(\gamma),\hat{B}_+(\gamma)) \tag{4}$$

其中

$$\hat{B}_{\pm}(\gamma)=\hat{S}^{\dagger}(\gamma)\hat{A}_{\pm}\hat{S}(\gamma) \tag{5}$$

为简捷计，略去 $\hat{B}_{\pm}(\gamma)$ 中的自变量 γ，于是，式(1) 可以改写成

$$\begin{aligned}
\overline{A_1}&=\frac{1}{2}\langle 0 \mid \mathrm{e}^{z^*\hat{B}_--z\hat{B}_+}(\hat{B}_++\hat{B}_-)\,\mathrm{e}^{z\hat{B}_+-z^*\hat{B}_-}\mid 0\rangle \\
\overline{A_2}&=\frac{\mathrm{i}}{2}\langle 0 \mid \mathrm{e}^{z^*\hat{B}_--z\hat{B}_+}(\hat{B}_+-\hat{B}_-)\,\mathrm{e}^{z\hat{B}_+-z^*\hat{B}_-}\mid 0\rangle
\end{aligned} \tag{6}$$

若令

$$\hat{C}=z^*\hat{B}_--z\hat{B}_+ \tag{7}$$

则式(6) 可简化为

$$\begin{aligned}
\overline{A_1}&=\frac{1}{2}\langle 0 \mid \mathrm{e}^{\hat{C}}(\hat{B}_++\hat{B}_-)\,\mathrm{e}^{-\hat{C}}\mid 0\rangle \\
\overline{A_2}&=\frac{\mathrm{i}}{2}\langle 0 \mid \mathrm{e}^{\hat{C}}(\hat{B}_+-\hat{B}_-)\,\mathrm{e}^{-\hat{C}}\mid 0\rangle
\end{aligned} \tag{8}$$

利用习题 2.7 的结果

$$\mathrm{e}^{\hat{C}}\hat{B}\,\mathrm{e}^{-\hat{C}}=\sum_{k=0}^{\infty}\frac{1}{k!}[\hat{C}^{(k)},\hat{B}] \tag{9}$$

进一步将式(8) 改写为

$$\begin{aligned}
\overline{A_1}&=\frac{1}{2}\langle 0 \mid \sum_{k=0}^{\infty}\frac{1}{k!}[\hat{C}^{(k)},\hat{B}_+]+\sum_{k=0}^{\infty}\frac{1}{k!}[\hat{C}^{(k)},\hat{B}_-]\mid 0\rangle \\
\overline{A_2}&=\frac{\mathrm{i}}{2}\langle 0 \mid \sum_{k=0}^{\infty}\frac{1}{k!}[\hat{C}^{(k)},\hat{B}_+]-\sum_{k=0}^{\infty}\frac{1}{k!}[\hat{C}^{(k)},\hat{B}_-]\mid 0\rangle
\end{aligned} \tag{10}$$

利用习题 2.19 的结果，由式(5) 可导出 $\hat{B}_{\pm}$ 的表达式

$$\begin{aligned}
\hat{B}_{\pm}&=\hat{S}^{\dagger}(\gamma)\hat{A}_{\pm}\hat{S}(\gamma)= \\
&\sqrt{\frac{1}{2\mu\omega\hbar}}\hat{S}^{\dagger}(\gamma)(\mu\omega x\mp\mathrm{i}\hat{p})\hat{S}(\gamma)= \\
&\sqrt{\frac{1}{2\mu\omega\hbar}}(\mu\omega x\,\mathrm{e}^{\gamma}\mp\mathrm{i}\hat{p}\mathrm{e}^{-\gamma})
\end{aligned} \tag{11}$$

两者的对易子

$$[\hat{B}_-,\hat{B}_+]=\frac{1}{2\mu\omega\hbar}[\mu\omega x\,\mathrm{e}^{\gamma}+\mathrm{i}\hat{p}\mathrm{e}^{-\gamma},\mu\omega x\,\mathrm{e}^{\gamma}-\mathrm{i}\hat{p}\mathrm{e}^{-\gamma}]=1 \tag{12}$$

与 $\hat{A}_+$ 和 $\hat{A}_-$ 的对易子相同。

将式(7) 与式(11) 代入多重对易子，得到

$$[\hat{C}^{(0)},\hat{B}_{\pm}]=\hat{B}_{\pm} \tag{13}$$

$$[\hat{C}^{(1)},\hat{B}_+]=[\hat{C},\hat{B}_+]=[z^*\hat{B}_- - z\hat{B}_+,\hat{B}_+]=z^*[\hat{B}_-,\hat{B}_+]=z^* \tag{14}$$

$$[\hat{C}^{(1)},\hat{B}_-]=[\hat{C},\hat{B}_-]=[z^*\hat{B}_- - z\hat{B}_+,\hat{B}_-]=-z[\hat{B}_+,\hat{B}_-]=z \tag{15}$$

$$[\hat{C}^{(2)},\hat{B}_\pm]=[\hat{C}^{(3)},\hat{B}_\pm]=[\hat{C}^{(4)},\hat{B}_\pm]=\cdots=0 \tag{16}$$

将式(13)～(16)代入式(10)，得到

$$\begin{aligned}\overline{A_1}&=\frac{1}{2}\langle 0\mid\hat{B}_+ + z^* + \hat{B}_- + z\mid 0\rangle=\frac{1}{2}(z^*+z)\\ \overline{A_2}&=\frac{\mathrm{i}}{2}\langle 0\mid\hat{B}_+ + z^* - \hat{B}_- - z\mid 0\rangle=\frac{\mathrm{i}}{2}(z^*-z)\end{aligned} \tag{17}$$

下面导出$\overline{A_1^2}$与$\overline{A_2^2}$的表达式。由式(8)可知

$$\begin{aligned}\overline{A_1^2}&=\frac{1}{4}\langle 0\mid \mathrm{e}^{\hat{C}}(\hat{B}_+ + \hat{B}_-)^2\mathrm{e}^{-\hat{C}}\mid 0\rangle\\ \overline{A_2^2}&=-\frac{1}{4}\langle 0\mid \mathrm{e}^{\hat{C}}(\hat{B}_+ - \hat{B}_-)^2\mathrm{e}^{-\hat{C}}\mid 0\rangle\end{aligned} \tag{18}$$

由式(10)可知

$$\begin{aligned}\overline{A_1^2}&=\frac{1}{4}\langle 0\mid \sum_{k=0}^{\infty}\frac{1}{k!}[\hat{C}^{(k)},(\hat{B}_+ + \hat{B}_-)^2]\mid 0\rangle\\ \overline{A_2^2}&=-\frac{1}{4}\langle 0\mid \sum_{k=0}^{\infty}\frac{1}{k!}[\hat{C}^{(k)},(\hat{B}_+ - \hat{B}_-)^2]\mid 0\rangle\end{aligned} \tag{19}$$

式中的多重对易子为

$$[\hat{C}^{(0)},(\hat{B}_+\pm\hat{B}_-)^2]=(\hat{B}_+\pm\hat{B}_-)^2 \tag{20}$$

$$\begin{aligned}[\hat{C}^{(1)},(\hat{B}_+ + \hat{B}_-)^2]=&[z^*\hat{B}_- - z\hat{B}_+,\hat{B}_+\hat{B}_+ + \hat{B}_+\hat{B}_- + \hat{B}_-\hat{B}_+ + \hat{B}_-\hat{B}_-]=\\ &z^*[\hat{B}_-,\hat{B}_+\hat{B}_+ + \hat{B}_+\hat{B}_- + \hat{B}_-\hat{B}_+]-\\ &z[\hat{B}_+,\hat{B}_+\hat{B}_- + \hat{B}_-\hat{B}_+ + \hat{B}_-\hat{B}_-]=\\ &2z^*(\hat{B}_+ + \hat{B}_-)+2z(\hat{B}_+ + \hat{B}_-)=2(z^*+z)(\hat{B}_+ + \hat{B}_-)\end{aligned} \tag{21}$$

$$\begin{aligned}[\hat{C}^{(1)},(\hat{B}_+ - \hat{B}_-)^2]=&[z^*\hat{B}_- - z\hat{B}_+,\hat{B}_+\hat{B}_+ - \hat{B}_+\hat{B}_- - \hat{B}_-\hat{B}_+ + \hat{B}_-\hat{B}_-]=\\ &z^*[\hat{B}_-,\hat{B}_+\hat{B}_+ - \hat{B}_+\hat{B}_- - \hat{B}_-\hat{B}_+]-\\ &z[\hat{B}_+,\hat{B}_-\hat{B}_- - \hat{B}_+\hat{B}_- - \hat{B}_-\hat{B}_+]=\\ &2z^*(\hat{B}_+ - \hat{B}_-)+2z(\hat{B}_- - \hat{B}_+)=2(z^*-z)(\hat{B}_+ - \hat{B}_-)\end{aligned} \tag{22}$$

$$[\hat{C}^{(2)},(\hat{B}_{+}+\hat{B}_{-})^{2}]=[\hat{C},[\hat{C},(\hat{B}_{+}+\hat{B}_{-})^{2}]]=$$
$$[\hat{C},2(z^{*}+z)(\hat{B}_{+}+\hat{B}_{-})]=2(z^{*}+z)^{2} \tag{23}$$

$$[\hat{C}^{(2)},(\hat{B}_{+}-\hat{B}_{-})^{2}]=[\hat{C},[\hat{C},(\hat{B}_{+}-\hat{B}_{-})^{2}]]=$$
$$[\hat{C},2(z^{*}-z)(\hat{B}_{+}-\hat{B}_{-})]=2(z^{*}-z)^{2} \tag{24}$$

显然,更高阶的多重对易子皆为零。于是有

$$\overline{A_1^2}=\frac{1}{4}\langle 0\mid(\hat{B}_{+}+\hat{B}_{-})^{2}+2(z^{*}+z)(\hat{B}_{+}+\hat{B}_{-})+(z^{*}+z)^{2}\mid 0\rangle$$
$$\overline{A_2^2}=-\frac{1}{4}\langle 0\mid(\hat{B}_{+}-\hat{B}_{-})^{2}+2(z^{*}-z)(\hat{B}_{+}-\hat{B}_{-})+(z^{*}-z)^{2}\mid 0\rangle \tag{25}$$

式(11) 也可以改写成

$$\hat{B}_{\pm}=\sqrt{\frac{1}{2\mu\omega\hbar}}(\mu\omega x\,\mathrm{e}^{\gamma}\mp \mathrm{i}\hat{p}\,\mathrm{e}^{-\gamma})=$$
$$\sqrt{\frac{1}{2\mu\omega\hbar}}\left[\mu\omega\sqrt{\frac{\hbar}{2\mu\omega}}(\hat{A}_{+}+\hat{A}_{-})\,\mathrm{e}^{\gamma}\pm\sqrt{\frac{\mu\omega\hbar}{2}}(\hat{A}_{+}-\hat{A}_{-})\,\mathrm{e}^{-\gamma}\right]= \tag{26}$$
$$\frac{1}{2}[(\hat{A}_{+}+\hat{A}_{-})\,\mathrm{e}^{\gamma}\pm(\hat{A}_{+}-\hat{A}_{-})\,\mathrm{e}^{-\gamma}]$$

因为

$$\langle 0\mid\hat{A}_{\pm}\mid 0\rangle=0$$
$$\langle 0\mid\hat{A}_{+}\hat{A}_{+}\mid 0\rangle=0$$
$$\langle 0\mid\hat{A}_{-}\hat{A}_{-}\mid 0\rangle=0 \tag{27}$$
$$\langle 0\mid\hat{A}_{+}\hat{A}_{-}\mid 0\rangle=0$$
$$\langle 0\mid\hat{A}_{-}\hat{A}_{+}\mid 0\rangle=1$$

所以,式(25) 可以进一步简化为

$$\overline{A_1^2}=\frac{1}{4}\langle 0\mid(\hat{B}_{+}+\hat{B}_{-})^{2}+(z^{*}+z)^{2}\mid 0\rangle$$
$$\overline{A_2^2}=-\frac{1}{4}\langle 0\mid(\hat{B}_{+}-\hat{B}_{-})^{2}+(z^{*}-z)^{2}\mid 0\rangle \tag{28}$$

由式(26) 可知

$$\langle 0\mid(\hat{B}_{+}+\hat{B}_{-})^{2}\mid 0\rangle=\langle 0\mid\hat{B}_{+}\hat{B}_{+}+\hat{B}_{+}\hat{B}_{-}+\hat{B}_{-}\hat{B}_{+}+\hat{B}_{-}\hat{B}_{-}\mid 0\rangle$$
$$\langle 0\mid(\hat{B}_{+}-\hat{B}_{-})^{2}\mid 0\rangle=\langle 0\mid\hat{B}_{+}\hat{B}_{+}-\hat{B}_{+}\hat{B}_{-}-\hat{B}_{-}\hat{B}_{+}+\hat{B}_{-}\hat{B}_{-}\mid 0\rangle \tag{29}$$

由式(27) 可知,式(29) 中各项分别为

$$\langle 0 \mid \hat{B}_+ \hat{B}_+ \mid 0 \rangle =$$

$$\frac{1}{4}\langle 0 \mid [(\hat{A}_+ + \hat{A}_-)\mathrm{e}^{\gamma} + (\hat{A}_+ - \hat{A}_-)\mathrm{e}^{-\gamma}][(\hat{A}_+ + \hat{A}_-)\mathrm{e}^{\gamma} + (\hat{A}_+ - \hat{A}_-)\mathrm{e}^{-\gamma}] \mid 0 \rangle =$$

$$\frac{1}{4}\langle 0 \mid \hat{A}_- \hat{A}_+ (\mathrm{e}^{2\gamma} + 1) - \hat{A}_- \hat{A}_+ (\mathrm{e}^{-2\gamma} + 1) \mid 0 \rangle = \frac{1}{4}(\mathrm{e}^{2\gamma} - \mathrm{e}^{-2\gamma}) \tag{30}$$

$$\langle 0 \mid \hat{B}_+ \hat{B}_- \mid 0 \rangle =$$

$$\frac{1}{4}\langle 0 \mid [(\hat{A}_+ + \hat{A}_-)\mathrm{e}^{\gamma} + (\hat{A}_+ - \hat{A}_-)\mathrm{e}^{-\gamma}][(\hat{A}_+ + \hat{A}_-)\mathrm{e}^{\gamma} - (\hat{A}_+ - \hat{A}_-)\mathrm{e}^{-\gamma}] \mid 0 \rangle =$$

$$\frac{1}{4}\langle 0 \mid \hat{A}_- \hat{A}_+ (\mathrm{e}^{2\gamma} - 1) - \hat{A}_- \hat{A}_+ (1 - \mathrm{e}^{-2\gamma}) \mid 0 \rangle = \frac{1}{4}(\mathrm{e}^{2\gamma} + \mathrm{e}^{-2\gamma} - 2) \tag{31}$$

$$\langle 0 \mid \hat{B}_- \hat{B}_+ \mid 0 \rangle =$$

$$\frac{1}{4}\langle 0 \mid [(\hat{A}_+ + \hat{A}_-)\mathrm{e}^{\gamma} - (\hat{A}_+ - \hat{A}_-)\mathrm{e}^{-\gamma}][(\hat{A}_+ + \hat{A}_-)\mathrm{e}^{\gamma} + (\hat{A}_+ - \hat{A}_-)\mathrm{e}^{-\gamma}] \mid 0 \rangle =$$

$$\frac{1}{4}\langle 0 \mid \hat{A}_- \hat{A}_+ (1 + \mathrm{e}^{2\gamma}) + \hat{A}_- \hat{A}_+ (1 + \mathrm{e}^{-2\gamma}) \mid 0 \rangle = \frac{1}{4}(\mathrm{e}^{2\gamma} + \mathrm{e}^{-2\gamma} + 2) \tag{32}$$

$$\langle 0 \mid \hat{B}_- \hat{B}_- \mid 0 \rangle =$$

$$\frac{1}{4}\langle 0 \mid [(\hat{A}_+ + \hat{A}_-)\mathrm{e}^{\gamma} - (\hat{A}_+ - \hat{A}_-)\mathrm{e}^{-\gamma}][(\hat{A}_+ + \hat{A}_-)\mathrm{e}^{\gamma} - (\hat{A}_+ - \hat{A}_-)\mathrm{e}^{-\gamma}] \mid 0 \rangle =$$

$$\frac{1}{4}\langle 0 \mid \hat{A}_- \hat{A}_+ (\mathrm{e}^{2\gamma} - 1) + \hat{A}_- \hat{A}_+ (1 - \mathrm{e}^{-2\gamma}) \mid 0 \rangle = \frac{1}{4}(\mathrm{e}^{2\gamma} - \mathrm{e}^{-2\gamma}) \tag{33}$$

将式(30) ～ (33) 代入式(29)，得到

$$\begin{aligned} \langle 0 \mid (\hat{B}_+ + \hat{B}_-)^2 \mid 0 \rangle &= \mathrm{e}^{2\gamma} \\ \langle 0 \mid (\hat{B}_+ - \hat{B}_-)^2 \mid 0 \rangle &= -\mathrm{e}^{-2\gamma} \end{aligned} \tag{34}$$

最后，将上式代入差方平均值公式，得到

$$\begin{aligned} \overline{(\Delta A_1)^2} &= \frac{1}{4}[\mathrm{e}^{2r} + (z^* + z)^2] - \frac{1}{4}(z^* + z)^2 = \frac{1}{4}\mathrm{e}^{2\gamma} \\ \overline{(\Delta A_2)^2} &= -\frac{1}{4}[-\mathrm{e}^{-2r} + (z^* - z)^2] + \frac{1}{4}(z^* - z)^2 = \frac{1}{4}\mathrm{e}^{-2\gamma} \end{aligned} \tag{35}$$

显然，两者的测量误差大不相同，而不确定关系为

$$\overline{(\Delta A_1)^2}\ \overline{(\Delta A_2)^2}=1/16 \tag{36}$$

习题 2.22 证明

$$(\hat{p}_n)^\dagger=\hat{p}_n$$

$$\hat{p}_m\hat{p}_n=\begin{cases}\hat{p}_n & (m=n)\\ 0 & (m\neq n)\end{cases}$$

$$\sum_n\hat{p}_n=1$$

$$\mathrm{Tr}\hat{p}_n=1$$

$$\langle\psi\mid\hat{p}_n\mid\psi\rangle\geqslant 0$$

$$[\hat{p}_n,\hat{F}]=0$$

其中,投影算符为

$$\hat{p}_n=\mid n\rangle\langle n\mid$$

而 $\mid n\rangle$ 满足

$$\hat{F}\mid n\rangle=f_n\mid n\rangle$$

证明 由狄拉克符号与投影算符的定义可知

$$(\hat{p}_n)^\dagger=(\mid n\rangle\langle n\mid)^\dagger=(\langle n\mid)^\dagger(\mid n\rangle)^\dagger=\mid n\rangle\langle n\mid=\hat{p}_n \tag{1}$$

$$(\hat{p}_m)^\dagger\hat{p}_n=\mid m\rangle\langle m\mid\mid n\rangle\langle n\mid=\delta_{m,n}\mid m\rangle\langle n\mid=\begin{cases}\hat{p}_n & (m=n)\\ 0 & (m\neq n)\end{cases} \tag{2}$$

$$\sum_n\hat{p}_n=\sum_n\mid n\rangle\langle n\mid=1 \tag{3}$$

$$\mathrm{Tr}\hat{p}_n=\sum_m\langle m\mid n\rangle\langle n\mid m\rangle=\sum_m\delta_{m,n}=1 \tag{4}$$

$$\langle\psi\mid\hat{p}_n\mid\psi\rangle=\langle\psi\mid n\rangle\langle n\mid\psi\rangle=\left|\langle n\mid\psi\rangle\right|^2\geqslant 0 \tag{5}$$

$$\begin{aligned}[\hat{p}_n,\hat{F}]&=\mid n\rangle\langle n\mid\hat{F}-\hat{F}\mid n\rangle\langle n\mid=\\ &f_n\mid n\rangle\langle n\mid-f_n\mid n\rangle\langle n\mid=0\end{aligned} \tag{6}$$

习题 2.23 设厄米算符 $\hat{F}$ 满足 $\hat{F}\mid u_n\rangle=f_n\mid u_n\rangle$,其中,$n=1,2,3$。已知状态为

$$\mid\psi\rangle=\frac{1}{\sqrt{2}}\mid u_1\rangle+\frac{\mathrm{i}}{2}\mid u_2\rangle+\frac{1}{2}\mid u_3\rangle$$

导出此状态的密度算符的矩阵表示,并求出其本征值。进而分别用波函数与密度矩阵计算力学量 F 的取值概率与平均值。

解 根据密度算符的定义,上述状态的密度算符为

$$\hat{\rho}=\mid\psi\rangle\langle\psi\mid \tag{1}$$

设其在 F 表象中的矩阵形式为

$$\hat{\rho}=\begin{pmatrix}a_{11} & a_{12} & a_{13}\\ a_{21} & a_{22} & a_{23}\\ a_{31} & a_{32} & a_{33}\end{pmatrix} \tag{2}$$

其中

$$a_{mn}=\langle u_m \mid \hat{\rho} \mid u_n\rangle=\langle u_m \mid \psi\rangle\langle\psi \mid u_n\rangle \tag{3}$$

将 $|\psi\rangle$ 的表达式代入式(3),可以求出 $\hat{\rho}$ 的全部矩阵元,于是,得到密度算符 $\hat{\rho}$ 的矩阵形式为

$$\hat{\rho}=\frac{1}{2}\begin{pmatrix}1 & -\mathrm{i}/\sqrt{2} & 1/\sqrt{2}\\ \mathrm{i}/\sqrt{2} & 1/2 & \mathrm{i}/2\\ 1/\sqrt{2} & -\mathrm{i}/2 & 1/2\end{pmatrix} \tag{4}$$

显然,算符 $\hat{\rho}$ 为厄米算符。

密度算符 $\hat{\rho}$ 满足的本征方程为

$$\frac{1}{2}\begin{pmatrix}1 & -\mathrm{i}/\sqrt{2} & 1/\sqrt{2}\\ \mathrm{i}/\sqrt{2} & 1/2 & \mathrm{i}/2\\ 1/\sqrt{2} & -\mathrm{i}/2 & 1/2\end{pmatrix}\begin{pmatrix}c_1\\ c_2\\ c_3\end{pmatrix}=\lambda\begin{pmatrix}c_1\\ c_2\\ c_3\end{pmatrix} \tag{5}$$

相应的久期方程为

$$\begin{vmatrix}1/2-\lambda & -\mathrm{i}/(2\sqrt{2}) & 1/(2\sqrt{2})\\ \mathrm{i}/(2\sqrt{2}) & 1/4-\lambda & \mathrm{i}/4\\ 1/(2\sqrt{2}) & -\mathrm{i}/4 & 1/4-\lambda\end{vmatrix}=0 \tag{6}$$

上式可以化为

$$\left(\frac{1}{2}-\lambda\right)\left(\frac{1}{4}-\lambda\right)^2+\frac{1}{16}-\frac{1}{4}\left(\frac{1}{4}-\lambda\right)-\frac{1}{16}\left(\frac{1}{2}-\lambda\right)=0 \tag{7}$$

整理之,得到

$$\lambda/4-\lambda\ (\lambda-1/2)^2=0 \tag{8}$$

密度算符 $\hat{\rho}$ 的 3 个本征值分别为

$$\lambda=0,0,1 \tag{9}$$

首先,利用波函数计算力学量 F 的取值概率与平均值。在 $|\psi\rangle$ 状态下,F 的取值概率与平均值为

$$\begin{aligned}&W(f_1)=1/2\\ &W(f_2)=W(f_3)=1/4\end{aligned} \tag{10}$$

$$\overline{F}=f_1/2+(f_2+f_3)/4 \tag{11}$$

然后,利用密度矩阵 $\hat{\rho}$ 计算 F 的取值概率,得到

$$W(f_1)=(1\ 0\ 0)\,\frac{1}{2}\begin{pmatrix}1 & -\mathrm{i}/\sqrt{2} & 1/\sqrt{2}\\ \mathrm{i}/\sqrt{2} & 1/2 & \mathrm{i}/2\\ 1/\sqrt{2} & -\mathrm{i}/2 & 1/2\end{pmatrix}\begin{pmatrix}1\\0\\0\end{pmatrix}=\frac{1}{2} \tag{12}$$

$$W(f_2)=(0\ 1\ 0)\,\frac{1}{2}\begin{pmatrix}1 & -\mathrm{i}/\sqrt{2} & 1/\sqrt{2}\\ \mathrm{i}/\sqrt{2} & 1/2 & \mathrm{i}/2\\ 1/\sqrt{2} & -\mathrm{i}/2 & 1/2\end{pmatrix}\begin{pmatrix}0\\1\\0\end{pmatrix}=\frac{1}{4} \tag{13}$$

$$W(f_3)=(0\ 0\ 1)\,\frac{1}{2}\begin{pmatrix}1 & -\mathrm{i}/\sqrt{2} & 1/\sqrt{2}\\ \mathrm{i}/\sqrt{2} & 1/2 & \mathrm{i}/2\\ 1/\sqrt{2} & -\mathrm{i}/2 & 1/2\end{pmatrix}\begin{pmatrix}0\\0\\1\end{pmatrix}=\frac{1}{4} \tag{14}$$

利用密度矩阵计算 F 的平均值的公式,得到

$$\bar{F}=\mathrm{Tr}(\hat{F}\hat{\rho})=$$

$$\mathrm{Tr}\left[\begin{pmatrix}f_1 & 0 & 0\\ 0 & f_2 & 0\\ 0 & 0 & f_3\end{pmatrix}\frac{1}{2}\begin{pmatrix}1 & -\mathrm{i}/\sqrt{2} & 1/\sqrt{2}\\ \mathrm{i}/\sqrt{2} & 1/2 & \mathrm{i}/2\\ 1/\sqrt{2} & -\mathrm{i}/2 & 1/2\end{pmatrix}\right]=$$

$$\frac{1}{2}\mathrm{Tr}\begin{pmatrix}f_1 & 0 & 0\\ 0 & f_2/2 & 0\\ 0 & 0 & f_3/2\end{pmatrix}=\frac{1}{2}f_1+\frac{1}{4}(f_2+f_3) \tag{15}$$

显然,采用两种方法所得的计算结果完全相同。

习题 2.24　证明

$$|x_a t_a\rangle=\mathrm{e}^{\frac{\mathrm{i}}{\hbar}\hat{H}t_a}\,|x_a\rangle$$

是海森伯绘景中算符 $x(t_a)$ 的本征态,相应的本征值为 x_a。

证明　在海森伯绘景中,算符 $x(t_a)$ 与态矢 $|x_a t_a\rangle$ 的形式为

$$\begin{aligned}x(t_a)&=\mathrm{e}^{\frac{\mathrm{i}}{\hbar}\hat{H}t_a}x\,\mathrm{e}^{-\frac{\mathrm{i}}{\hbar}\hat{H}t_a}\\ |x_a t_a\rangle&=\mathrm{e}^{\frac{\mathrm{i}}{\hbar}\hat{H}t_a}\,|x_a\rangle\end{aligned} \tag{1}$$

将 $x(t_a)$ 作用到态矢 $|x_a t_a\rangle$ 上,得到

$$\begin{aligned}&x(t_a)\,|x_a t_a\rangle=\mathrm{e}^{\frac{\mathrm{i}}{\hbar}\hat{H}t_a}x\,\mathrm{e}^{-\frac{\mathrm{i}}{\hbar}\hat{H}t_a}\mathrm{e}^{\frac{\mathrm{i}}{\hbar}\hat{H}t_a}\,|x_a\rangle=\\ &\mathrm{e}^{\frac{\mathrm{i}}{\hbar}\hat{H}t_a}x\,|x_a\rangle=x_a\,\mathrm{e}^{\frac{\mathrm{i}}{\hbar}\hat{H}t_a}\,|x_a\rangle=x_a\,|x_a t_a\rangle\end{aligned} \tag{2}$$

上式表明 $|x_a t_a\rangle$ 是海森伯绘景中算符 $x(t_a)$ 的本征态,相应的本征值为 x_a。

习题 2.25　证明

$$\Psi(\boldsymbol{r}',t')=\int \mathrm{d}\boldsymbol{r}\langle \boldsymbol{r}' \mid \mathrm{e}^{-\frac{\mathrm{i}}{\hbar}\hat{H}(t'-t)} \mid \boldsymbol{r}\rangle \Psi(\boldsymbol{r},t)$$

满足薛定谔方程。

证明　设 $t'=t+\varepsilon$，ε 为一个小量，则有

$$\begin{aligned}&\Psi(\boldsymbol{r}',t+\varepsilon)=\int \mathrm{d}\boldsymbol{r}\langle \boldsymbol{r}' \mid \mathrm{e}^{-\frac{\mathrm{i}}{\hbar}\hat{H}\varepsilon} \mid \boldsymbol{r}\rangle \Psi(\boldsymbol{r},t)\approx\\&\int \mathrm{d}\boldsymbol{r}\langle \boldsymbol{r}' \mid \left(1-\frac{\mathrm{i}}{\hbar}\hat{H}\varepsilon\right) \mid \boldsymbol{r}\rangle \Psi(\boldsymbol{r},t)=\\&\int \mathrm{d}\boldsymbol{r}\langle \boldsymbol{r}' \mid \boldsymbol{r}\rangle \Psi(\boldsymbol{r},t)-\int \mathrm{d}\boldsymbol{r}\langle \boldsymbol{r}' \mid \frac{\mathrm{i}}{\hbar}\hat{H}\varepsilon \mid \boldsymbol{r}\rangle \Psi(\boldsymbol{r},t)=\\&\Psi(\boldsymbol{r}',t)-\frac{\mathrm{i}}{\hbar}\varepsilon\int \mathrm{d}\boldsymbol{r}\langle \boldsymbol{r}' \mid \hat{H} \mid \boldsymbol{r}\rangle \Psi(\boldsymbol{r},t)\end{aligned}\tag{1}$$

对于动量算符，有

$$\begin{aligned}&\int \mathrm{d}\boldsymbol{r}\langle \boldsymbol{r}' \mid \hat{\boldsymbol{p}} \mid \boldsymbol{r}\rangle \Psi(\boldsymbol{r},t)=\int \mathrm{d}\boldsymbol{r}\left(-\mathrm{i}\hbar\frac{\partial}{\partial \boldsymbol{r}'}\langle \boldsymbol{r}' \mid \boldsymbol{r}\rangle\right)\Psi(\boldsymbol{r},t)=\\&-\mathrm{i}\hbar\frac{\partial}{\partial \boldsymbol{r}'}\int \mathrm{d}\boldsymbol{r}\delta(\boldsymbol{r}'-\boldsymbol{r})\Psi(\boldsymbol{r},t)=-\mathrm{i}\hbar\frac{\partial}{\partial \boldsymbol{r}'}\Psi(\boldsymbol{r}',t)\end{aligned}\tag{2}$$

其中用到动量表象中坐标的本征波函数

$$\mid \boldsymbol{r}\rangle=(2\pi\hbar)^{-3/2}\mathrm{e}^{-\frac{\mathrm{i}}{\hbar}\boldsymbol{p}\cdot\boldsymbol{r}}\tag{3}$$

利用式(2) 可以得到

$$\begin{aligned}&\int \mathrm{d}\boldsymbol{r}\langle \boldsymbol{r}' \mid \hat{H} \mid \boldsymbol{r}\rangle \Psi(\boldsymbol{r},t)=\int \mathrm{d}\boldsymbol{r}\langle \boldsymbol{r}' \mid \frac{\hat{\boldsymbol{p}}^2}{2m}+V(\boldsymbol{r}) \mid \boldsymbol{r}\rangle \Psi(\boldsymbol{r},t)=\\&\left[-\frac{\hbar^2}{2m}\left(\frac{\partial}{\partial \boldsymbol{r}'}\right)^2+V(\boldsymbol{r}')\right]\Psi(\boldsymbol{r}',t)\end{aligned}\tag{4}$$

将式(4) 代入式(1)，有

$$\begin{aligned}&\Psi(\boldsymbol{r}',t+\varepsilon)=\Psi(\boldsymbol{r}',t)-\frac{\mathrm{i}}{\hbar}\varepsilon\int \mathrm{d}\boldsymbol{r}\langle \boldsymbol{r}' \mid \hat{H} \mid \boldsymbol{r}\rangle \Psi(\boldsymbol{r},t)=\\&\Psi(\boldsymbol{r}',t)-\frac{\mathrm{i}}{\hbar}\varepsilon\hat{H}\left(-\mathrm{i}\hbar\frac{\partial}{\partial \boldsymbol{r}'},\boldsymbol{r}'\right)\Psi(\boldsymbol{r}',t)\end{aligned}\tag{5}$$

整理之，得到薛定谔方程

$$\mathrm{i}\hbar\frac{\partial}{\partial t}\psi(\boldsymbol{r},t)=\hat{H}\psi(\boldsymbol{r},t)\tag{6}$$

若把 $\hat{\boldsymbol{p}}=-\mathrm{i}\hbar\frac{\partial}{\partial \boldsymbol{r}}$ 视为坐标表象下的动量算符，则对任意的波函数 $\varphi(\boldsymbol{r})$，有

$$[\boldsymbol{r},\hat{\boldsymbol{p}}]\varphi(\boldsymbol{r})=\boldsymbol{r}\hat{\boldsymbol{p}}\varphi(\boldsymbol{r})-\hat{\boldsymbol{p}}\boldsymbol{r}\varphi(\boldsymbol{r})=$$
$$-\mathrm{i}\hbar\left\{\boldsymbol{r}\frac{\partial}{\partial\boldsymbol{r}}\varphi(\boldsymbol{r})-\frac{\partial}{\partial\boldsymbol{r}}[\boldsymbol{r}\varphi(\boldsymbol{r})]\right\}= \tag{7}$$
$$-\mathrm{i}\hbar\left[\boldsymbol{r}\frac{\partial}{\partial\boldsymbol{r}}\varphi(\boldsymbol{r})-\varphi(\boldsymbol{r})-\boldsymbol{r}\frac{\partial}{\partial\boldsymbol{r}}\varphi(\boldsymbol{r})\right]=\mathrm{i}\hbar\varphi(\boldsymbol{r})$$

于是,坐标算符与动量算符的对易关系为

$$[\boldsymbol{r},\hat{\boldsymbol{p}}]=\mathrm{i}\hbar \tag{8}$$

习题 2.26 计算积分

$$I=(2\pi\hbar)^{-1}\int_{-\infty}^{\infty}\mathrm{d}p\mathrm{e}^{-\frac{\mathrm{i}\varepsilon}{2m\hbar}(p_x-m\dot{x})^2}$$

解 若令

$$P=p_x-m\dot{x} \tag{1}$$

$$\alpha^2=\frac{\mathrm{i}\varepsilon}{2m\hbar} \tag{2}$$

则积分简化为

$$I=(2\pi\hbar)^{-1}\int_{-\infty}^{\infty}\mathrm{d}P\mathrm{e}^{-\alpha^2P^2} \tag{3}$$

由定积分公式

$$\int_0^{\infty}\mathrm{d}P\mathrm{e}^{-\alpha^2P^2}=\sqrt{\pi}/(2\alpha) \tag{4}$$

可知

$$I=\frac{1}{2\pi\hbar}\frac{2\sqrt{\pi}}{2\alpha}=\frac{\sqrt{\pi}}{2\pi\hbar}\sqrt{\frac{2m\hbar}{\mathrm{i}\varepsilon}}=\sqrt{\frac{m}{\mathrm{i}2\varepsilon\pi\hbar}} \tag{5}$$

习题 2.27 计算自由粒子的传播子。

解 自由粒子的哈密顿算符是

$$\hat{H}=\frac{1}{2m}\hat{\boldsymbol{p}}^2 \tag{1}$$

传播子为

$$K(\boldsymbol{r}'t',\boldsymbol{r}t)=\langle\boldsymbol{r}'\mid\hat{U}(t',t)\mid\boldsymbol{r}\rangle \tag{2}$$

式中时间演化算符的定义是

$$\hat{U}(t',t)=\mathrm{e}^{-\frac{\mathrm{i}}{\hbar}\hat{H}(t'-t)}=\mathrm{e}^{-\frac{\mathrm{i}\hat{p}^2}{2m\hbar}(t'-t)} \tag{3}$$

将式(3) 代入式(2),得到

$$K(\boldsymbol{r}'t',\boldsymbol{r}t)=\langle\boldsymbol{r}'\mid\hat{U}(t',t)\mid\boldsymbol{r}\rangle=\langle\boldsymbol{r}'\mid\mathrm{e}^{-\frac{\mathrm{i}\hat{p}^2}{2m\hbar}(t'-t)}\mid\boldsymbol{r}\rangle=$$
$$\int\mathrm{d}\boldsymbol{p}'\langle\boldsymbol{r}'\mid\boldsymbol{p}'\rangle\langle\boldsymbol{p}'\mid\mathrm{e}^{-\frac{\mathrm{i}\hat{p}^2}{2m\hbar}(t'-t)}\mid\boldsymbol{r}\rangle=$$

$$\int \mathrm{d}\boldsymbol{p}'\langle \boldsymbol{r}' \mid \boldsymbol{p}'\rangle\langle \boldsymbol{p}' \mid \boldsymbol{r}\rangle \mathrm{e}^{-\frac{\mathrm{i}\hat{p}^2}{2m\hbar}(t'-t)} =$$

$$\frac{1}{(2\pi\hbar)^3}\int \mathrm{d}\boldsymbol{p}' \mathrm{e}^{\frac{\mathrm{i}}{\hbar}\boldsymbol{p}'\cdot(\boldsymbol{r}'-\boldsymbol{r})-\frac{\mathrm{i}(\boldsymbol{p}')^2}{2m\hbar}(t'-t)} \tag{4}$$

利用配方的方法完成上式中的积分，被积函数可以改写为

$$\mathrm{e}^{\frac{\mathrm{i}}{\hbar}\boldsymbol{p}'\cdot(\boldsymbol{r}'-\boldsymbol{r})-\frac{\mathrm{i}(\boldsymbol{p}')^2(t'-t)}{2m\hbar}} = \mathrm{e}^{\frac{\mathrm{i}(t'-t)}{2m\hbar}\left[\frac{2m}{t'-t}\boldsymbol{p}'\cdot(\boldsymbol{r}'-\boldsymbol{r})-(\boldsymbol{p}')^2\right]} =$$

$$\mathrm{e}^{-\frac{\mathrm{i}(t'-t)}{2m\hbar}\left[\boldsymbol{p}'-\frac{m(\boldsymbol{r}'-\boldsymbol{r})}{t'-t}\right]^2} \mathrm{e}^{\frac{\mathrm{i}(t'-t)}{2m\hbar}\left[\frac{m(\boldsymbol{r}'-\boldsymbol{r})}{t'-t}\right]^2} =$$

$$\mathrm{e}^{-\frac{\mathrm{i}(t'-t)}{2m\hbar}\left[\boldsymbol{p}'-\frac{m(\boldsymbol{r}'-\boldsymbol{r})}{t'-t}\right]^2} \mathrm{e}^{\frac{\mathrm{i}m(\boldsymbol{r}'-\boldsymbol{r})^2}{2\hbar(t'-t)}} \tag{5}$$

将式(5)代入式(4)，得到

$$K(\boldsymbol{r}'t',\boldsymbol{r}t) = (2\pi\hbar)^{-3}\mathrm{e}^{\frac{\mathrm{i}m(\boldsymbol{r}'-\boldsymbol{r})^2}{2\hbar(t'-t)}}\int \mathrm{d}\boldsymbol{p}' \mathrm{e}^{-\frac{\mathrm{i}(t'-t)}{2m\hbar}\left[\boldsymbol{p}'-\frac{m(\boldsymbol{r}'-\boldsymbol{r})}{(t'-t)}\right]^2} \tag{6}$$

利用定积分公式

$$\int_0^\infty \mathrm{d}x \mathrm{e}^{-\alpha^2x^2} = \sqrt{\pi}/(2\alpha) \tag{7}$$

式(6)变成

$$K(\boldsymbol{r}'t',\boldsymbol{r}t) = \frac{1}{(2\pi\hbar)^3}\frac{2\sqrt{\pi}}{2\sqrt{\mathrm{i}(t'-t)/(2m\hbar)}}\mathrm{e}^{\frac{\mathrm{i}m(\boldsymbol{r}'-\boldsymbol{r})^2}{2\hbar(t'-t)}} =$$

$$\sqrt{\frac{2m\hbar\pi}{\mathrm{i}64\pi^6\hbar^6(t'-t)}}\mathrm{e}^{\frac{\mathrm{i}m(\boldsymbol{r}'-\boldsymbol{r})^2}{2\hbar(t'-t)}} =$$

$$\sqrt{\frac{m}{\mathrm{i}32\pi^5\hbar^5(t'-t)}}\mathrm{e}^{\frac{\mathrm{i}m(\boldsymbol{r}'-\boldsymbol{r})^2}{2\hbar(t'-t)}} \tag{8}$$

上式即自由粒子的传播子，亦称传播函数。

习题 2.28　验证格林函数

$$G(\boldsymbol{x}'t',\boldsymbol{x}t) = -\frac{\mathrm{i}}{\hbar}\sum_n \psi_n(\boldsymbol{x}')\psi_n^*(\boldsymbol{x})\mathrm{e}^{-\frac{\mathrm{i}}{\hbar}E_n(t'-t)}\mathrm{H}(t'-t)$$

是方程

$$\left(\mathrm{i}\hbar\frac{\partial}{\partial t'}-\hat{H}\right)G(\boldsymbol{x}'t',\boldsymbol{x}t) = \delta^3(\boldsymbol{x}-\boldsymbol{x}')\delta(t-t')$$

的解。式中，$\psi_n(\boldsymbol{x})$是哈密顿算符对应第n个能量本征值E_n的本征波函数。

证明　用$\left(\mathrm{i}\hbar\frac{\partial}{\partial t'}-\hat{H}\right)$作用格林函数定义式

$$G(\boldsymbol{x}'t',\boldsymbol{x}t) = -\frac{\mathrm{i}}{\hbar}\sum_n \psi_n(\boldsymbol{x}')\psi_n^*(\boldsymbol{x})\mathrm{e}^{-\frac{\mathrm{i}}{\hbar}E_n(t'-t)}\mathrm{H}(t'-t) \tag{1}$$

的两端，得到

$$\left(\mathrm{i}\hbar\frac{\partial}{\partial t'}-\hat{H}\right)G(\boldsymbol{x}'t',\boldsymbol{x}t)=$$

$$\left(\mathrm{i}\hbar\frac{\partial}{\partial t'}-\hat{H}\right)\left[-\frac{\mathrm{i}}{\hbar}\sum_n\psi_n(\boldsymbol{x}')\psi_n^*(\boldsymbol{x})\mathrm{e}^{-\frac{\mathrm{i}}{\hbar}E_n(t'-t)}\mathrm{H}(t'-t)\right]=$$

$$-\frac{\mathrm{i}}{\hbar}\sum_n E_n\psi_n(\boldsymbol{x}')\psi_n^*(\boldsymbol{x})\mathrm{e}^{-\frac{\mathrm{i}}{\hbar}E_n(t'-t)}\mathrm{H}(t'-t)+$$

$$\sum_n\psi_n(\boldsymbol{x}')\psi_n^*(\boldsymbol{x})\mathrm{e}^{-\frac{\mathrm{i}}{\hbar}E_n(t'-t)}\delta(t'-t)+$$

$$\frac{\mathrm{i}}{\hbar}\sum_n E_n\psi_n(\boldsymbol{x}')\psi_n^*(\boldsymbol{x})\mathrm{e}^{-\frac{\mathrm{i}}{\hbar}E_n(t'-t)}\mathrm{H}(t'-t)=$$

$$\sum_n\psi_n(\boldsymbol{x}')\psi_n^*(\boldsymbol{x})\delta(t-t')=\delta^3(\boldsymbol{x}-\boldsymbol{x}')\delta(t-t') \tag{2}$$

此即格林函数满足的方程

$$\left(\mathrm{i}\hbar\frac{\partial}{\partial t'}-\hat{H}\right)G(\boldsymbol{x}'t',\boldsymbol{x}t)=\delta^3(\boldsymbol{x}-\boldsymbol{x}')\delta(t-t') \tag{3}$$

习题 2.29 证明格林函数 $G(\boldsymbol{x}'t',\boldsymbol{x}t)$ 的傅里叶变换为

$$\widetilde{G}(\boldsymbol{x}'\boldsymbol{x},E)=\sum_n\frac{\psi_n(\boldsymbol{x}')\psi_n^*(\boldsymbol{x})}{E-E_n+\mathrm{i}\varepsilon}\quad(\varepsilon\to 0)$$

证明 格林函数的傅里叶变换为

$$\widetilde{G}(\boldsymbol{x}'\boldsymbol{x},E)=\int_{-\infty}^{\infty}\mathrm{d}(t'-t)G(\boldsymbol{x}'t',\boldsymbol{x}t)\mathrm{e}^{\frac{\mathrm{i}}{\hbar}E(t'-t)} \tag{1}$$

在以时间为自变量的表象中，格林函数为

$$G(\boldsymbol{x}'t',\boldsymbol{x}t)=-\frac{\mathrm{i}}{\hbar}\sum_n\psi_n(\boldsymbol{x}')\psi_n^*(\boldsymbol{x})\mathrm{e}^{-\frac{\mathrm{i}}{\hbar}E_n(t'-t)}\mathrm{H}(t'-t) \tag{2}$$

将式(2)代入式(1)，当 $t'>t$ 时，得到

$$\widetilde{G}(\boldsymbol{x}'\boldsymbol{x},E)=\int_0^{\infty}\mathrm{d}(t'-t)\left(-\frac{\mathrm{i}}{\hbar}\right)\sum_n\psi_n(\boldsymbol{x}')\psi_n^*(\boldsymbol{x})\mathrm{e}^{-\frac{\mathrm{i}}{\hbar}(E_n-E)(t'-t)}=$$

$$-\frac{\mathrm{i}}{\hbar}\int_0^{\infty}\mathrm{d}y\sum_n\psi_n(\boldsymbol{x}')\psi_n^*(\boldsymbol{x})\mathrm{e}^{-\frac{\mathrm{i}}{\hbar}(E_n-E)y} \tag{3}$$

为了保证积分收敛，在被积函数中乘一个绝热项 $\mathrm{e}^{-\varepsilon(t'-t)}$（$\varepsilon$ 为一个小的正数，当计算结束时，令其趋向于零），于是，式(3)变成

$$\widetilde{G}(\boldsymbol{x}'\boldsymbol{x},E)=-\frac{\mathrm{i}}{\hbar}\int_0^{\infty}\mathrm{d}y\sum_n\psi_n(\boldsymbol{x}')\psi_n^*(\boldsymbol{x})\mathrm{e}^{-\frac{\mathrm{i}}{\hbar}(E_n-E)y-\varepsilon y}=$$

$$-\frac{\mathrm{i}}{\hbar}\sum_n\frac{\psi_n(\boldsymbol{x}')\psi_n^*(\boldsymbol{x})}{-\mathrm{i}\hbar^{-1}(E_n-E)-\varepsilon}(\mathrm{e}^{-\infty}-\mathrm{e}^0)=$$

$$\sum_n\frac{\psi_n(\boldsymbol{x}')\psi_n^*(\boldsymbol{x})}{E-E_n+\mathrm{i}\hbar\varepsilon}=$$

$$\sum_n \frac{\psi_n(\boldsymbol{x}')\psi_n^*(\boldsymbol{x})}{E - E_n + \mathrm{i}\varepsilon} \tag{4}$$

因为 ε 是一个无穷小的正数，$\varepsilon\hbar$ 也是一个无穷小的正数，故仍然可以用 ε 来表示。关于绝热近似的物理解释，可参阅习题 4.21。

第3章　定态的递推与迭代解法

习题 3.1　由无简并微扰论 2 级修正满足的方程

$$(\hat{H}_0 - E_k^{(0)})|\psi_k^{(2)}\rangle = (E_k^{(1)} - \hat{W})|\psi_k^{(1)}\rangle + E_k^{(2)}|\psi_k^{(0)}\rangle$$

导出能量本征值与本征矢的 2 级修正公式。

解　用 $\hat{H}_0$ 对应本征值 E_k^0 的本征矢 $|\varphi_k\rangle$ 的左矢 $\langle\varphi_k|$ 左乘无简并微扰论 2 级修正满足的方程两端，得到

$$\begin{aligned}&\langle\varphi_k|(\hat{H}_0 - E_k^{(0)})|\psi_k^{(2)}\rangle = \\ &\langle\varphi_k|(E_k^{(1)} - \hat{W})|\psi_k^{(1)}\rangle + \langle\varphi_k|E_k^{(2)}|\psi_k^{(0)}\rangle\end{aligned} \tag{1}$$

由算符 $\hat{H}_0$ 的厄米性质可知上式左端为零，于是有

$$\langle\varphi_k|E_k^{(2)}|\psi_k^{(0)}\rangle + \langle\varphi_k|(E_k^{(1)} - \hat{W})|\psi_k^{(1)}\rangle = 0 \tag{2}$$

再利用

$$\begin{aligned}&|\psi_k^{(0)}\rangle = |\varphi_k\rangle \\ &\langle\varphi_k|\psi_k^{(1)}\rangle = 0 \\ &E_k^{(1)} = W_{kk}\end{aligned} \tag{3}$$

可将式(2) 化为

$$\begin{aligned}&E_k^{(2)} = \langle\varphi_k|(\hat{W} - W_{kk})|\psi_k^{(1)}\rangle = \langle\varphi_k|\hat{W}|\psi_k^{(1)}\rangle = \\ &\langle\varphi_k|\hat{W}\sum_j|\varphi_j\rangle\langle\varphi_j|\psi_k^{(1)}\rangle = \sum_j W_{kj}B_{jk}^{(1)}\end{aligned} \tag{4}$$

此即能量本征值的 2 级修正公式，其中，$B_{jk}^{(1)} = \langle\varphi_j|\psi_k^{(1)}\rangle$ 为本征矢的 1 级修正 $|\psi_k^{(1)}\rangle$ 在 H_0 表象下的表示。

由于算符 $\hat{q}_k = 1 - |\varphi_k\rangle\langle\varphi_k|$ 与算符 $\hat{H}_0$ 对易，故算符 $\hat{q}_k(\hat{H}_0 - E_k^0)^{-1} = (\hat{H}_0 - E_k^0)^{-1}\hat{q}_k$，用其左乘无简并微扰论 2 级修正满足的方程两端，又得到

$$\begin{aligned}&\hat{q}_k|\psi_k^{(2)}\rangle = (\hat{H}_0 - E_k^0)^{-1}\hat{q}_k(E_k^{(1)} - \hat{W})|\psi_k^{(1)}\rangle + \\ &(\hat{H}_0 - E_k^0)^{-1}\hat{q}_kE_k^{(2)}|\psi_k^{(0)}\rangle = \\ &(\hat{H}_0 - E_k^0)^{-1}(1 - |\varphi_k\rangle\langle\varphi_k|)(E_k^{(1)} - \hat{W})|\psi_k^{(1)}\rangle\end{aligned} \tag{5}$$

其中

$$
\begin{aligned}
&(1-|\varphi_k\rangle\langle\varphi_k|)(E_k^{(1)}-\hat{W})|\psi_k^{(1)}\rangle= \\
&(E_k^{(1)}-\hat{W})|\psi_k^{(1)}\rangle-|\varphi_k\rangle\langle\varphi_k|(E_k^{(1)}-\hat{W})|\psi_k^{(1)}\rangle= \\
&(E_k^{(1)}-\hat{W})|\psi_k^{(1)}\rangle+|\varphi_k\rangle\langle\varphi_k|\hat{W}|\psi_k^{(1)}\rangle= \\
&(E_k^{(1)}-\hat{W})\sum_j|\varphi_j\rangle B_{jk}^{(1)}+|\varphi_k\rangle\langle\varphi_k|\hat{W}\sum_i|\varphi_i\rangle B_{ik}^{(1)}= \\
&\sum_j|\varphi_j\rangle E_k^{(1)}B_{jk}^{(1)}-\sum_j|\varphi_j\rangle\sum_i W_{ji}B_{ik}^{(1)}+|\varphi_k\rangle\sum_i W_{ki}B_{ik}^{(1)}= \\
&\sum_j|\varphi_j\rangle E_k^{(1)}B_{jk}^{(1)}-\sum_{j\neq k}|\varphi_j\rangle\sum_i W_{ji}B_{ik}^{(1)}
\end{aligned}
\tag{6}
$$

将式(6)代入式(5),得到

$$
\begin{aligned}
&\hat{q}_k|\psi_k^{(2)}\rangle=(\hat{H}_0-E_k^0)^{-1}(1-|\varphi_k\rangle\langle\varphi_k|)(E_k^{(1)}-\hat{W})|\psi_k^{(1)}\rangle= \\
&(\hat{H}_0-E_k^0)^{-1}\Big(\sum_j|\varphi_j\rangle E_k^{(1)}B_{jk}^{(1)}-\sum_{j\neq k}|\varphi_j\rangle\sum_i W_{ji}B_{ik}^{(1)}\Big)= \\
&\sum_{j\neq k}(E_j^0-E_k^0)^{-1}\Big(E_k^{(1)}B_{jk}^{(1)}-\sum_i W_{ji}B_{ik}^{(1)}\Big)|\varphi_j\rangle
\end{aligned}
\tag{7}
$$

当 $j\neq k$ 时,用 $\langle\varphi_j|$ 左乘上式两端,得到 H_0 表象下能量本征矢的 2 级修正公式

$$B_{jk}^{(2)}=(E_k^0-E_j^0)^{-1}\Big(\sum_i W_{ji}B_{ik}^{(1)}-E_k^{(1)}B_{jk}^{(1)}\Big)\quad(j\neq k)\tag{8}$$

而当 $j=k$ 时,有

$$B_{kk}^{(2)}=0\tag{9}$$

习题 3.2　由薛定谔公式

$$|\psi_k\rangle=|\varphi_k\rangle+\hat{A}_k(\hat{W}-\langle\varphi_k|\hat{W}|\psi_k\rangle)|\psi_k\rangle$$

$$E_k=E_k^0+\langle\varphi_k|\hat{W}|\psi_k\rangle$$

导出其在 H_0 表象中的递推形式

$$E_k^{(n)}=\sum_j W_{kj}B_{jk}^{(n-1)}$$

$$B_{jk}^{(n)}=(E_k^0-E_j^0)^{-1}\Big(\sum_i W_{ji}B_{ik}^{(n-1)}-\sum_{m=1}^{n}E_k^{(m)}B_{jk}^{(n-m)}\Big)\quad(j\neq k)$$

证明　设哈密顿算符 $\hat{H}=\hat{H}_0+\hat{W}$ 满足的本征方程为

$$\hat{H}|\psi_k\rangle=E_k|\psi_k\rangle\tag{1}$$

无微扰的哈密顿算符 $\hat{H}_0$ 满足的本征方程为

$$\hat{H}_0 \mid \varphi_k\rangle = E_k^0 \mid \varphi_k\rangle \tag{2}$$

其能量本征值 E_k^0 及本征矢 $|\varphi_k\rangle$ 已知。

已知薛定谔公式为

$$\begin{aligned} E_k &= E_k^0 + \Delta E_k \\ |\psi_k\rangle &= |\varphi_k\rangle + \hat{A}_k(\hat{W} - \Delta E_k)|\psi_k\rangle \end{aligned} \tag{3}$$

其中

$$\begin{aligned} \Delta E_k &= \langle\varphi_k \mid \hat{W} \mid \psi_k\rangle \\ \hat{A}_k &= \hat{q}_k\,(\hat{H}_0 - E_k^0)^{-1} = (\hat{H}_0 - E_k^0)^{-1}\hat{q}_k \end{aligned} \tag{4}$$

首先,将哈密顿算符 $\hat{H}$ 的严格解展开成级数形式,即

$$\begin{aligned} E_k &= E_k^{(0)} + E_k^{(1)} + E_k^{(2)} + \cdots + E_k^{(n)} + \cdots = \sum_{n=0}^{\infty} E_k^{(n)} \\ |\psi_k\rangle &= |\psi_k^{(0)}\rangle + |\psi_k^{(1)}\rangle + |\psi_k^{(2)}\rangle + \cdots + |\psi_k^{(n)}\rangle + \cdots = \sum_{n=0}^{\infty} |\psi_k^{(n)}\rangle \end{aligned} \tag{5}$$

其次,为求能量本征值的各级修正,利用式(5)可以将式(3)中的第1式改写成

$$\begin{aligned} &\sum_{n=0}^{\infty} E_k^{(n)} = E_k = E_k^0 + \Delta E_k = E_k^0 + \langle\varphi_k \mid \hat{W} \mid \psi_k\rangle = \\ &E_k^0 + \langle\varphi_k \mid \hat{W}\sum_{n=0}^{\infty} \mid \psi_k^{(n)}\rangle = E_k^0 + \sum_{n=1}^{\infty}\langle\varphi_k \mid \hat{W} \mid \psi_k^{(n-1)}\rangle \end{aligned} \tag{6}$$

比较上式两端同数量级的项,得到能量本征值的0级近似和各级修正为

$$\begin{aligned} E_k^{(0)} &= E_k^0 \\ E_k^{(n)} &= \langle\varphi_k \mid \hat{W} \mid \psi_k^{(n-1)}\rangle \quad (n \neq 0) \end{aligned} \tag{7}$$

在 H_0 表象下,上式可以写成

$$\begin{aligned} &E_k^{(0)} = E_k^0 \\ &E_k^{(n)} = \langle\varphi_k \mid \hat{W} \mid \psi_k^{(n-1)}\rangle = \\ &\langle\varphi_k \mid \sum_i \mid \varphi_i\rangle\langle\varphi_i \mid \hat{W}\sum_j \mid \varphi_j\rangle\langle\varphi_j \mid \psi_k^{(n-1)}\rangle = \\ &\sum_j W_{kj} B_{jk}^{(n-1)} \quad (n \neq 0) \end{aligned} \tag{8}$$

最后,用类似的方法可以将式(3)中的第2式改写成

$$\sum_{n=0}^{\infty} | \psi_k^{(n)} \rangle = | \psi_k \rangle = | \varphi_k \rangle + \hat{A}_k (\hat{W} - \Delta E_k) | \psi_k \rangle =$$
$$| \varphi_k \rangle + \hat{A}_k \hat{W} \sum_{n=1}^{\infty} | \psi_k^{(n-1)} \rangle - \hat{A}_k \sum_{n=1}^{\infty} \sum_{m=1}^{n} E_k^{(m)} | \psi_k^{(n-m)} \rangle \tag{9}$$

比较上式两端同量级的项，可以得到能量本征矢的 0 级近似和各级修正为

$$| \psi_k^{(0)} \rangle = | \varphi_k \rangle$$
$$| \psi_k^{(n)} \rangle = \hat{A}_k \hat{W} | \psi_k^{(n-1)} \rangle - \sum_{m=1}^{n} E_k^{(m)} \hat{A}_k | \psi_k^{(n-m)} \rangle \quad (n \neq 0) \tag{10}$$

在 H_0 表象下，上述态矢的 $n \neq 0$ 级修正可以写成

$$B_{jk}^{(n)} = \langle \varphi_j | \psi_k^{(n)} \rangle = \langle \varphi_j | \sum_{i'} | \varphi_{i'} \rangle \langle \varphi_{i'} | \hat{A}_k \hat{W} \sum_i | \varphi_i \rangle B_{ik}^{(n-1)} -$$
$$\sum_{m=1}^{n} E_k^{(m)} \langle \varphi_j | \hat{A}_k \sum_i | \varphi_i \rangle B_{ik}^{(n-m)} =$$
$$\sum_i \langle \varphi_j | \hat{A}_k \hat{W} | \varphi_i \rangle B_{ik}^{(n-1)} - \sum_{m=1}^{n} E_k^{(m)} \langle \varphi_j | \hat{A}_k \sum_i | \varphi_i \rangle B_{ik}^{(n-m)} =$$
$$(E_k^0 - E_j^0)^{-1} \left(\sum_i W_{ji} B_{ik}^{(n-1)} - \sum_{m=1}^{n} E_k^{(m)} B_{jk}^{(n-m)} \right) \quad (j \neq k, n \neq 0) \tag{11}$$

综上所述，在 H_0 表象中本征解的形式可写成

当 $n = 0$ 时，有

$$E_k^{(0)} = E_k^0$$
$$B_{jk}^{(0)} = \delta_{j,k} \tag{12}$$

当 $n \neq 0$ 时，有

$$E_k^{(n)} = \sum_j W_{kj} B_{jk}^{(n-1)}$$
$$B_{kk}^{(n)} = 0$$
$$B_{jk}^{(n)} = (E_k^0 - E_j^0)^{-1} \left(\sum_i W_{ji} B_{ik}^{(n-1)} - \sum_{m=1}^{n} E_k^{(m)} B_{jk}^{(n-m)} \right) \quad (j \neq k) \tag{13}$$

上述递推公式与由薛定谔方程导出的递推公式相同，表明薛定谔公式与薛定谔方程是等价的。

习题 3.3　由简并微扰论的递推公式导出无简并微扰论的递推公式。

解　无论其他能级是否简并，只要待求的能级 $E_{k\gamma}$ 是无简并的，就有 $f_k = 1, \gamma = 1$。由简并微扰论 0 级近似本征函数

$$B_{j\beta k\gamma}^{(0)} = B_{k\beta k\gamma}^{(0)} \delta_{j,k} \tag{1}$$

可知

$$B_{j\beta k1}^{(0)} = B_{k1k1}^{(0)}\delta_{j,k} = \delta_{j,k} \tag{2}$$

此即

$$\begin{aligned} B_{k1k1}^{(0)} &= 1 \\ B_{j1k1}^{(0)} &= 0 \quad (j \neq k) \end{aligned} \tag{3}$$

显然，0 级近似本征函数是确定的，不再需要由高级方程来确定。

能量本征值与本征函数的高级修正可以使用无简并微扰论的递推公式逐级进行，即当 $n \neq 0$ 时有

$$E_{k1}^{(n)} = \sum_{j\neq k}\sum_{\beta=1}^{f_j} W_{k1j\beta} B_{j\beta k1}^{(n-1)} \tag{4}$$

$$\begin{aligned} B_{k1k1}^{(n)} &= 0 \\ B_{j\beta k1}^{(n)} &= \frac{1}{E_k^0 - E_j^0}\left(\sum_{i\neq k}\sum_{\alpha=1}^{f_i} W_{j\beta i\alpha} B_{i\alpha k1}^{(n-1)} - \sum_{m=1}^{n} E_{k1}^{(m)} B_{j\beta k1}^{(n-m)}\right) \quad (j \neq k) \end{aligned} \tag{5}$$

上述结果表明，无简并微扰论只是简并微扰论的特殊情况。

习题 3.4　在最陡下降法中，证明

$$^{(0)}\langle \psi_0 \mid \hat{H} \mid \psi_0' \rangle = \overline{H_0^2} - (\overline{H_0})^2$$

$$\langle \psi_0' \mid \hat{H} \mid \psi_0 \rangle^{(0)} = \overline{H_0^2} - (\overline{H_0})^2$$

$$\langle \psi_0' \mid \hat{H} \mid \psi_0' \rangle = \overline{H_0^3} - 2\,\overline{H_0^2}\,\overline{H_0} + (\overline{H_0})^3$$

证明　由 $|\psi_0'\rangle$ 的定义 $|\psi_0'\rangle = \hat{q}_0 \hat{H} \mid \psi_0\rangle^{(0)}$ 可知

$$\begin{aligned} &^{(0)}\langle \psi_0 \mid \hat{H} \mid \psi_0' \rangle = {}^{(0)}\langle \psi_0 \mid \hat{H}\hat{q}_0\hat{H} \mid \psi_0\rangle^{(0)} = \\ &^{(0)}\langle \psi_0 \mid \hat{H}(1 - \mid \psi_0\rangle^{(0)}\ {}^{(0)}\langle \psi_0 \mid)\hat{H} \mid \psi_0\rangle^{(0)} = \overline{H_0^2} - (\overline{H_0})^2 \end{aligned} \tag{1}$$

这里的$\overline{H_0}$ 为哈密顿算符 $\hat{H}$ 在 0 级近似基态$|\psi_0\rangle^{(0)}$ 下的平均值。

同理可知

$$\langle \psi_0' \mid \hat{H} \mid \psi_0\rangle^{(0)} = {}^{(0)}\langle \psi_0 \mid \hat{H}\hat{q}_0\hat{H} \mid \psi_0\rangle^{(0)} = \overline{H_0^2} - (\overline{H_0})^2 \tag{2}$$

$$\begin{aligned} &\langle \psi_0' \mid \hat{H} \mid \psi_0' \rangle = {}^{(0)}\langle \psi_0 \mid \hat{H}\hat{q}_0\hat{H}\hat{q}_0\hat{H} \mid \psi_0\rangle^{(0)} = \\ &^{(0)}\langle \psi_0 \mid \hat{H}(1 - \mid \psi_0\rangle^{(0)}\ {}^{(0)}\langle \psi_0 \mid)\hat{H}(1 - \mid \psi_0\rangle^{(0)}\ {}^{(0)}\langle \psi_0 \mid)\hat{H} \mid \psi_0\rangle^{(0)} = \\ &\overline{H_0^3} - 2\,\overline{H_0^2}\,\overline{H_0} + (\overline{H_0})^3 \end{aligned} \tag{3}$$

习题 3.5　在最陡下降法中，若基态的 1 级近似波函数取为

$$|\psi_0\rangle^{(1)} = C_0(|\psi_0\rangle^{(0)} + \alpha \mid \psi_0'\rangle)$$

证明基态能量的 2 级近似为

$$E_0^{(2)}=\overline{H_0}+\langle\psi_0'\mid\psi_0'\rangle^{1/2}f(t)$$

其中

$$f(t)=(2t+bt^2)(1+t^2)^{-1}$$

$$b=\langle\psi_0'\mid\psi_0'\rangle^{-3/2}(\langle\psi_0'\mid\hat{H}\mid\psi_0'\rangle-\langle\psi_0'\mid\psi_0'\rangle\overline{H_0})$$

$$t=\alpha\langle\psi_0'\mid\psi_0'\rangle^{1/2}$$

证明　首先利用基态的 1 级近似波函数的归一化条件

$$1={}^{(1)}\langle\psi_0\mid\psi_0\rangle^{(1)}=|C_0|^2({}^{(0)}\langle\psi_0|+\alpha\langle\psi_0'|)(|\psi_0\rangle^{(0)}+\alpha|\psi_0'\rangle)=$$
$$|C_0|^2(1+\alpha^2\langle\psi_0'\mid\psi_0'\rangle)\tag{1}$$

求出 1 级近似波函数的归一化常数

$$C_0=(1+\alpha^2\langle\psi_0'\mid\psi_0'\rangle)^{-1/2}\tag{2}$$

能量的 2 级近似为

$$E_0^{(2)}={}^{(1)}\langle\psi_0\mid\hat{H}\mid\psi_0\rangle^{(1)}=$$
$$|C_0|^2({}^{(0)}\langle\psi_0|+\alpha\langle\psi_0'|)\hat{H}(|\psi_0\rangle^{(0)}+\alpha|\psi_0'\rangle)=$$
$$|C_0|^2(\overline{H_0}+2\alpha\langle\psi_0'\mid\hat{H}\mid\psi_0\rangle^{(0)}+\alpha^2\langle\psi_0'\mid\hat{H}\mid\psi_0'\rangle)=$$
$$\frac{\overline{H_0}+2\alpha\langle\psi_0'\mid\hat{H}\mid\psi_0\rangle^{(0)}+\alpha^2\langle\psi_0'\mid\hat{H}\mid\psi_0'\rangle}{1+\alpha^2\langle\psi_0'\mid\psi_0'\rangle}=$$
$$\overline{H_0}+\frac{2\alpha\langle\psi_0'\mid\psi_0'\rangle+\alpha^2\langle\psi_0'\mid\hat{H}\mid\psi_0'\rangle-\alpha^2\langle\psi_0'\mid\psi_0'\rangle\overline{H_0}}{1+\alpha^2\langle\psi_0'\mid\psi_0'\rangle}=$$
$$\overline{H_0}+\frac{2\alpha\langle\psi_0'\mid\psi_0'\rangle}{1+\alpha^2\langle\psi_0'\mid\psi_0'\rangle}+$$
$$\frac{\alpha^2\langle\psi_0'\mid\psi_0'\rangle^{3/2}\langle\psi_0'\mid\psi_0'\rangle^{-3/2}(\langle\psi_0'\mid\hat{H}\mid\psi_0'\rangle-\langle\psi_0'\mid\psi_0'\rangle\overline{H_0})}{1+\alpha^2\langle\psi_0'\mid\psi_0'\rangle}\tag{3}$$

在上式的导出过程中,用到了

$$\begin{aligned}&\overline{H_0}=\overline{H_0}(1+\alpha^2\langle\psi_0'\mid\psi_0'\rangle)-\alpha^2\overline{H_0}\langle\psi_0'\mid\psi_0'\rangle\\&\langle\psi_0'\mid\hat{H}\mid\psi_0\rangle^{(0)}=\langle\psi_0'\mid\psi_0'\rangle\end{aligned}\tag{4}$$

若令

$$\begin{aligned}&t=\alpha\langle\psi_0'\mid\psi_0'\rangle^{1/2}\\&b=\langle\psi_0'\mid\psi_0'\rangle^{-3/2}(\langle\psi_0'\mid\hat{H}\mid\psi_0'\rangle-\langle\psi_0'\mid\psi_0'\rangle\overline{H_0})\\&f(t)=(2t+bt^2)(1+t^2)^{-1}\end{aligned}\tag{5}$$

则式(3) 可以改写成求证之式,即

$$E_0^{(2)} = \overline{H_0} + \langle \psi_0' \mid \psi_0' \rangle^{1/2} (2t + bt^2)(1+t^2)^{-1} = \overline{H_0} + \langle \psi_0' \mid \psi_0' \rangle^{1/2} f(t) \tag{6}$$

习题 3.6　在最陡下降法中，利用

$$E_0^{(2)} = \overline{H_0} + \langle \psi_0' \mid \psi_0' \rangle^{1/2} f(t)$$

导出 $E_0^{(2)}$ 取极小值的条件是

$$t = \frac{1}{2}\left[b - (b^2+4)^{1/2}\right]$$

进而导出能量 2 级近似的公式为

$$E_0^{(2)} = \overline{H_0} - \frac{1}{2} \langle \psi_0' \mid \psi_0' \rangle^{1/2} \left[(b^2+4)^{1/2} - b\right]$$

证明　由于能量 2 级近似 $E_0^{(2)}$ 的变分参数为 α，而只有参数 t 与 α 有关，故只须将由上题给出的 $f(t)$ 对 t 求导即可，$f(t)$ 取极值的条件为

$$\frac{\mathrm{d}}{\mathrm{d}t} f(t) = \frac{\mathrm{d}}{\mathrm{d}t}\left(\frac{2t+bt^2}{1+t^2}\right) = \frac{2+2bt}{1+t^2} - \frac{2t(2t+bt^2)}{(1+t^2)^2} = \frac{2(1+bt)(1+t^2) - 2t(2t+bt^2)}{(1+t^2)^2} = \frac{2(1+bt-t^2)}{(1+t^2)^2} = 0 \tag{1}$$

由上式得到 t 应满足的一元二次方程

$$t^2 - bt - 1 = 0 \tag{2}$$

解之得到使 $f(t)$ 取极值的 t 有两个，即

$$t_{\pm} = \frac{1}{2}\left[b \pm (b^2+4)^{1/2}\right] \tag{3}$$

为判断哪个 t 值会使 $f(t)$ 取极小值，需要计算 $f(t)$ 的 2 阶导数，即

$$\frac{\mathrm{d}^2}{\mathrm{d}t^2} f(t) = \frac{\mathrm{d}}{\mathrm{d}t}\left[\frac{2(1+bt-t^2)}{(1+t^2)^2}\right] = \frac{2(b-2t)}{(1+t^2)^2} - \frac{8t(1+bt-t^2)}{(1+t^2)^3} \tag{4}$$

由于，当

$$t_{\pm} = \frac{1}{2}\left[b \pm (b^2+4)^{1/2}\right] \tag{5}$$

时，满足式(2) 的要求，故式(4) 中的第 2 项为零，只需考虑式(4) 中的第 1 项即可。为简洁计，令

$$b_4 = (b^2+4)^{1/2} \tag{6}$$

当 $t = t_-$ 时，有

$$\left.\frac{\mathrm{d}^2}{\mathrm{d}t^2} f(t)\right|_{t=t_-} = \frac{2(b-2t_-)}{(1+t_-^2)^2} = \frac{2b - 2(b-b_4)}{(1+t_-^2)^2} = \frac{2b_4}{(1+t_-^2)^2} > 0 \tag{7}$$

显然，当 $t = t_-$ 时，$f(t)$ 取极小值。

当 $t = t_+$ 时，有

$$\frac{\mathrm{d}^2}{\mathrm{d}t^2}f(t)\bigg|_{t=t_+}=\frac{2(b-2t_+)}{(1+t_+^2)^2}=\frac{2b-2(b+b_4)}{(1+t_+^2)^2}=\frac{-2b_4}{(1+t_+^2)^2}<0 \tag{8}$$

显然，当 $t=t_+$ 时，$f(t)$ 取极大值。

当 t 取极小值 t_- 时，基态能量本征值的 2 级近似为

$$E_0^{(2)}=\overline{H_0}+\langle\psi_0'\mid\psi_0'\rangle^{1/2}f(t_-) \tag{9}$$

其中

$$\begin{aligned}f(t_-)&=\frac{2t_-+bt_-^2}{1+t_-^2}=\frac{2(b-b_4)/2+b(b-b_4)^2/4}{1+(b-b_4)^2/4}=\\&\frac{4(b-b_4)+b(2b^2+4-2bb_4)}{4+(2b^2+4-2bb_4)}=\\&\frac{2b^3+8b-(2b^2+4)b_4}{2b^2+8-2bb_4}=\frac{b^3+4b-(b^2+2)b_4}{b^2+4-bb_4}\end{aligned} \tag{10}$$

上式的右端还可以进一步简化为

$$\begin{aligned}&\frac{b^3+4b-(b^2+2)b_4}{b^2+4-bb_4}=\frac{bb_4^2-(b^2+2)b_4}{b_4^2-bb_4}=\frac{bb_4-(b^2+2)}{b_4-b}=\\&-\frac{1}{2}\,\frac{2(b^2+2)-2bb_4}{b_4-b}=-\frac{1}{2}\,\frac{(b_4-b)^2}{b_4-b}=-\frac{1}{2}(b_4-b)\end{aligned} \tag{11}$$

于是，有

$$f(t)=-(b_4-b)/2 \tag{12}$$

将上式及 b_4 的表达式代入式(9)，得到

$$E_0^{(2)}=\overline{H_0}-\frac{1}{2}\langle\psi_0'\mid\psi_0'\rangle^{1/2}[(b^2+4)^{1/2}-b] \tag{13}$$

习题 3.7　在一维多阶梯势中，证明第 j 个位势区域内的透射振幅与反射振幅分别为

$$A_{1,j}=\frac{1}{2}\mathrm{e}^{-\mathrm{i}k_jx_j}[\mathrm{e}^{\mathrm{i}k_{j+1}x_j}(1+B_j)A_{1,j+1}+\mathrm{e}^{-\mathrm{i}k_{j+1}x_j}(1-B_j)A_{2,j+1}]$$

$$A_{2,j}=\frac{1}{2}\mathrm{e}^{\mathrm{i}k_jx_j}[\mathrm{e}^{\mathrm{i}k_{j+1}x_j}(1-B_j)A_{1,j+1}+\mathrm{e}^{-\mathrm{i}k_{j+1}x_j}(1+B_j)A_{2,j+1}]$$

其中

$$B_{j-1}=(m_{j-1}k_j)/(m_jk_{j-1})$$

证明　各区的波函数分别为

$$\varphi_1(x)=A_{1,1}\mathrm{e}^{\mathrm{i}k_1x}+A_{2,1}\mathrm{e}^{-\mathrm{i}k_1x} \tag{1}$$

$$\varphi_2(x)=A_{1,2}\mathrm{e}^{\mathrm{i}k_2x}+A_{2,2}\mathrm{e}^{-\mathrm{i}k_2x} \tag{2}$$

$$\vdots\qquad\qquad\vdots$$

$$\varphi_{n-2}(x)=A_{1,n-2}\mathrm{e}^{\mathrm{i}k_{n-2}x}+A_{2,n-2}\mathrm{e}^{-\mathrm{i}k_{n-2}x} \tag{3}$$

$$\varphi_{n-1}(x)=A_{1,n-1}\mathrm{e}^{\mathrm{i}k_{n-1}x}+A_{2,n-1}\mathrm{e}^{-\mathrm{i}k_{n-1}x} \tag{4}$$

$$\varphi_n(x)=A_{1,n}\mathrm{e}^{\mathrm{i}k_n x} \tag{5}$$

式中

$$k_j=\sqrt{2m_j(E-V_j)/\hbar^2} \tag{6}$$

由边界条件

$$\begin{aligned}\varphi_j(x_j)&=\varphi_{j+1}(x_j)\\ m_{j+1}\varphi_j'(x_j)&=m_j\varphi_{j+1}'(x_j)\end{aligned} \tag{7}$$

可知

$$A_{1,j}\mathrm{e}^{\mathrm{i}k_jx_j}+A_{2,j}\mathrm{e}^{-\mathrm{i}k_jx_j}=A_{1,j+1}\mathrm{e}^{\mathrm{i}k_{j+1}x_j}+A_{2,j+1}\mathrm{e}^{-\mathrm{i}k_{j+1}x_j} \tag{8}$$

$$\frac{\mathrm{i}k_j}{m_j}(A_{1,j}\mathrm{e}^{\mathrm{i}k_jx_j}-A_{2,j}\mathrm{e}^{-\mathrm{i}k_jx_j})=\frac{\mathrm{i}k_{j+1}}{m_{j+1}}(A_{1,j+1}\mathrm{e}^{\mathrm{i}k_{j+1}x_j}-A_{2,j+1}\mathrm{e}^{-\mathrm{i}k_{j+1}x_j}) \tag{9}$$

若令

$$B_{j-1}=(m_{j-1}k_j)/(m_jk_{j-1}) \tag{10}$$

则式(9) 可改写成

$$A_{1,j}\mathrm{e}^{\mathrm{i}k_jx_j}-A_{2,j}\mathrm{e}^{-\mathrm{i}k_jx_j}=B_j(A_{1,j+1}\mathrm{e}^{\mathrm{i}k_{j+1}x_j}-A_{2,j+1}\mathrm{e}^{-\mathrm{i}k_{j+1}x_j}) \tag{11}$$

将式(8) 与式(11) 分别相加和相减，得到求证之式

$$A_{1,j}=\frac{1}{2}\mathrm{e}^{-\mathrm{i}k_jx_j}\left[\mathrm{e}^{\mathrm{i}k_{j+1}x_j}(1+B_j)A_{1,j+1}+\mathrm{e}^{-\mathrm{i}k_{j+1}x_j}(1-B_j)A_{2,j+1}\right] \tag{12}$$

$$A_{2,j}=\frac{1}{2}\mathrm{e}^{\mathrm{i}k_jx_j}\left[\mathrm{e}^{\mathrm{i}k_{j+1}x_j}(1-B_j)A_{1,j+1}+\mathrm{e}^{-\mathrm{i}k_{j+1}x_j}(1+B_j)A_{2,j+1}\right] \tag{13}$$

上述两式具有明显的递推形式，为了得到初始条件，设 $j=n-1$，由于 $A_{2,n}=A_{2,j+1}=0$，故式(12) 和(13) 变成

$$A_{1,n-1}=\frac{1}{2}(1+B_{n-1})\mathrm{e}^{\mathrm{i}(k_n-k_{n-1})x_{n-1}}A_{1,n} \tag{14}$$

$$A_{2,n-1}=\frac{1}{2}(1-B_{n-1})\mathrm{e}^{\mathrm{i}(k_n+k_{n-1})x_{n-1}}A_{1,n} \tag{15}$$

此即迭代的初始条件。

习题 3.8 在球谐振子基底之下，导出 r^k 的矩阵元的级数形式表达式，即当 $k+l+l'$ 为偶数时

$$\langle nl\mid r^k\mid n'l'\rangle=\alpha^{-k}\left[2^{-(k+n+n')}n!\,n'!\,(2l+2n+1)!!\,(2l'+2n'+1)!!\right]^{1/2}\times$$
$$\sum_{i=0}^{n}\sum_{j=0}^{n'}\frac{(-1)^{i+j}(k+l+l'+2i+2j+1)!!}{i!\,j!\,(n-i)!\,(n'-j)!\,(2l+2i+1)!!\,(2l'+2j+1)!!}$$

当 $k+l+l'$ 为奇数时

$$\langle nl\mid r^k\mid n'l'\rangle=\alpha^{-k}\pi^{-1/2}\left[2^{l+l'-n-n'+2}n!\,n'!\,(2l+2n+1)!!\,(2l'+2n'+1)!!\right]^{1/2}\times$$
$$\sum_{i=0}^{n}\sum_{j=0}^{n'}\frac{(-2)^{i+j}[(k+l+l'+2i+2j+1)/2]!}{i!\,j!\,(n-i)!\,(n'-j)!\,(2l+2i+1)!!\,(2l'+2j+1)!!}$$

解 已知球谐振子的解为

$$E_{nl} = (2n + l + 3/2)\,\hbar\omega \tag{1}$$

$$|\,nlm\rangle = R_{nl}(r)\,Y_{lm}(\theta,\varphi) \tag{2}$$

式中

$$R_{nl}(r) = N_{nl}\,e^{-\alpha^2 r^2/2}\,(\alpha r)^l\,L_{n+l+1/2}^{l+1/2}(\alpha^2 r^2) \tag{3}$$

$$L_{n+l+1/2}^{l+1/2}(\alpha^2 r^2) = \sum_{i=0}^{n} \frac{(-2)^i n!\,(2l+1)!!\,(\alpha r)^{2i}}{i!\,(n-i)!\,(2l+2i+1)!!} \tag{4}$$

$$N_{nl} = \left\{\frac{2^{l-n+2}(2l+2n+1)!!\,\alpha^3}{\sqrt{\pi}\,n!\,[(2l+1)!!]^2}\right\}^{1/2} \tag{5}$$

r^k 的矩阵元为

$$\langle nl\,|\,r^k\,|\,n'l'\rangle = N_{nl}N_{n'l'} \times \sum_{i=0}^{n}\sum_{j=0}^{n'} \frac{(-2)^{i+j} n!\,n'!\,(2l+1)!!\,(2l'+1)!!}{i!\,j!\,(n-i)!\,(n'-j)!\,(2l+2i+1)!!\,(2l'+2j+1)!!} \times \alpha^{l+l'+2i+2j}\int_0^\infty \mathrm{d}r\,r^{k+l+l'+2i+2j+2}\,e^{-\alpha^2 r^2} \tag{6}$$

当 $k+l+l'$ 为偶数时,利用积分公式

$$\int_0^\infty \mathrm{d}x\,x^{2n}\,e^{-\alpha^2 x^2} = \frac{(2n-1)!!\,\sqrt{\pi}}{2^{n+1}\alpha^{2n+1}} \tag{7}$$

得到式(6) 中的积分结果为

$$\int_0^\infty \mathrm{d}r\,r^{k+l+l'+2i+2j+2}\,e^{-\alpha^2 r^2} = \frac{(k+l+l'+2i+2j+1)!!\,\sqrt{\pi}}{2^{(k+l+l'+2i+2j+2)/2+1}\,\alpha^{k+l+l'+2i+2j+3}} \tag{8}$$

两个归一化常数之积为

$$N_{nl}N_{n'l'} = \left\{\frac{2^{l-n+2}(2l+2n+1)!!\,\alpha^3}{\sqrt{\pi}\,n!\,[(2l+1)!!]^2} \times \frac{2^{l'-n'+2}(2l'+2n'+1)!!\,\alpha^3}{\sqrt{\pi}\,n'!\,[(2l'+1)!!]^2}\right\}^{1/2} = \left\{\frac{\alpha^6\,2^{l+l'-n-n'+4}(2l+2n+1)!!\,(2l'+2n'+1)!!}{\pi n!\,n'!\,[(2l+1)!!\,(2l'+1)!!]^2}\right\}^{1/2} = \frac{\alpha^3\,2^{(l+l'-n-n')/2+2}\sqrt{(2l+2n+1)!!\,(2l'+2n'+1)!!}}{\sqrt{\pi}\sqrt{n!\,n'!}\,(2l+1)!!\,(2l'+1)!!} \tag{9}$$

将上述两式代入式(6),得到

$$\langle nl\,|\,r^k\,|\,n'l'\rangle = \frac{\alpha^3\,2^{(l+l'-n-n')/2+2}\sqrt{(2l+2n+1)!!\,(2l'+2n'+1)!!}}{\sqrt{\pi}\sqrt{n!\,n'!}\,(2l+1)!!\,(2l'+1)!!} \times \sum_{i=0}^{n}\sum_{j=0}^{n'} \frac{(-2)^{i+j} n!\,n'!\,(2l+1)!!\,(2l'+1)!!}{i!\,j!\,(n-i)!\,(n'-j)!\,(2l+2i+1)!!\,(2l'+2j+1)!!} \times \alpha^{l+l'+2i+2j}\,\frac{(k+l+l'+2i+2j+1)!!\,\sqrt{\pi}}{2^{(k+l+l'+2i+2j+2)/2+1}\,\alpha^{k+l+l'+2i+2j+3}} =$$

$$\alpha^{-k}\left[2^{-(k+n+n')}n!\,n'!\,(2l+2n+1)!!\,(2l'+2n'+1)!!\right]^{1/2}\times$$
$$\sum_{i=0}^{n}\sum_{j=0}^{n'}\frac{(-1)^{i+j}(k+l+l'+2i+2j+1)!!}{i!\,j!\,(n-i)!\,(n'-j)!\,(2l+2i+1)!!\,(2l'+2j+1)!!} \tag{10}$$

当 $k+l+l'$ 为奇数时，利用积分公式

$$\int_0^\infty \mathrm{d}x x^n \mathrm{e}^{-\alpha x}=n!\;\alpha^{-(n+1)} \tag{11}$$

可知积分

$$\int_0^\infty \mathrm{d}x x^{2n+1}\mathrm{e}^{-\alpha^2x^2}=\frac{1}{2}\int_0^\infty \mathrm{d}x^2\,(x^2)^n\mathrm{e}^{-\alpha^2x^2}=$$
$$\frac{1}{2\alpha^{2n+2}}\int_0^\infty \mathrm{d}\,(\alpha x)^2\,(\alpha^2x^2)^n\mathrm{e}^{-\alpha^2x^2}=$$
$$\frac{1}{2\alpha^{2n+2}}\int_0^\infty \mathrm{d}y y^n\mathrm{e}^{-y}=\frac{n!}{2\alpha^{2n+2}} \tag{12}$$

于是式(6) 中的积分结果为

$$\int_0^\infty \mathrm{d}r r^{k+l+l'+2i+2j+2}\mathrm{e}^{-\alpha^2r^2}=\frac{[(k+l+l'+2i+2j+1)/2]!}{2\alpha^{k+l+l'+2i+2j+3}} \tag{13}$$

将式(9) 与式(13) 代入式(6)，得到

$$\langle nl\mid r^k\mid n'l'\rangle=\frac{\alpha^3 2^{(l+l'-n-n')/2+2}\sqrt{(2l+2n+1)!!\,(2l'+2n'+1)!!}}{\sqrt{\pi}\sqrt{n!\,n'!}\,(2l+1)!!\,(2l'+1)!!}\times$$
$$\sum_{i=0}^{n}\sum_{j=0}^{n'}\frac{(-2)^{i+j}n!\,n'!\,(2l+1)!!\,(2l'+1)!!}{i!\,j!\,(n-i)!\,(n'-j)!\,(2l+2i+1)!!\,(2l'+2j+1)!!}\times$$
$$\alpha^{l+l'+2i+2j}\,\frac{[(k+l+l'+2i+2j+1)/2]!}{2\alpha^{k+l+l'+2i+2j+3}}=$$
$$\alpha^{-k}\pi^{-1/2}\left[2^{l+l'-n-n'+2}n!\,n'!\,(2l+2n+1)!!\,(2l'+2n'+1)!!\right]^{1/2}\times$$
$$\sum_{i=0}^{n}\sum_{j=0}^{n'}\frac{(-2)^{i+j}[(k+l+l'+2i+2j+1)/2]!}{i!\,j!\,(n-i)!\,(n'-j)!\,(2l+2i+1)!!\,(2l'+2j+1)!!} \tag{14}$$

习题 3.9　证明

$$-\int_{-\infty}^{\infty}\mathrm{d}x\varphi'_n(x)x^k\varphi'_m(x)+k\int_{-\infty}^{\infty}\mathrm{d}x\varphi_n(x)x^{k-1}\varphi'_m(x)=$$
$$-k(k-1)\langle n\mid x^{k-2}\mid m\rangle-(2n+1)a\langle n\mid x^k\mid m\rangle+a^2\langle n\mid x^{k+2}\mid m\rangle$$

$$-\int_{-\infty}^{\infty} dx\varphi_n'(x)x^k\varphi_m'(x) - k\int_{-\infty}^{\infty} dx\varphi_n(x)x^{k-1}\varphi_m'(x) =$$

$$-(2m+1)a\langle n \mid x^k \mid m\rangle + a^2\langle n \mid x^{k+2} \mid m\rangle$$

式中，$\varphi_n(x)$ 是线谐振子的第 n 个本征函数，$a=\mu\omega/\hbar$。

证明　线谐振子哈密顿算符满足的本征方程为

$$\left(-\frac{\hbar^2}{2\mu}\frac{d^2}{dx^2}+\frac{1}{2}\mu\omega^2x^2\right)\varphi_n(x)=E_n\varphi_n(x) \tag{1}$$

它的本征解为

$$\begin{aligned} E_n &= (n+1/2)\hbar\omega \\ \varphi_n(x) &= N_n H_n(\alpha x)e^{-\alpha^2x^2/2} \end{aligned} \tag{2}$$

式中

$$\alpha^2=\mu\omega/\hbar=a \tag{3}$$

由于 $\varphi_n(x)$ 是坐标 x 的实函数，故下面略去复数共轭符号。

将式(2) 代入式(1)，对不同的量子数 n 与 m 分别得到

$$\left[\frac{d^2}{dx^2}+(2n+1)a-a^2x^2\right]\varphi_n(x)=0 \tag{4}$$

$$\left[\frac{d^2}{dx^2}+(2m+1)a-a^2x^2\right]\varphi_m(x)=0 \tag{5}$$

首先，用 $x^k\varphi_m(x)$ 从左作用式(4) 两端，并对 x 做积分，得到

$$\int dx x^k\varphi_m(x)\left[\frac{d^2}{dx^2}+(2n+1)a-a^2x^2\right]\varphi_n(x)=0 \tag{6}$$

其中，左端第 1 项为

$$\int_{-\infty}^{\infty} dx x^k\varphi_m(x)\frac{d^2}{dx^2}\varphi_n(x)=\int_{-\infty}^{\infty} dx\varphi_n(x)\frac{d^2}{dx^2}[x^k\varphi_m(x)]=$$

$$\int_{-\infty}^{\infty} dx\varphi_n(x)\frac{d}{dx}[kx^{k-1}\varphi_m(x)+x^k\varphi_m'(x)]=$$

$$\int_{-\infty}^{\infty} dx\varphi_n(x)\,[k(k-1)x^{k-2}\varphi_m(x)+2kx^{k-1}\varphi_m'(x)+x^k\varphi''_m(x)]=$$

$$k(k-1)\langle n \mid x^{k-2} \mid m\rangle+2k\int_{-\infty}^{\infty} dx\varphi_n(x)x^{k-1}\varphi_m'(x)+$$

$$\int_{-\infty}^{\infty} dx\varphi_n(x)x^k\frac{d}{dx}\varphi_m'(x)=k(k-1)\langle n \mid x^{k-2} \mid m\rangle+$$

$$k\int_{-\infty}^{\infty} dx\varphi_n(x)x^{k-1}\varphi_m'(x)-\int_{-\infty}^{\infty} dx\varphi_n'(x)x^k\varphi_m'(x) \tag{7}$$

将式(7) 代入式(6),得到求证之第 1 式

$$-\int_{-\infty}^{\infty} dx\varphi'_n(x)x^k\varphi'_m(x)+k\int_{-\infty}^{\infty} dx\varphi_n(x)x^{k-1}\varphi'_m(x)= \\ -k(k-1)\langle n \mid x^{k-2} \mid m\rangle-(2n+1)a\langle n \mid x^k \mid m\rangle+a^2\langle n \mid x^{k+2} \mid m\rangle \tag{8}$$

然后,用 $x^k\varphi_n(x)$ 从左作用式(5) 两端,并对 x 做积分,得到

$$\int dx x^k\varphi_n(x)\left[\frac{d^2}{dx^2}+(2m+1)a-a^2x^2\right]\varphi_m(x)=0 \tag{9}$$

其中,左端第 1 项为

$$\int_{-\infty}^{\infty} dx x^k\varphi_n(x)\frac{d^2}{dx^2}\varphi_m(x)=x^k\varphi_n(x)\varphi'_m(x)\Big|_{-\infty}^{\infty}- \\ \int_{-\infty}^{\infty} dx\varphi'_m(x)\frac{d}{dx}[x^k\varphi_n(x)]=-k\int_{-\infty}^{\infty} dx\varphi'_m(x)x^{k-1}\varphi_n(x)- \\ \int_{-\infty}^{\infty} dx\varphi'_m(x)x^k\varphi'_n(x) \tag{10}$$

将其代入式(9),得到求证之第 2 式

$$-\int_{-\infty}^{\infty} dx\varphi'_n(x)x^k\varphi'_m(x)-k\int_{-\infty}^{\infty} dx\varphi_n(x)x^{k-1}\varphi'_m(x)= \\ -(2m+1)a\langle n \mid x^k \mid m\rangle+a^2\langle n \mid x^{k+2} \mid m\rangle \tag{11}$$

习题 3.10 一个转动惯量为 I,电偶极矩为 $\boldsymbol{D}$ 的平面转子在 $x-y$ 平面上转动,如在 x 方向加上一个均匀弱电场 ε,求转子的能量至 2 级修正及基态波函数的 1 级近似。

解 平面转子的哈密顿算符为

$$\hat{H}_0=\frac{1}{2I}\hat{L}_z^2=-\frac{1}{2I}\frac{d^2}{d\varphi^2} \tag{1}$$

已知它的本征解为

$$E_m^0=m^2\hbar^2/(2I) \\ \psi_m^0(\varphi)=(2\pi)^{-1/2}e^{im\varphi} \quad (m=0,\pm 1,\pm 2,\cdots) \tag{2}$$

显然,除了基态是无简并的之外,所有的激发态都是 2 度简并的。加上弱电场之后,相当加上一个微扰

$$\hat{W}=-\boldsymbol{D}\cdot\boldsymbol{\varepsilon}=-D\varepsilon\cos\varphi \tag{3}$$

对于基态而言,有

$$E_0^0=0$$
$$\psi_0^0(\varphi)=(2\pi)^{-1/2} \tag{4}$$

这是一个无简并的微扰问题,可以直接利用无简并微扰论的公式进行逐级计算。

基态能量的 0 级近似与 1,2 级修正分别为

$$E_0^{(0)}=E_0^0 \tag{5}$$

$$E_0^{(1)}=W_{0,0}=0 \tag{6}$$

$$E_0^{(2)}=\sum_{n\neq 0}\frac{|W_{0,-n}|^2+|W_{0,n}|^2}{E_0^0-E_n^0}=-\frac{2}{E_1^0}\left(-\frac{1}{2}D\varepsilon\right)^2=-\frac{ID^2\varepsilon^2}{\hbar^2} \tag{7}$$

基态波函数的 0 近似与 1 级修正为

$$\psi_0^{(0)}(\varphi)=\psi_0^0(\varphi)=(2\pi)^{-1/2} \tag{8}$$

$$\psi_0^{(1)}(\varphi)=\sum_{n\neq 0}-\frac{1}{E_n^0}[W_{0,-n}\psi_{n,-1}^0(\varphi)+W_{0,n}\psi_{n,1}^0(\varphi)]=$$
$$-\frac{1}{E_1^0}\left(-\frac{1}{2}D\varepsilon\right)\frac{1}{\sqrt{2\pi}}(\mathrm{e}^{\mathrm{i}\varphi}+\mathrm{e}^{-\mathrm{i}\varphi})=\sqrt{\frac{2}{\pi}}\frac{ID\varepsilon}{\hbar^2}\cos\varphi \tag{9}$$

对于激发态,能量 1 级修正 $E_m^{(1)}$ 应满足久期方程

$$\begin{vmatrix} W_{-1,-1}-E_m^{(1)} & W_{-1,1} \\ W_{1,-1} & W_{1,1}-E_m^{(1)} \end{vmatrix}=0 \tag{10}$$

其中

$$W_{\alpha,\beta}\equiv W_{m\alpha,m\beta}=\langle m\alpha\mid\hat{W}\mid m\beta\rangle \tag{11}$$

由计算可知,算符 $\hat{W}$ 的 4 个矩阵元皆为零,故能量的 1 级修正为等于零的二重根,即

$$E_{m,-1}^{(1)}=E_{m,1}^{(1)}=0 \tag{12}$$

欲求能量的 2 级修正,需要求解能量 2 级修正满足的本征方程,即

$$\sum_{\alpha=\pm m}\left(\sum_{n\neq m}\sum_{\beta=\pm n}\frac{W_{m\gamma,n\beta}W_{n\beta,m\alpha}}{E_m^0-E_n^0}-E_m^{(2)}\delta_{\alpha,\gamma}\right)\langle m\alpha\mid m\gamma\rangle^{(0)}=0 \tag{13}$$

写成久期方程的形式

$$\begin{vmatrix} A_{11}-E_m^{(2)} & A_{12} \\ A_{21} & A_{22}-E_m^{(2)} \end{vmatrix}=0 \tag{14}$$

式中

$$
\begin{aligned}
A_{11} &= \frac{|W_{m-1,0}|^2}{E_m^0 - E_n^0} + \sum_{n\neq m, n>0} \frac{|W_{m-1,n-1}|^2 + |W_{m-1,n1}|^2}{E_m^0 - E_n^0} \\
A_{22} &= \frac{|W_{m1,0}|^2}{E_m^0 - E_n^0} + \sum_{n\neq m, n>0} \frac{|W_{m1,n-1}|^2 + |W_{m1,n1}|^2}{E_m^0 - E_n^0} \\
A_{12} &= \frac{W_{m-1,0} W_{0,m1}}{E_m^0 - E_n^0} + \sum_{n\neq m, n>0} \frac{W_{m-1,n-1} W_{n-1,m1} + W_{m-1,n1} W_{n1,m1}}{E_m^0 - E_n^0} \\
A_{21} &= \frac{W_{m1,0} W_{0,m-1}}{E_m^0 - E_n^0} + \sum_{n\neq m, n>0} \frac{W_{m1,n-1} W_{n-1,m-1} + W_{m1,n1} W_{n1,m-1}}{E_m^0 - E_n^0}
\end{aligned}
\tag{15}
$$

其中,微扰项的矩阵元为

$$
\begin{aligned}
& W_{m-1,0} = W_{0,m-1} = W_{m1,0} = W_{0,m1} = -\frac{D\varepsilon}{2}\delta_{m,1} \\
& W_{m-1,n-1} = W_{n-1,m-1} = W_{m1,n1} = W_{n1,m1} = -\frac{D\varepsilon}{2}(\delta_{n,m-1} + \delta_{n,m+1}) \\
& W_{m-1,n1} = W_{n1,m-1} = W_{m1,n-1} = W_{n-1,m1} = 0
\end{aligned}
\tag{16}
$$

下面分别对 $m=1$ 和 $m>1$ 两种情况进行讨论。

当 $m=1$ 时,久期方程为

$$
\begin{vmatrix}
\dfrac{ID^2\varepsilon^2}{2\hbar^2} - E_1^{(2)} & \dfrac{ID^2\varepsilon^2}{3\hbar^2} \\
\dfrac{ID^2\varepsilon^2}{3\hbar^2} & \dfrac{ID^2\varepsilon^2}{2\hbar^2} - E_1^{(2)}
\end{vmatrix} = 0
\tag{17}
$$

解之得

$$
\begin{aligned}
E_{11}^{(2)} &= \frac{ID^2\varepsilon^2}{6\hbar^2} \\
E_{12}^{(2)} &= \frac{5ID^2\varepsilon^2}{6\hbar^2}
\end{aligned}
\tag{18}
$$

能量的 2 级修正使得第 1 激发态的简并完全消除。

当 $m>1$ 时,久期方程为

$$
\begin{vmatrix}
\dfrac{ID^2\varepsilon^2}{2\hbar^2(4m^2-1)} - E_m^{(2)} & 0 \\
0 & \dfrac{ID^2\varepsilon^2}{2\hbar^2(4m^2-1)} - E_m^{(2)}
\end{vmatrix} = 0
\tag{19}
$$

显然有

$$
E_m^{(2)} = \frac{ID^2\varepsilon^2}{2\hbar^2}\frac{1}{4m^2-1}
\tag{20}
$$

此时关于 m 的 2 度简并仍然存在。

习题 3.11 在状态

$$
\psi_\lambda(r_1, r_2) = \lambda^3 \pi^{-1} a^{-3} e^{-\lambda(r_1+r_2)/a}
$$

之下，计算无相互作用二电子体系哈密顿算符

$$\hat{H} = -\frac{\hbar^2}{2\mu}\vec{\nabla}_1^2 - \frac{\hbar^2}{2\mu}\vec{\nabla}_2^2 - \frac{2e^2}{r_1} - \frac{2e^2}{r_2}$$

的平均值。其中，a 为玻尔半径，μ 为约化质量，r_1, r_2 分别为两个电子的坐标。

解　已知的状态是一个二体态，它与两个类氢离子的状态类似。已知类氢离子的基态波函数为

$$\psi_{100}(\boldsymbol{r}) = (z^3\pi^{-1}a^{-3})^{1/2}\mathrm{e}^{-zr/a} \tag{1}$$

其中，z 为核电荷数。上述两个类氢离子构成的二体基态波函数为

$$\Phi(r_1, r_2) = z^3\pi^{-1}a^{-3}\mathrm{e}^{-z(r_1+r_2)/a} \tag{2}$$

将其与题中所给出的波函数 $\psi_\lambda(r_1, r_2)$ 比较，发现 $\psi_\lambda(r_1, r_2)$ 正是两个核电荷为 λ 的类氢离子的基态波函数。

哈密顿算符可以改写成

$$\hat{H} = \hat{H}_1(\lambda) + \hat{H}_2(\lambda) + V_1(\lambda) + V_2(\lambda) \tag{3}$$

其中

$$\begin{aligned}\hat{H}_1(\lambda) &= -\frac{\hbar^2}{2\mu}\vec{\nabla}_1^2 - \frac{\lambda e^2}{r_1};\quad \hat{V}_1(\lambda) = \frac{(\lambda-2)e^2}{r_1}\\ \hat{H}_2(\lambda) &= -\frac{\hbar^2}{2\mu}\vec{\nabla}_2^2 - \frac{\lambda e^2}{r_2};\quad \hat{V}_2(\lambda) = \frac{(\lambda-2)e^2}{r_2}\end{aligned} \tag{4}$$

显然，$\psi_\lambda(r_1, r_2)$ 是 $\hat{H}_1(\lambda)$ 和 $\hat{H}_2(\lambda)$ 的本征态。在 $\psi_\lambda(r_1, r_2)$ 态之下，得到

$$\overline{H_1(\lambda) + H_2(\lambda)} = 2\,\overline{H_1(\lambda)} = 2\left(-\frac{\lambda^2 e^2}{2a}\right) = -\frac{\lambda^2 e^2}{a} \tag{5}$$

而

$$\begin{aligned}\overline{V_1(\lambda) + V_2(\lambda)} &= 2\,\overline{V_1(\lambda)} = 2\,\frac{4\pi\lambda^3}{\pi a^3}\int_0^\infty \mathrm{d}r r^2\,\frac{(\lambda-2)e^2}{r}\mathrm{e}^{-2\lambda r/a} = \\ &\frac{8e^2\lambda^3(\lambda-2)}{a^3}\int_0^\infty \mathrm{d}r r\,\mathrm{e}^{-2\lambda r/a}\end{aligned} \tag{6}$$

应该指出的是，在计算 $\overline{V_1(\lambda)}$ 时，对第 2 个粒子坐标的积分是归一化的。利用定积分公式

$$\int_0^\infty \mathrm{d}x x^n \mathrm{e}^{-\alpha x} = n!\ \alpha^{-(n+1)} \tag{7}$$

式(6) 可化为

$$\overline{V_1(\lambda)+V_2(\lambda)}=\frac{8e^2\lambda^3(\lambda-2)}{a^3}\int_0^{\infty}\mathrm{d}rr\,\mathrm{e}^{-2\lambda r/a}=$$
$$\frac{8e^2\lambda^3(\lambda-2)}{a^3}\left(\frac{a}{2\lambda}\right)^2=\frac{2e^2\lambda(\lambda-2)}{a} \tag{8}$$

将式(5)与式(8)相加，得到哈密顿算符 $\hat{H}$ 在 $\psi_\lambda(r_1,r_2)$ 状态之下的平均值

$$\bar{H}=\overline{H_1(\lambda)+H_2(\lambda)}+\overline{V_1(\lambda)+V_2(\lambda)}=$$
$$-\frac{\lambda^2e^2}{a}+\frac{2e^2\lambda(\lambda-2)}{a}=\frac{\lambda^2e^2}{a}-\frac{4\lambda e^2}{a} \tag{9}$$

习题 3.12 在上题中的 $\psi_\lambda(r_1,r_2)$ 状态下，计算电子相互作用能的平均值 $\overline{e^2/r_{12}}$。

解 实际上，需要计算的是氦原子的势能在状态 $\psi_\lambda(r_1,r_2)$ 下的平均值。若令两个电子的径向电荷密度函数分别为

$$\rho_1(r_1)=-e\psi_\lambda^2(r_1)$$
$$\rho_2(r_2)=-e\psi_\lambda^2(r_2) \tag{1}$$

则

$$\langle\psi_\lambda(r_1,r_2)\mid e^2r_{12}^{-1}\mid\psi_\lambda(r_1,r_2)\rangle=\iint\mathrm{d}\tau_1\mathrm{d}\tau_2e^2r_{12}^{-1}\psi_\lambda^2(r_1)\psi_\lambda^2(r_2)=$$
$$\iint\mathrm{d}\tau_1\mathrm{d}\tau_2r_{12}^{-1}\rho_1(r_1)\rho_2(r_2)=$$
$$16\pi^2\int_0^{\infty}\mathrm{d}r_2\rho_2(r_2)\left[\int_0^{r_2}\mathrm{d}r_1r_{12}^{-1}\rho_1(r_1)r_1^2+\int_{r_2}^{\infty}\mathrm{d}r_1r_{12}^{-1}\rho_1(r_1)r_1^2\right]r_2^2 \tag{2}$$

由静电学的理论可知，半径小于 r_2 的球体内部的对称分布在 r_2 处所产生的静电势，与球内全部电荷集中在球心处是相同的；而半径大于 r_2 的球体外部的对称分布的每一层球壳在 r_2 处所产生的静电势，总是等于这一层球壳的总电荷在该球壳半径处所产生的静电势。上述两种情况刚好对应式(2)中的两项。于是可知

$$
\begin{aligned}
&\langle\psi_\lambda(r_1,r_2)\mid e^2 r_{12}^{-1}\mid\psi_\lambda(r_1,r_2)\rangle=\\
&16\pi^2\int_0^\infty \mathrm{d}r_2\rho_2(r_2)\left[\frac{1}{r_2}\int_0^{r_2}\mathrm{d}r_1\rho_1(r_1)r_1^2+\int_{r_2}^\infty \mathrm{d}r_1\frac{1}{r_1}\rho_1(r_1)r_1^2\right]r_2^2=\\
&16\pi^2 e^2\left(\frac{\lambda^3}{\pi a^3}\right)^2\int_0^\infty \mathrm{d}r_2 r_2^2\mathrm{e}^{-\frac{2\lambda}{a}r_2}\left[\frac{1}{r_2}\int_0^{r_2}\mathrm{d}r_1 r_1^2\mathrm{e}^{-\frac{2\lambda}{a}r_1}+\int_{r_2}^\infty \mathrm{d}r_1 r_1\mathrm{e}^{-\frac{2\lambda}{a}r_1}\right]=\\
&\frac{5\lambda e^2}{8a}
\end{aligned}
\tag{3}
$$

上式的最后一步用到如下积分公式

$$
\begin{aligned}
&\int \mathrm{d}x x^n\mathrm{e}^{ax}=\mathrm{e}^{ax}\sum_{m=0}^{n}\frac{(-1)^m n!}{(n-m)!\ a^{m+1}}x^{n-m}\\
&\int_0^{r_2}\mathrm{d}r_1 r_1^2\mathrm{e}^{\beta r_1}=\frac{\mathrm{e}^{\beta r_1}}{\beta^3}(\beta^2 r_1^2-2\beta r_1+2)\Big|_0^{r_2}=\frac{\mathrm{e}^{\beta r_2}}{\beta^3}(\beta^2 r_2^2-2\beta r_2+2)-\frac{2}{\beta^3}\\
&\int_{r_2}^\infty \mathrm{d}r_1 r_1\mathrm{e}^{\beta r_1}=\frac{\mathrm{e}^{\beta r_1}}{\beta^2}(\beta r_1-1)\Big|_{r_2}^\infty=\frac{\mathrm{e}^{\beta r_2}}{\beta^2}(1-\beta r_2)\\
&\int_0^\infty \mathrm{d}r_2 r_2^n\mathrm{e}^{-\alpha r_2}=\frac{n!}{\alpha^{n+1}}
\end{aligned}
\tag{4}
$$

具体的计算过程如下：

若令 $\beta=-2\lambda/a$，则有

$$
\begin{aligned}
&\frac{1}{r_2}\int_0^{r_2}\mathrm{d}r_1 r_1^2\mathrm{e}^{-\frac{2\lambda}{a}r_2}+\int_{r_2}^\infty \mathrm{d}r_1 r_1\mathrm{e}^{-\frac{2\lambda}{a}r_2}=\frac{1}{r_2}\int_0^{r_2}\mathrm{d}r_1 r_1^2\mathrm{e}^{\beta r_1}+\int_{r_2}^\infty \mathrm{d}r_1 r_1\mathrm{e}^{\beta r_1}=\\
&\frac{1}{r_2}\left[\frac{\mathrm{e}^{\beta r_2}}{\beta^3}(\beta^2 r_2^2-2\beta r_2+2)-\frac{2}{\beta^3}\right]+\frac{\mathrm{e}^{\beta r_2}}{\beta^2}(1-\beta r_2)=\\
&\frac{1}{r_2\beta^3}\left[\mathrm{e}^{\beta r_2}(\beta^2 r_2^2-2\beta r_2+2)-2+r_2\beta\mathrm{e}^{\beta r_2}(1-\beta r_2)\right]=\\
&\frac{1}{r_2\beta^3}(\beta^2 r_2^2\mathrm{e}^{\beta r_2}-2\beta r_2\mathrm{e}^{\beta r_2}+2\mathrm{e}^{\beta r_2}-2+r_2\beta\mathrm{e}^{\beta r_2}-r_2^2\beta^2\mathrm{e}^{\beta r_2})=\\
&\frac{1}{r_2\beta^3}(2\mathrm{e}^{\beta r_2}-\beta r_2\mathrm{e}^{\beta r_2}-2)
\end{aligned}
\tag{5}
$$

进而可知

$$\langle \psi_\lambda(r_1,r_2) \mid e^2 r_{12}^{-1} \mid \psi_\lambda(r_1,r_2) \rangle =$$

$$16\pi^2 e^2 \left(\frac{\lambda^3}{\pi a^3}\right)^2 \int_0^\infty \mathrm{d}r_2 r_2^2 \mathrm{e}^{\beta r_2} \frac{1}{r_2 \beta^3}(2\mathrm{e}^{\beta r_2} - \beta r_2 \mathrm{e}^{\beta r_2} - 2) =$$

$$\frac{16\pi^2 e^2}{(-\alpha)^3} \left(\frac{\lambda^3}{\pi a^3}\right)^2 \int_0^\infty \mathrm{d}r_2 r_2 \mathrm{e}^{-\alpha r_2} (2\mathrm{e}^{-\alpha r_2} + \alpha r_2 \mathrm{e}^{-\alpha r_2} - 2) =$$

$$\frac{16\pi^2 e^2}{(-\alpha)^3} \left(\frac{\lambda^3}{\pi a^3}\right)^2 \left[\frac{2}{(2\alpha)^2} + \frac{2\alpha}{(2\alpha)^3} - \frac{2}{\alpha^2}\right] = \tag{6}$$

$$\frac{16\pi^2 e^2}{(-\alpha)^3} \left(\frac{\lambda^3}{\pi a^3}\right)^2 \frac{4\alpha + 2\alpha - 16\alpha}{8\alpha^3} =$$

$$\frac{16\pi^2 e^2}{-\alpha^6} \left(\frac{\lambda^3}{\pi a^3}\right)^2 \left(\frac{-10\alpha}{8}\right) = \frac{20(2\lambda/a)\pi^2 e^2}{(2\lambda/a)^6} \left(\frac{\lambda^3}{\pi a^3}\right)^2 =$$

$$\frac{40\lambda e^2}{64a} = \frac{5\lambda e^2}{8a}$$

习题 3.13 所谓一维多量子阱共有 n 个常数位势，其高度分别用 $V_1, V_2, V_3, \cdots, V_{n-1}, V_n$ 来标志，选 V_1 与 V_2 阶跃点的坐标为零($x_1 = 0$)，V_j 与 V_{j+1} 阶跃点的坐标为 x_j，第 j 个位势的宽度为 $a_j = x_j - x_{j-1}$。上述位势可由不同的半导体材料形成，电子在不同的位势中具有不同的有效质量，分别用 $m_1, m_2, m_3, \cdots, m_{n-1}, m_n$ 来标志它们。通常将 V_1 与 V_n 称之为外区位势，把两个外区位势中较小的一个记为 $V_{\max}$，而把 V_j ($j = 2,3,4,\cdots,n-1$) 称为内区位势，内区位势的最小者记为 $V_{\min}$。

设电子处于一维多量子阱中，当电子的能量满足 $V_{\min} < E < V_{\max}$ 时，利用类似透射系数递推公式的推导方法，导出束缚态能量满足的超越方程。

解 当 $V_{\min} < E < V_{\max}$ 时，可直接写出 n 个区域的波函数

$$\psi_1(x) = A_{2,1} \mathrm{e}^{-\mathrm{i}k_1 x} \tag{1}$$

$$\psi_2(x) = A_{1,2} \mathrm{e}^{\mathrm{i}k_2 x} + A_{2,2} \mathrm{e}^{-\mathrm{i}k_2 x} \tag{2}$$

$$\psi_3(x) = A_{1,3} \mathrm{e}^{\mathrm{i}k_3 x} + A_{2,3} \mathrm{e}^{-\mathrm{i}k_3 x} \tag{3}$$

$$\vdots \qquad \vdots$$

$$\psi_{n-2}(x) = A_{1,n-2} \mathrm{e}^{\mathrm{i}k_{n-2} x} + A_{2,n-2} \mathrm{e}^{-\mathrm{i}k_{n-2} x} \tag{4}$$

$$\psi_{n-1}(x) = A_{1,n-1} \mathrm{e}^{\mathrm{i}k_{n-1} x} + A_{2,n-1} \mathrm{e}^{-\mathrm{i}k_{n-1} x} \tag{5}$$

$$\psi_n(x) = A_{1,n} \mathrm{e}^{\mathrm{i}k_n x} \tag{6}$$

式中

$$k_j = \sqrt{2m_j(E - V_j)/\hbar^2} \quad (j = 1,2,3,\cdots,n) \tag{7}$$

其中，k_j 是实数还是虚数应视 E 与 V_j 的关系而定，一般情况下将 k_j 作为复数处理。应该指出的是，对于非束缚态问题而言，能量 E 是已知的，可以连续取值，

而在束缚态问题中，能量 E 是待求的本征值。

首先，由波函数在 $x=x_{n-1}$ 处的连接条件

$$\psi_{n-1}(x_{n-1})=\psi_n(x_{n-1}) \tag{8}$$

可知

$$A_{1,n-1}\mathrm{e}^{\mathrm{i}k_{n-1}x_{n-1}}+A_{2,n-1}\mathrm{e}^{-\mathrm{i}k_{n-1}x_{n-1}}=A_{1,n}\mathrm{e}^{\mathrm{i}k_n x_{n-1}} \tag{9}$$

再利用波函数一阶导数的连接条件

$$\frac{\psi'_{n-1}(x_{n-1})}{m_{n-1}}=\frac{\psi'_n(x_{n-1})}{m_n} \tag{10}$$

得到

$$A_{1,n-1}\mathrm{e}^{\mathrm{i}k_{n-1}x_{n-1}}-A_{2,n-1}\mathrm{e}^{-\mathrm{i}k_{n-1}x_{n-1}}=\frac{k_n m_{n-1}}{k_{n-1}m_n}A_{1,n}\mathrm{e}^{\mathrm{i}k_n x_{n-1}} \tag{11}$$

为简捷计，令

$$B_{n-1}=\frac{k_n m_{n-1}}{k_{n-1}m_n} \tag{12}$$

将式(9) 加上式(11) 与减去式(11)，分别得到

$$A_{1,n-1}\mathrm{e}^{\mathrm{i}k_{n-1}x_{n-1}}=\frac{1}{2}(1+B_{n-1})A_{1,n}\mathrm{e}^{\mathrm{i}k_n x_{n-1}} \tag{13}$$

$$A_{2,n-1}\mathrm{e}^{-\mathrm{i}k_{n-1}x_{n-1}}=\frac{1}{2}(1-B_{n-1})A_{1,n}\mathrm{e}^{\mathrm{i}k_n x_{n-1}} \tag{14}$$

其次，由波函数在 $x=x_{n-2}$ 处的连接条件

$$\psi_{n-2}(x_{n-2})=\psi_{n-1}(x_{n-2}) \tag{15}$$

可知

$$A_{1,n-2}\mathrm{e}^{\mathrm{i}k_{n-2}x_{n-2}}+A_{2,n-2}\mathrm{e}^{-\mathrm{i}k_{n-2}x_{n-2}}=A_{1,n-1}\mathrm{e}^{\mathrm{i}k_{n-1}x_{n-2}}+A_{2,n-1}\mathrm{e}^{-\mathrm{i}k_{n-1}x_{n-2}} \tag{16}$$

再利用波函数一阶导数的连接条件

$$\frac{\psi'_{n-2}(x_{n-2})}{m_{n-2}}=\frac{\psi'_{n-1}(x_{n-2})}{m_{n-1}} \tag{17}$$

得到

$$A_{1,n-2}\mathrm{e}^{\mathrm{i}k_{n-2}x_{n-2}}-A_{2,n-2}\mathrm{e}^{-\mathrm{i}k_{n-2}x_{n-2}}=B_{n-2}(A_{1,n-1}\mathrm{e}^{\mathrm{i}k_{n-1}x_{n-2}}-A_{2,n-1}\mathrm{e}^{-\mathrm{i}k_{n-1}x_{n-2}}) \tag{18}$$

将式(16) 加上与减去式(18)，分别得到

$$A_{1,n-2}\mathrm{e}^{\mathrm{i}k_{n-2}x_{n-2}}=\frac{1}{2}(1+B_{n-2})A_{1,n-1}\mathrm{e}^{\mathrm{i}k_{n-1}x_{n-2}}+\frac{1}{2}(1-B_{n-2})A_{2,n-1}\mathrm{e}^{-\mathrm{i}k_{n-1}x_{n-2}} \tag{19}$$

$$A_{2,n-2}\mathrm{e}^{-\mathrm{i}k_{n-2}x_{n-2}}=\frac{1}{2}(1-B_{n-2})A_{1,n-1}\mathrm{e}^{\mathrm{i}k_{n-1}x_{n-2}}+\frac{1}{2}(1+B_{n-2})A_{2,n-1}\mathrm{e}^{-\mathrm{i}k_{n-1}x_{n-2}} \tag{20}$$

然后，用类似的方法做下去，可以得到 $x=x_j$ 处的结果，即

$$A_{1,j}\mathrm{e}^{\mathrm{i}k_jx_j}=\frac{1}{2}(1+B_j)A_{1,j+1}\mathrm{e}^{\mathrm{i}k_{j+1}x_j}+\frac{1}{2}(1-B_j)A_{2,j+1}\mathrm{e}^{-\mathrm{i}k_{j+1}x_j} \tag{21}$$

$$A_{2,j}\mathrm{e}^{-\mathrm{i}k_jx_j}=\frac{1}{2}(1-B_j)A_{1,j+1}\mathrm{e}^{\mathrm{i}k_{j+1}x_j}+\frac{1}{2}(1+B_j)A_{2,j+1}\mathrm{e}^{-\mathrm{i}k_{j+1}x_j} \tag{22}$$

上述两式具有明显的递推形式。当 $j=2$ 时，有 $x_2=a_2+x_1=a_2$，故

$$A_{1,2}\mathrm{e}^{\mathrm{i}k_2a_2}=\frac{1}{2}(1+B_2)A_{1,3}\mathrm{e}^{\mathrm{i}k_3a_2}+\frac{1}{2}(1-B_2)A_{2,3}\mathrm{e}^{-\mathrm{i}k_3a_2} \tag{23}$$

$$A_{2,2}\mathrm{e}^{-\mathrm{i}k_2a_2}=\frac{1}{2}(1-B_2)A_{1,3}\mathrm{e}^{\mathrm{i}k_3a_2}+\frac{1}{2}(1+B_2)A_{2,3}\mathrm{e}^{-\mathrm{i}k_3a_2} \tag{24}$$

若依次将 $A_{1,3},A_{2,3},A_{1,4},A_{2,4},\cdots,A_{1,n-1},A_{2,n-1}$ 代入上述两式，则 $A_{1,2}$ 与 $A_{2,2}$ 是能量 E 的函数，当然，它们还与各区的位势大小、宽度及电子的有效质量有关，此外，皆与 $A_{1,n}$ 成正比。

式(24) 与式(23) 之比为

$$\frac{A_{2,2}}{A_{1,2}}=\frac{(1-B_2)A_{1,3}\mathrm{e}^{\mathrm{i}k_3a_2}+(1+B_2)A_{2,3}\mathrm{e}^{-\mathrm{i}k_3a_2}}{(1+B_2)A_{1,3}\mathrm{e}^{\mathrm{i}k_3a_2}+(1-B_2)A_{2,3}\mathrm{e}^{-\mathrm{i}k_3a_2}}\mathrm{e}^{\mathrm{i}2k_2a_2} \tag{25}$$

最后，利用在 $x=0$ 处波函数及其一阶导数连续的条件，容易得到

$$A_{2,1}=A_{1,2}+A_{2,2} \tag{26}$$

$$-\frac{k_1m_2}{k_2m_1}A_{2,1}=A_{1,2}-A_{2,2} \tag{27}$$

由上述两式可以解出

$$A_{1,2}=\frac{1}{2}\left(1-\frac{k_1m_2}{k_2m_1}\right)A_{2,1}=\frac{1}{2}\left(1-\frac{1}{B_1}\right)A_{2,1} \tag{28}$$

$$A_{2,2}=\frac{1}{2}\left(1+\frac{k_1m_2}{k_2m_1}\right)A_{2,1}=\frac{1}{2}\left(1+\frac{1}{B_1}\right)A_{2,1} \tag{29}$$

上述两式之比为

$$\frac{A_{2,2}}{A_{1,2}}-\frac{1+1/B_1}{1-1/B_1}=\frac{B_1+1}{B_1-1} \tag{30}$$

比较式(25) 与式(30) 可知

$$\frac{B_1+1}{B_1-1}=\frac{(1-B_2)A_{1,3}\mathrm{e}^{\mathrm{i}k_3a_2}+(1+B_2)A_{2,3}\mathrm{e}^{-\mathrm{i}k_3a_2}}{(1+B_2)A_{1,3}\mathrm{e}^{\mathrm{i}k_3a_2}+(1-B_2)A_{2,3}\mathrm{e}^{-\mathrm{i}k_3a_2}}\mathrm{e}^{\mathrm{i}2k_2a_2} \tag{31}$$

其中，$A_{1,j}$ 与 $A_{2,j}$ 可利用式(21) 与式(22) 递推求出，上式即为一维多量子阱能量本征值满足的超越方程，上述超越方程可以利用程序进行数值求解。

如果位势不是常数，可以将其分为若干等份，在每个小区中，若将位势用其平均值来代替，则位势又变成多量子阱，只不过位势的个数变多了而已。在这个意义讲，上述方法可以求解任意一维位势的束缚态问题。

习题 3.14　当 $n=3$ 时，检验上题所给出公式的正确性。

解　当 $n=3$ 时，由于 $A_{2,3}=0$，故上题中式(31) 简化为

$$\frac{B_1+1}{B_1-1}=\frac{(1-B_2)}{(1+B_2)}e^{i2k_2a_2} \tag{1}$$

若取有限深对称方势阱，即

$$\begin{aligned}&V_1=V_3=V,\quad V_2=0\\&m_1=m_2=m_3=m\\&a_2=2a\end{aligned} \tag{2}$$

则

$$\begin{aligned}&k_1=k_3=\sqrt{2m(E-V)/\hbar^2}=i\sqrt{2m(V-E)/\hbar^2}=i\alpha\\&k_2=\sqrt{2mE/\hbar^2}=k\end{aligned} \tag{3}$$

于是，有

$$e^{i4ka}=\frac{(B_1+1)(1+B_2)}{(B_1-1)(1-B_2)} \tag{4}$$

由于

$$\begin{aligned}B_1&=\frac{k_2}{k_1}=\frac{k}{i\alpha}\\B_2&=\frac{k_3}{k_2}=\frac{i\alpha}{k}\end{aligned} \tag{5}$$

将上述两式代入式(3)，得到

$$e^{i4ka}=\frac{\left(1+\dfrac{k}{i\alpha}\right)\left(1+\dfrac{i\alpha}{k}\right)}{\left(\dfrac{k}{i\alpha}-1\right)\left(1-\dfrac{i\alpha}{k}\right)}=\frac{(k+i\alpha)^2}{(k-i\alpha)^2} \tag{6}$$

上式可以改写为

$$e^{i2ka}=\frac{k+i\alpha}{k-i\alpha}=\frac{k^2-\alpha^2+2ik\alpha}{k^2+\alpha^2}=\cos(2ka)+i\sin(2ka) \tag{7}$$

于是得到

$$\begin{aligned}\cos(2ka)&=\frac{k^2-\alpha^2}{k^2+\alpha^2}\\\sin(2ka)&=\frac{2k\alpha}{k^2+\alpha^2}\end{aligned} \tag{8}$$

进而可知

$$\tan(2ka)=\frac{2k\alpha}{k^2-\alpha^2}=\frac{2\sqrt{E(V-E)}}{E-(V-E)}=-\frac{2\sqrt{E(V-E)}}{V-2E} \tag{9}$$

$$ka=\frac{1}{2}n\pi-\frac{1}{2}\arctan\left(\frac{2\sqrt{E(V-E)}}{V-2E}\right) \tag{10}$$

已知反三角函数的关系式

$$\arctan x = \frac{1}{2}\arctan\left(\frac{2x}{1-x^2}\right) \tag{11}$$

若取 $x=\sqrt{E/(V-E)}$，则式(10) 可以改写成

$$\sqrt{\frac{2ma^2}{\hbar^2}}\sqrt{E} = \frac{1}{2}n\pi - \arctan\left(\sqrt{\frac{E}{V-E}}\right) \tag{12}$$

此即有限深对称方势阱能量本征值满足的超越方程，与直接导出的结果完全一致。

习题 3.15　利用线谐振子的解与位力定理导出求和公式

$$\sum_{i=0}^{[n/2]}\sum_{j=0}^{[n/2]}\frac{(-1)^{i+j}(2+2n-2i-2j)!}{i!\ j!\ (n-2i)!\ (n-2j)!\ (n+1-i-j)!} = \frac{2^{n+2}}{n!}\left(n+\frac{1}{2}\right)$$

解　在线谐振子能量的第 n 个本征态 $|n\rangle$ 上，能量的平均值为 E_n，由位力定理可知，动能的平均值与位能的平均值相等，故位能的平均值

$$\overline{V(x)} = \frac{1}{2}\mu\omega^2\langle n|x^2|n\rangle = \frac{1}{2}E_n = \frac{1}{2}\left(n+\frac{1}{2}\right)\hbar\omega \tag{1}$$

由上式可知

$$\langle n|x^2|n\rangle = \frac{1}{\alpha^2}\left(n+\frac{1}{2}\right) \tag{2}$$

将 $k=2$、$m=n$ 代入 x^k 的矩阵元公式(见作者编著的《高等量子力学》中的公式(3.7.11))

$$\langle m|x^k|n\rangle = \frac{1}{(2\alpha)^k}\left(\frac{m!\ n!}{2^{m+n}}\right)^{1/2}\times$$

$$\sum_{i=0}^{[m/2]}\sum_{j=0}^{[n/2]}\frac{(-1)^{i+j}(k+m+n-2i-2j)!}{i!\ j!\ (m-2i)!\ (n-2j)!\ [(k+m+n)/2-i-j]!} \tag{3}$$

得到

$$\langle n|x^2|n\rangle - \frac{1}{\alpha^2}\frac{n!}{2^{n+2}}\sum_{i=0}^{[n/2]}\sum_{j=0}^{[n/2]}\frac{(-1)^{i+j}(2+2n-2i-2j)!}{i!\ j!\ (n-2i)!\ (n-2j)!\ (n+1-i-j)!} \tag{4}$$

比较式(2) 与式(4)，立即得到有限项级数的求和公式

$$\sum_{i=0}^{[n/2]}\sum_{j=0}^{[n/2]}\frac{(-1)^{i+j}(2+2n-2i-2j)!}{i!\ j!\ (n-2i)!\ (n-2j)!\ (n+1-i-j)!} = \frac{2^{n+2}}{n!}\left(n+\frac{1}{2}\right) \tag{5}$$

此题是用量子力学方法导出数学公式的一个范例，下一题亦是如此。

习题 3.16　在线谐振子的能量表象中，利用 x^k 的矩阵元表达式及厄米多项式的递推关系导出另外几个求和公式。

解　由厄米多项式的递推关系可知，坐标算符的矩阵元满足关系式

$$\alpha x_{mn}=\sqrt{n/2}\,\delta_{m,n-1}+\sqrt{(n+1)/2}\,\delta_{m,n+1} \tag{1}$$

再利用封闭关系，进而得到 x^2 与 x^3 的矩阵元分别满足如下关系式

$$2\alpha^2(x^2)_{mn}=\sqrt{n(n-1)}\,\delta_{m,n-2}+(2n+1)\delta_{m,n}+\sqrt{(n+1)(n+2)}\,\delta_{m,n+2} \tag{2}$$

$$\begin{aligned}(\sqrt{2}\alpha)^3(x^3)_{mn}=&\sqrt{n(n-1)(n-2)}\,\delta_{m,n-3}+3\sqrt{n^3}\,\delta_{m,n-1}+\\&3\sqrt{(n+1)^3}\,\delta_{m,n+1}+\sqrt{(n+1)(n+2)(n+3)}\,\delta_{m,n+3}\end{aligned} \tag{3}$$

取 $k=1,2,3$，代入

$$\begin{aligned}\langle m\mid x^k\mid n\rangle=&\frac{1}{(2\alpha)^k}\left(\frac{m!\,n!}{2^{m+n}}\right)^{1/2}\times\\&\sum_{i=0}^{[m/2]}\sum_{j=0}^{[n/2]}\frac{(-1)^{i+j}(k+m+n-2i-2j)!}{i!\,j!\,(m-2i)!\,(n-2j)!\,[(k+m+n)/2-i-j]!}\end{aligned} \tag{4}$$

并分别与式(1)～(3)比较，得到

$$\begin{aligned}&\sum_{i=0}^{[m/2]}\sum_{j=0}^{[n/2]}\frac{(-1)^{i+j}(1+m+n-2i-2j)!}{i!\,j!\,(m-2i)!\,(n-2j)!\,[(1+m+n)/2-i-j]!}=\\&\left(\frac{2^{m+n}}{m!\,n!}\right)^{1/2}\left[\sqrt{2n}\,\delta_{m,n-1}+\sqrt{2(n+1)}\,\delta_{m,n+1}\right]\end{aligned} \tag{5}$$

$$\begin{aligned}&\sum_{i=0}^{[m/2]}\sum_{j=0}^{[n/2]}\frac{(-1)^{i+j}(2+m+n-2i-2j)!}{i!\,j!\,(m-2i)!\,(n-2j)!\,[(2+m+n)/2-i-j]!}=\\&2\left(\frac{2^{m+n}}{m!\,n!}\right)^{1/2}\left[\sqrt{n(n-1)}\,\delta_{m,n-2}+(2n+1)\delta_{m,n}+\sqrt{(n+1)(n+2)}\,\delta_{m,n+2}\right]\end{aligned} \tag{6}$$

$$\begin{aligned}&\sum_{i=0}^{[m/2]}\sum_{j=0}^{[n/2]}\frac{(-1)^{i+j}(3+m+n-2i-2j)!}{i!\,j!\,(m-2i)!\,(n-2j)!\,[(3+m+n)/2-i-j]!}=\\&2^{3/2}\left(\frac{2^{m+n}}{m!\,n!}\right)^{1/2}\left[\sqrt{n(n-1)(n-2)}\,\delta_{m,n-3}+3\sqrt{n^3}\,\delta_{m,n-1}\right]+\\&2^{3/2}\left(\frac{2^{m+n}}{m!\,n!}\right)^{1/2}\left[3\sqrt{(n+1)^3}\,\delta_{m,n+1}+\sqrt{n(n+1)(n+2)}\,\delta_{m,n+3}\right]\end{aligned} \tag{7}$$

式(5)～(7)是一般的求和公式。

由 δ 符号的定义可知，当 m 与 n 的关系确定时，容易得到相应的特殊的求和公式。

例如，当 $k=1$，$m=n\pm1$ 时，由式(5)分别得到

$$\sum_{i=0}^{[(n+1)/2]}\sum_{j=0}^{[n/2]}\frac{(-1)^{i+j}(2+2n-2i-2j)!}{i!\,j!\,(n+1-2i)!\,(n-2j)!\,(n+1-i-j)!}=\frac{2^{n+1}}{n!} \tag{8}$$

$$\sum_{i=0}^{[(n-1)/2]}\sum_{j=0}^{[n/2]}\frac{(-1)^{i+j}(2n-2i-2j)!}{i!\,j!\,(n-1-2i)!\,(n-2j)!\,(n-i-j)!}=\frac{2^n}{(n-1)!} \tag{9}$$

显然,上述两式是等价的,由于,$n=0,1,2,3,\cdots$,为了避免出现负数的阶乘,可选用式(8)。以下皆采用同样的方法处理。

当 $k=2,m=n,n+2$ 时,由式(6) 分别得到

$$\sum_{i=0}^{[n/2]}\sum_{j=0}^{[n/2]}\frac{(-1)^{i+j}(2+2n-2i-2j)!}{i!\,j!\,(n-2i)!\,(n-2j)!\,(n+1-i-j)!}=\frac{2^{n+2}}{n!}\left(n+\frac{1}{2}\right) \tag{10}$$

$$\sum_{i=0}^{[(n+2)/2]}\sum_{j=0}^{[n/2]}\frac{(-1)^{i+j}(4+2n-2i-2j)!}{i!\,j!\,(n+2-2i)!\,(n-2j)!\,(n+2-i-j)!}=\frac{2^{n+2}}{n!} \tag{11}$$

式(10) 与用位力定理得到的公式完全相同。

当 $k=3,m=n+1,n+3$ 时,由式(7) 分别得到

$$\sum_{i=0}^{[(n+1)/2]}\sum_{j=0}^{[n/2]}\frac{(-1)^{i+j}(4+2n-2i-2j)!}{i!\,j!\,(n+1-2i)!\,(n-2j)!\,(n+2-i-j)!}=\frac{3\times 2^{n+2}}{n!}(n+1) \tag{12}$$

$$\sum_{i=0}^{[(n+3)/2]}\sum_{j=0}^{[n/2]}\frac{(-1)^{i+j}(6+2n-2i-2j)!}{i!\,j!\,(n+3-2i)!\,(n-2j)!\,(n+3-i-j)!}=\frac{2^{n+3}}{n!} \tag{13}$$

在上述公式的推导过程中,只顾及到坐标的 3 次方项,若要得到其他的求和公式,可以用同样的方法继续做下去,将会得到另外的一些求和公式,表明此方法具有较广泛的实用性。

习题 3.17 利用球谐振子基底下 r^k 矩阵元的递推公式导出其对角元的计算公式,进而导出 r^2 与 r^4 时的结果。

解 要想使用球谐振子 r^k 矩阵元的递推公式,必须先求出 r^{-1},r,r^2 的矩阵元,这是求解本题与下一道题的目的。

球谐振子 r^k 矩阵元的递推公式为

$$\left[\frac{(2n-2n'+l-l')^2}{(k+1)(k+2)}-\frac{k+2}{k+1}\right]a^2\langle nl\mid r^{k+2}\mid n'l'\rangle=$$
$$\left[\frac{l_-(2n-2n'+l-l')}{k(k+2)}-(2n+2n'+l+l'+3)\right]a\langle nl\mid r^k\mid n'l'\rangle+$$
$$\left[\frac{kl_+}{2(k+1)}-\frac{k(k-1)}{4}-\frac{l_-{}^2}{4k(k+1)}\right]\langle nl\mid r^{k-2}\mid n'l'\rangle \tag{1}$$

其中

$$\begin{aligned} l_+ &= l(l+1) + l'(l'+1) \\ l_- &= l(l+1) - l'(l'+1) \\ a &= \mu\omega/\hbar \end{aligned} \tag{2}$$

当 $n=n', l=l'$ 时，有

$$\begin{aligned} l_+ &= 2l(l+1) \\ l_- &= 0 \end{aligned} \tag{3}$$

于是，对角矩阵元的公式可以简化为

$$-\frac{k+2}{k+1}a^2\langle nl \mid r^{k+2} \mid nl\rangle = -(4n+2l+3)a\langle nl \mid r^k \mid nl\rangle + \left[\frac{2kl(l+1)}{2(k+1)} - \frac{k(k-1)}{4}\right]\langle nl \mid r^{k-2} \mid nl\rangle \tag{4}$$

用 $-(k+1)$ 乘上式两端，得到

$$\begin{aligned} &(k+2)a^2\langle nl \mid r^{k+2} \mid nl\rangle = (4n+2l+3)(k+1)a\langle nl \mid r^k \mid nl\rangle + \\ &k[-l(l+1)+(k^2-1)/4]\langle nl \mid r^{k-2} \mid nl\rangle = \\ &(4n+2l+3)(k+1)a\langle nl \mid r^k \mid nl\rangle - \\ &(k/4)[(2l+1)^2-k^2]\langle nl \mid r^{k-2} \mid nl\rangle \end{aligned} \tag{5}$$

当 $k=0$ 时，上式简化为

$$2a^2\langle nl \mid r^2 \mid nl\rangle = (4n+2l+3)a \tag{6}$$

此即

$$\langle nl \mid r^2 \mid nl\rangle = \left(2n+l+\frac{3}{2}\right)\frac{1}{a} = \left(2n+l+\frac{3}{2}\right)\frac{\hbar}{\mu\omega} = \frac{1}{\mu\omega^2}E_{nl} \tag{7}$$

由位力定理可知，当 $V(\boldsymbol{r})$ 可以写成坐标的齐次函数时，有

$$\bar{T} = n\bar{V}/2 \tag{8}$$

由于 $n=2$，故有

$$\bar{T} = \bar{V} \tag{9}$$

已知

$$E_{nl} = (2n+l+3/2)\hbar\omega = \bar{T}+\bar{V} = 2\bar{V} = \mu\omega^2\langle nl \mid r^2 \mid nl\rangle \tag{10}$$

于是，得到与式(7)同样的结果

$$\langle nl \mid r^2 \mid nl\rangle = \frac{1}{\mu\omega^2}E_{nl} \tag{11}$$

当 $k=2$ 时，式(5)简化为

$$\langle nl \mid r^4 \mid nl\rangle = \frac{3}{4a}(4n+2l+3)\langle nl \mid r^2 \mid nl\rangle - \frac{1}{8a^2}[(2l+1)^2-4] \tag{12}$$

将式(7) 代入式(12),得到

$$\langle nl \mid r^4 \mid nl \rangle = \frac{3}{4a}(4n+2l+3)\langle nl \mid r^2 \mid nl \rangle - \frac{1}{8a^2}[(2l+1)^2-4] =$$

$$\frac{3(4n+2l+3)^2}{8a^2} - \frac{1}{8a^2}[(2l+1)^2-4] =$$

$$\frac{1}{8a^2}[3(4n+2l+3)^2-(2l+1)^2+4] \tag{13}$$

对于基态而言,有 $n=l=0$,故

$$\begin{aligned} \langle 00 \mid r^2 \mid 00 \rangle &= \frac{3}{2a} \\ \langle 00 \mid r^4 \mid 00 \rangle &= \frac{1}{8a^2}(27-1+4) = \frac{15}{4a^2} \end{aligned} \tag{14}$$

对于第 1 激发态而言,有 $n=0, l=1$,故

$$\begin{aligned} \langle 01 \mid r^2 \mid 01 \rangle &= \frac{5}{2a} \\ \langle 01 \mid r^4 \mid 01 \rangle &= \frac{1}{8a^2}(75-9+4) = \frac{35}{4a^2} \end{aligned} \tag{15}$$

习题 3.18 利用球谐振子 r^k 矩阵元的求和表达式导出其对角元的计算公式,进而导出 r^{-1}、r 与 r^3 时的结果。

解 为了导出球谐振子 $k=-1$ 时对角元的计算公式,要用到 $k+l+l'$ 为奇数的 r^k 矩阵元的求和表达式

$$\langle nl \mid r^k \mid n'l' \rangle = \alpha^{-k}\pi^{-1/2}[2^{-n-n'+l+l'+2} n!\, n'!\, (2l+2n+1)!!\, (2l'+2n'+1)!!]^{1/2} \times$$
$$\sum_{i=0}^{n}\sum_{j=0}^{n'} \frac{(-2)^{i+j}[(k+l+l'+2i+2j+1)/2]!}{i!\, j!\, (n-i)!\, (n'-j)!\, (2l+2i+1)!!\, (2l'+2j+1)!!} \tag{1}$$

当 $n=n', l=l', k=-1$ 时,上式简化为

$$\langle nl \mid r^{-1} \mid nl \rangle = \alpha\pi^{-1/2} 2^{-n+l+1} n!\, (2l+2n+1)!! \times$$
$$\sum_{i=0}^{n}\sum_{j=0}^{n} \frac{(-2)^{i+j}(l+i+j)!}{i!\, j!\, (n-i)!\, (n-j)!\, (2l+2i+1)!!\, (2l+2j+1)!!} \tag{2}$$

对于基态而言,有 $n=l=0$,故

$$\langle 00 \mid r^{-1} \mid 00 \rangle = \frac{2\alpha}{\sqrt{\pi}} \tag{3}$$

对于第 1 激发态而言,有 $n=0, l=1$,故

$$\langle 01 \mid r^{-1} \mid 01 \rangle = \frac{4\alpha}{3\sqrt{\pi}} \tag{4}$$

当 $n=n', l=l', k=1$ 时，式(1) 简化为

$$\langle nl \mid r \mid nl \rangle = \alpha^{-1} \pi^{-1/2} 2^{-n+l+1} n!\ (2l+2n+1)!! \times \sum_{i=0}^{n} \sum_{j=0}^{n} \frac{(-2)^{i+j}(l+i+j+1)!}{i!\ j!\ (n-i)!\ (n-j)!\ (2l+2i+1)!!\ (2l+2j+1)!!} \tag{5}$$

对于基态而言，有

$$\langle 00 \mid r \mid 00 \rangle = \frac{2}{\alpha\sqrt{\pi}} \tag{6}$$

对于第 1 激发态而言，有

$$\langle 01 \mid r \mid 01 \rangle = \frac{8}{3\alpha\sqrt{\pi}} \tag{7}$$

当 $n=n', l=l', k=3$ 时，式(1) 简化为

$$\langle nl \mid r^3 \mid nl \rangle = \alpha^{-3} \pi^{-1/2} 2^{-n+l+1} n!\ (2l+2n+1)!! \times \sum_{i=0}^{n} \sum_{j=0}^{n} \frac{(-2)^{i+j}(l+i+j+2)!}{i!\ j!\ (n-i)!\ (n-j)!\ (2l+2i+1)!!\ (2l+2j+1)!!} \tag{8}$$

对于基态而言，有

$$\langle 00 \mid r^3 \mid 00 \rangle = \frac{4}{\alpha^3\sqrt{\pi}} \tag{9}$$

对于第 1 激发态而言，有

$$\langle 01 \mid r^3 \mid 01 \rangle = \frac{8}{\alpha^3\sqrt{\pi}} \tag{10}$$

球谐振子 r^k 对角矩阵元的递推公式为

$$(k+2)a^2\langle nl \mid r^{k+2} \mid nl \rangle = (4n+2l+3)(k+1)a\langle nl \mid r^k \mid nl \rangle - (k/4)[(2l+1)^2 - k^2]\langle nl \mid r^{k-2} \mid nl \rangle \tag{11}$$

取 $k=1$ 时，上式简化为

$$3a^2\langle nl \mid r^3 \mid nl \rangle = 2(4n+2l+3)a\langle nl \mid r \mid nl \rangle - (1/4)[(2l+1)^2 - 1]\langle nl \mid r^{-1} \mid nl \rangle \tag{12}$$

利用 $a=\alpha^2$，对于基态而言，有

$$3\alpha^4\langle 00 \mid r^3 \mid 00 \rangle = 6\alpha^2\langle 00 \mid r \mid 00 \rangle = \frac{12\alpha}{\sqrt{\pi}} \tag{13}$$

由上式可知

$$\langle 00 \mid r^3 \mid 00 \rangle = \frac{4}{\alpha^3\sqrt{\pi}} \tag{14}$$

上式与直接计算的式(9) 结果完全一致。

对于第 1 激发态而言，有

$$3\alpha^4\langle 01 \mid r^3 \mid 01\rangle = 10\alpha^2\langle 01 \mid r \mid 01\rangle - 2\langle 01 \mid r^{-1} \mid 01\rangle = 10\alpha^2\,\frac{8}{3\alpha\sqrt{\pi}} - 2\,\frac{4\alpha}{3\sqrt{\pi}} = \frac{24\alpha}{\sqrt{\pi}} \tag{15}$$

由上式可知

$$\langle 01 \mid r^3 \mid 01\rangle = \frac{8}{\alpha^3\sqrt{\pi}} \tag{16}$$

上式与直接计算的式(10) 结果完全一致。

当 $n=n', l=l', k=-3$ 时,式(1) 简化为

$$\langle nl \mid r^{-3} \mid nl\rangle = \alpha^3\pi^{-1/2}2^{-n+l+1}n!\,(2l+2n+1)!!\ \times \sum_{i=0}^{n}\sum_{j=0}^{n}\frac{(-2)^{i+j}(l+i+j-1)!}{i!\,j!\,(n-i)!\,(n-j)!\,(2l+2i+1)!!\,(2l+2j+1)!!} \tag{17}$$

对于基态而言,有 $n=l=0$,故

$$\langle 00 \mid r^{-3} \mid 00\rangle = \frac{2\alpha^3}{\sqrt{\pi}} \tag{18}$$

对于第 1 激发态而言,有 $n=0, l=1$,故

$$\langle 01 \mid r^{-3} \mid 01\rangle = \frac{4\alpha^3}{3\sqrt{\pi}} \tag{19}$$

取 $k=-1$ 时,球谐振子 r^k 对角矩阵元的递推公式为简化为

$$a^2\langle nl \mid r \mid nl\rangle = \frac{1}{4}\left[(2l+1)^2-1\right]\langle nl \mid r^{-3} \mid nl\rangle \tag{20}$$

由于,取 $k=-1, l=0$ 时,不满足递推公式的使用条件,故对于基态不能使用上式,对于第 1 激发态,上式变成

$$\langle 01 \mid r^{-3} \mid 01\rangle = \frac{a^2}{2}\langle 01 \mid r \mid 01\rangle \tag{21}$$

将式(7) 代入式(21),得到

$$\langle 01 \mid r^{-3} \mid 01\rangle = \frac{\alpha^4}{2}\langle 01 \mid r \mid 01\rangle = \frac{\alpha^4}{2}\,\frac{8}{3\alpha\sqrt{\pi}} = \frac{4\alpha^3}{3\sqrt{\pi}} \tag{22}$$

第 4 章　量子多体理论

习题 4.1　证明费米子淹没算符 ξ_γ 与产生算符 ξ_γ^+ 互为共轭算符，并且满足反对易关系

$$\{\xi_\gamma,\xi_\delta^+\}\equiv[\xi_\gamma,\xi_\delta^+]_+=\xi_\gamma\xi_\delta^+ + \xi_\delta^+\xi_\gamma=\delta_{\gamma,\delta}$$

证明　由费米子产生与湮没算符的原始定义可知

$$\begin{aligned}\xi_\alpha^+\mid 0\rangle &= \mid\alpha\rangle\\ \xi_\alpha\mid\alpha\rangle &= \mid 0\rangle\end{aligned}\tag{1}$$

取上述两式的左矢，得到

$$\begin{aligned}\langle\alpha\mid &= \langle 0\mid(\xi_\alpha^+)^\dagger\\ \langle 0\mid &= \langle\alpha\mid(\xi_\alpha)^\dagger\end{aligned}\tag{2}$$

用式(2) 与式(1) 做内积，分别得到

$$\begin{aligned}1=\langle\alpha\mid\alpha\rangle &= \langle 0\mid(\xi_\alpha^+)^\dagger\xi_\alpha^+\mid 0\rangle\\ 1=\langle 0\mid 0\rangle &= \langle\alpha\mid(\xi_\alpha)^\dagger\xi_\alpha\mid\alpha\rangle\end{aligned}\tag{3}$$

由上式可知

$$\begin{aligned}(\xi_\alpha^+)^\dagger &= \xi_\alpha\\ (\xi_\alpha)^\dagger &= \xi_\alpha^+\end{aligned}\tag{4}$$

说明费米子淹没算符 ξ_α 与产生算符 ξ_α^+ 互为共轭算符。

已知费米子产生与湮没算符有如下性质，即

$$\begin{aligned}\xi_\alpha^+\mid\alpha\rangle &= 0\\ \xi_\alpha\mid 0\rangle &= 0\end{aligned}\tag{5}$$

上式中的第1式的意思是，在同一个单粒子态上最多只能容纳一个粒子，第2式说的是，如果要在没有粒子的真空态上淹没一个粒子，只能使其变到福克空间之外。

下面利用式(5) 来导出反对易关系。

设 $\mid\alpha_1,\alpha_2,\cdots,\alpha_N\rangle$ 为福克空间中任意一个态矢，则

$$\{\xi_\gamma,\xi_\delta^+\}\mid\alpha_1,\alpha_2,\cdots,\alpha_N\rangle=(\xi_\gamma\xi_\delta^+ + \xi_\delta^+\xi_\gamma)\mid\alpha_1,\alpha_2,\cdots,\alpha_N\rangle\tag{6}$$

当 $\gamma=\delta$ 时，式(6) 变成

$$\{\xi_\gamma,\xi_\gamma^+\}\mid\alpha_1,\alpha_2,\cdots,\alpha_N\rangle=(\xi_\gamma\xi_\gamma^+ + \xi_\gamma^+\xi_\gamma)\mid\alpha_1,\alpha_2,\cdots,\alpha_N\rangle\tag{7}$$

若 $\gamma\in\{\alpha\}\equiv\{\alpha_1,\alpha_2,\cdots,\alpha_N\}$，则有

$$\{\xi_\gamma,\xi_\gamma^+\}\mid\alpha_1,\alpha_2,\cdots,\alpha_N\rangle=\xi_\gamma^+\xi_\gamma\mid\alpha_1,\alpha_2,\cdots,\alpha_N\rangle=\mid\alpha_1,\alpha_2,\cdots,\alpha_N\rangle \tag{8}$$

若 $\gamma\notin\{\alpha\}$，则有

$$\{\xi_\gamma,\xi_\gamma^+\}\mid\alpha_1,\alpha_2,\cdots,\alpha_N\rangle=\xi_\gamma\xi_\gamma^+\mid\alpha_1,\alpha_2,\cdots,\alpha_N\rangle=\mid\alpha_1,\alpha_2,\cdots,\alpha_N\rangle \tag{9}$$

总之，当 $\gamma=\delta$ 时，有

$$\{\xi_\gamma,\xi_\gamma^+\}\mid\alpha_1,\alpha_2,\cdots,\alpha_N\rangle=\mid\alpha_1,\alpha_2,\cdots,\alpha_N\rangle \tag{10}$$

当 $\gamma\neq\delta$ 时，若 $\gamma\notin\{\alpha\}$ 或者 $\delta\in\{\alpha\}$，由淹没算符与产生算符的定义可知

$$\{\xi_\gamma,\xi_\delta^+\}\mid\alpha_1,\alpha_2,\cdots,\alpha_N\rangle=(\xi_\gamma\xi_\delta^++\xi_\delta^+\xi_\gamma)\mid\alpha_1,\alpha_2,\cdots,\alpha_N\rangle=0 \tag{11}$$

当 $\gamma\neq\delta$ 时，若 $\gamma\in\{\alpha\}$ 同时 $\delta\notin\{\alpha\}$，由淹没算符与产生算符的定义可知

$$\begin{aligned}&\{\xi_\gamma,\xi_\delta^+\}\mid\alpha_1,\alpha_2,\cdots,\alpha_N\rangle=(\xi_\gamma\xi_\delta^++\xi_\delta^+\xi_\gamma)\mid\alpha_1,\alpha_2,\cdots,\alpha_N\rangle=\\&(-1)^{\gamma-1}\mid\delta,\alpha_1,\alpha_2,\cdots,\boxed{\gamma},\cdots,\alpha_N\rangle+(-1)^{\gamma}\mid\delta,\alpha_1,\alpha_2,\cdots,\boxed{\gamma},\cdots,\alpha_N\rangle=0\end{aligned} \tag{12}$$

式中的符号 $\boxed{\gamma}$ 表示用 γ 标志的单粒子态上的粒子已经被淹没（下同）。

总之，当 $\gamma\neq\delta$ 时，有

$$\{\xi_\gamma,\xi_\delta^+\}\mid\alpha_1,\alpha_2,\cdots,\alpha_N\rangle=0 \tag{13}$$

综合式(10) 与式(13)，由态矢 $\mid\alpha_1,\alpha_2,\cdots,\alpha_N\rangle$ 的任意性可知，费米子淹没算符 ξ_γ 与产生算符 ξ_δ^+ 满足反对易关系

$$\{\xi_\gamma,\xi_\delta^+\}=\delta_{\gamma,\delta} \tag{14}$$

设 $\mid\alpha_1,\alpha_2,\cdots,\alpha_N\rangle$ 是福克空间中任意一个态矢，则

$$\{\xi_\gamma,\xi_\delta\}\mid\alpha_1,\alpha_2,\cdots,\alpha_N\rangle=(\xi_\gamma\xi_\delta+\xi_\delta\xi_\gamma)\mid\alpha_1,\alpha_2,\cdots,\alpha_N\rangle \tag{15}$$

当 $\gamma\notin\{\alpha\}$ 或者 $\delta\notin\{\alpha\}$ 时，由式(5) 可知

$$\{\xi_\gamma,\xi_\delta\}\mid\alpha_1,\alpha_2,\cdots,\alpha_N\rangle=0 \tag{16}$$

当 $\gamma\in\{\alpha\}$ 并且 $\delta\in\{\alpha\}$ 时，如果 $\gamma=\delta$，由式(5) 可知式(16) 成立。如果有 $\gamma\neq\delta$，且 γ 的位置在 δ 之前，则有

$$\begin{aligned}&\{\xi_\gamma,\xi_\delta\}\mid\alpha_1,\alpha_2,\cdots,\alpha_N\rangle=(\xi_\gamma\xi_\delta+\xi_\delta\xi_\gamma)\mid\alpha_1,\alpha_2,\cdots,\alpha_N\rangle=\\&(-1)^{\delta-1}\xi_\gamma\mid\alpha_1,\alpha_2,\cdots,\gamma,\cdots,\boxed{\delta},\cdots,\alpha_N\rangle+\\&(-1)^{\gamma-1}\xi_\delta\mid\alpha_1,\alpha_2,\cdots,\boxed{\gamma},\cdots,\delta,\cdots\alpha_N\rangle=\\&(-1)^{\delta-1}(-1)^{\gamma-1}\mid\alpha_1,\alpha_2,\cdots,\boxed{\gamma},\cdots,\boxed{\delta},\cdots,\alpha_N\rangle+\\&(-1)^{\gamma-1}(-1)^{\delta-2}\mid\alpha_1,\alpha_2,\cdots,\boxed{\gamma},\cdots,\boxed{\delta},\cdots\alpha_N\rangle=0\end{aligned} \tag{17}$$

若 γ 的位置在 δ 之后，也会得到同样的结果。于是，式(16) 也成立。

由态矢 $\mid\alpha_1,\alpha_2,\cdots,\alpha_N\rangle$ 的任意性可知，费米子两个淹没算符 ξ_γ 与 ξ_δ 满足反对易关系

$$\{\xi_\gamma,\xi_\delta\}=0 \tag{18}$$

利用类似方法可以证明

$$\{\xi_\gamma^+,\xi_\delta^+\}=0 \tag{19}$$

习题 4.2　利用玻色子淹没算符 ζ_α 与产生算符 ζ_β^+ 的定义

$$\zeta_\alpha\mid n_1,n_2,\cdots,n_\alpha,\cdots,n_\infty\rangle=n_\alpha^{1/2}\mid n_1,n_2,\cdots,n_\alpha-1,\cdots,n_\infty\rangle$$

$$\zeta_\beta^+\mid n_1,n_2,\cdots,n_\beta,\cdots,n_\infty\rangle=(n_\beta+1)^{1/2}\mid n_1,n_2,\cdots,n_\beta+1,\cdots,n_\infty\rangle$$

证明其满足对易关系

$$[\zeta_\alpha^+,\zeta_\beta^+]=0$$

$$[\zeta_\alpha,\zeta_\beta]=0$$

$$[\zeta_\alpha,\zeta_\beta^+]=\delta_{\alpha,\beta}$$

证明　设 $\mid n_1,n_2,\cdots,n_\alpha,\cdots,n_\beta,\cdots,n_\infty\rangle$ 是粒子数表象中的任意态矢，则

$$\begin{aligned}&[\zeta_\alpha,\zeta_\beta]\mid n_1,n_2,\cdots,n_\alpha,\cdots,n_\beta,\cdots,n_\infty\rangle=\\&(\zeta_\alpha\zeta_\beta-\zeta_\beta\zeta_\alpha)\mid n_1,n_2,\cdots,n_\alpha,\cdots,n_\beta,\cdots,n_\infty\rangle=\\&(\sqrt{n_\alpha n_\beta}-\sqrt{n_\beta n_\alpha})\mid n_1,n_2,\cdots,n_\alpha-1,\cdots,n_\beta-1,\cdots,n_\infty\rangle=0\end{aligned} \tag{1}$$

同理可知

$$[\zeta_\alpha^+,\zeta_\beta^+]\mid n_1,n_2,\cdots,n_\alpha,\cdots,n_\beta,\cdots,n_\infty\rangle=0 \tag{2}$$

综合式(1) 与式(2)，由态矢 $\mid n_1,n_2,\cdots,n_\alpha,\cdots,n_\beta,\cdots,n_\infty\rangle$ 的任意性可知，两个玻色子淹没算符的对易关系与两个玻色子产生算符的对易关系分别为

$$\begin{aligned}&[\zeta_\alpha,\zeta_\beta]=0\\&[\zeta_\alpha^+,\zeta_\beta^+]=0\end{aligned} \tag{3}$$

对于玻色子淹没算符与产生算符的对易关系，按如下两种情况分别证明之。

当 $\alpha\neq\beta$ 时，有

$$\begin{aligned}&[\zeta_\alpha,\zeta_\beta^+]\mid n_1,n_2,\cdots,n_\alpha,\cdots,n_\beta,\cdots,n_\infty\rangle=\\&(\zeta_\alpha\zeta_\beta^+-\zeta_\beta^+\zeta_\alpha)\mid n_1,n_2,\cdots,n_\alpha,\cdots,n_\beta,\cdots,n_\infty\rangle=\\&(\sqrt{n_\alpha(n_\beta+1)}-\sqrt{(n_\beta+1)n_\alpha})\mid n_1,n_2,\cdots,n_\alpha-1,\cdots,n_\beta+1,\cdots,n_\infty\rangle=0\end{aligned} \tag{4}$$

当 $\alpha=\beta$ 时，有

$$\begin{aligned}&[\zeta_\alpha,\zeta_\alpha^+]\mid n_1,n_2,\cdots,n_\alpha,\cdots,n_\beta,\cdots,n_\infty\rangle=\\&(\zeta_\alpha\zeta_\alpha^+-\zeta_\alpha^+\zeta_\alpha)\mid n_1,n_2,\cdots,n_\alpha,\cdots,n_\beta,\cdots,n_\infty\rangle=\\&(\sqrt{(n_\alpha+1)^2}-\sqrt{n_\alpha^2})\mid n_1,n_2,\cdots,n_\alpha,\cdots,n_\beta,\cdots,n_\infty\rangle=\\&\mid n_1,n_2,\cdots,n_\alpha,\cdots,n_\beta,\cdots,n_\infty\rangle\end{aligned} \tag{5}$$

综合式(4) 与式(5)，由态矢 $\mid n_1,n_2,\cdots,n_\alpha,\cdots,n_\beta,\cdots,n_\infty\rangle$ 的任意性可知，玻色子淹没算符与产生算符满足对易关系

$$[\zeta_\alpha, \zeta_\beta^+] = \delta_{\alpha,\beta} \tag{6}$$

习题 4.3　利用玻色子淹没算符 ζ_α 与产生算符 ζ_β^+ 满足的对易关系

$$[\zeta_\alpha^+, \zeta_\beta^+] = 0$$

$$[\zeta_\alpha, \zeta_\beta] = 0$$

$$[\zeta_\alpha, \zeta_\beta^+] = \delta_{\alpha,\beta}$$

证明

$$\zeta_\alpha \mid n_1, n_2, \cdots, n_\alpha, \cdots, n_\infty\rangle = n_\alpha^{1/2} \mid n_1, n_2, \cdots, n_\alpha - 1, \cdots, n_\infty\rangle$$

$$\zeta_\beta^+ \mid n_1, n_2, \cdots, n_\beta, \cdots, n_\infty\rangle = (n_\beta + 1)^{1/2} \mid n_1, n_2, \cdots, n_\beta + 1, \cdots, n_\infty\rangle$$

证明　由玻色子淹没算符的原始定义可知

$$\zeta_\alpha \mid 0\rangle = 0$$

$$\zeta_\alpha^+ \mid 0\rangle = \mid \alpha\rangle \tag{1}$$

引入玻色子单粒子态 $\mid \alpha\rangle$ 的粒子数算符

$$\hat{n}_\alpha = \zeta_\alpha^+ \zeta_\alpha \tag{2}$$

其满足的本征方程为

$$\hat{n}_\alpha \mid n_\alpha\rangle = n_\alpha \mid n_\alpha\rangle \tag{3}$$

其中，$\mid n_\alpha\rangle$ 为正交归一完备单粒子基。于是有

$$\hat{n}_\alpha \zeta_\alpha^+ \mid n_\alpha\rangle = \zeta_\alpha^+ \zeta_\alpha \zeta_\alpha^+ \mid n_\alpha\rangle = \zeta_\alpha^+ (\zeta_\alpha^+ \zeta_\alpha + 1) \mid n_\alpha\rangle = (n_\alpha + 1)\zeta_\alpha^+ \mid n_\alpha\rangle \tag{4}$$

由上式可知，$\zeta_\alpha^+ \mid n_\alpha\rangle$ 也是 $\hat{n}_\alpha$ 的一个本征矢，且对应的本征值为 $n_\alpha + 1$，即

$$\zeta_\alpha^+ \mid n_\alpha\rangle = c_\alpha \mid n_\alpha + 1\rangle \tag{5}$$

下面来确定式(5)中的常数，利用

$$|c_\alpha|^2 = \langle n_\alpha \mid \zeta_\alpha \zeta_\alpha^+ \mid n_\alpha\rangle = \langle n_\alpha \mid \zeta_\alpha^+ \zeta_\alpha + 1 \mid n_\alpha\rangle = \langle n_\alpha \mid \hat{n}_\alpha + 1 \mid n_\alpha\rangle = n_\alpha + 1 \tag{6}$$

得到略去相因子的归一化常数

$$c_\alpha = (n_\alpha + 1)^{1/2} \tag{7}$$

将其代入式(5)，得到

$$\zeta_\alpha^+ \mid n_\alpha\rangle = (n_\alpha + 1)^{1/2} \mid n_\alpha + 1\rangle \tag{8}$$

同理可知

$$\hat{n}_\alpha \zeta_\alpha \mid n_\alpha\rangle = \zeta_\alpha^+ \zeta_\alpha \zeta_\alpha \mid n_\alpha\rangle = (\zeta_\alpha \zeta_\alpha^+ - 1)\zeta_\alpha \mid n_\alpha\rangle = (n_\alpha - 1)\zeta_\alpha \mid n_\alpha\rangle \tag{9}$$

上式对所有的 $n_\alpha \neq 0$ 的情况成立。由上式可知，$\zeta_\alpha \mid n_\alpha\rangle$ 也是 $\hat{n}_\alpha$ 的一个本征矢，且对应的本征值为 $n_\alpha - 1$，即

$$\zeta_\alpha \mid n_\alpha\rangle = d_\alpha \mid n_\alpha - 1\rangle \tag{10}$$

用与产生算符相同的方法可以得到

$$d_\alpha = n_\alpha^{1/2} \tag{11}$$

于是有

$$\zeta_\alpha \mid n_\alpha\rangle = n_\alpha^{1/2} \mid n_\alpha - 1\rangle \tag{12}$$

将其推广到多体态，则有

$$\begin{aligned}&\zeta_\alpha \mid n_1, n_2, \cdots, n_\alpha, \cdots, n_\infty\rangle = n_\alpha^{1/2} \mid n_1, n_2, \cdots, n_\alpha - 1, \cdots, n_\infty\rangle \\ &\zeta_\beta^+ \mid n_1, n_2, \cdots, n_\beta, \cdots, n_\infty\rangle = (n_\beta + 1)^{1/2} \mid n_1, n_2, \cdots, n_\beta + 1, \cdots, n_\infty\rangle\end{aligned} \tag{13}$$

习题 4.4　对于全同粒子体系而言，证明粒子数表象的波函数满足

$$\mid n_1, n_2, n_3, \cdots, n_\infty\rangle = \frac{1}{\sqrt{n_1!\ n_2!\ n_3!\ \cdots n_\infty!}} (\xi_1^+)^{n_1} (\xi_2^+)^{n_2} (\xi_3^+)^{n_3} \cdots (\xi_\infty^+)^{n_\infty} \mid 0\rangle$$

$$\mid n_1, n_2, n_3, \cdots, n_\infty\rangle = \frac{1}{\sqrt{n_1!\ n_2!\ n_3!\ \cdots n_\infty!}} (\zeta_1^+)^{n_1} (\zeta_2^+)^{n_2} (\zeta_3^+)^{n_3} \cdots (\zeta_\infty^+)^{n_\infty} \mid 0\rangle$$

证明　对全同费米子体系而言，由泡利不相容原理可知，$n_\alpha = 0,1$，显然，在 n_α 取 0 或者 1 时，求证之式皆成立。

对全同玻色子体系而言，由于无泡利不相容原理的限制，故 $n_\alpha = 0,1,2,\cdots$。根据定义可知

$$\begin{aligned}&(\zeta_\alpha^+)^{n_\alpha} \mid 0\rangle = (\zeta_\alpha^+)^{n_\alpha - 1}\zeta_\alpha^+ \mid 0\rangle = (\zeta_\alpha^+)^{n_\alpha - 1}\sqrt{1} \mid 1\rangle = \\ &(\zeta_\alpha^+)^{n_\alpha - 2}\zeta_\alpha^+\sqrt{1} \mid 1\rangle = (\zeta_\alpha^+)^{n_\alpha - 2}\sqrt{2}\sqrt{1} \mid 2\rangle = \cdots = \\ &\sqrt{n_\alpha(n_\alpha - 1)\cdots 3 \times 2 \times 1} \mid n_\alpha\rangle = \sqrt{n_\alpha!} \mid n_\alpha\rangle\end{aligned} \tag{1}$$

由上式得到

$$\mid n_\alpha\rangle = \frac{1}{\sqrt{n_\alpha!}} (\zeta_\alpha^+)^{n_\alpha} \mid 0\rangle \tag{2}$$

将其推广到多体态，得到

$$\begin{aligned}&\mid n_1, n_2, n_3, \cdots, n_\infty\rangle = \\ &\frac{1}{\sqrt{n_1!\ n_2!\ n_3!\ \cdots n_\infty!}} (\zeta_1^+)^{n_1} (\zeta_2^+)^{n_2} (\zeta_3^+)^{n_3} \cdots (\zeta_\infty^+)^{n_\infty} \mid 0\rangle\end{aligned} \tag{3}$$

习题 4.5　对于全同粒子体系而言，证明粒子数表象的波函数是正交归一化的。

证明　对于全同费米子与玻色子体系而言，粒子数表象的波函数可以统一写成

$$\begin{aligned}&\mid n_1, n_2, n_3, \cdots, n_\infty\rangle = \\ &\frac{1}{\sqrt{n_1!\ n_2!\ n_3!\ \cdots n_\infty!}} (\xi_1^+)^{n_1} (\xi_2^+)^{n_2} (\xi_3^+)^{n_3} \cdots (\xi_\infty^+)^{n_\infty} \mid 0\rangle\end{aligned} \tag{1}$$

首先，导出算符 $\hat{A}$ 与算符 $\hat{B}^n$ 的对易关系，即

$$
\begin{aligned}
&[\hat{A},\hat{B}^n]=\hat{B}[\hat{A},\hat{B}^{n-1}]+[\hat{A},\hat{B}]\hat{B}^{n-1}=\\
&\hat{B}^2[\hat{A},\hat{B}^{n-2}]+\hat{B}[\hat{A},\hat{B}]\hat{B}^{n-2}+[\hat{A},\hat{B}]\hat{B}^{n-1}=\\
&\hat{B}^3[\hat{A},\hat{B}^{n-3}]+\hat{B}^2[\hat{A},\hat{B}]\hat{B}^{n-3}+\hat{B}[\hat{A},\hat{B}]\hat{B}^{n-2}+\\
&[\hat{A},\hat{B}]\hat{B}^{n-1}=\cdots=\sum_{m=0}^{n-1}\hat{B}^m[\hat{A},\hat{B}]\hat{B}^{n-m-1}
\end{aligned}
\tag{2}
$$

特别是，当算符 $\hat{B}$ 与 $[\hat{A},\hat{B}]$ 对易时，式(2) 可以简化为

$$
[\hat{A},\hat{B}^n]=\sum_{m=0}^{n-1}\hat{B}^m[\hat{A},\hat{B}]\hat{B}^{n-m-1}=n\hat{B}^{n-1}[\hat{A},\hat{B}]
\tag{3}
$$

这是一个经常用到的公式。

其次，利用式(3) 计算内积

$$
\begin{aligned}
&\langle n_i \mid n_j\rangle=\langle 0 \mid \frac{\xi_\alpha^{n_i}}{\sqrt{n_i!}}\frac{(\xi_\alpha^+)^{n_j}}{\sqrt{n_j!}}\mid 0\rangle=\frac{1}{\sqrt{n_i!\ n_j!}}\langle 0 \mid \xi_\alpha^{n_i}(\xi_\alpha^+)^{n_j}\mid 0\rangle=\\
&\frac{1}{\sqrt{n_i!\ n_j!}}\langle 0 \mid \xi_\alpha^{n_i-1}\{(\xi_\alpha^+)^{n_j}\xi_\alpha+n_j(\xi_\alpha^+)^{n_j-1}[\xi_\alpha,\xi_\alpha^+]\}\mid 0\rangle=\\
&\frac{1}{\sqrt{n_i!\ n_j!}}\langle 0 \mid n_j\xi_\alpha^{n_i-1}(\xi_\alpha^+)^{n_j-1}\mid 0\rangle\delta_{n_i,n_j}=\\
&\frac{n_j}{\sqrt{n_i!\ n_j!}}\langle 0 \mid (n_j-1)\xi_\alpha^{n_i-2}(\xi_\alpha^+)^{n_j-2}\mid 0\rangle\delta_{n_i,n_j}=\cdots=\\
&\frac{n_j!}{\sqrt{n_i!\ n_j!}}\langle 0 \mid \xi_\alpha\xi_\alpha^+\mid 0\rangle\delta_{n_i,n_j}=\frac{n_j!}{\sqrt{n_i!\ n_j!}}\delta_{n_i,n_j}=\delta_{n_i,n_j}
\end{aligned}
\tag{4}
$$

进而得到

$$
\langle m_1,m_2,m_3,\cdots,m_\infty \mid n_1,n_2,n_3,\cdots,n_\infty\rangle=\delta_{m_1,n_1}\delta_{m_2,n_2}\delta_{m_3,n_3}\cdots\delta_{m_\infty,n_\infty}
\tag{5}
$$

习题 4.6 证明费米子淹没算符与产生算符满足如下的关系式

$$\xi_\alpha\xi_\alpha=\xi_\alpha^+\xi_\alpha^+=0$$

$$(\xi_\alpha^+\xi_\alpha)^2=\xi_\alpha^+\xi_\alpha$$

$$\xi_\alpha^+\xi_\alpha\xi_\beta^+\xi_\beta=\xi_\beta^+\xi_\beta\xi_\alpha^+\xi_\alpha$$

证明 已知费米子淹没算符与产生算符满足的反对易关系为

$$\{\xi_\alpha^+,\xi_\beta^+\}=\xi_\alpha^+\xi_\beta^++\xi_\beta^+\xi_\alpha^+=0 \tag{1}$$

$$\{\xi_\alpha,\xi_\beta\}=\xi_\alpha\xi_\beta+\xi_\beta\xi_\alpha=0 \tag{2}$$

$$\{\xi_\alpha,\xi_\beta^+\}=\xi_\alpha\xi_\beta^++\xi_\beta^+\xi_\alpha=\delta_{\alpha,\beta} \tag{3}$$

当 $\alpha=\beta$ 时，由式(1) 和式(2) 可知

$$
\begin{aligned}
&\xi_\alpha\xi_\alpha=0\\
&\xi_\alpha^+\xi_\alpha^+=0
\end{aligned}
\tag{4}
$$

上式表明，对于费米子而言，任意两个同态的湮没算符之积 $\xi_\alpha\xi_\alpha$ 与产生算符之积 $\xi_\alpha^+\xi_\alpha^+$ 皆为零。

利用式(3) 和式(4)，得到

$$(\xi_\alpha^+\xi_\alpha)^2 = \xi_\alpha^+\xi_\alpha\xi_\alpha^+\xi_\alpha = \xi_\alpha^+(1-\xi_\alpha^+\xi_\alpha)\xi_\alpha = \xi_\alpha^+\xi_\alpha - \xi_\alpha^+\xi_\alpha^+\xi_\alpha\xi_\alpha = \xi_\alpha^+\xi_\alpha \tag{5}$$

上式表明，对于费米子而言，任意两个同态的产生与湮没算符之积的平方算符 $(\xi_\alpha^+\xi_\alpha)^2$ 等于自身 $\xi_\alpha^+\xi_\alpha$。进而可知

$$(\xi_\alpha^+\xi_\alpha)^n = \xi_\alpha^+\xi_\alpha \quad (n>0) \tag{6}$$

对于求证的第 3 式，有

$$\begin{aligned}\xi_\alpha^+\xi_\alpha\xi_\beta^+\xi_\beta &= \xi_\alpha^+(\delta_{\alpha,\beta}-\xi_\beta^+\xi_\alpha)\xi_\beta = \\ &\xi_\alpha^+\xi_\beta\delta_{\alpha,\beta} - \xi_\alpha^+\xi_\beta^+\xi_\alpha\xi_\beta = \xi_\alpha^+\xi_\beta\delta_{\alpha,\beta} + \xi_\beta^+\xi_\alpha^+\xi_\alpha\xi_\beta = \\ &\xi_\alpha^+\xi_\beta\delta_{\alpha,\beta} - \xi_\beta^+\xi_\alpha^+\xi_\beta\xi_\alpha = \\ &\xi_\alpha^+\xi_\beta\delta_{\alpha,\beta} - \xi_\beta^+(\delta_{\alpha,\beta}-\xi_\beta\xi_\alpha^+)\xi_\alpha = \\ &\xi_\alpha^+\xi_\beta\delta_{\alpha,\beta} - \xi_\beta^+\xi_\alpha\delta_{\alpha,\beta} + \xi_\beta^+\xi_\beta\xi_\alpha^+\xi_\alpha\end{aligned} \tag{7}$$

由于，不管 $\alpha=\beta$ 还是 $\alpha\neq\beta$，总有

$$\xi_\alpha^+\xi_\beta\delta_{\alpha,\beta} - \xi_\beta^+\xi_\alpha\delta_{\alpha,\beta} = 0 \tag{8}$$

故

$$\xi_\alpha^+\xi_\alpha\xi_\beta^+\xi_\beta = \xi_\beta^+\xi_\beta\xi_\alpha^+\xi_\alpha \tag{9}$$

上式表明，对于费米子而言，任意两个同态的产生与湮没算符之积 $\xi_\alpha^+\xi_\alpha$ 与另一个态的 $\xi_\beta^+\xi_\beta$ 相互对易，即

$$[\xi_\alpha^+\xi_\alpha, \xi_\beta^+\xi_\beta] = 0 \tag{10}$$

习题 4.7　证明费米子湮没算符、产生算符与总粒子数算符 $\hat{N}$ 之间满足下列关系式

$$[\xi_\alpha^+, \hat{N}] = -\xi_\alpha^+$$

$$[\xi_\alpha, \hat{N}] = \xi_\alpha$$

$$[\xi_\alpha^+\xi_\beta, \hat{N}] = 0$$

$$[\xi_{\alpha_1}^+\xi_{\alpha_2}^+\cdots\xi_{\alpha_m}^+\xi_{\beta_1}\xi_{\beta_2}\cdots\xi_{\beta_m}, \hat{N}] = 0$$

证明　由总粒子数算符 $\hat{N}$ 与单粒子态的粒子数算符 $\hat{n}_\alpha$ 的定义

$$\hat{N} = \sum_{\alpha=1}^{\infty}\hat{n}_\alpha = \sum_{\alpha=1}^{\infty}\xi_\alpha^+\xi_\alpha \tag{1}$$

可知

$$[\xi_\alpha^+,\hat{N}]=\Big[\xi_\alpha^+,\sum_{\beta=1}^{\infty}\xi_\beta^+\xi_\beta\Big]=\sum_{\beta=1}^{\infty}[\xi_\alpha^+,\xi_\beta^+\xi_\beta]=$$
$$\sum_{\beta=1}^{\infty}(\xi_\alpha^+\xi_\beta^+\xi_\beta-\xi_\beta^+\xi_\beta\xi_\alpha^+)=-\sum_{\beta=1}^{\infty}\xi_\beta^+\delta_{\alpha,\beta}=-\xi_\alpha^+ \tag{2}$$

$$[\xi_\alpha,\hat{N}]=\Big[\xi_\alpha,\sum_{\beta=1}^{\infty}\xi_\beta^+\xi_\beta\Big]=\sum_{\beta=1}^{\infty}[\xi_\alpha,\xi_\beta^+\xi_\beta]=$$
$$\sum_{\beta=1}^{\infty}(\xi_\alpha\xi_\beta^+\xi_\beta-\xi_\beta^+\xi_\beta\xi_\alpha)=\sum_{\beta=1}^{\infty}\xi_\beta\delta_{\alpha,\beta}=\xi_\alpha \tag{3}$$

$$[\xi_\alpha^+\xi_\beta,\hat{N}]=\xi_\alpha^+[\xi_\beta,\hat{N}]+[\xi_\alpha^+,\hat{N}]\xi_\beta=$$
$$\xi_\alpha^+\xi_\beta-\xi_\alpha^+\xi_\beta=0 \tag{4}$$

对于粒子数表象中任意的 N 体态 $|n_1,n_2,n_3,\cdots,n_\infty\rangle$，有

$$[\xi_{\alpha_1}^+\xi_{\alpha_2}^+\cdots\xi_{\alpha_m}^+\xi_{\beta_1}\xi_{\beta_2}\cdots\xi_{\beta_m},\hat{N}]\,|n_1,n_2,n_3,\cdots,n_\infty\rangle=$$
$$\xi_{\alpha_1}^+\xi_{\alpha_2}^+\cdots\xi_{\alpha_m}^+\xi_{\beta_1}\xi_{\beta_2}\cdots\xi_{\beta_m}\hat{N}\,|n_1,n_2,n_3,\cdots,n_\infty\rangle-$$
$$\hat{N}\xi_{\alpha_1}^+\xi_{\alpha_2}^+\cdots\xi_{\alpha_m}^+\xi_{\beta_1}\xi_{\beta_2}\cdots\xi_{\beta_m}\,|n_1,n_2,n_3,\cdots,n_\infty\rangle= \tag{5}$$
$$\xi_{\alpha_1}^+\xi_{\alpha_2}^+\cdots\xi_{\alpha_m}^+\xi_{\beta_1}\xi_{\beta_2}\cdots\xi_{\beta_m}N\,|n_1,n_2,n_3,\cdots,n_\infty\rangle-$$
$$N\xi_{\alpha_1}^+\xi_{\alpha_2}^+\cdots\xi_{\alpha_m}^+\xi_{\beta_1}\xi_{\beta_2}\cdots\xi_{\beta_m}\,|n_1,n_2,n_3,\cdots,n_\infty\rangle=0$$

式中的 $\xi_{\alpha_1}^+\xi_{\alpha_2}^+\cdots\xi_{\alpha_m}^+\xi_{\beta_1}\xi_{\beta_2}\cdots\xi_{\beta_m}$ 是由等数量的产生与淹没算符之积构成的，称之为粒子数守恒算符，显然，粒子数守恒算符与总粒子数算符是对易的。

习题 4.8　证明

$$\xi_\alpha^+\xi_\beta^+\xi_\delta\xi_\gamma\,|\gamma_1,\gamma_2,\cdots,\gamma_N\rangle=$$
$$\sum_{i=1}^{N}\delta_{\gamma,\gamma_i}\sum_{j\neq i=1}^{N}\delta_{\delta,\gamma_j}\,|\gamma_1,\gamma_2,\cdots,\alpha,\cdots,\beta,\cdots,\gamma_N\rangle$$

证明　由淹没算符与产生算符的对易关系可知

$$\xi_\gamma\,|\gamma_1\gamma_2\cdots\gamma_N\rangle=\xi_\gamma\xi_{\gamma_1}^+\xi_{\gamma_2}^+\xi_{\gamma_3}^+\cdots\xi_N^+\,|0\rangle=$$
$$(\delta_{\gamma,\gamma_1}-\xi_{\gamma_1}^+\xi_\gamma)\xi_{\gamma_2}^+\xi_{\gamma_3}^+\cdots\xi_N^+\,|0\rangle=$$
$$\delta_{\gamma,\gamma_1}\,|\boxed{\gamma_1},\gamma_2,\gamma_3,\cdots,\gamma_N\rangle-\xi_{\gamma_1}^+\xi_\gamma\xi_{\gamma_2}^+\xi_{\gamma_3}^+\cdots\xi_N^+\,|0\rangle=$$
$$\delta_{\gamma,\gamma_1}\,|\boxed{\gamma_1},\gamma_2,\gamma_3,\cdots,\gamma_N\rangle-$$
$$\xi_{\gamma_1}^+(\delta_{\gamma,\gamma_2}-\xi_{\gamma_2}^+\xi_\gamma)\xi_{\gamma_3}^+\xi_{\gamma_4}^+\cdots\xi_N^+\,|0\rangle=$$
$$\delta_{\gamma,\gamma_1}\,|\boxed{\gamma_1},\gamma_2,\gamma_3,\cdots,\lambda_N\rangle-\delta_{\gamma,\gamma_2}\,|\gamma_1,\boxed{\gamma_2},\gamma_3,\cdots,\gamma_N\rangle+$$

$$\xi_{\gamma_1}^{+}\xi_{\gamma_2}^{+}\xi_{\gamma}\xi_{\gamma_3}^{+}\xi_{\gamma_4}^{+}\cdots\xi_N^{+}\mid 0\rangle=\cdots=$$

$$\delta_{\gamma,\gamma_1}\mid\boxed{\gamma_1},\gamma_2,\gamma_3,\cdots,\gamma_N\rangle-\delta_{\gamma,\gamma_2}\mid\gamma_1,\boxed{\gamma_2},\gamma_3,\cdots,\gamma_N\rangle+$$

$$\delta_{\gamma,\gamma_3}\mid\gamma_1,\gamma_2,\boxed{\gamma_3},\gamma_4,\cdots,\gamma_N\rangle+\cdots+$$

$$(-1)^{N-1}\delta_{\gamma,\gamma_N}\mid\gamma_1,\gamma_2,\cdots,\gamma_{N-1},\boxed{\gamma_N}\rangle=$$

$$\sum_{i=1}^{N}(-1)^{i-1}\delta_{\gamma,\gamma_i}\mid\gamma_1,\gamma_2,\cdots,\boxed{\gamma_i},\cdots,\gamma_N\rangle \tag{1}$$

进而得到

$$\xi_\alpha^{+}\xi_\beta^{+}\xi_\delta\xi_\gamma\mid\gamma_1,\gamma_2,\cdots,\gamma_N\rangle=$$

$$\xi_\alpha^{+}\xi_\beta^{+}\xi_\delta\sum_{i=1}^{N}(-1)^{i-2}\delta_{\gamma,\gamma_i}\mid\gamma_1,\gamma_2,\cdots,\boxed{\gamma_i},\cdots,\gamma_N\rangle=$$

$$\sum_{i=1}^{N}(-1)^{i-1}\delta_{\gamma,\gamma_i}\xi_\alpha^{+}\xi_\beta^{+}\sum_{j\neq i=1}^{N}(-1)^{j-1}\delta_{\delta,\gamma_j}\mid\gamma_1,\gamma_2,\cdots,\boxed{\gamma_i},\cdots,\boxed{\gamma_j},\cdots,\gamma_N\rangle=$$

$$\sum_{i=1}^{N}(-1)^{i-1}\delta_{\gamma,\gamma_i}\xi_\alpha^{+}\sum_{j\neq i=1}^{N}\delta_{\delta,\gamma_j}\mid\gamma_1,\gamma_2,\cdots,\boxed{\gamma_i},\cdots,\beta,\cdots,\gamma_N\rangle=$$

$$\sum_{i=1}^{N}\delta_{\gamma,\gamma_i}\sum_{j\neq i=1}^{N}\delta_{\delta,\gamma_j}\mid\gamma_1,\gamma_2,\cdots,\alpha,\cdots,\beta,\cdots,\gamma_N\rangle \tag{2}$$

习题 4.9　设$\{|\alpha\rangle\}$为任一组正交归一完备的单粒子基底，若全同玻色子的多体双粒子算符满足

$$\hat{G}^{(2)}=\sum_{i<j=1}^{N}\hat{g}^{(2)}(x_i,x_j)=\frac{1}{2}\sum_{i\neq j=1}^{N}\hat{g}^{(2)}(x_i,x_j)$$

则其二次量子化表示为

$$\hat{G}^{(2)}=\frac{1}{4}\sum_{\alpha\beta\gamma\delta}\langle\alpha\beta\mid\hat{g}^{(2)}\mid\gamma\delta\rangle\zeta_\alpha^{+}\zeta_\beta^{+}\zeta_\gamma\zeta_\delta$$

证明　对于全同玻色子体系而言，与全同费米子体系的差别仅在于二体态矢的对称性质不同，所以，推导过程与费米子体系相同，只是其二体态矢满足对称化条件

$$\mid\alpha\beta\rangle=\frac{1}{\sqrt{2}}[\,|\alpha\beta)+|\beta\alpha)\,] \tag{1}$$

其中，符号$|\alpha\beta)$表示未反对称化的二体态矢。对称化的二体相互作用矩阵元为

$$\langle\alpha\beta\mid\hat{g}^{(2)}\mid\gamma\delta\rangle=$$

$$\frac{1}{2}[(\alpha\beta|\hat{g}^{(2)}|\gamma\delta)+(\alpha\beta|\hat{g}^{(2)}|\delta\gamma)+(\beta\alpha|\hat{g}^{(2)}|\gamma\delta)+(\beta\alpha|\hat{g}^{(2)}|\delta\gamma)] \tag{2}$$

利用改变求和指标的办法，可以将矩阵元换成对称化的形式，即

$$\hat{G}^{(2)}=\frac{1}{2}\sum_{\alpha\beta\gamma\delta}(\alpha\beta\,|\,\hat{g}^{(2)}\,|\,\gamma\delta)\zeta_{\alpha}^{+}\zeta_{\beta}^{+}\zeta_{\delta}\zeta_{\gamma}=$$
$$\frac{1}{4}\sum_{\alpha\beta\gamma\delta}[(\alpha\beta\,|\,\hat{g}^{(2)}\,|\,\gamma\delta)+(\alpha\beta\,|\,\hat{g}^{(2)}\,|\,\delta\gamma)]\zeta_{\alpha}^{+}\zeta_{\beta}^{+}\zeta_{\gamma}\zeta_{\delta}=$$
$$\frac{1}{8}\sum_{\alpha\beta\gamma\delta}[(\alpha\beta\,|\,\hat{g}^{(2)}\,|\,\gamma\delta)+(\beta\alpha\,|\,\hat{g}^{(2)}\,|\,\gamma\delta)+$$
$$(\alpha\beta\,|\,\hat{g}^{(2)}\,|\,\delta\gamma)+(\beta\alpha\,|\,\hat{g}^{(2)}\,|\,\delta\gamma)]\zeta_{\alpha}^{+}\zeta_{\beta}^{+}\zeta_{\gamma}\zeta_{\delta}\tag{3}$$

将式(2)代入式(3)可知,对全同玻色子体系而言,多体双粒子算符的二次量子化表示为

$$\hat{G}^{(2)}=\frac{1}{4}\sum_{\alpha\beta\gamma\delta}\langle\alpha\beta\,|\,\hat{g}^{(2)}\,|\,\gamma\delta\rangle\zeta_{\alpha}^{+}\zeta_{\beta}^{+}\zeta_{\gamma}\zeta_{\delta}\tag{4}$$

习题 4.10　验证

$$\hat{U}(t,t_0)=\sum_{n=0}^{\infty}\frac{1}{n!}\left(-\frac{\mathrm{i}}{\hbar}\right)^n\int_{t_0}^{t}\mathrm{d}t_1\int_{t_0}^{t}\mathrm{d}t_2\cdots\int_{t_0}^{t}\mathrm{d}t_n\hat{T}\{\hat{W}(t_1)\hat{W}(t_2)\cdots\hat{W}(t_n)\}$$

与

$$\hat{U}(t,t_0)=\sum_{n=0}^{\infty}\left(-\frac{\mathrm{i}}{\hbar}\right)^n\int_{t_0}^{t}\mathrm{d}t_1\hat{W}(t_1)\int_{t_0}^{t_1}\mathrm{d}t_2\hat{W}(t_2)\cdots\int_{t_0}^{t_{n-1}}\mathrm{d}t_n\hat{W}(t_n)$$

是等价的。

解　将题中的第1式

$$\hat{U}(t,t_0)=\sum_{n=0}^{\infty}\frac{1}{n!}\left(-\frac{\mathrm{i}}{\hbar}\right)^n\int_{t_0}^{t}\mathrm{d}t_1\int_{t_0}^{t}\mathrm{d}t_2\cdots\int_{t_0}^{t}\mathrm{d}t_n\hat{T}\{\hat{W}(t_1)\hat{W}(t_2)\cdots\hat{W}(t_n)\}\tag{1}$$

中的级数展开

$$\hat{U}(t,t_0)=1+\left(-\frac{\mathrm{i}}{\hbar}\right)\int_{t_0}^{t}\mathrm{d}t_1\hat{T}\{\hat{W}(t_1)\}+$$
$$\frac{1}{2!}\left(-\frac{\mathrm{i}}{\hbar}\right)^2\int_{t_0}^{t}\mathrm{d}t_1\int_{t_0}^{t}\mathrm{d}t_2\hat{T}\{\hat{W}(t_1)\hat{W}(t_2)\}+$$
$$\frac{1}{3!}\left(-\frac{\mathrm{i}}{\hbar}\right)^3\int_{t_0}^{t}\mathrm{d}t_1\int_{t_0}^{t}\mathrm{d}t_2\int_{t_0}^{t}\mathrm{d}t_3\hat{T}\{\hat{W}(t_1)\hat{W}(t_2)\hat{W}(t_3)\}+\cdots\tag{2}$$

其中,编时积的定义为

$$\hat{T}\{\hat{W}(t_1)\hat{W}(t_2)\cdots\hat{W}(t_n)\}=$$
$$\sum_{p}\mathrm{H}(t_{\alpha_1}-t_{\alpha_2})\mathrm{H}(t_{\alpha_2}-t_{\alpha_3})\cdots\mathrm{H}(t_{\alpha_{n-1}}-t_{\alpha_n})\hat{W}(t_{\alpha_1})\hat{W}(t_{\alpha_2})\cdots\hat{W}(t_{\alpha_n})\tag{3}$$

将上式代入式(2),得到

$$\hat{U}(t,t_0)=1+\left(-\frac{\mathrm{i}}{\hbar}\right)\int_{t_0}^{t}\mathrm{d}t_1\hat{W}(t_1)+$$

$$\frac{1}{2}\left(-\frac{\mathrm{i}}{\hbar}\right)^2\int_{t_0}^{t}\mathrm{d}t_1\int_{t_0}^{t}\mathrm{d}t_2\,\mathrm{H}(t_1-t_2)\hat{W}(t_1)\hat{W}(t_2)+$$

$$\frac{1}{2}\left(-\frac{\mathrm{i}}{\hbar}\right)^2\int_{t_0}^{t}\mathrm{d}t_1\int_{t_0}^{t}\mathrm{d}t_2\,\mathrm{H}(t_2-t_1)\hat{W}(t_2)\hat{W}(t_1)+\cdots=$$

$$1+\left(-\frac{\mathrm{i}}{\hbar}\right)\int_{t_0}^{t}\mathrm{d}t_1\hat{W}(t_1)+\frac{1}{2}\left(-\frac{\mathrm{i}}{\hbar}\right)^2\int_{t_0}^{t}\mathrm{d}t_1\hat{W}(t_1)\int_{t_0}^{t_1}\mathrm{d}t_2\hat{W}(t_2)+$$

$$\frac{1}{2}\left(-\frac{\mathrm{i}}{\hbar}\right)^2\int_{t_0}^{t}\mathrm{d}t_2\hat{W}(t_2)\int_{t_0}^{t_2}\mathrm{d}t_1\hat{W}(t_1)+\cdots=$$

$$1+\left(-\frac{\mathrm{i}}{\hbar}\right)\int_{t_0}^{t}\mathrm{d}t_1\hat{W}(t_1)+\left(-\frac{\mathrm{i}}{\hbar}\right)^2\int_{t_0}^{t}\mathrm{d}t_1\hat{W}(t_1)\int_{t_0}^{t_1}\mathrm{d}t_2\hat{W}(t_2)+\cdots \tag{4}$$

在上式推导的最后一步,利用积分变量 t_1 与 t_2 互换得到

$$\int_{t_0}^{t}\mathrm{d}t_1\hat{W}(t_1)\int_{t_0}^{t_1}\mathrm{d}t_2\hat{W}(t_2)=\int_{t_0}^{t}\mathrm{d}t_2\hat{W}(t_2)\int_{t_0}^{t_2}\mathrm{d}t_1\hat{W}(t_1) \tag{5}$$

而题中的第 2 式为

$$\hat{U}(t,t_0)=\sum_{n=0}^{\infty}\left(-\frac{\mathrm{i}}{\hbar}\right)^n\int_{t_0}^{t}\mathrm{d}t_1\hat{W}(t_1)\int_{t_0}^{t_1}\mathrm{d}t_2\hat{W}(t_2)\cdots\int_{t_0}^{t_{n-1}}\mathrm{d}t_n\hat{W}(t_n) \tag{6}$$

将其具体写出来,即

$$\hat{U}(t,t_0)=1+\left(-\frac{\mathrm{i}}{\hbar}\right)\int_{t_0}^{t}\mathrm{d}t_1\hat{W}(t_1)+\left(-\frac{\mathrm{i}}{\hbar}\right)^2\int_{t_0}^{t}\mathrm{d}t_1\hat{W}(t_1)\int_{t_0}^{t_1}\mathrm{d}t_2\hat{W}(t_2)+\cdots \tag{7}$$

显然,式(7) 与式(4) 相同,问题得证。

习题 4.11　证明

$$\left[\sum_{m=N+1}^{\infty}c_{mi}\xi_m^+\xi_i\right]^2|\psi_0\rangle=0$$

$$\left[\sum_{m=N+1}^{\infty}\sum_{i=1}^{N}c_{mi}\xi_m^+\xi_i\right]^2|\psi_0\rangle\neq 0$$

式中 $|\psi_0\rangle$ 为费米子 N 体基态波函数。

证明　从题中第 1 式的左端出发,得到

$$\Big[\sum_{m=N+1}^{\infty} c_{mi}\xi_m^+\xi_i\Big]^2 \mid \psi_0\rangle = \sum_{m=N+1}^{\infty} c_{mi}\xi_m^+\xi_i \sum_{m'=N+1}^{\infty} c_{m'i}\xi_{m'}^+\xi_i \mid \psi_0\rangle =$$

$$\sum_{m,m'=N+1}^{\infty} c_{mi}c_{m'i}\xi_m^+\xi_i\xi_{m'}^+\xi_i \mid \psi_0\rangle =$$

$$\sum_{m,m'=N+1}^{\infty} c_{mi}c_{m'i}\xi_m^+(\delta_{i,m'} - \xi_{m'}^+\xi_i)\xi_i \mid \psi_0\rangle =$$

$$-\sum_{m,m'=N+1}^{\infty} c_{mi}c_{m'i}\xi_m^+\xi_{m'}^+\xi_i\xi_i \mid \psi_0\rangle = 0 \tag{1}$$

其中用到 $\xi_i\xi_i = 0$。

从题中第 2 式的左端出发,得到

$$\Big[\sum_{m=N=1}^{\infty}\sum_{i=1}^{N} c_{mi}\xi_m^+\xi_i\Big]^2 \mid \psi_0\rangle =$$

$$\sum_{m=N+1}^{\infty}\sum_{i=1}^{N} c_{mi}\xi_m^+\xi_i \sum_{m'=N+1}^{\infty}\sum_{i'=1}^{N} c_{m'i'}\xi_{m'}^+\xi_{i'} \mid \psi_0\rangle =$$

$$\sum_{m,m'=N+1}^{\infty}\sum_{i,i'=1}^{N} c_{mi}c_{m'i'}\xi_m^+\xi_i\xi_{m'}^+\xi_{i'} \mid \psi_0\rangle =$$

$$-\sum_{m,m'=N+1}^{\infty}\sum_{i,i'=1}^{N} c_{mi}c_{m'i'}\xi_m^+\xi_{m'}^+\xi_i\xi_{i'} \mid \psi_0\rangle \neq 0 \tag{2}$$

在上式中,虽然 $i = i'$ 的项为零,但是,所有 $i \neq i'$ 的项并不为零。

习题 4.12 在相互作用绘景下 H_0 表象中计算 $\{\xi_\alpha(t_1), \xi_\beta^+(t_2)\}$ 与 $\{\xi_\alpha^+(t_1), \xi_\beta(t_2)\}$。

解 在 H_0 表象中,淹没算符 $\xi_\alpha(t)$ 与产生算符 $\xi_\beta^+(t)$ 分别为

$$\begin{aligned} \xi_\alpha(t) &= e^{-\frac{i}{\hbar}\varepsilon_\alpha t}\xi_\alpha \\ \xi_\beta^+(t) &= e^{\frac{i}{\hbar}\varepsilon_\beta t}\xi_\beta^+ \end{aligned} \tag{1}$$

将上式代入两者的反对易关系,得到

$$\begin{aligned} \{\xi_\alpha(t_1), \xi_\beta^+(t_2)\} &= \xi_\alpha(t_1)\xi_\beta^+(t_2) + \xi_\beta^+(t_2)\xi_\alpha(t_1) = \\ & e^{-\frac{i}{\hbar}\varepsilon_\alpha t_1}\xi_\alpha e^{\frac{i}{\hbar}\varepsilon_\beta t_2}\xi_\beta^+ + e^{\frac{i}{\hbar}\varepsilon_\beta t_2}\xi_\beta^+ e^{-\frac{i}{\hbar}\varepsilon_\alpha t_1}\xi_\alpha = \\ & e^{-\frac{i}{\hbar}(\varepsilon_\alpha t_1 - \varepsilon_\beta t_2)}(\xi_\alpha\xi_\beta^+ + \xi_\beta^+\xi_\alpha) = \delta_{\alpha,\beta} e^{-\frac{i}{\hbar}\varepsilon_\alpha(t_1 - t_2)} \end{aligned} \tag{2}$$

$$\begin{aligned} \{\xi_\alpha^+(t_1), \xi_\beta(t_2)\} &= \xi_\alpha^+(t_1)\xi_\beta(t_2) + \xi_\beta(t_2)\xi_\alpha^+(t_1) = \\ & e^{\frac{i}{\hbar}\varepsilon_\alpha t_1}\xi_\alpha^+ e^{-\frac{i}{\hbar}\varepsilon_\beta t_2}\xi_\beta + e^{-\frac{i}{\hbar}\varepsilon_\beta t_2}\xi_\beta e^{\frac{i}{\hbar}\varepsilon_\alpha t_1}\xi_\alpha^+ = \\ & e^{\frac{i}{\hbar}(\varepsilon_\alpha t_1 - \varepsilon_\beta t_2)}(\xi_\alpha^+\xi_\beta + \xi_\beta\xi_\alpha^+) = \delta_{\alpha,\beta} e^{\frac{i}{\hbar}\varepsilon_\alpha(t_1 - t_2)} \end{aligned} \tag{3}$$

习题 4.13 在相互作用绘景中 H_0 表象下,证明

$$\overbrace{\xi_\alpha(t_1)\,\xi_\beta^+(t_2)} = \begin{cases} \delta_{\alpha,\beta} e^{-\frac{i}{\hbar}\varepsilon_\alpha(t_1 - t_2)} & (t_1 \geqslant t_2) \\ 0 & (t_1 < t_2) \end{cases}$$

证明　由收缩的定义可知

$$\overbrace{\xi_\alpha(t_1)\xi_\beta^+(t_2)}=\hat{T}\{\xi_\alpha(t_1)\xi_\beta^+(t_2)\}-\hat{N}\{\xi_\alpha(t_1)\xi_\beta^+(t_2)\}\tag{1}$$

式中，算符 $\hat{T}$ 与 $\hat{N}$ 分别为编时积与正规乘积。

当 $t_1<t_2$ 时，显然，该收缩为零。

当 $t_1\geqslant t_2$ 时，有

$$\begin{aligned}\overbrace{\xi_\alpha(t_1)\xi_\beta^+(t_2)}&=\hat{T}\{\xi_\alpha(t_1)\xi_\beta^+(t_2)\}-\hat{N}\{\xi_\alpha(t_1)\xi_\beta^+(t_2)\}=\\&\xi_\alpha(t_1)\xi_\beta^+(t_2)+\xi_\beta^+(t_2)\xi_\alpha(t_1)=\{\xi_\alpha(t_1),\xi_\beta^+(t_2)\}\end{aligned}\tag{2}$$

由上题中的式(1)可知

$$\{\xi_\alpha(t_1),\xi_\beta^+(t_2)\}=\delta_{\alpha,\beta}\mathrm{e}^{-\frac{\mathrm{i}}{\hbar}\varepsilon_\alpha(t_1-t_2)}\tag{3}$$

将上式代入式(2)，得到

$$\overbrace{\xi_\alpha(t_1)\xi_\beta^+(t_2)}=\delta_{\alpha,\beta}\mathrm{e}^{-\frac{\mathrm{i}}{\hbar}\varepsilon_\alpha(t_1-t_2)}\quad(t_1\geqslant t_2)\tag{4}$$

综合上述结果，得到

$$\overbrace{\xi_\alpha(t_1)\xi_\beta^+(t_2)}=\begin{cases}\delta_{\alpha,\beta}\mathrm{e}^{-\frac{\mathrm{i}}{\hbar}\varepsilon_\alpha(t_1-t_2)} & (t_1\geqslant t_2)\\0 & (t_1<t_2)\end{cases}\tag{5}$$

同理可知

$$\overbrace{\xi_\alpha^+(t_1)\xi_\beta(t_2)}=\begin{cases}0 & (t_1\geqslant t_2)\\-\delta_{\alpha,\beta}\mathrm{e}^{\frac{\mathrm{i}}{\hbar}\varepsilon_\alpha(t_1-t_2)} & (t_1<t_2)\end{cases}\tag{6}$$

对于玻色子算符的收缩也可以用同样方法得到，即

$$\overbrace{\eta_\alpha(t_1)\eta_\beta^+(t_2)}=\begin{cases}\delta_{\alpha,\beta}\mathrm{e}^{\frac{\mathrm{i}}{\hbar}\varepsilon_\alpha(t_1-t_2)} & (t_1\geqslant t_2)\\0 & (t_1<t_2)\end{cases}\tag{7}$$

$$\overbrace{\eta_\alpha^+(t_1)\eta_\beta(t_2)}=\begin{cases}0 & (t_1\geqslant t_2)\\-\delta_{\alpha,\beta}\mathrm{e}^{-\frac{\mathrm{i}}{\hbar}\varepsilon_\alpha(t_1-t_2)} & (t_1<t_2)\end{cases}\tag{8}$$

习题 4.14　利用威克定理计算

$$\hat{T}\{\xi_\alpha\xi_\beta^+\xi_\gamma\xi_\delta^+\}\mid0\rangle$$

$$\hat{T}\{\xi_m\xi_n\xi_p^+\xi_q^+\eta_i\eta_l^+\eta_k^+\}\mid\mid0\rangle$$

解　由威克定理可知

$$\begin{aligned}\hat{T}\{\xi_\alpha\xi_\beta^+\xi_\gamma\xi_\delta^+\}\mid0\rangle&=\hat{N}\{\xi_\alpha\xi_\beta^+\xi_\gamma\xi_\delta^+\}\mid0\rangle+\hat{N}\{\overbrace{\xi_\alpha\xi_\beta^+}\xi_\gamma\xi_\delta^+\}\mid0\rangle+\\&\hat{N}\{\overbrace{\xi_\alpha\xi_\beta^+\xi_\gamma}\xi_\delta^+\}\mid0\rangle+\hat{N}\{\overbrace{\xi_\alpha\xi_\beta^+\xi_\gamma\xi_\delta^+}\}\mid0\rangle+\hat{N}\{\xi_\alpha\overbrace{\xi_\beta^+\xi_\gamma}\xi_\delta^+\}\mid0\rangle+\\&\hat{N}\{\xi_\alpha\overbrace{\xi_\beta^+\xi_\gamma\xi_\delta^+}\}\mid0\rangle+\hat{N}\{\xi_\alpha\xi_\beta^+\overbrace{\xi_\gamma\xi_\delta^+}\}\mid0\rangle+\hat{N}\{\overbrace{\xi_\alpha\xi_\beta^+}\overbrace{\xi_\gamma\xi_\delta^+}\}\mid0\rangle-\\&\hat{N}\{\overbrace{\xi_\alpha\xi_\gamma}\overbrace{\xi_\beta^+\xi_\delta^+}\}\mid0\rangle+\hat{N}\{\overbrace{\xi_\alpha\xi_\delta^+}\overbrace{\xi_\beta^+\xi_\gamma}\}\mid0\rangle\end{aligned}\tag{1}$$

由正规乘积的定义可知，如果正规乘积中还有淹没算符没有被收缩掉，则其作用到真空态的结果为零，故只有全部淹没算符都被收缩掉的项才可能不为零。再根据收缩的定义可知，只有$\overbrace{\xi_\alpha\xi_\beta^+}=\delta_{\alpha,\beta}$可能不为零，其余的收缩皆为零，于是有

$$\hat{T}\{\xi_\alpha\xi_\beta^+\xi_\gamma\xi_\delta^+\}\mid 0\rangle=\delta_{\alpha,\beta}\delta_{\gamma,\delta}\mid 0\rangle \tag{2}$$

对于较多算符的编时积，可以用如下列表的方法来处理：每一行是一组可能的收缩，其中，只有对应两个相同数字的算符的收缩不为零，即

ξ_m	ξ_n	ξ_p^+	ξ_q^+	η_i	η_l^+	η_k^+	
2	1	1	2	3	3		
2	1	1	2	3		3	(3)
2	1	2	1	3	3		
2	1	2	1	3		3	

于是有

$$\begin{aligned}\hat{T}\{\xi_m\xi_n\xi_p^+\xi_q^+\eta_i\eta_l^+\eta_k^+\}\mid\mid 0\rangle=&\delta_{n,p}\delta_{m,q}(\delta_{i,l}\eta_k^+-\delta_{i,k}\eta_l^+)\mid\mid 0\rangle-\\&\delta_{n,q}\delta_{m,p}(\delta_{i,l}\eta_k^+-\delta_{i,k}\eta_l^+)\mid\mid 0\rangle=\\&(\delta_{n,p}\delta_{m,q}-\delta_{n,q}\delta_{m,p})(\delta_{i,l}\eta_k^+-\delta_{i,k}\eta_l^+)\mid\mid 0\rangle\end{aligned} \tag{4}$$

习题 4.15 证明线谐振子升降算符 $\hat{A}_+$ 与 $\hat{A}_-$ 的正规乘积满足

$$\hat{N}\{e^{-\hat{A}_+\hat{A}_-}\}=\mid 0\rangle\langle 0\mid$$

这里的正规乘积是针对玻色子的，与费米子的正规乘积的差别仅在于交换算符时不改变符号。

证明 设有两个任意态矢

$$\begin{aligned}\mid\psi\rangle&=\sum_m c_m\mid m\rangle\\\mid\varphi\rangle&=\sum_n d_n\mid n\rangle\end{aligned} \tag{1}$$

用$\langle\psi\mid$与$\mid\varphi\rangle$分别左乘与右乘$\mid 0\rangle\langle 0\mid$，得到

$$\sum_m c_m^*\langle m\mid 0\rangle\langle 0\mid\sum_n d_n\mid n\rangle=c_0^*d_0 \tag{2}$$

再用$\langle\psi\mid$与$\mid\varphi\rangle$分别左乘与右乘$\hat{N}\{e^{-\hat{A}_+\hat{A}_-}\}$，得到

$$\sum_m c_m^*\langle m\mid\hat{N}\{e^{-\hat{A}_+\hat{A}_-}\}\sum_n d_n\mid n\rangle=$$

$$\sum_{m,n}c_m^*d_n\langle m\mid\hat{N}\{e^{-\hat{A}_+\hat{A}_-}\}\mid n\rangle=$$

$$\sum_{m,n} c_m^* d_n \sum_l \frac{(-1)^l}{l!} \langle m \mid \hat{N}\{(\hat{A}_+ \hat{A}_-)^l\} \mid n \rangle =$$

$$\sum_{m,n} c_m^* d_n \sum_l \frac{(-1)^l}{l!} \langle m \mid (\hat{A}_+)^l (\hat{A}_-)^l \mid n \rangle =$$

$$\sum_{m,n} c_m^* d_n \sum_l \frac{(-1)^l}{l!} \left[\sqrt{m(m-1)\cdots(m-l+1)}\right] \times$$

$$\left[\sqrt{n(n-1)\cdots(n-l+1)}\right] \langle m-l \mid n-l \rangle =$$

$$\sum_n c_n^* d_n \sum_l \frac{(-1)^l n!}{l!\ (n-l)!} = \sum_n c_n^* d_n \delta_{n,0} = c_0^* d_0 \tag{3}$$

比较式(2) 与式(3) 可知

$$\hat{N}\{\mathrm{e}^{-\hat{A}_+ \hat{A}_-}\} = \mid 0 \rangle \langle 0 \mid \tag{4}$$

在式(3) 的推导过程中用到

$$\sum_l \frac{(-1)^l n!}{l!\ (n-l)!} = \delta_{n,0} \tag{5}$$

下面来证明之。

由阶乘的定义可知，$l \leqslant n$，故有

$$\sum_l \frac{(-1)^l n!}{l!\ (n-l)!} = \sum_{l=0}^{n} \frac{(-1)^l n!}{l!\ (n-l)!} \tag{6}$$

当 $n=0$ 时，有

$$\sum_{l=0}^{n} \frac{(-1)^l n!}{l!\ (n-l)!} = \sum_{l=0}^{0} \frac{(-1)^l 0!}{l!\ (0-l)!} = 1 \tag{7}$$

若 $n=1$，则有

$$\sum_{l=0}^{1} \frac{(-1)^l 1!}{l!\ (1-l)!} = 1-1 = 0 \tag{8}$$

若 $n=2$，则有

$$\sum_{l=0}^{2} \frac{(-1)^l 2!}{l!\ (2-l)!} = \frac{2!}{2!} - \frac{2!}{1!} + \frac{2!}{2!} = 0 \tag{9}$$

若 $n=3$，则有

$$\sum_{l=0}^{3} \frac{(-1)^l 3!}{l!\ (3-l)!} = \frac{3!}{3!} - \frac{3!}{2!} + \frac{3!}{2!} - \frac{3!}{3!} = 0 \tag{10}$$

若 $n=4$，则有

$$\sum_{l=0}^{4} \frac{(-1)^l 4!}{l!\ (4-l)!} = \frac{4!}{4!} - \frac{4!}{3!} + \frac{4!}{2!\ 2!} - \frac{4!}{3!} + \frac{4!}{4!} = 0 \tag{11}$$

如此做下去，可知

$$\sum_l \frac{(-1)^l n!}{l!\ (n-l)!} = \delta_{n,0} \tag{12}$$

习题 4.16 当 $t_1 \geqslant t_2$ 时,计算

$$\sum_{ijmn}\sum_{pqkl} v_{ijnm} v_{pqlk} \hat{T}\{\eta_i(t_1)\eta_j(t_1)\xi_m(t_1)\xi_n(t_1)\xi_p^+(t_2)\xi_q^+(t_2)\eta_k^+(t_2)\eta_l^+(t_2)\} \| 0\rangle$$

解 为使用方便,将编时积改写后列表如下

$$\hat{T}\{\eta_i(t_1)\eta_j(t_1)\xi_m(t_1)\xi_n(t_1)\xi_p^+(t_2)\xi_q^+(t_2)\eta_k^+(t_2)\eta_l^+(t_2)\} \| 0\rangle =$$

$$\hat{T}\{\xi_m(t_1)\xi_n(t_1)\xi_p^+(t_2)\xi_q^+(t_2)\eta_i(t_1)\eta_j(t_1)\eta_k^+(t_2)\eta_l^+(t_2)\} \| 0\rangle$$

2	1	1	2	4	3	3	4
2	1	1	2	4	3	4	3
2	1	2	1	4	3	3	4
2	1	2	1	4	3	4	3

(1)

由收缩的定义可知

$$\overbrace{\xi_\alpha(t_1)\xi_\beta^+(t_2)} = \begin{cases} \delta_{\alpha,\beta} \mathrm{e}^{-\frac{\mathrm{i}}{\hbar}\varepsilon_\alpha(t_1-t_2)} & (t_1 \geqslant t_2) \\ 0 & (t_1 < t_2) \end{cases} \tag{2}$$

$$\overbrace{\eta_\alpha(t_1)\eta_\beta^+(t_2)} = \begin{cases} \delta_{\alpha,\beta} \mathrm{e}^{\frac{\mathrm{i}}{\hbar}\varepsilon_\alpha(t_1-t_2)} & (t_1 \geqslant t_2) \\ 0 & (t_1 < t_2) \end{cases} \tag{3}$$

将上述两式代入式(1),并令 $t = t_1 - t_2$,于是得到

$$\begin{aligned}
&\hat{T}\{\xi_m(t_1)\xi_n(t_1)\xi_p^+(t_2)\xi_q^+(t_2)\eta_i(t_1)\eta_j(t_1)\eta_k^+(t_2)\eta_l^+(t_2)\} \| 0\rangle = \\
&[\mathrm{e}^{-\frac{\mathrm{i}}{\hbar}(\varepsilon_p+\varepsilon_q)t}\delta_{n,p}\delta_{m,q}\mathrm{e}^{\frac{\mathrm{i}}{\hbar}(\varepsilon_k+\varepsilon_l)t}\delta_{j,k}\delta_{i,l}] \| 0\rangle - \\
&[\mathrm{e}^{-\frac{\mathrm{i}}{\hbar}(\varepsilon_p+\varepsilon_q)t}\delta_{n,p}\delta_{m,q}\mathrm{e}^{\frac{\mathrm{i}}{\hbar}(\varepsilon_k+\varepsilon_l)t}\delta_{j,l}\delta_{i,k}] \| 0\rangle - \\
&[\mathrm{e}^{-\frac{\mathrm{i}}{\hbar}(\varepsilon_p+\varepsilon_q)t}\delta_{n,q}\delta_{m,p}\mathrm{e}^{\frac{\mathrm{i}}{\hbar}(\varepsilon_k+\varepsilon_l)t}\delta_{j,k}\delta_{i,l}] \| 0\rangle + \\
&[\mathrm{e}^{-\frac{\mathrm{i}}{\hbar}(\varepsilon_p+\varepsilon_q)t}\delta_{n,q}\delta_{m,p}\mathrm{e}^{\frac{\mathrm{i}}{\hbar}(\varepsilon_k+\varepsilon_l)t}\delta_{j,l}\delta_{i,k}] \| 0\rangle = \\
&\mathrm{e}^{-\frac{\mathrm{i}}{\hbar}(\varepsilon_p+\varepsilon_q-\varepsilon_k-\varepsilon_l)t}(\delta_{n,p}\delta_{m,q}-\delta_{n,q}\delta_{m,p})(\delta_{j,k}\delta_{i,l}-\delta_{j,l}\delta_{i,k}) \| 0\rangle
\end{aligned} \tag{4}$$

最后,将上式代入求证之式,得到

$$\begin{aligned}
&\sum_{ijmn}\sum_{pqkl} v_{ijnm} v_{pqlk} \hat{T}\{\eta_i(t_1)\eta_j(t_1)\xi_m(t_1)\xi_n(t_1)\xi_p^+(t_2)\xi_q^+(t_2)\eta_k^+(t_2)\eta_l^+(t_2)\} \| 0\rangle = \\
&\sum_{mnij}\sum_{pqkl} v_{ijnm} v_{pqlk} \mathrm{e}^{-\frac{\mathrm{i}}{\hbar}(\varepsilon_p+\varepsilon_q-\varepsilon_k-\varepsilon_l)(t_1-t_2)}(\delta_{n,p}\delta_{m,q}-\delta_{n,q}\delta_{m,p})(\delta_{j,k}\delta_{i,l}-\delta_{j,l}\delta_{i,k}) \| 0\rangle = \\
&4\sum_{pqkl} v_{pqlk} v_{lkpq} \mathrm{e}^{-\frac{\mathrm{i}}{\hbar}(\varepsilon_p+\varepsilon_q-\varepsilon_k-\varepsilon_l)(t_1-t_2)} \| 0\rangle
\end{aligned} \tag{5}$$

习题 4.17 证明

$$\bar{V} = \frac{1}{4}\sum_{\alpha\beta\gamma\delta} v_{\alpha\beta\gamma\delta} G_{\mathrm{pp}}(\gamma\delta, \alpha\beta; 0^-)$$

证明 在二次量子化表示中,多体双粒子算符

$$\hat{V}=\frac{1}{4}\sum_{\alpha\beta\gamma\delta}v_{\alpha\beta\gamma\delta}\xi_{\alpha}^{+}\xi_{\beta}^{+}\xi_{\delta}\xi_{\gamma} \tag{1}$$

在满壳基态 $|\psi_0\rangle$ 上的平均值为

$$\bar{V}=\langle\psi_0|\hat{V}|\psi_0\rangle=\frac{1}{4}\sum_{\alpha\beta\gamma\delta}v_{\alpha\beta\gamma\delta}\langle\psi_0|\xi_{\alpha}^{+}\xi_{\beta}^{+}\xi_{\delta}\xi_{\gamma}|\psi_0\rangle \tag{2}$$

当 $t_1<t_2$ 时，由双粒子格林函数的定义可知

$$\begin{aligned}G_{\rm pp}(\gamma\delta,\alpha\beta;t_1<t_2)&=\langle\psi_0|\hat{T}\{\hat{\xi}_{\delta}(t_1)\hat{\xi}_{\gamma}(t_1)\hat{\xi}_{\alpha}^{+}(t_2)\hat{\xi}_{\beta}^{+}(t_2)\}|\psi_0\rangle=\\&\langle\psi_0|\hat{\xi}_{\alpha}^{+}(t_2)\hat{\xi}_{\beta}^{+}(t_2)\hat{\xi}_{\delta}(t_1)\hat{\xi}_{\gamma}(t_1)|\psi_0\rangle\end{aligned} \tag{3}$$

将

$$\begin{aligned}\hat{\xi}_{\alpha}(t)&=\mathrm{e}^{\frac{\mathrm{i}}{\hbar}\hat{H}t}\xi_{\alpha}\mathrm{e}^{-\frac{\mathrm{i}}{\hbar}\hat{H}t}\\\hat{\xi}_{\beta}^{+}(t)&=\mathrm{e}^{\frac{\mathrm{i}}{\hbar}\hat{H}t}\xi_{\beta}^{+}\mathrm{e}^{-\frac{\mathrm{i}}{\hbar}\hat{H}t}\end{aligned} \tag{4}$$

代入式(3)，得到

$$\begin{aligned}G_{\rm pp}(\gamma\delta,\alpha\beta;t_1<t_2)&=\langle\psi_0|\hat{\xi}_{\alpha}^{+}(t_2)\hat{\xi}_{\beta}^{+}(t_2)\hat{\xi}_{\delta}(t_1)\hat{\xi}_{\gamma}(t_1)|\psi_0\rangle=\\&\mathrm{e}^{\frac{\mathrm{i}}{\hbar}E_0(t_2-t_1)}\langle\psi_0|\xi_{\alpha}^{+}\xi_{\beta}^{+}\mathrm{e}^{\frac{\mathrm{i}}{\hbar}\hat{H}(t_2-t_1)}\xi_{\delta}\xi_{\gamma}|\psi_0\rangle\end{aligned} \tag{5}$$

若令 $t_1-t_2\to0^-$，则

$$G_{\rm pp}(\gamma\delta,\alpha\beta;0^-)=\langle\psi_0|\xi_{\alpha}^{+}\xi_{\beta}^{+}\xi_{\delta}\xi_{\gamma}|\psi_0\rangle \tag{6}$$

将式(6)代入式(2)，得到

$$\bar{V}=\frac{1}{4}\sum_{\alpha\beta\gamma\delta}v_{\alpha\beta\gamma\delta}G_{\rm pp}(\gamma\delta,\alpha\beta;0^-) \tag{7}$$

习题 4.18　证明

$$|\Phi(t)\rangle=\mathrm{e}^{-\frac{\mathrm{i}}{\hbar}\hat{H}(t-t_2)}\xi_{\beta}^{+}|\psi_0(A)\rangle$$

是满足薛定谔方程的一个 $A+1$ 体态矢。

证明　当 $t=t_2$ 时，由定义可知

$$|\Phi(t_2)\rangle=\xi_{\beta}^{+}|\psi_0(A)\rangle \tag{1}$$

上式表明，$|\Phi(t_2)\rangle$ 描述的是在满壳基态外产生一个处于 β 单粒子态的粒子的状态，故为 $A+1$ 体的态矢。

用 $\mathrm{i}\hbar\frac{\partial}{\partial t}$ 从左作用 $|\Phi(t)\rangle$ 表达式的两端，得到

$$\begin{aligned}\mathrm{i}\hbar\frac{\partial}{\partial t}|\Phi(t)\rangle&=\mathrm{i}\hbar\frac{\partial}{\partial t}[\mathrm{e}^{-\frac{\mathrm{i}}{\hbar}\hat{H}(t-t_2)}\xi_{\beta}^{+}|\psi_0(A)\rangle]=\\&\hat{H}\mathrm{e}^{-\frac{\mathrm{i}}{\hbar}\hat{H}(t-t_2)}\xi_{\beta}^{+}|\psi_0(A)\rangle=\hat{H}|\Phi(t)\rangle\end{aligned} \tag{2}$$

显然，$|\Phi(t)\rangle$ 满足薛定谔方程。

习题 4.19　证明

$$G_{\alpha\beta}(t<0)=-\sum_n g^{(-)}(\alpha\beta;n)\,\mathrm{e}^{-i\widetilde{E}_n(A-1)t}$$

式中

$$g^{(-)}(\alpha\beta;n)=\langle\psi_0|\xi_\beta^+|\psi_n(A-1)\rangle\langle\psi_n(A-1)|\xi_\alpha|\psi_0\rangle$$

$$\widetilde{E}_n(A-1)=E_0-E_n(A-1)$$

证明　由单粒子格林函数的定义可知

$$G_{\alpha\beta}(t=t_1-t_2)=\langle\psi_0|T\{\hat{\xi}_\alpha(t_1)\hat{\xi}_\beta^+(t_2)\}|\psi_0\rangle \tag{1}$$

当 $t<0$ 时，若取 $\hbar=1$(下同)，则

$$\begin{aligned}G_{\alpha\beta}(t<0)&=-\langle\psi_0|\hat{\xi}_\beta^+(t_2)\hat{\xi}_\alpha(t_1)|\psi_0\rangle=\\&-\mathrm{e}^{-\mathrm{i}E_0t}\langle\psi_0|\xi_\beta^+\mathrm{e}^{\mathrm{i}\hat{H}t}\xi_\alpha|\psi_0\rangle\end{aligned} \tag{2}$$

对上式两端取其模方

$$|G_{\alpha\beta}(t<0)|^2=|\langle\psi_0|\xi_\beta^+\mathrm{e}^{-\mathrm{i}\hat{H}t}\xi_\alpha|\psi_0\rangle|^2 \tag{3}$$

上式的右端可以理解为，在 t_1 时刻满壳内产生了一个 α 态的空穴，成为 $A-1$ 个粒子体系，并在哈密顿算符 $\hat{H}$ 的作用之下经过 t_2-t_1 的时间，在 t_2 时刻该空穴从 α 态跃迁到 β 态的概率。于是，$G_{\alpha\beta}(t<0)$ 表示上述两个 $A-1$ 个粒子体系之间的跃迁概率振幅。

式(2) 可以改写为

$$\begin{aligned}G_{\alpha\beta}(t<0)&=-\mathrm{e}^{-\mathrm{i}E_0t}\langle\psi_0|\xi_\beta^+\mathrm{e}^{\mathrm{i}\hat{H}t}\xi_\alpha|\psi_0\rangle=\\&-\sum_n\langle\psi_0|\xi_\beta^+\mathrm{e}^{\mathrm{i}(\hat{H}-E_0)t}|\psi_n(A-1)\rangle\langle\psi_n(A-1)|\xi_\alpha|\psi_0\rangle=\\&-\sum_n\mathrm{e}^{\mathrm{i}[E_n(A-1)-E_0]t}\langle\psi_0|\xi_\beta^+|\psi_n(A-1)\rangle\langle\psi_n(A-1)|\xi_\alpha|\psi_0\rangle\end{aligned} \tag{4}$$

其中用到

$$\hat{H}|\psi_n(A-1)\rangle=E_n(A-1)|\psi_n(A-1)\rangle \tag{5}$$

最后，可以将式(4) 简记为

$$G_{\alpha\beta}(t<0)=\sum_n g^{(-)}(\alpha\beta;n)\,\mathrm{e}^{-\mathrm{i}\widetilde{E}_n(A-1)t} \tag{6}$$

式中

$$g^{(-)}(\alpha\beta;n)=-\langle\psi_0|\xi_\beta^+|\psi_n(A-1)\rangle\langle\psi_n(A-1)|\xi_\alpha|\psi_0\rangle \tag{7}$$

$$\widetilde{E}_n(A-1)=E_0-E_n(A-1) \tag{8}$$

习题 4.20　证明单粒子格林函数满足的微分方程的傅里叶变换为

$$\sum_{\gamma}[M_{\alpha\gamma}(\omega)-u_{\alpha\gamma}-(\omega-\varepsilon_{\alpha})\delta_{\alpha,\gamma}]G_{\gamma\beta}(\omega)=\delta_{\alpha,\beta}$$

证明　单粒子格林函数满足的微分方程为

$$\begin{aligned}&\left(\mathrm{i}\frac{\partial}{\partial t_1}-\varepsilon_{\alpha}\right)G_{\alpha\beta}(t_1-t_2)=\mathrm{i}\delta(t_1-t_2)\delta_{\alpha,\beta}+\\&\mathrm{i}\sum_{\gamma}\int_{-\infty}^{\infty}\mathrm{d}\sigma[M_{\alpha\gamma}(t_1-\sigma)+\mathrm{i}u_{\alpha\gamma}\delta(t_1-\sigma)]G_{\gamma\beta}(\sigma-t_2)\end{aligned}\tag{1}$$

对上式两端分别作傅里叶变换，左端为

$$\begin{aligned}&\mathrm{i}\int_{-\infty}^{\infty}\mathrm{d}t\mathrm{e}^{\mathrm{i}\omega t}\left(\mathrm{i}\frac{\partial}{\partial t_1}-\varepsilon_{\alpha}\right)G_{\alpha\beta}(t_1-t_2)=\\&\mathrm{i}\int_{-\infty}^{\infty}\mathrm{d}t\mathrm{e}^{\mathrm{i}\omega t}\left(\mathrm{i}\frac{\partial}{\partial t_1}-\varepsilon_{\alpha}\right)\frac{1}{2\pi\mathrm{i}}\int_{-\infty}^{\infty}\mathrm{d}\omega_1\mathrm{e}^{-\mathrm{i}\omega_1(t_1-t_2)}G_{\alpha\beta}(\omega_1)=\\&\frac{1}{2\pi}\int_{-\infty}^{\infty}\mathrm{d}\omega_1\int_{-\infty}^{\infty}\mathrm{d}t\mathrm{e}^{\mathrm{i}(\omega-\omega_1)t}(\omega_1-\varepsilon_{\alpha})G_{\alpha\beta}(\omega_1)=\\&\int_{-\infty}^{\infty}\mathrm{d}\omega_1(\omega_1-\varepsilon_{\alpha})G_{\alpha\beta}(\omega_1)\delta(\omega-\omega_1)=(\omega-\varepsilon_{\alpha})G_{\alpha\beta}(\omega)\end{aligned}\tag{2}$$

右端为

$$\begin{aligned}&\mathrm{i}\int_{-\infty}^{\infty}\mathrm{d}t\mathrm{e}^{\mathrm{i}\omega t}\mathrm{i}\delta(t)\delta_{\alpha,\beta}-\mathrm{i}\int_{-\infty}^{\infty}\mathrm{d}t\mathrm{e}^{\mathrm{i}\omega t}\sum_{\gamma}u_{\alpha\gamma}G_{\gamma\beta}(t)+\\&\mathrm{i}\int_{-\infty}^{\infty}\mathrm{d}t\mathrm{e}^{\mathrm{i}\omega t}\mathrm{i}\sum_{\gamma}\int_{-\infty}^{\infty}\mathrm{d}\sigma M_{\alpha\gamma}(t_1-\sigma)G_{\gamma\beta}(\sigma-t_2)=\\&-\delta_{\alpha,\beta}-\sum_{\gamma}u_{\alpha\gamma}G_{\gamma\beta}(\omega)+\sum_{\gamma}M_{\alpha\gamma}(\omega)G_{\gamma\beta}(\omega)\end{aligned}\tag{3}$$

综合上述两式得到

$$(\omega-\varepsilon_{\alpha})G_{\alpha\beta}(\omega)=-\delta_{\alpha,\beta}-\sum_{\gamma}u_{\alpha\gamma}G_{\gamma\beta}(\omega)+\sum_{\gamma}M_{\alpha\gamma}(\omega)G_{\gamma\beta}(\omega)\tag{4}$$

或者写成

$$\sum_{\gamma}[M_{\alpha\gamma}(\omega)-u_{\alpha\gamma}-(\omega-\varepsilon_{\alpha})\delta_{\alpha,\gamma}]G_{\gamma\beta}(\omega)=\delta_{\alpha,\beta}\tag{5}$$

习题 4.21　导出单粒子格林函数的莱曼表示。

解　对单粒子格林函数 $G_{\alpha\beta}(t)$ 做傅里叶变换，即

$$G_{\alpha\beta}(\omega)=\mathrm{i}\int_{-\infty}^{\infty}\mathrm{d}t\mathrm{e}^{\mathrm{i}\omega t}G_{\alpha\beta}(t) \tag{1}$$

将 $G_{\alpha\beta}(t)$ 的表达式代入上式，得到

$$\begin{aligned}G_{\alpha\beta}(\omega)=&\mathrm{i}\int_{-\infty}^{\infty}\mathrm{d}t\mathrm{e}^{\mathrm{i}\omega t}G_{\alpha\beta}(t)=\\&\mathrm{i}\int_{-\infty}^{0}\mathrm{d}t\mathrm{e}^{\mathrm{i}\omega t}G_{\alpha\beta}(t<0)+\mathrm{i}\int_{0}^{\infty}\mathrm{d}t\mathrm{e}^{\mathrm{i}\omega t}G_{\alpha\beta}(t>0)=\\&-\mathrm{i}\sum_n g^{(-)}(\alpha\beta;n)\int_{-\infty}^{0}\mathrm{d}t\mathrm{e}^{\mathrm{i}[\omega-\widetilde{E}_n(A-1)]t}+\\&\mathrm{i}\sum_n g^{(+)}(\alpha\beta;n)\int_{0}^{\infty}\mathrm{d}t\mathrm{e}^{\mathrm{i}[\omega-\widetilde{E}_n(A+1)]t}\end{aligned} \tag{2}$$

为了解决上述积分发散的问题，采用所谓绝热近似的方法，就是在被积函数中乘上一个 $\mathrm{e}^{-\varepsilon|t|}$ 的项，以保证积分收敛，其中，ε 为一个小的正数。

下面说明绝热近似与物理真实是一致的。

设被积函数为 $f(t)$，它可以是一种状态或作用，当 $t\to\pm\infty$ 时，有

$$\mathrm{e}^{-\varepsilon|t|}f(t)\to 0 \tag{3}$$

它表示在无穷远的过去与未来这种状态或作用不存在，这与做某个实验时的情况是一致的，即进行实验之前或之后相当长的时间内，任何状态或作用都不存在。但是，只要 $t\neq\pm\infty$，就有

$$\mathrm{e}^{-\varepsilon|t|}f(t)\neq 0 \tag{4}$$

由于 ε 是一个小量，所以，能保证在相当宽的时间范围内 $\mathrm{e}^{-\varepsilon|t|}f(t)$ 是被积函数 $f(t)$ 的一个非常好的近似。

例如，当 $t=\pm 10^{50}$ 时，若选 $\varepsilon=10^{-100}$，则

$$\mathrm{e}^{-\varepsilon|t|}f(t)=\mathrm{e}^{-10^{-50}}f(t)\approx f(t) \tag{5}$$

上式表明，尽管 $t=\pm 10^{50}$ 的绝对值足够大，但只要不是正负无穷，仍然可以保证新的被积函数与原来的相差甚小。

引入绝热近似后，式(2) 变成

$$\begin{aligned}G_{\alpha\beta}(\omega)=&-\mathrm{i}\sum_n g^{(-)}(\alpha\beta;n)\int_{-\infty}^{0}\mathrm{d}t\mathrm{e}^{\mathrm{i}[\omega-\widetilde{E}_n(A-1)-\mathrm{i}\varepsilon]t}+\\&\mathrm{i}\sum_n g^{(+)}(\alpha\beta;n)\int_{0}^{\infty}\mathrm{d}t\mathrm{e}^{\mathrm{i}[\omega-\widetilde{E}_n(A+1)+\mathrm{i}\varepsilon]t}=\\&-\sum_n\left[\frac{g^{(+)}(\alpha\beta;n)}{\omega-\widetilde{E}_n(A+1)+\mathrm{i}\varepsilon}+\frac{g^{(-)}(\alpha\beta;n)}{\omega-\widetilde{E}_n(A-1)-\mathrm{i}\varepsilon}\right]_{\varepsilon\to 0^+}\end{aligned} \tag{6}$$

式中的下标 $\varepsilon\to 0^+$ 表示，计算完成之后再令 $\varepsilon\to 0^+$。上式即为单粒子格林函数的莱曼表示。

习题 4.22　证明由非厄米的质量算符定义的单粒子位

$$u_{\alpha\beta}=M_{\alpha\beta}(\varepsilon_\beta)$$

的本征值为实数。

证明　单粒子格林函数满足的微分方程的傅里叶变换为

$$\sum_\gamma[M_{\alpha\gamma}(\omega)-u_{\alpha\gamma}-(\omega-\varepsilon_\alpha)\delta_{\alpha,\gamma}]G_{\gamma\beta}(\omega)=\delta_{\alpha,\beta} \tag{1}$$

上式是在任意单粒子基底下定义的。若格林函数的逆存在，则

$$G^{-1}_{\alpha\gamma}(\omega)=M_{\alpha\gamma}(\omega)-u_{\alpha\gamma}-(\omega-\varepsilon_\alpha)\delta_{\alpha,\gamma} \tag{2}$$

取 $\omega=\varepsilon_\gamma$，则有

$$G^{-1}_{\alpha\gamma}(\varepsilon_\gamma)=M_{\alpha\gamma}(\varepsilon_\gamma)-u_{\alpha\gamma}-(\varepsilon_\gamma-\varepsilon_\alpha)\delta_{\alpha,\gamma}=M_{\alpha\gamma}(\varepsilon_\gamma)-u_{\alpha\gamma} \tag{3}$$

若选质量算符单粒子位，即

$$u_{\alpha\gamma}=M_{\alpha\gamma}(\varepsilon_\gamma) \tag{4}$$

则

$$G^{-1}_{\alpha\gamma}(\varepsilon_\gamma)=0 \tag{5}$$

上式意味着单粒子哈密顿算符 $\hat{h}=\hat{t}+\hat{M}$ 的本征值 ε_γ 对任意的 α 均为 $G^{-1}_{\alpha\gamma}(\varepsilon_\gamma)$ 的零点。

由于

$$\sum_\beta G_{\gamma\beta}(\varepsilon_\gamma)G^{-1}_{\beta\gamma}(\varepsilon_\gamma)=1 \tag{6}$$

所以，至少存在一个 β 使

$$G_{\gamma\beta}(\varepsilon_\gamma)=\infty \tag{7}$$

而单粒子格林函数的莱曼表示为

$$G_{\alpha\beta}(\omega)=-\sum_n\left[\frac{g^{(+)}(\alpha\beta;n)}{\omega-\widetilde{E}_n(A+1)+\mathrm{i}\varepsilon}+\frac{g^{(-)}(\alpha\beta;n)}{\omega-\widetilde{E}_n(A-1)-\mathrm{i}\varepsilon}\right]_{\varepsilon\to 0^+} \tag{8}$$

其中

$$\widetilde{E}_n(A\pm 1)=\pm[E_n(A\pm 1)-E_0] \tag{9}$$

欲使式(7) 成立，要求

$$\varepsilon_\gamma=\widetilde{E}_n(A\pm 1) \tag{10}$$

显然，ε_γ 为实数。

习题 4.23　讨论二能级里坡根模型的解。

解　二能级里坡根模型是一个简单的可解模型，通常用它来检验理论方法的正确性。顾名思义，二能级里坡根模型只有两个能级，分别为＋与－，用希

腊字母 $\alpha,\beta,\gamma,\delta$ 来标记能级指标，两个能级的间距为 ε。每个能级都是简并的，简并度为 Ω，用英文字母 p,q 来标记简并指标，体系最多能容纳 2Ω 个粒子。

在二次量子化表示中，体系的哈密顿算符为

$$\hat{H}=\hat{H}_0+\hat{H}_V+\hat{H}_W+\hat{H}_U \tag{1}$$

其中

$$\hat{H}_0=\frac{1}{2}\varepsilon\sum_{p\gamma}\gamma a^+_{p\gamma}a_{p\gamma} \tag{2}$$

$$\hat{H}_V=\frac{1}{2}V\sum_{pq\gamma}a^+_{p\gamma}a^+_{q\gamma}a_{q-\gamma}a_{p-\gamma} \tag{3}$$

$$\hat{H}_W=\frac{1}{2}W\sum_{pq\gamma}a^+_{p\gamma}a^+_{q-\gamma}a_{q\gamma}a_{p-\gamma} \tag{4}$$

$$\hat{H}_U=\frac{1}{2}U\sum_{pq\gamma}(a^+_{p\gamma}a^+_{q\gamma}a_{q-\gamma}a_{p\gamma}+a^+_{p\gamma}a^+_{q-\gamma}a_{q\gamma}a_{p\gamma}) \tag{5}$$

式中，V,W,U 为表示各类相互作用强度的参数，$a^+_{p\gamma}$ 与 $a_{q\gamma}$ 分别为单粒子的产生与湮没算符，它们满足如下反对易关系

$$\{a_{p\alpha},a^+_{q\beta}\}=\delta_{p,q}\delta_{\alpha,\beta} \tag{6}$$

$$\{a^+_{p\alpha},a^+_{q\beta}\}=0 \tag{7}$$

$$\{a_{p\alpha},a_{q\beta}\}=0 \tag{8}$$

首先，改写哈密顿算符。引入算符

$$\hat{J}_z=\frac{1}{2}\sum_{p\gamma}\gamma a^+_{p\gamma}a_{p\gamma} \tag{9}$$

$$\hat{n}_\gamma=\sum_{p}a^+_{p\gamma}a_{p\gamma} \tag{10}$$

$$\hat{N}=\sum_{\gamma}\hat{n}_\gamma \tag{11}$$

$$\hat{J}_+=\sum_{p}a^+_{p+}a_{p-} \tag{12}$$

$$\hat{J}_-=\sum_{p}a^+_{p-}a_{p+} \tag{13}$$

$$\hat{\boldsymbol{J}}^2=\frac{1}{2}(\hat{J}_+\hat{J}_-+\hat{J}_-\hat{J}_+)+\hat{J}_z^2 \tag{14}$$

利用式(6) ～ (8) 可以证明

$$[\hat{J}_+,\hat{J}_-]=\sum_{pq}[a^+_{p+}a_{p-},a^+_{q-}a_{q+}]=$$

$$\sum_{pq}(a^+_{p+}a_{p-}a^+_{q-}a_{q+}-a^+_{q-}a_{q+}a^+_{p+}a_{p-})=$$

$$\sum_{pq}[a^+_{p+}(\delta_{p,q}-a^+_{q-}a_{p-})a_{q+}-a^+_{q-}a_{q+}a^+_{p+}a_{p-}]=$$

$$\sum_{pq}(\delta_{p,q}a_{p+}^{+}a_{q+}-a_{p+}^{+}a_{q-}^{+}a_{p-}a_{q+}-a_{q-}^{+}a_{q+}a_{p+}^{+}a_{p-})=$$

$$\sum_{pq}(\delta_{p,q}a_{p+}^{+}a_{q+}+a_{q-}^{+}a_{p+}^{+}a_{p-}a_{q+}-a_{q-}^{+}a_{q+}a_{p+}^{+}a_{p-})=$$

$$\sum_{p}a_{p+}^{+}a_{p+}+\sum_{pq}a_{q-}^{+}[a_{p+}^{+}(-a_{q+}a_{p-})-a_{q+}a_{p+}^{+}a_{p-}]=$$

$$\sum_{p}a_{p+}^{+}a_{p+}+\sum_{pq}a_{q-}^{+}[-(\delta_{p,q}a_{p-}-a_{q+}a_{p+}^{+}a_{p-})-a_{q+}a_{p+}^{+}a_{p-}]=$$

$$\sum_{p}a_{p+}^{+}a_{p+}-\sum_{p}a_{p-}^{+}a_{p-}=\sum_{p\gamma}\gamma a_{p\gamma}^{+}a_{p\gamma}=2\hat{J}_z \tag{15}$$

同理可证

$$[\hat{J}_z,\hat{J}_\pm]=\pm\hat{J}_\pm;\quad[\hat{\boldsymbol{J}}^2,\hat{J}_\pm]=0;\quad[\hat{\boldsymbol{J}}^2,\hat{J}_z]=0$$

$$[\hat{J}_+,a_{p-}]=0;\quad[\hat{J}_-,a_{p+}]=0;\quad[\hat{J}_+,a_{p+}^{+}]=0$$

$$[\hat{J}_-,a_{p-}^{+}]=0;\quad[\hat{J}_\pm,a_{p\pm}]=-a_{p\mp} \tag{16}$$

利用上述对易关系,哈密顿算符中的各项可以改写成

$$\hat{H}_0=\varepsilon\hat{J}_z \tag{17}$$

$$\hat{H}_V=\frac{1}{2}V\sum_{pq\gamma}a_{p\gamma}^{+}a_{q\gamma}^{+}a_{q-\gamma}a_{p-\gamma}=$$

$$\frac{1}{2}V\sum_{pq}(a_{p+}^{+}a_{q+}^{+}a_{q-}a_{p-}+a_{p-}^{+}a_{q-}^{+}a_{q+}a_{p+})=$$

$$\frac{1}{2}V\sum_{p}\left[a_{p+}^{+}\left(\sum_{q}a_{q+}^{+}a_{q-}\right)a_{p-}+a_{p-}^{+}\left(\sum_{q}a_{q-}^{+}a_{q+}\right)a_{p+}\right]=$$

$$\frac{1}{2}V(\hat{J}_+^2+\hat{J}_-^2) \tag{18}$$

$$\hat{H}_W=\frac{1}{2}W\sum_{pq\gamma}a_{p\gamma}^{+}a_{q-\gamma}^{+}a_{q\gamma}a_{p-\gamma}=$$

$$\frac{1}{2}W\sum_{pq}(a_{p+}^{+}a_{q-}^{+}a_{q+}a_{p-}+a_{p-}^{+}a_{q+}^{+}a_{q-}a_{p+})=$$

$$\frac{1}{2}W\sum_{p}(a_{p+}^{+}\hat{J}_-a_{p-}+a_{p-}^{+}\hat{J}_+a_{p+})=$$

$$\frac{1}{2}W(\hat{J}_+\hat{J}_-+\hat{J}_-\hat{J}_+-\hat{N})=W(\hat{\boldsymbol{J}}^2-\hat{J}_z^2)-\frac{1}{2}W\hat{N} \tag{19}$$

$$\hat{H}_U=\frac{1}{2}U\sum_{pq\gamma}(a_{p\gamma}^{+}a_{q\gamma}^{+}a_{q-\gamma}a_{p\gamma}+a_{p\gamma}^{+}a_{q-\gamma}^{+}a_{q\gamma}a_{p\gamma})=$$

$$\frac{1}{2}U\sum_{pq}(a_{p+}^{+}a_{q+}^{+}a_{q-}a_{p+}+a_{p+}^{+}a_{q-}^{+}a_{q+}a_{p+})+$$

$$\frac{1}{2}U\sum_{pq}(a_{p-}^{+}a_{q-}^{+}a_{q+}a_{p-}+a_{p-}^{+}a_{q+}^{+}a_{q-}a_{p-})=$$

$$\frac{1}{2}U(\hat{J}_+\hat{n}_+ + \hat{n}_+\hat{J}_- + \hat{J}_-\hat{n}_- + \hat{n}_-\hat{J}_+) \tag{20}$$

利用

$$\begin{aligned}\hat{J}_+\hat{n}_+ &= \sum_p a_{p+}^+ a_{p-} \sum_q a_{q+}^+ a_{q+} = \\ &- \sum_{pq} a_{p+}^+ a_{q+}^+ a_{p-} a_{q+} = \sum_{pq} a_{p+}^+ a_{q+}^+ a_{q+} a_{p-} = \\ &- \sum_{pq} a_{q+}^+ a_{p+}^+ a_{q+} a_{p-} = -\sum_{pq} a_{q+}^+ (\delta_{p,q} - a_{q+} a_{p+}^+) a_{p-} = \\ &- \hat{J}_+ + \hat{n}_+\hat{J}_+\end{aligned} \tag{21}$$

$$\begin{aligned}\hat{J}_-\hat{n}_- &= \sum_p a_{p-}^+ a_{p+} \sum_q a_{q-}^+ a_{q-} = \\ &- \sum_{pq} a_{p-}^+ a_{q-}^+ a_{p+} a_{q-} = \sum_{pq} a_{p-}^+ a_{q-}^+ a_{q-} a_{p+} = \\ &- \sum_{pq} a_{q-}^+ a_{p-}^+ a_{q-} a_{p+} = -\sum_{pq} a_{q-}^+ (\delta_{p,q} - a_{q-} a_{p-}^+) a_{p+} = \\ &- \hat{J}_- + \hat{n}_-\hat{J}_-\end{aligned} \tag{22}$$

可以将式(20)化为

$$\begin{aligned}\hat{H}_U &= \frac{1}{2}U(\hat{J}_+\hat{n}_+ + \hat{n}_+\hat{J}_- + \hat{J}_-\hat{n}_- + \hat{n}_-\hat{J}_+) = \\ &\frac{1}{2}U(\hat{n}_+\hat{J}_+ - \hat{J}_+ + \hat{n}_+\hat{J}_- + \hat{n}_-\hat{J}_- - \hat{J}_- + \hat{n}_-\hat{J}_+) = \\ &\frac{1}{2}U(\hat{N}-1)(\hat{J}_+ + \hat{J}_-)\end{aligned} \tag{23}$$

改写后的哈密顿算符为

$$\begin{aligned}\hat{H} &= \varepsilon\hat{J}_z + \frac{1}{2}V(\hat{J}_+^2 + \hat{J}_-^2) + W(\hat{\boldsymbol{J}}^2 - \hat{J}_z^2) - \frac{1}{2}W\hat{N} + \\ &\frac{1}{2}U(\hat{N}-1)(\hat{J}_+ + \hat{J}_-)\end{aligned} \tag{24}$$

其次，选择多体体系的基底。

1. 算符 $\hat{\boldsymbol{J}}$ 具有角动量算符的性质

由 $\hat{\boldsymbol{J}}^2, \hat{J}_z, \hat{J}_\pm$ 之间满足的对易关系与角动量算符完全相同可知，算符 $\hat{\boldsymbol{J}}$ 为角动量算符。

2. 简并度 Ω 与体系可容纳粒子数 N 之间的关系为 $N \leqslant 2\Omega$。

3. J 是好量子数。由于

$$[\hat{\boldsymbol{J}}^2, \hat{H}] = 0 \tag{25}$$

故 $\boldsymbol{J}$ 为守恒量，J 是好量子数。

4. 确定 J 的取值

算符 $\hat{J}_z$ 可以改写成

$$\hat{J}_z=\frac{1}{2}\sum_{p\gamma}\gamma a_{p\gamma}^{+}a_{p\gamma}=\frac{1}{2}\sum_{p}(a_{p+}^{+}a_{p+}-a_{p-}^{+}a_{p-})=\frac{1}{2}(\hat{n}_{+}-\hat{n}_{-}) \tag{26}$$

上式表明，J_z 为上下能级粒子数之差的一半。当粒子数 N 与简并度 Ω 给定时，J_z 的最大绝对值为

$$|J_z|_{\max}=\begin{cases}N/2 & (N\leqslant\Omega)\\ \Omega-N/2 & (N>\Omega)\end{cases} \tag{27}$$

由角动量理论可知，$J=|J_z|_{\max}$。

例如，当 $\Omega=4$ 时，N 与 J 的关系为

N	1	2	3	4	5	6	7
J	$\frac{1}{2}$	1	$\frac{3}{2}$	2	$\frac{3}{2}$	1	$\frac{1}{2}$

5. 选 $\{|JM\rangle\}$ 为多体体系的基底

$$\begin{aligned}&\hat{\boldsymbol{J}}^2|JM\rangle=J(J+1)|JM\rangle\\&\hat{J}_z|JM\rangle=M|JM\rangle\\&\hat{J}_{\pm}|JM\rangle=[(J\mp M)(J\pm M+1)]^{1/2}|JM\pm1\rangle\end{aligned} \tag{28}$$

在此基底下，$\hat{H}_0$ 与 $\hat{H}_W$ 皆为对角矩阵。

最后，求多体问题的严格解。

多体体系满足的定态薛定谔方程为

$$\hat{H}|\psi\rangle=E|\psi\rangle \tag{29}$$

将 $|\psi\rangle$ 向 $\{|JM\rangle\}$ 展开，即

$$|\psi\rangle=\sum_{JM}|JM\rangle\langle JM|\psi\rangle \tag{30}$$

将式(30)代入式(29)，并用 $\langle J'M'|$ 从左作用等式两端，得到

$$\sum_{JM}\langle J'M'|\hat{H}|JM\rangle\langle JM|\psi\rangle=E\langle J'M'|\psi\rangle \tag{31}$$

由于，$[\hat{\boldsymbol{J}}^2,\hat{H}]=0$，故有

$$\sum_{M=-J}^{J}(\langle JM'|\hat{H}|JM\rangle-E\delta_{M,M'})\langle JM|\psi\rangle=0 \tag{32}$$

此即多体体系满足的薛定谔方程，它的维数是 $2J+1$。

利用式(24)与式(28)，可以导出哈密顿算符矩阵元的表达式

$$
\begin{aligned}
&\langle JM' \mid \hat{H} \mid JM\rangle = \varepsilon M\delta_{M,M'} + \\
&\frac{V}{2}\left[(J-M)(J+M+1)(J-M-1)(J+M+2)\right]^{1/2}\delta(M+1)\delta_{M+2,M'} + \\
&\frac{V}{2}\left[(J+M)(J-M+1)(J+M-1)(J-M+2)\right]^{1/2}\delta(M-1)\delta_{M-2,M'} + \\
&\frac{W}{2}(J+M)(J-M+1)\delta(M-1)\delta_{M,M'} + \\
&\frac{W}{2}(J-M)(J+M+1)\delta(M+1)\delta_{M,M'} - \frac{W}{2}N\delta_{M,M'} + \\
&\frac{U}{2}(N-1)\left[(J-M)(J+M+1)\right]^{1/2}\delta_{M+1,M'} + \\
&\frac{U}{2}(N-1)\left[(J+M)(J-M+1)\right]^{1/2}\delta_{M-1,M'}
\end{aligned}
\tag{33}
$$

其中，符号 $\delta(M\pm1)$ 表示当状态 $|J,M\pm1\rangle$ 存在时为 1，否则为零。

当 $\Omega=4$ 时，利用式(33)可以具体写出不同粒子数体系能量满足的本征方程。

当 $N=2$ 时，有 $J=1$，能量满足的本征方程是 3 维的，即

$$
\begin{pmatrix}
-\varepsilon - E(2) & V & U/\sqrt{2} \\
V & \varepsilon - E(2) & U/\sqrt{2} \\
U/\sqrt{2} & U/\sqrt{2} & W - E(2)
\end{pmatrix}
\begin{pmatrix} c_1(2) \\ c_2(2) \\ c_3(2) \end{pmatrix} = 0
\tag{34}
$$

式中

$$
\begin{aligned}
c_1(2) &= \langle 1,-1 \mid \psi(2)\rangle \\
c_2(2) &= \langle 1,0 \mid \psi(2)\rangle \\
c_3(2) &= \langle 1,+1 \mid \psi(2)\rangle
\end{aligned}
\tag{35}
$$

当 $N=3$ 时，有 $J=3/2$，本征方程是 4 维的，即

$$
\begin{pmatrix}
-3\varepsilon/2 - E(3) & \sqrt{3}V & \sqrt{3}U & 0 \\
\sqrt{3}V & \varepsilon/2 + 2W - E(3) & 2U & \sqrt{3}U \\
\sqrt{3}U & 2U & -\varepsilon/2 + 2W - E(3) & \sqrt{3}V \\
0 & \sqrt{3}U & \sqrt{3}V & 3\varepsilon/2 - E(3)
\end{pmatrix}
\begin{pmatrix} c_1(3) \\ c_2(3) \\ c_3(3) \\ c_4(3) \end{pmatrix} = 0
\tag{36}
$$

式中

$$
\begin{aligned}
c_1(3) &= \langle 3/2,-3/2 \mid \psi(3)\rangle \\
c_2(3) &= \langle 3/2,-1/2 \mid \psi(3)\rangle \\
c_3(3) &= \langle 3/2,+1/2 \mid \psi(3)\rangle \\
c_4(3) &= \langle 3/2,+3/2 \mid \psi(3)\rangle
\end{aligned}
\tag{37}
$$

当 $N=4$ 时，有 $J=2$，本征方程是 5 维的，即

$$\begin{pmatrix} -2\varepsilon-E(4) & \sqrt{6}V & 0 & 3U & 0 \\ \sqrt{6}V & 4W-E(4) & \sqrt{6}V & (3/2)\sqrt{6}U & (3/2)\sqrt{6}U \\ 0 & \sqrt{6}V & 2\varepsilon-E(4) & 0 & 3U \\ 3U & (3/2)\sqrt{6}U & 0 & -\varepsilon+3W-E(4) & 3V \\ 0 & (3/2)\sqrt{6}U & 3U & 3V & \varepsilon+3W-E(4) \end{pmatrix} \begin{pmatrix} c_1(4) \\ c_2(4) \\ c_3(4) \\ c_4(4) \\ c_5(4) \end{pmatrix} = 0 \tag{38}$$

式中

$$\begin{aligned} c_1(4) &= \langle 2,-2 \mid \psi(4) \rangle \\ c_2(4) &= \langle 2,-1 \mid \psi(4) \rangle \\ c_3(4) &= \langle 2,0 \mid \psi(4) \rangle \\ c_4(4) &= \langle 2,+1 \mid \psi(4) \rangle \\ c_5(4) &= \langle 2,+2 \mid \psi(4) \rangle \end{aligned} \tag{39}$$

当 $N=5$ 时，亦有 $J=3/2$，本征方程也是 4 维的，但是，矩阵元与 $N=3$ 时有如下差别：与 W 相关的项 $-NW\delta_{M,M'}/2$ 中的 N 由 3 变成 5，与 U 相关的项也要做相应的变化。

当 $N=6$ 时，亦有 $J=1$，本征方程也是 3 维的，但是，矩阵元与 $N=2$ 时有如下差别：与 W 相关的项 $-W\delta_{M,M'}$ 变成 $-3W\delta_{MM'}$，与 U 相关的项也要做相应的变化。

习题 4.24　在里坡根模型中，选简并度 $\Omega=4$，相互作用强度的参数 $W=U=0$，且令

$$a=\sqrt{1+V^2/\varepsilon^2}, \quad b=\sqrt{1+3V^2/\varepsilon^2}, \quad c=\sqrt{1+9V^2/\varepsilon^2}$$

分别导出 $N=2,3,4$ 的解析解的表达式。

解　当 $N=2$ 时，有 $J=1$，本征方程是 3 维的，即

$$\begin{pmatrix} -\varepsilon-E(2) & V & 0 \\ V & \varepsilon-E(2) & 0 \\ 0 & 0 & -E(2) \end{pmatrix} \begin{pmatrix} \langle 1,-1 \mid \psi(2) \rangle \\ \langle 1,+1 \mid \psi(2) \rangle \\ \langle 1,0 \mid \psi(2) \rangle \end{pmatrix} = 0 \tag{1}$$

相应的久期方程为

$$\begin{vmatrix} -\varepsilon-E(2) & V & 0 \\ V & \varepsilon-E(2) & 0 \\ 0 & 0 & -E(2) \end{vmatrix} = E(2)\left[\varepsilon^2-E^2(2)+V^2\right]=0 \tag{2}$$

解之得

$$E(2) = -\varepsilon a, 0, \varepsilon a \tag{3}$$

当 $E_1(2)=-\varepsilon a$ 时，有

$$\begin{pmatrix}-\varepsilon+\varepsilon a & V & 0\\ V & \varepsilon+\varepsilon a & 0\\ 0 & 0 & \varepsilon a\end{pmatrix}\begin{pmatrix}\langle 1,-1\mid\psi(2)\rangle\\ \langle 1,+1\mid\psi(2)\rangle\\ \langle 1,0\mid\psi(2)\rangle\end{pmatrix}=0 \tag{4}$$

于是有

$$\begin{aligned}&(-\varepsilon+\varepsilon a)\langle 1,-1\mid\psi(2)\rangle+V\langle 1,+1\mid\psi(2)\rangle=0\\&V\langle 1,-1\mid\psi(2)\rangle+(\varepsilon+\varepsilon a)\langle 1,+1\mid\psi(2)\rangle=0\\&\varepsilon a\langle 1,0\mid\psi(2)\rangle=0\end{aligned} \tag{5}$$

进而得到

$$\begin{aligned}&\langle 1,+1\mid\psi(2)\rangle=\frac{\varepsilon}{V}(1-a)\langle 1,-1\mid\psi(2)\rangle\\&\langle 1,0\mid\psi(2)\rangle=0\end{aligned} \tag{6}$$

利用波函数的归一化条件可知

$$\left[1+\frac{\varepsilon^2}{V^2}(1-a)^2\right]|\langle 1,-1\mid\psi(2)\rangle|^2=1 \tag{7}$$

于是有

$$\begin{aligned}\langle 1,-1\mid\psi(2)\rangle&=\left[\frac{V^2}{V^2+\varepsilon^2(1-a)^2}\right]^{1/2}=\\&\left[\frac{V^2/\varepsilon^2}{V^2/\varepsilon^2+(1-a)^2}\right]^{1/2}=\left[\frac{a^2-1}{a^2-1+(1-a)^2}\right]^{1/2}=\\&\sqrt{\frac{a+1}{2a}}\end{aligned} \tag{8}$$

将式(8) 代入式(6)，得到

$$\langle 1,+1\mid\psi(2)\rangle=\frac{\varepsilon}{V}(1-a)\sqrt{\frac{a+1}{2a}}=-\sqrt{\frac{(a-1)^2}{a^2-1}}\sqrt{\frac{a+1}{2a}}=-\sqrt{\frac{a-1}{2a}} \tag{9}$$

由式(6)，(8) 与(9) 可知

$$|\psi_1(2)\rangle=\sqrt{\frac{a+1}{2a}}\,|1,-1\rangle-\sqrt{\frac{a-1}{2a}}\,|1,+1\rangle \tag{10}$$

当 $E_2(2)=0$ 时，有

$$\begin{pmatrix}-\varepsilon & V & 0\\ V & \varepsilon & 0\\ 0 & 0 & 0\end{pmatrix}\begin{pmatrix}\langle 1,-1\mid\psi(2)\rangle\\ \langle 1,+1\mid\psi(2)\rangle\\ \langle 1,0\mid\psi(2)\rangle\end{pmatrix}=0 \tag{11}$$

于是有

$$\begin{aligned}&-\varepsilon\langle 1,-1\mid\psi(2)\rangle+V\langle 1,+1\mid\psi(2)\rangle=0\\&V\langle 1,-1\mid\psi(2)\rangle+\varepsilon\langle 1,+1\mid\psi(2)\rangle=0\\&0\langle 1,0\mid\psi(2)\rangle=0\end{aligned} \tag{12}$$

由上式中的前两式可知

$$(V^2+\varepsilon^2)\langle 1,+1 \mid \psi(2)\rangle = 0 \tag{13}$$

因为 V 与 ε 皆不为零，故

$$\langle 1,+1 \mid \psi(2)\rangle = 0 \tag{14}$$

进而得到

$$\langle 1,-1 \mid \psi(2)\rangle = 0 \tag{15}$$

由归一化条件可知

$$\mid \psi_2(2)\rangle = \mid 1,0\rangle \tag{16}$$

同理，当 $E_3(2)=+\varepsilon a$ 时，有

$$\mid \psi_3(2)\rangle = \sqrt{\frac{a-1}{2a}} \mid 1,-1\rangle + \sqrt{\frac{a+1}{2a}} \mid 1,+1\rangle \tag{17}$$

当 $N=3$ 时，有 $J=3/2$，本征方程是 4 维的，即

$$\begin{pmatrix} -3/2\varepsilon - E(3) & \sqrt{3}V & 0 & 0 \\ \sqrt{3}V & \varepsilon/2 - E(3) & 0 & 0 \\ 0 & 0 & -\varepsilon/2 - E(3) & \sqrt{3}V \\ 0 & 0 & \sqrt{3}V & 3/2\varepsilon - E(3) \end{pmatrix} \begin{pmatrix} \langle 3/2,-3/2 \mid \psi(3)\rangle \\ \langle 3/2,+1/2 \mid \psi(3)\rangle \\ \langle 3/2,-1/2 \mid \psi(3)\rangle \\ \langle 3/2,+3/2 \mid \psi(3)\rangle \end{pmatrix} = 0 \tag{18}$$

解之得

$$\begin{aligned} &E_1(3) = -\frac{1}{2}\varepsilon(2b+1) \\ &\mid \psi_1(3)\rangle = \sqrt{\frac{b+1}{2b}}\left[\mid \frac{3}{2},-\frac{3}{2}\rangle - \sqrt{\frac{b-1}{b+1}} \mid \frac{3}{2},+\frac{1}{2}\rangle\right] \end{aligned} \tag{19}$$

$$\begin{aligned} &E_2(3) = -\frac{1}{2}\varepsilon(2b-1) \\ &\mid \psi_2(3)\rangle = \sqrt{\frac{b+1}{2b}}\left[\mid \frac{3}{2},-\frac{1}{2}\rangle - \sqrt{\frac{b-1}{b+1}} \mid \frac{3}{2},+\frac{3}{2}\rangle\right] \end{aligned} \tag{20}$$

$$\begin{aligned} &E_3(3) = \frac{1}{2}\varepsilon(2b-1) \\ &\mid \psi_3(3)\rangle = \sqrt{\frac{b-1}{2b}}\left[\mid \frac{3}{2},-\frac{3}{2}\rangle + \sqrt{\frac{b+1}{b-1}} \mid \frac{3}{2},+\frac{1}{2}\rangle\right] \end{aligned} \tag{21}$$

$$\begin{aligned} &E_4(3) = \frac{1}{2}\varepsilon(2b+1) \\ &\mid \psi_4(3)\rangle = \sqrt{\frac{b-1}{2b}}\left[\mid \frac{3}{2},-\frac{1}{2}\rangle + \sqrt{\frac{b+1}{b-1}} \mid \frac{3}{2},+\frac{3}{2}\rangle\right] \end{aligned} \tag{22}$$

当 $N=4$ 时，有 $J=2$，本征方程是 5 维的，即

$$
\begin{pmatrix}
-2\varepsilon-E(4) & \sqrt{6}V & 0 & 0 & 0 \\
\sqrt{6}V & -E(4) & \sqrt{6}V & 0 & 0 \\
0 & \sqrt{6}V & 2\varepsilon-E(4) & 0 & 0 \\
0 & 0 & 0 & -\varepsilon-E(4) & 3V \\
0 & 0 & 0 & 3V & \varepsilon-E(4)
\end{pmatrix}
\begin{pmatrix}
\langle 2,-2 \mid \psi(4)\rangle \\
\langle 2,0 \mid \psi(4)\rangle \\
\langle 2,+2 \mid \psi(4)\rangle \\
\langle 2,-1 \mid \psi(4)\rangle \\
\langle 2,+1 \mid \psi(4)\rangle
\end{pmatrix}=0 \tag{23}
$$

解之得

$$E_1(4)=-2\varepsilon b$$

$$|\psi_1(4)\rangle=\frac{b+1}{2b}\left[|2,-2\rangle+\sqrt{\frac{2(b-1)}{b+1}}\,|2,0\rangle+\frac{b-1}{b+1}|2,+2\rangle\right] \tag{24}$$

$$E_2(4)=-\varepsilon c$$

$$|\psi_2(4)\rangle=\sqrt{\frac{c+1}{2c}}\left[|2,-1\rangle-\sqrt{\frac{c-1}{c+1}}\,|2,+1\rangle\right] \tag{25}$$

$$E_3(4)=0$$

$$|\psi_3(4)\rangle=\sqrt{\frac{b^2-1}{2b^2}}\left[-|2,-2\rangle+\sqrt{\frac{2}{b^2-1}}\,|2,0\rangle+|2,+2\rangle\right] \tag{26}$$

$$E_4(4)=\varepsilon c$$

$$|\psi_4(4)\rangle=\sqrt{\frac{c-1}{2c}}\left[-|2,-1\rangle-\sqrt{\frac{c+1}{c-1}}\,|2,+1\rangle\right] \tag{27}$$

$$E_5(4)=2\varepsilon b$$

$$|\psi_5(4)\rangle=\frac{b-1}{2b}\left[|2,-2\rangle-\sqrt{\frac{2(b+1)}{b-1}}\,|2,0\rangle+\frac{b+1}{b-1}|2,+2\rangle\right] \tag{28}$$

当 $W=U=0$ 时，$N=5$ 的解与 $N=3$ 的解相同，而 $N=6$ 的解与 $N=2$ 的解相同。

习题 4.25 在里坡根模型中，在模型单粒子基下导出二体相互作用矩阵元的表达式。

解 在里坡根模型中，二体相互作用为

$$\hat{H}_I=\hat{H}_V+\hat{H}_W+\hat{H}_U \tag{1}$$

其中

$$\hat{H}_V=\frac{1}{2}V\sum_{pq\gamma}a^+_{p\gamma}a^+_{q\gamma}a_{q-\gamma}a_{p-\gamma} \tag{2}$$

$$\hat{H}_W=\frac{1}{2}W\sum_{pq\gamma}a^+_{p\gamma}a^+_{q-\gamma}a_{q\gamma}a_{p-\gamma} \tag{3}$$

$$\hat{H}_U = \frac{1}{2}U\sum_{pq\gamma}(a^+_{p\gamma}a^+_{q\gamma}a_{q-\gamma}a_{p\gamma} + a^+_{p\gamma}a^+_{q-\gamma}a_{q\gamma}a_{p\gamma}) \tag{4}$$

利用产生算符与淹没算符的反对易关系，可导出

$$\begin{gathered}\langle p'\alpha' q'\beta' \mid \hat{H}_V \mid p\alpha q\beta\rangle = \\ V\delta_{\alpha,\beta}\delta_{\alpha',\beta'}\delta_{\alpha,-\alpha'}(\delta_{p,p'}\delta_{q,q'} - \delta_{p,q'}\delta_{q,p'})\end{gathered} \tag{5}$$

$$\begin{gathered}\langle p'\alpha' q'\beta' \mid \hat{H}_W \mid p\alpha q\beta\rangle = \\ W\delta_{\alpha,-\beta}\delta_{\alpha',-\beta'}(\delta_{\alpha,-\alpha'}\delta_{p,p'}\delta_{q,q'} - \delta_{\alpha,\alpha'}\delta_{p,q'}\delta_{q,p'})\end{gathered} \tag{6}$$

$$\begin{gathered}\langle p'\alpha' q'\beta' \mid \hat{H}_U \mid p\alpha q\beta\rangle = \\ \frac{U}{2}(\delta_{\alpha,\alpha'} + \delta_{\alpha,-\alpha'})(\delta_{\alpha,\beta}\delta_{\alpha',-\beta'} + \delta_{\alpha,-\beta}\delta_{\alpha',\beta'})(\delta_{p,p'}\delta_{q,q'} - \delta_{p,q'}\delta_{q,p'})\end{gathered} \tag{7}$$

令

$$\begin{gathered}\langle p'\alpha' q'\beta' \mid \hat{H}_I \mid p\alpha q\beta\rangle = \\ \langle\alpha'\beta' \mid \hat{V}_1 \mid \alpha\beta\rangle\delta_{p,p'}\delta_{q,q'} + \langle\alpha'\beta' \mid \hat{V}_2 \mid \alpha\beta\rangle\delta_{p,q'}\delta_{q,p'}\end{gathered} \tag{8}$$

其中

$$\begin{gathered}\langle\alpha'\beta' \mid \hat{V}_1 \mid \alpha\beta\rangle = V\delta_{\alpha,\beta}\delta_{\alpha',\beta'}\delta_{\alpha,-\alpha'} + W\delta_{\alpha,-\beta}\delta_{\alpha',-\beta'}\delta_{\alpha,-\alpha'} + \\ \frac{U}{2}(\delta_{\alpha,\alpha'} + \delta_{\alpha,-\alpha'})(\delta_{\alpha,\beta}\delta_{\alpha',-\beta'} + \delta_{\alpha,-\beta}\delta_{\alpha',\beta'})\end{gathered} \tag{9}$$

$$\begin{gathered}\langle\alpha'\beta' \mid \hat{V}_2 \mid \alpha\beta\rangle = -V\delta_{\alpha,\beta}\delta_{\alpha',\beta'}\delta_{\alpha,-\alpha'} - W\delta_{\alpha,-\beta}\delta_{\alpha',-\beta'}\delta_{\alpha,\alpha'} - \\ \frac{U}{2}(\delta_{\alpha,\alpha'} + \delta_{\alpha,-\alpha'})(\delta_{\alpha,\beta}\delta_{\alpha',-\beta'} + \delta_{\alpha,-\beta}\delta_{\alpha',\beta'})\end{gathered} \tag{10}$$

利用上述二体相互作用矩阵元的表达式，可以将求出的矩阵元列表如下：

α'　β'　α　β	$\langle\alpha'\beta' \mid \hat{V}_1 \mid \alpha\beta\rangle$	$\langle\alpha'\beta' \mid \hat{V}_2 \mid \alpha\beta\rangle$
－　－　－　－	0	0
－　－　－　＋	U/2	－U/2
－　－　＋　－	U/2	－U/2
－　－　＋　＋	V	－V
－　＋　－　－	U/2	－U/2
－　＋　－　＋	U	－W

α' β' α β	$\langle\alpha'\beta' \mid \hat{V}_1 \mid \alpha\beta\rangle$	$\langle\alpha'\beta' \mid \hat{V}_2 \mid \alpha\beta\rangle$
− + + −	W	0
− + + +	$U/2$	$-U/2$
+ − − −	$U/2$	$-U/2$
+ − − +	W	0
+ − + −	0	$-W$
+ − + +	$U/2$	$-U/2$
+ + − −	V	$-V$
+ + − +	$U/2$	$-U/2$
+ + + −	$U/2$	$-U/2$
+ + + +	0	0

习题 4.26 在里坡根模型中，选简并度$\Omega=4$，用产生与淹没算符表示模型多体基。

解 当粒子数$N=4$时，模型多体基态刚好是下能级全部填满粒子的状态，即

$$|2,-2\rangle = a_{1-}^{+}a_{2-}^{+}a_{3-}^{+}a_{4-}^{+}\mid 0\rangle \tag{1}$$

第1激发态是有一个粒子由下能级跃迁到上能级的状态，由于下能级中有4个不同简并量子数的粒子，每一个跃迁的概率都是相同的，故有

$$\begin{aligned}|2,-1\rangle = &\frac{1}{\sqrt{4}}a_{1+}^{+}a_{2-}^{+}a_{3-}^{+}a_{4-}^{+}\mid 0\rangle + \frac{1}{\sqrt{4}}a_{1-}^{+}a_{2+}^{+}a_{3-}^{+}a_{4-}^{+}\mid 0\rangle + \\ &\frac{1}{\sqrt{4}}a_{1-}^{+}a_{2-}^{+}a_{3+}^{+}a_{4-}^{+}\mid 0\rangle + \frac{1}{\sqrt{4}}a_{1-}^{+}a_{2-}^{+}a_{3-}^{+}a_{4+}^{+}\mid 0\rangle\end{aligned} \tag{2}$$

若用$\hat{J}_+$作用到基态上，则有

$$\begin{aligned}\hat{J}_+\mid 2,-2\rangle = &\sum_p a_{p+}^{+}a_{p-}a_{1-}^{+}a_{2-}^{+}a_{3-}^{+}a_{4-}^{+}\mid 0\rangle = \\ &\sum_p a_{p+}^{+}(\delta_{p,1}-a_{1-}^{+}a_{p-})\,a_{2-}^{+}a_{3-}^{+}a_{4-}^{+}\mid 0\rangle = a_{1+}^{+}a_{2-}^{+}a_{3-}^{+}a_{4-}^{+}\mid 0\rangle - \\ &\sum_p a_{p+}^{+}a_{1-}^{+}(\delta_{p,2}-a_{2-}^{+}a_{p-})\,a_{3-}^{+}a_{4-}^{+}\mid 0\rangle = a_{1+}^{+}a_{2-}^{+}a_{3-}^{+}a_{4-}^{+}\mid 0\rangle - \\ &a_{2+}^{+}a_{1-}^{+}a_{3-}^{+}a_{4-}^{+}\mid 0\rangle + \sum_p a_{p+}^{+}a_{2-}^{+}a_{1-}^{+}(\delta_{p,3}-a_{3-}^{+}a_{p-})\,a_{4-}^{+}\mid 0\rangle =\end{aligned}$$

$$a_{1+}^{+}a_{2-}^{+}a_{3-}^{+}a_{4-}^{+}\mid 0\rangle + a_{1-}^{+}a_{2+}^{+}a_{3-}^{+}a_{4-}^{+}\mid 0\rangle + a_{1-}^{+}a_{2-}^{+}a_{3+}^{+}a_{4-}^{+}\mid 0\rangle +$$

$$a_{1-}^{+}a_{2-}^{+}a_{3-}^{+}a_{4+}^{+}\mid 0\rangle = 2\mid 2,-1\rangle \tag{3}$$

于是得到第 1 激发态与基态的关系为

$$\mid 2,-1\rangle = \frac{1}{\sqrt{4}}\hat{J}_{+}\mid 2,-2\rangle \tag{4}$$

同理可知

$$\begin{aligned}\mid 2,0\rangle = {} & \frac{1}{\sqrt{6}}\hat{J}_{+}\mid 2,-1\rangle = \\ & \frac{1}{\sqrt{6}}a_{1+}^{+}a_{2+}^{+}a_{3-}^{+}a_{4-}^{+}\mid 0\rangle + \frac{1}{\sqrt{6}}a_{1+}^{+}a_{2-}^{+}a_{3+}^{+}a_{4-}^{+}\mid 0\rangle + \\ & \frac{1}{\sqrt{6}}a_{1+}^{+}a_{2-}^{+}a_{3-}^{+}a_{4+}^{+}\mid 0\rangle + \frac{1}{\sqrt{6}}a_{1-}^{+}a_{2+}^{+}a_{3+}^{+}a_{4-}^{+}\mid 0\rangle + \\ & \frac{1}{\sqrt{6}}a_{1-}^{+}a_{2+}^{+}a_{3-}^{+}a_{4+}^{+}\mid 0\rangle + \frac{1}{\sqrt{6}}a_{1-}^{+}a_{2-}^{+}a_{3+}^{+}a_{4+}^{+}\mid 0\rangle\end{aligned} \tag{5}$$

$$\begin{aligned}\mid 2,1\rangle = {} & \frac{1}{\sqrt{6}}\hat{J}_{+}\mid 2,0\rangle = \\ & \frac{1}{\sqrt{4}}a_{1+}^{+}a_{2+}^{+}a_{3+}^{+}a_{4-}^{+}\mid 0\rangle + \frac{1}{\sqrt{4}}a_{1+}^{+}a_{2+}^{+}a_{3-}^{+}a_{4+}^{+}\mid 0\rangle + \\ & \frac{1}{\sqrt{4}}a_{1+}^{+}a_{2-}^{+}a_{3+}^{+}a_{4+}^{+}\mid 0\rangle + \frac{1}{\sqrt{4}}a_{1-}^{+}a_{2+}^{+}a_{3+}^{+}a_{4+}^{+}\mid 0\rangle\end{aligned} \tag{6}$$

$$\mid 2,2\rangle = \frac{1}{2}\hat{J}_{+}\mid 2,1\rangle = a_{1+}^{+}a_{2+}^{+}a_{3+}^{+}a_{4+}^{+}\mid 0\rangle \tag{7}$$

当粒子数 $N=5$ 时，模型多体基态刚好是下能级全部填满粒子，而上能级有一个粒子的状态，即

$$\mid \frac{3}{2},-\frac{3}{2}\rangle_{+} = a_{p+}^{+}\mid 2,-2\rangle \tag{8}$$

由上式可以导出激发态与基态之间的关系

$$\begin{aligned}&\mid \frac{3}{2},-\frac{1}{2}\rangle_{+} = \frac{1}{\sqrt{3}}\hat{J}_{+}\mid \frac{3}{2},-\frac{3}{2}\rangle_{+} \\ &\mid \frac{3}{2},\frac{1}{2}\rangle_{+} = \frac{1}{2}\hat{J}_{+}\mid \frac{3}{2},-\frac{1}{2}\rangle_{+} \\ &\mid \frac{3}{2},\frac{3}{2}\rangle_{+} = \frac{1}{\sqrt{3}}\hat{J}_{+}\mid \frac{3}{2},\frac{1}{2}\rangle_{+}\end{aligned} \tag{9}$$

同理可知，当粒子数 $N=3$ 时有

$$
\begin{aligned}
&\left|\frac{3}{2},-\frac{3}{2}\right\rangle_- = a_{p-}\,|2,-2\rangle \\
&\left|\frac{3}{2},-\frac{1}{2}\right\rangle_- = \frac{1}{\sqrt{3}}\hat{J}_+\left|\frac{3}{2},-\frac{3}{2}\right\rangle_- \\
&\left|\frac{3}{2},\frac{1}{2}\right\rangle_- = \frac{1}{2}\hat{J}_+\left|\frac{3}{2},-\frac{1}{2}\right\rangle_- \\
&\left|\frac{3}{2},\frac{3}{2}\right\rangle_- = \frac{1}{\sqrt{3}}\hat{J}_+\left|\frac{3}{2},\frac{1}{2}\right\rangle_-
\end{aligned}
\tag{10}
$$

第 5 章　量子体系的对称性与守恒量

习题 5.1　对于经典力学体系，若 A,B 为守恒量，证明 $\{A,B\}$ 也是守恒量；对于量子力学体系，若算符 $\hat{A},\hat{B}$ 对应的力学量为守恒量，证明 $[\hat{A},\hat{B}]$ 对应的力学量也是守恒量。

证明　对于经典力学体系而言，一个不显含时间的经典力学量 F 满足的运动方程为

$$\frac{\mathrm{d}F}{\mathrm{d}t}=\sum_i\left(\frac{\partial F}{\partial q_i}\dot{q}_i+\frac{\partial F}{\partial p_i}\dot{p}_i\right)=\sum_i\left(\frac{\partial F}{\partial q_i}\frac{\partial H}{\partial p_i}-\frac{\partial F}{\partial p_i}\frac{\partial H}{\partial q_i}\right)=\{F,H\} \tag{1}$$

其中，H 是体系的哈密顿量。显然，若 F 是守恒量，则 $\{F,H\}=0$，反之亦然。

已知 A,B 均为守恒量，即有

$$\begin{aligned}\{A,H\}&=0\\\{B,H\}&=0\end{aligned} \tag{2}$$

根据雅可比恒等式

$$\{\{H,A\},B\}+\{A,\{H,B\}\}+\{\{A,B\},H\}=0 \tag{3}$$

可知

$$\{\{A,B\},H\}=-\{\{H,A\},B\}-\{A,\{H,B\}\}=0 \tag{4}$$

上式表明，对于经典力学体系，若 A,B 为守恒量，则 $\{A,B\}$ 也是守恒量。

对于量子力学体系来说，力学量 F 是守恒量的充要条件是其对应的算符 $\hat{F}$ 满足

$$\begin{aligned}\frac{\partial\hat{F}}{\partial t}&=0\\[\hat{F},\hat{H}]&=0\end{aligned} \tag{5}$$

若 A,B 为守恒量，则有

$$\begin{aligned}[\hat{A},\hat{H}]&=0\\[\hat{B},\hat{H}]&=0\end{aligned} \tag{6}$$

由对易关系满足的雅可比恒等式

$$[\hat{H},[\hat{A},\hat{B}]]+[\hat{A},[\hat{B},\hat{H}]]+[\hat{B},[\hat{H},\hat{A}]]=0 \tag{7}$$

可知

$$[\hat{H},[\hat{A},\hat{B}]]=-[\hat{A},[\hat{B},\hat{H}]]-[\hat{B},[\hat{H},\hat{A}]]=0 \tag{8}$$

上式表明，对于量子力学体系，若算符 $\hat{A},\hat{B}$ 对应的力学量为守恒量，则 $[\hat{A},\hat{B}]$ 对应的力学量也是守恒量。

习题 5.2 当体系具有时间均匀性时，证明其能量守恒。

证明 设有一个时间 t 的无穷小平移 Δt，即

$$t \rightarrow \tilde{t}=t+\Delta t \tag{1}$$

描述体系状态的波函数 $\psi(t)$ 相应的变化为

$$\psi(t) \rightarrow \tilde{\psi}(t)=\hat{D}(\Delta t)\psi(t) \tag{2}$$

式中，$\hat{D}(\Delta t)$ 称为时间无穷小平移算符。

由时间平移不变可知

$$\tilde{\psi}(\tilde{t})=\psi(t) \tag{3}$$

将式(2) 代入式(3)，并利用式(1)，得到

$$\hat{D}(\Delta t)\psi(t+\Delta t)=\psi(t) \tag{4}$$

将上式中的 t 用 $t-\Delta t$ 代替后，有

$$\hat{D}(\Delta t)\psi(t)=\psi(t-\Delta t) \tag{5}$$

由于 Δt 是一个无穷小量，所以上式的右端可以展开为

$$\psi(t-\Delta t)=\psi(t)-\Delta t\,\frac{\partial\psi(t)}{\partial t}+\cdots=\mathrm{e}^{-\Delta t\frac{\partial}{\partial t}}\psi(t) \tag{6}$$

将式(6) 代入式(5)，时间无穷小平移算符可表示为

$$\hat{D}(\Delta t)=\mathrm{e}^{-\Delta t\frac{\partial}{\partial t}}=\mathrm{e}^{\frac{\mathrm{i}}{\hbar}\Delta t\hat{E}} \tag{7}$$

其中，时间无穷小平移算符的生成元

$$\hat{E}=\mathrm{i}\hbar\,\frac{\partial}{\partial t} \tag{8}$$

就是相应的能量算符。显然，时间无穷小平移算符 $\hat{D}(\Delta t)$ 是一个幺正算符。

任意一个算符 $\hat{F}$ 在时间平移之下将变成

$$\tilde{\hat{F}}=\hat{D}(\Delta t)\hat{F}\hat{D}^{\dagger}(\Delta t) \tag{9}$$

当体系的哈密顿算符在时间平移之下不变时，有

$$[\hat{D}(\Delta t),\hat{H}]=[\mathrm{e}^{\frac{\mathrm{i}}{\hbar}\Delta t\hat{E}},\hat{H}]=0 \tag{10}$$

进而得到

$$[\hat{E},\hat{H}]=0 \tag{11}$$

该式表示在时间平移不变之下，能量 E 是一个守恒量，同时也意味着时间的原点是不可观测的。

应该特别说明的是，虽然能量算符与哈密顿算符都具有能量量纲，但是，能量算符与所研究的体系无关，称之为普适算符，而哈密顿算符中包含着体系的物理信息，它与体系有关，此即能量算符与哈密顿算符的差异。

习题 5.3　若体系具有空间平移不变性，对于有限的坐标平移变换 $\boldsymbol{r}' \rightarrow \boldsymbol{r}-\boldsymbol{a}$，证明坐标算符的变换为

$$\hat{\boldsymbol{r}}'=\hat{D}(\boldsymbol{a})\hat{\boldsymbol{r}}\hat{D}^{-1}(\boldsymbol{a})=\hat{\boldsymbol{r}}+\boldsymbol{a}$$

证明　对于有限的空间平移变换

$$\boldsymbol{r}' \rightarrow \boldsymbol{r}-\boldsymbol{a} \tag{1}$$

体系状态相应的变化为

$$\psi(\boldsymbol{r}) \rightarrow \psi'(\boldsymbol{r})=\hat{D}(\boldsymbol{a})\psi(\boldsymbol{r}) \tag{2}$$

式中 $\hat{D}(\boldsymbol{a})$ 是有限的空间平移变换算符。

下面用两种方法来证明坐标算符的变换。

首先，由体系具有空间平移不变性可知

$$\psi'(\boldsymbol{r}')=\psi(\boldsymbol{r}) \tag{3}$$

将式(2) 代入式(3)，利用式(1) 得到

$$\hat{D}(\boldsymbol{a})\psi(\boldsymbol{r}-\boldsymbol{a})=\psi(\boldsymbol{r}) \tag{4}$$

其逆变换为

$$\hat{D}^{-1}(\boldsymbol{a})\psi(\boldsymbol{r})=\psi(\boldsymbol{r}-\boldsymbol{a}) \tag{5}$$

设 $\psi(\boldsymbol{r})$ 是任意波函数，则变换后坐标算符 $\hat{\boldsymbol{r}}'$ 的作用为

$$\hat{\boldsymbol{r}}'\psi(\boldsymbol{r})=\hat{D}(\boldsymbol{a})\hat{\boldsymbol{r}}\hat{D}^{-1}(\boldsymbol{a})\psi(\boldsymbol{r}) \tag{6}$$

其中用到了幺正变换 $\hat{S}$ 下算符 $\hat{F}$ 的变换关系

$$\hat{F}'=\hat{S}\hat{F}\hat{S}^{-1} \tag{7}$$

利用式(5) 可以将式(6) 化为

$$\hat{\boldsymbol{r}}'\psi(\boldsymbol{r})=\hat{D}(\boldsymbol{a})\hat{\boldsymbol{r}}\psi(\boldsymbol{r}-\boldsymbol{a})=(\hat{\boldsymbol{r}}+\boldsymbol{a})\psi(\boldsymbol{r}) \tag{8}$$

由于波函数 $\psi(\boldsymbol{r})$ 是任意的，于是得到

$$\hat{\boldsymbol{r}}'=\hat{D}(\boldsymbol{a})\hat{\boldsymbol{r}}\hat{D}^{-1}(\boldsymbol{a})=\hat{\boldsymbol{r}}+\boldsymbol{a} \tag{9}$$

其次，通过直接计算来导出上述变换关系。

对于有限的空间平移变换 $\boldsymbol{r}' \rightarrow \boldsymbol{r}-\boldsymbol{a}$，平移变换算符为

$$D(\boldsymbol{a})=\mathrm{e}^{\frac{\mathrm{i}}{\hbar}\boldsymbol{a}\cdot\hat{\boldsymbol{p}}} \tag{10}$$

利用上式可以写出变换后的坐标算符

$$\begin{aligned}\hat{\boldsymbol{r}}' &= \hat{D}(\boldsymbol{a})\hat{\boldsymbol{r}}\hat{D}^{-1}(\boldsymbol{a})=\mathrm{e}^{\frac{\mathrm{i}}{\hbar}\boldsymbol{a}\cdot\hat{\boldsymbol{p}}}\hat{\boldsymbol{r}}\mathrm{e}^{-\frac{\mathrm{i}}{\hbar}\boldsymbol{a}\cdot\hat{\boldsymbol{p}}}=\\ &\mathrm{e}^{\frac{\mathrm{i}}{\hbar}a_x\hat{p}_x}\hat{x}\boldsymbol{i}\mathrm{e}^{-\frac{\mathrm{i}}{\hbar}a_x\hat{p}_x}+\mathrm{e}^{\frac{\mathrm{i}}{\hbar}a_y\hat{p}_y}\hat{y}\boldsymbol{j}\mathrm{e}^{-\frac{\mathrm{i}}{\hbar}a_y\hat{p}_y}+\mathrm{e}^{\frac{\mathrm{i}}{\hbar}a_z\hat{p}_z}\hat{z}\boldsymbol{k}\mathrm{e}^{-\frac{\mathrm{i}}{\hbar}a_z\hat{p}_z}\end{aligned} \tag{11}$$

其中 x 分量为

$$\mathrm{e}^{\frac{\mathrm{i}}{\hbar}a_x\hat{p}_x}\hat{x}\mathrm{e}^{-\frac{\mathrm{i}}{\hbar}a_x\hat{p}_x}=\mathrm{e}^{\frac{\mathrm{i}}{\hbar}a_x\hat{p}_x}\hat{x}\sum_n(-\mathrm{i}a_x/\hbar)^n(n!)^{-1}\hat{p}_x^n \tag{12}$$

由于坐标和动量算符皆与两者的对易关系对易，故可以利用习题 4.5 中的公式

$$[x,\hat{p}_x^n]=n\hat{p}_x^{n-1}[x,\hat{p}_x]=\mathrm{i}\hbar n\hat{p}_x^{n-1} \tag{13}$$

将式(12) 改写成

$$\begin{aligned}&\mathrm{e}^{\frac{\mathrm{i}}{\hbar}a_x\hat{p}_x}\hat{x}\mathrm{e}^{-\frac{\mathrm{i}}{\hbar}a_x\hat{p}_x}=\mathrm{e}^{\frac{\mathrm{i}}{\hbar}a_x\hat{p}_x}\sum_n(-\mathrm{i}a_x/\hbar)^n(n!)^{-1}\hat{x}\hat{p}_x^n=\\ &\mathrm{e}^{\frac{\mathrm{i}}{\hbar}a_x\hat{p}_x}\sum_n(-\mathrm{i}a_x/\hbar)^n(n!)^{-1}(\hat{p}_x^n\hat{x}+\mathrm{i}n\hat{p}_x^{n-1})=\\ &\mathrm{e}^{\frac{\mathrm{i}}{\hbar}a_x\hat{p}_x}\mathrm{e}^{-\frac{\mathrm{i}}{\hbar}a_x\hat{p}_x}\hat{x}+\mathrm{e}^{\frac{\mathrm{i}}{\hbar}a_x\hat{p}_x}\sum_n(-\mathrm{i}a_x/\hbar)^{n-1}[(n-1)!]^{-1}\hat{p}_x^{n-1}a_x=\\ &\hat{x}+a_x\end{aligned} \tag{14}$$

同理可知

$$\begin{aligned}\mathrm{e}^{\frac{\mathrm{i}}{\hbar}a_y\hat{p}_y}\hat{y}\mathrm{e}^{-\frac{\mathrm{i}}{\hbar}a_y\hat{p}_y}&=\hat{y}+a_y\\ \mathrm{e}^{\frac{\mathrm{i}}{\hbar}a_z\hat{p}_z}\hat{z}\mathrm{e}^{-\frac{\mathrm{i}}{\hbar}a_z\hat{p}_z}&=\hat{z}+a_z\end{aligned} \tag{15}$$

将式(14) 与式(15) 代入式(11)，得到求证之式

$$\begin{aligned}&\hat{\boldsymbol{r}}'=\hat{D}(\boldsymbol{a})\hat{\boldsymbol{r}}\hat{D}^{-1}(\boldsymbol{a})=\\ &\mathrm{e}^{\frac{\mathrm{i}}{\hbar}a_x\hat{p}_x}\hat{x}\boldsymbol{i}\mathrm{e}^{-\frac{\mathrm{i}}{\hbar}a_x\hat{p}_x}+\mathrm{e}^{\frac{\mathrm{i}}{\hbar}a_y\hat{p}_y}\hat{y}\boldsymbol{j}\mathrm{e}^{-\frac{\mathrm{i}}{\hbar}a_y\hat{p}_y}+\mathrm{e}^{\frac{\mathrm{i}}{\hbar}a_z\hat{p}_z}\hat{z}\boldsymbol{k}\mathrm{e}^{-\frac{\mathrm{i}}{\hbar}a_z\hat{p}_z}=\\ &(\hat{x}+a_x)\boldsymbol{i}+(\hat{y}+a_y)\boldsymbol{j}+(\hat{z}+a_z)\boldsymbol{k}=\hat{\boldsymbol{r}}+\boldsymbol{a}\end{aligned} \tag{16}$$

习题 5.4　在中心力场中的粒子，其本征矢为

$$\psi_{nlm}(\boldsymbol{r})=R_{nl}(r)\mathrm{Y}_{lm}(\theta,\varphi)$$

证明

$$\psi_{nlm}(-\boldsymbol{r})=(-1)^l R_{nl}(r)\mathrm{Y}_{lm}(\theta,\varphi)$$

证明　在球极坐标系中，当 $\boldsymbol{r}\to-\boldsymbol{r}$ 时，相当于做如下变换

$$\begin{aligned}r&\to r\\ \theta&\to\pi-\theta\\ \varphi&\to\pi+\varphi\end{aligned} \tag{1}$$

显然，此时的宇称只与球谐函数有关。由球谐函数的定义可知

$$Y_{lm}(\theta,\varphi)=(-1)^m\sqrt{\frac{(2l+1)(l-m)!}{4\pi(l+m)!}}P_l^m(\cos\theta)e^{im\varphi} \tag{2}$$

其中，连带勒让德多项式的表达式为

$$P_l^m(x)=\frac{1}{2^l l!}(1-x^2)^{m/2}\frac{d^{l+m}}{dx^{l+m}}(x^2-1)^l \tag{3}$$

当 $\theta\to\pi-\theta$ 时，由三角函数关系可知

$$\begin{aligned}\sin(\pi-\theta)&=\sin\theta\\ \cos(\pi-\theta)&=-\cos\theta\end{aligned} \tag{4}$$

由于，$(1-x^2)$ 与 (x^2-1) 皆为 $x=\cos\theta$ 的偶函数，而偶函数的 $l+m$ 阶导数会出现 $(-1)^{l+m}$ 的因子，故有

$$P_l^m(\cos^2(\pi-\theta))=(-1)^{l+m}P_l^m(\cos^2\theta) \tag{5}$$

当 $\varphi\to\pi+\varphi$ 时，球谐函数中的 $e^{im\varphi}$ 因子变成

$$e^{im(\pi+\varphi)}=e^{im\pi}e^{im\varphi}=[\cos(m\pi)+i\sin(m\pi)]e^{im\varphi}=(-1)^m e^{im\varphi} \tag{6}$$

由式(5) 与式(6) 可知

$$Y_{lm}(\pi-\theta,\pi+\varphi)=(-1)^l Y_{lm}(\theta,\varphi) \tag{7}$$

进而得到

$$\psi_{nlm}(-\boldsymbol{r})=(-1)^l R_{nl}(r)Y_{lm}(\theta,\varphi) \tag{8}$$

上式表明，若对中心力场中粒子的本征矢做空间反演，本征矢是否改变符号只取决于轨道角动量量子数的奇偶性。

习题 5.5　证明

$$\begin{aligned}&\hat{\pi}\boldsymbol{r}\hat{\pi}^\dagger=-\boldsymbol{r};\quad \hat{\pi}\hat{\boldsymbol{p}}\hat{\pi}^\dagger=-\hat{\boldsymbol{p}}\\ &\hat{\pi}\hat{\boldsymbol{L}}\hat{\pi}^\dagger=\hat{\boldsymbol{L}};\quad \hat{\pi}\hat{\boldsymbol{p}}\cdot\boldsymbol{r}\hat{\pi}^\dagger=\hat{\boldsymbol{p}}\cdot\boldsymbol{r}\\ &\hat{\pi}\hat{\boldsymbol{p}}\cdot\hat{\boldsymbol{s}}\hat{\pi}^\dagger=-\hat{\boldsymbol{p}}\cdot\hat{\boldsymbol{s}}\end{aligned}$$

证明　利用宇称算符 $\hat{\pi}$ 对坐标算符做变换，再作用到任意波函数 $\psi(\boldsymbol{r})$ 上，由宇称算符的定义可知

$$\hat{\pi}\boldsymbol{r}\hat{\pi}^\dagger\psi(\boldsymbol{r})=\hat{\pi}[\boldsymbol{r}\psi(-\boldsymbol{r})]=-\boldsymbol{r}\psi(\boldsymbol{r}) \tag{1}$$

由于 $\psi(\boldsymbol{r})$ 是任意的，故可知

$$\hat{\pi}\boldsymbol{r}\hat{\pi}^\dagger=-\boldsymbol{r} \tag{2}$$

同理可知

$$\hat{\pi}\hat{\boldsymbol{p}}\hat{\pi}^\dagger\psi(\boldsymbol{r})=\hat{\pi}[\hat{\boldsymbol{p}}\psi(-\boldsymbol{r})]=-\hat{\boldsymbol{p}}\psi(\boldsymbol{r}) \tag{3}$$

得到

$$\hat{\pi}\hat{\boldsymbol{p}}\hat{\pi}^\dagger=-\hat{\boldsymbol{p}} \tag{4}$$

对于轨道角动量算符 $\hat{\boldsymbol{L}}=\boldsymbol{r}\times\hat{\boldsymbol{p}}$，则有

$$\hat{\pi}\hat{\boldsymbol{L}}\hat{\pi}^\dagger\psi(\boldsymbol{r})=\hat{\pi}[\boldsymbol{r}\times\hat{\boldsymbol{p}}\psi(-\boldsymbol{r})]=\hat{\boldsymbol{L}}\psi(\boldsymbol{r}) \tag{5}$$

于是有

$$\hat{\pi}\hat{\boldsymbol{L}}\hat{\pi}^{\dagger}=\hat{\boldsymbol{L}} \tag{6}$$

用类似的方法可以证明另外两式

$$\begin{aligned}\hat{\pi}\hat{\boldsymbol{p}}\cdot\boldsymbol{r}\hat{\pi}^{\dagger}&=\hat{\boldsymbol{p}}\cdot\boldsymbol{r}\\ \hat{\pi}\hat{\boldsymbol{p}}\cdot\hat{\boldsymbol{s}}\hat{\pi}^{\dagger}&=-\hat{\boldsymbol{p}}\cdot\hat{\boldsymbol{s}}\end{aligned} \tag{7}$$

由此可见,不仅波函数具有宇称,算符也具有宇称。并且,算符$\boldsymbol{r},\hat{\boldsymbol{p}},\hat{\boldsymbol{p}}\cdot\hat{\boldsymbol{s}}$具有负宇称,而算符$\hat{\boldsymbol{L}},\hat{\boldsymbol{p}}\cdot\boldsymbol{r}$具有正宇称。

习题 5.6　若有一个使体系在物理上保持不变的变换$\hat{U}$将任意态矢$|\psi\rangle$变为$|\tilde{\psi}\rangle$,即$|\tilde{\psi}\rangle=\hat{U}|\psi\rangle$,则总可以通过调节相位得到如下结论,即$\hat{U}$不是幺正算符就是反幺正算符。上述内容称之为维格纳定理,试证明之。

证明　设有一个变换使正交归一完备的基矢$\{|\alpha_n\rangle\}$变成$\{|\tilde{\alpha}_n\rangle\}$,并能保证对任意两个态矢$|a\rangle$,$|b\rangle$均满足

$$|\langle a|b\rangle|=|\langle\tilde{a}|\tilde{b}\rangle| \tag{1}$$

取如下两个态矢,即

$$\begin{aligned}|\varphi\rangle&=|\alpha_1\rangle+|\alpha_m\rangle\\ |\psi\rangle&=\sum_n c_n|\alpha_n\rangle\end{aligned} \tag{2}$$

经过$\hat{U}$变换后,结果为

$$\begin{aligned}|\tilde{\varphi}\rangle&=|\tilde{\alpha}_1\rangle+|\tilde{\alpha}_m\rangle\\ |\tilde{\psi}\rangle&=\sum_n\tilde{c}_n|\tilde{\alpha}_n\rangle\end{aligned} \tag{3}$$

按式(1)的规定应有

$$|\langle\varphi|\psi\rangle|=|\langle\tilde{\varphi}|\tilde{\psi}\rangle| \tag{4}$$

分别将式(2)与式(3)代入上式的左端和右端,得到

$$|c_1+c_m|=|\tilde{c}_1+\tilde{c}_m| \tag{5}$$

在不影响物理结果的条件下,可以选择$|\tilde{\psi}\rangle$的相位,使得$\tilde{c}_1=c_1$为实数。将其代入式(5),得到

$$c_1c_m^*+c_1c_m+|c_m|^2=c_1\ (\tilde{c}_m)^*+c_1\tilde{c}_m+|\tilde{c}_m|^2 \tag{6}$$

由于,表象变换不改变力学量的取值概率,等式两端的$|c_m|^2=|\tilde{c}_m|^2$,故可以消去。然后,用$\tilde{c}_m$乘上式两端,得到

$$\tilde{c}_m(c_m^*+c_m)=|\tilde{c}_m|^2+(\tilde{c}_m)^2 \tag{7}$$

整理之,有

$$(\tilde{c}_m)^2-\tilde{c}_m(c_m^*+c_m)+|c_m|^2=0 \tag{8}$$

这是一个关于 $\tilde{c}_m$ 的一元二次方程，解之得

$$\tilde{c}_m=\begin{cases}c_m\\ c_m^*\end{cases} \tag{9}$$

若取前者，则变换为幺正的，若取后者，则变换是反幺正的。于是，维格纳定理得证。

习题 5.7　证明在时间反演下，算符的变换关系为

$$\hat{T}\hat{H}\hat{T}^{-1}=\hat{H}$$

$$\hat{T}\boldsymbol{r}\hat{T}^{-1}=\boldsymbol{r}$$

$$\hat{T}\hat{\boldsymbol{p}}\hat{T}^{-1}=-\hat{\boldsymbol{p}}$$

$$\hat{T}\hat{\boldsymbol{L}}\hat{T}^{-1}=-\hat{\boldsymbol{L}}$$

$$\hat{T}\hat{L}_{\pm}\hat{T}^{-1}=-\hat{L}_{\mp}$$

$$\hat{T}\hat{\boldsymbol{J}}\hat{T}^{-1}=-\hat{\boldsymbol{J}}$$

证明　已知时间反演算符 $\hat{T}$ 的定义为

$$\hat{T}\Psi(\boldsymbol{r},t)=\Psi^*(\boldsymbol{r},-t) \tag{1}$$

由上式可知，时间反演算符的作用是，将后面函数的时间变量改变符号后再取其复数共轭。

设时间反演算符满足

$$\hat{T}\Psi(\boldsymbol{r},t)=\Phi(\boldsymbol{r},t) \tag{2}$$

根据算符的逆的定义可知

$$\hat{T}^{-1}\Phi(\boldsymbol{r},t)=\Psi(\boldsymbol{r},t) \tag{3}$$

当哈密顿算符是不显含时间变量的实型算符时，有

$$\hat{T}\hat{H}\hat{T}^{-1}\Phi(\boldsymbol{r},t)=\hat{T}[\hat{H}\Psi(\boldsymbol{r},t)]=\hat{H}^*\Phi(\boldsymbol{r},t)=\hat{H}\Phi(\boldsymbol{r},t) \tag{4}$$

同理可知

$$\hat{T}\boldsymbol{r}\hat{T}^{-1}\Phi(\boldsymbol{r},t)=\hat{T}[\boldsymbol{r}\Psi(\boldsymbol{r},t)]=\boldsymbol{r}\Phi(\boldsymbol{r},t) \tag{5}$$

$$\hat{T}\hat{\boldsymbol{p}}\hat{T}^{-1}\Phi(\boldsymbol{r},t)=\hat{T}[\hat{\boldsymbol{p}}\Psi(\boldsymbol{r},t)]=-\hat{\boldsymbol{p}}\Phi(\boldsymbol{r},t) \tag{6}$$

$$\hat{T}\hat{\boldsymbol{L}}\hat{T}^{-1}\Phi(\boldsymbol{r},t)=\hat{T}[\hat{\boldsymbol{L}}\Psi(\boldsymbol{r},t)]=-\hat{\boldsymbol{L}}\Phi(\boldsymbol{r},t) \tag{7}$$

$$\hat{T}\hat{L}_{\pm}\hat{T}^{-1}\Phi(\boldsymbol{r},t)=\hat{T}[\hat{L}_{\pm}\Psi(\boldsymbol{r},t)]=-\hat{L}_{\mp}\Phi(\boldsymbol{r},t) \tag{8}$$

由波函数 $\Phi(\boldsymbol{r},t)$ 的任意性可知，求证中的前 5 式均成立。

对于任意的角动量算符 $\hat{\boldsymbol{J}}$，由于时间反演算符 $\hat{T}$ 是标量算符，在空间转动下不变，所以 $\hat{T}$ 与空间转动算符 $\hat{R}(\boldsymbol{n},\theta)$ 是对易的，即

$$\hat{R}(\boldsymbol{n},\theta)\hat{T}=\hat{T}\hat{R}(\boldsymbol{n},\theta) \tag{9}$$

已知转动算符为

$$\hat{R}(\boldsymbol{n},\theta)=\mathrm{e}^{-\frac{\mathrm{i}}{\hbar}\theta\boldsymbol{n}\cdot\hat{\boldsymbol{J}}} \tag{10}$$

将其代入式(9)，得到

$$\hat{T}\mathrm{e}^{-\frac{\mathrm{i}}{\hbar}\theta\boldsymbol{n}\cdot\hat{\boldsymbol{J}}}\hat{T}^{-1}=\mathrm{e}^{\frac{\mathrm{i}}{\hbar}\theta\boldsymbol{n}\cdot\hat{T}\hat{\boldsymbol{J}}\hat{T}^{-1}}=\mathrm{e}^{-\frac{\mathrm{i}}{\hbar}\theta\boldsymbol{n}\cdot\hat{\boldsymbol{J}}} \tag{11}$$

于是有

$$\tilde{\hat{\boldsymbol{J}}}=\hat{T}\hat{\boldsymbol{J}}\hat{T}^{-1}=-\hat{\boldsymbol{J}} \tag{12}$$

其中的 $\hat{\boldsymbol{J}}$ 是任意角动量算符，它可以是轨道角动量算符、自旋角动量算符或者自旋与轨道耦合角动量算符。

习题 5.8 证明满足条件

$$\hat{K}\Psi(\boldsymbol{r},t)=\Psi^*(\boldsymbol{r},t)$$

的算符 $\hat{K}$ 具有如下性质

$$\hat{K}^{-1}=\hat{K}$$

证明 由算符 $\hat{K}$ 的定义可知

$$\hat{K}\Psi(\boldsymbol{r},t)=\Psi^*(\boldsymbol{r},t) \tag{1}$$

其中，算符 $\hat{K}$ 虽然不是厄米算符，但是，任意的实型的波函数都是它的本征波函数，相应的本征值为 $+1$，任意的纯虚数的波函数也是它的本征波函数，相应的本征值为 -1。可是，即使它有实数的本征值，也没有与之相应的可观测的物理量。

用算符 $\hat{K}$ 从左作用式(1) 两端，得到

$$\hat{K}^2\Psi(\boldsymbol{r},t)=\hat{K}\Psi^*(\boldsymbol{r},t)=\Psi(\boldsymbol{r},t) \tag{2}$$

由 $\Psi(\boldsymbol{r},t)$ 的任意性可知

$$\hat{K}^2=\hat{I} \tag{3}$$

于是得到

$$\hat{K}^{-1}=\hat{K} \tag{4}$$

习题 5.9 证明任意量子态都是时间反演的平方算符 $\hat{T}^2$ 的本征态，其本

征值为 $+1$ 或 -1。

证明　由时间反演算符的定义可知

$$\hat{T}=\hat{K}\hat{T}_0 \tag{1}$$

其中,算符 $\hat{K}$,$\hat{T}_0$ 分别满足

$$\begin{aligned}\hat{K}\boldsymbol{\Psi}(\boldsymbol{r},t)&=\boldsymbol{\Psi}^*(\boldsymbol{r},t)\\ \hat{T}_0\boldsymbol{\Psi}(\boldsymbol{r},t)&=\boldsymbol{\Psi}(\boldsymbol{r},-t)\end{aligned} \tag{2}$$

当体系与自旋无关时,有

$$\hat{T}^2\boldsymbol{\Psi}(\boldsymbol{r},t)=\hat{T}\boldsymbol{\Psi}^*(\boldsymbol{r},-t)=\boldsymbol{\Psi}(\boldsymbol{r},t) \tag{3}$$

显然,任意的量子态都是 $\hat{T}^2$ 算符的本征态,相应的本征值为 $+1$。

对一个自旋为 $\hbar/2$ 的粒子而言,时间反演算符 $\hat{T}$ 除了满足式(1) 与式(2) 之外,还应满足

$$\hat{T}\hat{\boldsymbol{S}}\hat{T}^{-1}=-\hat{\boldsymbol{S}} \tag{4}$$

其中 $\hat{\boldsymbol{S}}$ 是自旋为 $\hbar/2$ 粒子的自旋算符。为此令

$$\hat{T}=\hat{U}\hat{T}_1=\hat{U}\hat{K}\hat{T}_0 \tag{5}$$

式中的 $\hat{U}$ 是自旋空间中的一个 2×2 的矩阵。将式(5) 代入式(4),得到

$$-\hat{\boldsymbol{S}}=\hat{T}\hat{\boldsymbol{S}}\hat{T}^{-1}=\hat{U}\hat{T}_1\hat{\boldsymbol{S}}\hat{T}_1^{-1}\hat{U}^{-1}=\hat{U}\hat{\boldsymbol{S}}^*\hat{U}^{-1} \tag{6}$$

在 S_z 表象中,由于 $\hat{S}_x$,$\hat{S}_z$ 为实矩阵,而 $\hat{S}_y$ 是纯虚数矩阵,故可以将上式写成分量形式

$$\begin{aligned}\hat{U}\hat{S}_x\hat{U}^{-1}&=-\hat{S}_x\\ \hat{U}\hat{S}_y^*\hat{U}^{-1}&=-\hat{S}_y\\ \hat{U}\hat{S}_z\hat{U}^{-1}&=-\hat{S}_z\end{aligned} \tag{7}$$

若取

$$\begin{aligned}\hat{U}&=\mathrm{i}\hat{\sigma}_y\\ \hat{U}^{-1}&=-\mathrm{i}\hat{\sigma}_y\end{aligned} \tag{8}$$

则可以满足式(7) 的要求。于是,满足式(4) 的时间反演算符变成

$$\hat{T}=\mathrm{i}\hat{\sigma}_y\hat{T}_1 \tag{9}$$

进而得到

$$\hat{T}^2=(\mathrm{i}\hat{\sigma}_y\hat{T}_1)(\mathrm{i}\hat{\sigma}_y\hat{T}_1)=-\hat{\sigma}_y^2\hat{T}_1^2=-1 \tag{10}$$

上式表明，对一个自旋为 $\hbar/2$ 的粒子而言，任意的量子态都是 $\hat{T}^2$ 算符的本征态，相应的本征值为 -1。

由上述结果可知，对于由 N 个自旋为 $\hbar/2$ 粒子构成的体系而言，有

$$\hat{T}^2=(-1)^N \tag{11}$$

习题 5.10 证明任意两个矢量算符的标积是空间转动不变的。

证明 在空间转动变换下，坐标满足

$$\boldsymbol{r}\rightarrow\tilde{\boldsymbol{r}}=\hat{o}\boldsymbol{r} \tag{1}$$

式中，$\hat{o}$ 是实的 3×3 正交变换矩阵。任意矢量算符 $\hat{\boldsymbol{A}},\hat{\boldsymbol{B}}$ 均满足与坐标相同的变换关系，即

$$\begin{aligned}\tilde{\hat{\boldsymbol{A}}}&=\hat{o}\hat{\boldsymbol{A}}\\ \tilde{\hat{\boldsymbol{B}}}&=\hat{o}\hat{\boldsymbol{B}}\end{aligned} \tag{2}$$

在希尔伯特空间中，态矢 $|\psi\rangle$ 对应的变换为

$$|\psi\rangle\rightarrow|\tilde{\psi}\rangle=\hat{R}(\hat{o})|\psi\rangle \tag{3}$$

式中，$\hat{R}(\hat{o})$ 是与 $\hat{o}$ 对应的状态空间的幺正算符，任意力学量算符 $\hat{F}$ 满足的变换为

$$\hat{F}\rightarrow\tilde{\hat{F}}=\hat{R}(\hat{o})\hat{F}\hat{R}^{-1}(\hat{o}) \tag{4}$$

对于上述两个矢量算符 $\hat{\boldsymbol{A}},\hat{\boldsymbol{B}}$ 的标积 $\hat{\boldsymbol{A}}\cdot\hat{\boldsymbol{B}}$，有

$$\widetilde{(\hat{\boldsymbol{A}}\cdot\hat{\boldsymbol{B}})}=\hat{R}(\hat{o})(\hat{\boldsymbol{A}}\cdot\hat{\boldsymbol{B}})\hat{R}^{-1}(\hat{o})=\hat{R}(\hat{o})\hat{\boldsymbol{A}}\hat{R}^{-1}(\hat{o})\cdot\hat{R}(\hat{o})\hat{\boldsymbol{B}}\hat{R}^{-1}(\hat{o})=\tilde{\hat{\boldsymbol{A}}}\cdot\tilde{\hat{\boldsymbol{B}}} \tag{5}$$

由式(2)可知

$$\tilde{\hat{\boldsymbol{A}}}\cdot\tilde{\hat{\boldsymbol{B}}}=\hat{o}\hat{\boldsymbol{A}}\cdot\hat{o}\hat{\boldsymbol{B}}=\hat{\boldsymbol{A}}\hat{o}^{\mathrm{T}}\cdot\hat{o}\hat{\boldsymbol{B}} \tag{6}$$

利用 $\hat{o}$ 的正交性质

$$\hat{o}^{\mathrm{T}}\hat{o}=\hat{I} \tag{7}$$

得到

$$\tilde{\hat{\boldsymbol{A}}}\cdot\tilde{\hat{\boldsymbol{B}}}=\hat{\boldsymbol{A}}\cdot\hat{\boldsymbol{B}} \tag{8}$$

将式(8)代入式(5)，得到

$$\widetilde{(\hat{\boldsymbol{A}}\cdot\hat{\boldsymbol{B}})}=\hat{\boldsymbol{A}}\cdot\hat{\boldsymbol{B}} \tag{9}$$

上式表明，任意两个矢量算符的标积是空间转动不变的。

习题 5.11　证明

$$\hat{T}\mid j,m\rangle=(-1)^{j+m}\mid j,-m\rangle$$

其中，$\mid j,m\rangle$ 为 $\hat{\boldsymbol{J}}^2$ 与 $\hat{J}_z$ 的共同本征矢。

证明　由习题 5.7 可知

$$\hat{T}\hat{\boldsymbol{J}}\hat{T}^{-1}=-\hat{\boldsymbol{J}} \tag{1}$$

写成分量形式为

$$\begin{aligned}\hat{T}\hat{J}_z\hat{T}^{-1}&=-\hat{J}_z\\ \hat{T}\hat{J}_\pm\hat{T}^{-1}&=-\hat{J}_\mp\end{aligned} \tag{2}$$

由式(2) 中的第 1 式可知

$$\hat{T}\hat{J}_z\mid j,m\rangle=-\hat{J}_z\hat{T}\mid j,m\rangle \tag{3}$$

进而得到

$$\hat{J}_z(\hat{T}\mid j,m\rangle)=-m\hbar(\hat{T}\mid j,m\rangle) \tag{4}$$

上式表明，$\hat{T}\mid j,m\rangle$ 是 $\hat{J}_z$ 算符的本征态 $\mid j,-m\rangle$，于是有

$$\hat{T}\mid j,m\rangle=\lambda_{j,m}\mid j,-m\rangle \tag{5}$$

同样，利用式(2) 中的第 2 式可以得到

$$\begin{aligned}&\hat{T}\hat{J}_-\mid j,m\rangle=-\hat{J}_+\hat{T}\mid j,m\rangle=-\hat{J}_+\lambda_{j,m}\mid j,-m\rangle=\\&-\lambda_{j,m}\hbar\sqrt{j(j+1)+m(-m+1)}\mid j,-m+1\rangle\end{aligned} \tag{6}$$

若直接计算 $\hat{T}\hat{J}_-\mid j,m\rangle$，则有

$$\begin{aligned}&\hat{T}\hat{J}_-\mid j,m\rangle=\hbar\sqrt{j(j+1)-m(m-1)}\,\hat{T}\mid j,m-1\rangle=\\&\lambda_{j,m-1}\hbar\sqrt{j(j+1)-m(m-1)}\mid j,-m+1\rangle\end{aligned} \tag{7}$$

比较式(6) 与式(7)，得到

$$\lambda_{j,m}=-\lambda_{j,m-1} \tag{8}$$

进而可知

$$\lambda_{j,m}=-\lambda_{j,m-1}=(-1)^2\lambda_{j,m-2}=\cdots=(-1)^m c_j \tag{9}$$

为了确定 c_j，设 $\hat{\boldsymbol{J}}=\hat{\boldsymbol{J}}_1+\hat{\boldsymbol{J}}_2$，则

$$\mid j,m\rangle=\sum_{m_1,m_2}\langle j_1,j_2,m_1,m_2\mid jm\rangle\mid j_1,m_1\rangle\mid j_2,m_2\rangle \tag{10}$$

用算符 $\hat{T}$ 作用上式两端,并注意到CG系数为实数,得到

$$
\begin{aligned}
&\lambda_{j,m} \mid j,-m\rangle=\hat{T} \mid j,m\rangle=\hat{T}\sum_{m_1,m_2}\langle j_1,j_2,m_1,m_2 \mid j,m\rangle \mid j_1,m_1\rangle \mid j_2,m_2\rangle= \\
&c_{j_1}c_{j_2}\sum_{m_1,m_2}(-1)^{m_1+m_2}\langle j_1,j_2,m_1,m_2 \mid j,m\rangle \mid j_1,-m_1\rangle \mid j_2,-m_2\rangle= \\
&c_{j_1}c_{j_2}(-1)^{m}(-1)^{j_1+j_2-j}\sum_{m_1,m_2}\langle j_1,j_2,-m_1,-m_2 \mid j,-m\rangle \mid j_1,-m_1\rangle \mid j_2,-m_2\rangle= \\
&c_{j_1}c_{j_2}(-1)^{m}(-1)^{j_1+j_2-j}\sum_{m_1',m_2'}\langle j_1,j_2,m_1',m_2' \mid j,-m\rangle \mid j_1,m_1'\rangle \mid j_2,m_2'\rangle= \\
&c_{j_1}c_{j_2}(-1)^{m}(-1)^{j_1+j_2-j} \mid j,-m\rangle
\end{aligned}
\tag{11}
$$

于是可知

$$\lambda_{j,m}=c_{j_1}c_{j_2}(-1)^{m}(-1)^{j_1+j_2-j} \tag{12}$$

若取 $c_j=(-1)^j$,则由角动量理论可知,j_1+j_2-j 为整数,$2(j_1+j_2-j)$ 为偶数,于是得到

$$\hat{T} \mid j,m\rangle=(-1)^{j+m} \mid j,-m\rangle \tag{13}$$

习题 5.12 求出转动算符的逆算符,进而证明

$$D_{mm'}^{(j)}(\hat{R}^{-1})=D_{m'm}^{(j)*}(\hat{R})$$

证明 转动算符的定义为

$$\hat{R}(\boldsymbol{n},\theta)=\mathrm{e}^{-\frac{\mathrm{i}}{\hbar}\theta\boldsymbol{n}\cdot\hat{\boldsymbol{J}}} \tag{1}$$

其逆算符为

$$\hat{R}^{-1}(\boldsymbol{n},\theta)=\mathrm{e}^{\frac{\mathrm{i}}{\hbar}\theta\boldsymbol{n}\cdot\hat{\boldsymbol{J}}} \tag{2}$$

显然,有

$$
\begin{aligned}
&\hat{R}(\boldsymbol{n},\theta)\hat{R}^{-1}(\boldsymbol{n},\theta)=\mathrm{e}^{-\frac{\mathrm{i}}{\hbar}\theta\boldsymbol{n}\cdot\hat{\boldsymbol{J}}}\mathrm{e}^{\frac{\mathrm{i}}{\hbar}\theta\boldsymbol{n}\cdot\hat{\boldsymbol{J}}}=1 \\
&\hat{R}^{-1}(\boldsymbol{n},\theta)\hat{R}(\boldsymbol{n},\theta)=\mathrm{e}^{\frac{\mathrm{i}}{\hbar}\theta\boldsymbol{n}\cdot\hat{\boldsymbol{J}}}\mathrm{e}^{-\frac{\mathrm{i}}{\hbar}\theta\boldsymbol{n}\cdot\hat{\boldsymbol{J}}}=1
\end{aligned}
\tag{3}
$$

对于用欧拉角表示的转动算符

$$\hat{R}(\alpha,\beta,\gamma)=\mathrm{e}^{-\frac{\mathrm{i}}{\hbar}\alpha\hat{J}_z}\mathrm{e}^{-\frac{\mathrm{i}}{\hbar}\beta\hat{J}_y}\mathrm{e}^{-\frac{\mathrm{i}}{\hbar}\gamma\hat{J}_z} \tag{4}$$

其逆算符为

$$\hat{R}^{-1}(\alpha,\beta,\gamma)=\mathrm{e}^{\frac{\mathrm{i}}{\hbar}\gamma\hat{J}_z}\mathrm{e}^{\frac{\mathrm{i}}{\hbar}\beta\hat{J}_y}\mathrm{e}^{\frac{\mathrm{i}}{\hbar}\alpha\hat{J}_z} \tag{5}$$

同理可以证明

$$\hat{R}(\alpha,\beta,\gamma)\hat{R}^{-1}(\alpha,\beta,\gamma)=\hat{R}^{-1}(\alpha,\beta,\gamma)\hat{R}(\alpha,\beta,\gamma)=1 \tag{6}$$

转动算符的不可约表示为

$$D_{mm'}^{(j)}(\hat{R})=\langle jm \mid \mathrm{e}^{-\frac{\mathrm{i}}{\hbar}\theta \boldsymbol{n}\cdot\hat{\boldsymbol{J}}} \mid jm'\rangle \tag{7}$$

根据转动算符逆算符的定义可知

$$D_{mm'}^{(j)}(\hat{R}^{-1})=\langle jm \mid \mathrm{e}^{\frac{\mathrm{i}}{\hbar}\theta \boldsymbol{n}\cdot\hat{\boldsymbol{J}}} \mid jm'\rangle=D_{m'm}^{(j)*}(\hat{R}) \tag{8}$$

习题 5.13　证明

$$\sum_{m'}D_{m''m'}^{(j)}(\hat{R}_1)D_{m'm}^{(j)}(\hat{R}_2)=D_{m''m}^{(j)}(\hat{R}_1\hat{R}_2)$$

$$\sum_{m'}D_{m'm''}^{(j)*}(\hat{R})D_{m'm}^{(j)}(\hat{R})=\delta_{m'',m}$$

证明　由转动算符矩阵元的不可约表示可知

$$D_{m''m'}^{(j)}(\hat{R})=\langle jm'' \mid \mathrm{e}^{-\frac{\mathrm{i}}{\hbar}\theta \boldsymbol{n}\cdot\hat{\boldsymbol{J}}} \mid jm'\rangle \tag{1}$$

于是有

$$\sum_{m'}D_{m''m'}^{(j)}(\hat{R}_1)D_{m'm}^{(j)}(\hat{R}_2)=\sum_{m'}\langle jm'' \mid \mathrm{e}^{-\frac{\mathrm{i}}{\hbar}\theta_1 \boldsymbol{n}_1\cdot\hat{\boldsymbol{J}}_1} \mid jm'\rangle\langle jm' \mid \mathrm{e}^{-\frac{\mathrm{i}}{\hbar}\theta_2 \boldsymbol{n}_2\cdot\hat{\boldsymbol{J}}_2} \mid jm\rangle=$$

$$\langle jm'' \mid \mathrm{e}^{-\frac{\mathrm{i}}{\hbar}\theta_1 \boldsymbol{n}_1\cdot\hat{\boldsymbol{J}}_1}\mathrm{e}^{-\frac{\mathrm{i}}{\hbar}\theta_2 \boldsymbol{n}_2\cdot\hat{\boldsymbol{J}}_2} \mid jm\rangle=D_{m''m}^{(j)}(\hat{R}_1\hat{R}_2) \tag{2}$$

利用上题的结果，求证之第 2 个公式的右端为

$$\sum_{m'}D_{m'm''}^{(j)*}(\hat{R})D_{m'm}^{(j)}(\hat{R})=\sum_{m'}D_{m''m'}^{(j)}(\hat{R}^{-1})D_{m'm}^{(j)}(\hat{R}) \tag{3}$$

再利用式(2) 的结果，式(3) 变成

$$\sum_{m'}D_{m'm''}^{(j)*}(\hat{R})D_{m'm}^{(j)}(\hat{R})=D_{m''m}^{(j)}(\hat{R}^{-1}\hat{R})=\langle jm'' \mid jm\rangle=\delta_{m'',m} \tag{4}$$

习题 5.14　证明

$$D_{m_1'm_1}^{(j_1)}(\hat{R})D_{m_2'm_2}^{(j_2)}(\hat{R})=\sum_{j}C_{j_1m_1j_2m_2}^{jm}C_{j_1m_1'j_2m_2'}^{jm'}D_{m'm}^{(j)}(\hat{R})$$

证明　为了证明题中的公式成立，从非耦合表象波函数与耦合表象波函数之间的关系出发，即

$$\mid j_1j_2jm\rangle=\sum_{m_1,m_2}c_{j_1m_1j_2m_2}^{jm}\mid j_1m_1\rangle\mid j_2m_2\rangle \tag{1}$$

$$\mid j_1m_1\rangle\mid j_2m_2\rangle=\sum_{j,m}c_{j_1m_1j_2m_2}^{jm}\mid j_1j_2jm\rangle \tag{2}$$

对式(2) 两端做转动

$$\hat{R}\mid j_1m_1\rangle\mid j_2m_2\rangle=\hat{R}\sum_{j,m}c_{j_1m_1j_2m_2}^{jm}\mid j_1j_2jm\rangle \tag{3}$$

利用

$$\hat{R}\mid jm\rangle=\sum_{m'}\mid jm'\rangle D_{m'm}^{(j)}(\hat{R}) \tag{4}$$

于是，式(3) 可以改写成

$$\sum_{m_1',m_2'} D_{m_1'm_1}^{(j_1)}(\hat{R}) D_{m_2'm_2}^{(j_2)}(\hat{R}) \mid j_1 m_1' \rangle \mid j_2 m_2' \rangle =$$

$$\sum_{j,m} c_{j_1 m_1 j_2 m_2}^{jm} \sum_{m'} D_{m'm}^{(j)}(\hat{R}) \mid j_1 j_2 j m' \rangle =$$

$$\sum_{j,m} c_{j_1 m_1 j_2 m_2}^{jm} \sum_{m'} D_{m'm}^{(j)}(\hat{R}) \sum_{m_1',m_2'} c_{j_1 m_1' j_2 m_2'}^{jm'} \mid j_1 m_1' \rangle \mid j_2 m_2' \rangle =$$

$$\sum_{m_1',m_2'} \sum_{j,m,m'} c_{j_1 m_1 j_2 m_2}^{jm} c_{j_1 m_1' j_2 m_2'}^{jm'} D_{m'm}^{(j)}(\hat{R}) \mid j_1 m_1' \rangle \mid j_2 m_2' \rangle \tag{5}$$

比较上式两端可知

$$D_{m_1'm_1}^{(j_1)}(\hat{R}) D_{m_2'm_2}^{(j_2)}(\hat{R}) = \sum_{j,m,m'} c_{j_1 m_1 j_2 m_2}^{jm} c_{j_1 m_1' j_2 m_2'}^{jm'} D_{m'm}^{(j)}(\hat{R}) \tag{6}$$

由 CG 系数的性质可知，当 m_1, m_1', m_2, m_2' 给定时，m, m' 取确定值，即

$$\begin{aligned} m' &= m_1' + m_2' \\ m &= m_1 + m_2 \end{aligned} \tag{7}$$

否则 CG 系数为零，所以式(6) 可以改写成

$$D_{m_1'm_1}^{(j_1)}(\hat{R}) D_{m_2'm_2}^{(j_2)}(\hat{R}) = \sum_{j} c_{j_1 m_1 j_2 m_2}^{jm} c_{j_1 m_1' j_2 m_2'}^{jm'} D_{m'm}^{(j)}(\hat{R}) \tag{8}$$

习题 5.15 证明

$$[\hat{J}_z, \hat{T}_\mu^{(\lambda)}] = \mu\hbar \hat{T}_\mu^{(\lambda)}$$

$$[\hat{J}_\pm, \hat{T}_\mu^{(\lambda)}] = \sqrt{\lambda(\lambda+1) - \mu(\mu\pm1)}\, \hat{T}_{\mu\pm1}^{(\lambda)}$$

证明 由《高等量子力学》中式(5.6.10) 可知

$$\boldsymbol{n} \cdot [\hat{\boldsymbol{J}}, \hat{T}_\mu^{(\lambda)}] = \boldsymbol{n} \cdot \sum_{\mu'} \langle \lambda\mu' \mid \hat{\boldsymbol{J}} \mid \lambda\mu \rangle \hat{T}_{\mu'}^{(\lambda)} \tag{1}$$

当 $\boldsymbol{n} = \boldsymbol{k}$ 时，式(1) 变成

$$[\hat{J}_z, \hat{T}_\mu^{(\lambda)}] = \sum_{\mu'} \langle \lambda\mu' \mid \hat{J}_z \mid \lambda\mu \rangle \hat{T}_{\mu'}^{(\lambda)} = \sum_{\mu'} \mu\hbar \delta_{\mu,\mu'} \hat{T}_{\mu'}^{(\lambda)} = \mu\hbar \hat{T}_\mu^{(\lambda)} \tag{2}$$

当 $\boldsymbol{n} = \boldsymbol{i}$ 时，得到

$$[\hat{J}_x, \hat{T}_\mu^{(\lambda)}] = \sum_{\mu'} \langle \lambda\mu' \mid \hat{J}_x \mid \lambda\mu \rangle \hat{T}_{\mu'}^{(\lambda)} = \frac{1}{2} \sum_{\mu'} \langle \lambda\mu' \mid \hat{J}_+ + \hat{J}_- \mid \lambda\mu \rangle \hat{T}_{\mu'}^{(\lambda)} \tag{3}$$

当 $\boldsymbol{n} = \boldsymbol{j}$ 时，得到

$$[\hat{J}_y, \hat{T}_\mu^{(\lambda)}] = \sum_{\mu'} \langle \lambda\mu' \mid \hat{J}_y \mid \lambda\mu \rangle \hat{T}_{\mu'}^{(\lambda)} = \frac{1}{2\mathrm{i}} \sum_{\mu'} \langle \lambda\mu' \mid \hat{J}_+ - \hat{J}_- \mid \lambda\mu \rangle \hat{T}_{\mu'}^{(\lambda)} \tag{4}$$

对升降算符而言，分别有

$$\begin{aligned} &\sum_{\mu'} \langle \lambda\mu' \mid \hat{J}_+ \mid \lambda\mu \rangle \hat{T}_{\mu'}^{(\lambda)} = \hbar \sum_{\mu'} \sqrt{\lambda(\lambda+1) - \mu(\mu+1)}\, \delta_{\mu',\mu+1} \hat{T}_{\mu'}^{(\lambda)} = \\ &\hbar\sqrt{\lambda(\lambda+1) - \mu(\mu+1)}\, \hat{T}_{\mu+1}^{(\lambda)} \end{aligned} \tag{5}$$

$$\sum_{\mu'}\langle\lambda\mu'\mid\hat{J}_-\mid\lambda\mu\rangle\hat{T}_{\mu'}^{(\lambda)}=\hbar\sum_{\mu'}\sqrt{\lambda(\lambda+1)-\mu(\mu-1)}\,\delta_{\mu',\mu-1}\hat{T}_{\mu'}^{(\lambda)}=$$
$$\hbar\sqrt{\lambda(\lambda+1)-\mu(\mu-1)}\,\hat{T}_{\mu-1}^{(\lambda)} \tag{6}$$

于是有

$$[\hat{J}_\pm,\hat{T}_\mu^{(\lambda)}]=\hbar\sqrt{\lambda(\lambda+1)-\mu(\mu\pm1)}\,\hat{T}_{\mu\pm1}^{(\lambda)} \tag{7}$$

将式(5)与式(6)代入式(3)与式(4)分别得到

$$[\hat{J}_x,\hat{T}_\mu^{(\lambda)}]=\frac{1}{2}\sum_{\mu'}\langle\lambda\mu'\mid\hat{J}_++\hat{J}_-\mid\lambda\mu\rangle\hat{T}_{\mu'}^{(\lambda)}=$$
$$\frac{\hbar}{2}\sqrt{\lambda(\lambda+1)-\mu(\mu+1)}\,\hat{T}_{\mu+1}^{(\lambda)}+\frac{\hbar}{2}\sqrt{\lambda(\lambda+1)-\mu(\mu-1)}\,\hat{T}_{\mu-1}^{(\lambda)} \tag{8}$$

$$[\hat{J}_y,\hat{T}_\mu^{(\lambda)}]=\frac{1}{2\mathrm{i}}\sum_{\mu'}\langle\lambda\mu'\mid\hat{J}_+-\hat{J}_-\mid\lambda\mu\rangle\hat{T}_{\mu'}^{(\lambda)}=$$
$$\frac{\hbar}{2\mathrm{i}}\sqrt{\lambda(\lambda+1)-\mu(\mu+1)}\,\hat{T}_{\mu+1}^{(\lambda)}-\frac{\hbar}{2\mathrm{i}}\sqrt{\lambda(\lambda+1)-\mu(\mu-1)}\,\hat{T}_{\mu-1}^{(\lambda)} \tag{9}$$

习题 5.16　证明 $Y_{1m}(\theta,\varphi)$ 是一阶不可约张量算符。

证明　若 Y_{1m} 为一阶张量算符，则应满足

$$\hat{R}\mathrm{Y}_{1m}\hat{R}^\dagger=\sum_{m'}D_{m'm}^{(1)}\mathrm{Y}_{1m'} \tag{1}$$

由于

$$[\hat{J}_z,\hat{T}_\mu^{(\lambda)}]=\mu\hbar\hat{T}_\mu^{(\lambda)} \tag{2}$$

$$[\hat{J}_\pm,\hat{T}_\mu^{(\lambda)}]=\hbar\sqrt{\lambda(\lambda+1)-\mu(\mu\pm1)}\,\hat{T}_{\mu\pm1}^{(\lambda)} \tag{3}$$

与式(1)是等价的，故只要 Y_{1m} 满足上述两式，则其为一阶不可约张量算符。下面证明之。

对任意状态 $\mid\psi\rangle$，当 $\hat{T}_\mu^{(\lambda)}=\mathrm{Y}_{1m}$ 时有

$$[\hat{J}_z,\mathrm{Y}_{1m}]\mid\psi\rangle=\hat{J}_z\mathrm{Y}_{1m}\mid\psi\rangle-\mathrm{Y}_{1m}\hat{J}_z\mid\psi\rangle=$$
$$m\hbar\mathrm{Y}_{1m}\mid\psi\rangle+\mathrm{Y}_{1m}\hat{J}_z\mid\psi\rangle-\mathrm{Y}_{1m}\hat{J}_z\mid\psi\rangle=m\hbar\mathrm{Y}_{1m}\mid\psi\rangle \tag{4}$$

于是，$\hat{T}_\mu^{(\lambda)}=\mathrm{Y}_{1m}$ 满足

$$[\hat{J}_z,\hat{T}_\mu^{(\lambda)}]=\mu\hbar\hat{T}_\mu^{(\lambda)} \tag{5}$$

进而可知

$$[\hat{J}_\pm,\mathrm{Y}_{1m}]\mid\psi\rangle=\hat{J}_\pm\mathrm{Y}_{1m}\mid\psi\rangle-\mathrm{Y}_{1m}\hat{J}_\pm\mid\psi\rangle=\hbar\sqrt{2-m(m\pm1)}\,\mathrm{Y}_{1m\pm1}\mid\psi\rangle \tag{6}$$

于是有

$$[\hat{J}_{\pm}, Y_{1m}] = \hbar\sqrt{2 - m(m \pm 1)}\ Y_{1m\pm1} \tag{7}$$

显然，Y_{1m} 也满足式(3) 的要求，所以 Y_{1m} 为一阶不可约张量算符。

根据球谐函数的定义可知

$$\begin{aligned} Y_{11}(\theta,\varphi) &= -\sqrt{\frac{3}{8\pi}}\sin\theta e^{i\varphi} \\ Y_{10}(\theta,\varphi) &= \sqrt{\frac{3}{4\pi}}\cos\theta \\ Y_{1-1}(\theta,\varphi) &= \sqrt{\frac{3}{8\pi}}\sin\theta e^{-i\varphi} \end{aligned} \tag{8}$$

利用

$$\begin{aligned} x &= r\sin\theta\cos\varphi \\ y &= r\sin\theta\sin\varphi \\ z &= r\cos\theta \\ r &= (x^2 + y^2 + z^2)^{1/2} \\ \theta &= \arccos(z/r) \\ \varphi &= \arctan(y/x) \end{aligned} \tag{9}$$

式(8) 可以改写为

$$\begin{aligned} Y_{11} &= \sqrt{\frac{3}{4\pi}}\ \frac{1}{r}\left[-\frac{1}{\sqrt{2}}(x + iy)\right] \\ Y_{10} &= \sqrt{\frac{3}{4\pi}}\ \frac{z}{r} \\ Y_{1-1} &= \sqrt{\frac{3}{4\pi}}\ \frac{1}{r}\left[\frac{1}{\sqrt{2}}(x - iy)\right] \end{aligned} \tag{10}$$

对于坐标 $\boldsymbol{r}$ 而言，其 3 个分量算符分别为 r_{11}, r_{10}, r_{1-1}，即

$$\begin{aligned} r_{11} &= -\frac{1}{\sqrt{2}}(r_x + ir_y) = -\frac{1}{\sqrt{2}}(x + iy) \\ r_{10} &= r_z = z \\ r_{1-1} &= \frac{1}{\sqrt{2}}(r_x - ir_y) = \frac{1}{\sqrt{2}}(x - iy) \end{aligned} \tag{11}$$

将上式与式(9) 比较可知，r_{1m} 亦为一阶不可约张量算符。

习题 5.17 证明 $\hat{F}(t)$ 的取值概率不随时间变。

证明 由习题 5.19 可知，$\hat{F}(t)$ 的本征值 f 可以在正负无穷之间连续取值，相应的本征函数为

$$\psi_f(x,t) = c(t)e^{-\frac{i}{\hbar B(t)}\left[fx + \frac{1}{2}A(t)x^2\right]} \tag{1}$$

式中的规格化常数为

$$c(t)=[2\pi\hbar B(t)]^{-1/2} \tag{2}$$

下面证明 $\hat{F}(t)$ 的取值概率不随时间变。

由展开假定可知，体系的任意归一化的波函数 $\Psi(x,t)$ 可以向 $\hat{F}(t)$ 的本征函数 $\psi_f(x,t)$ 展开，即

$$\Psi(x,t)=\int_{-\infty}^{\infty}\mathrm{d}f\,C_f(t)\psi_f(x,t) \tag{3}$$

式中的展开系数为

$$C_f(t)=\int_{-\infty}^{\infty}\mathrm{d}x\psi_f^*(x,t)\Psi(x,t) \tag{4}$$

展开系数 $C_f(t)$ 随时间的变化为

$$\begin{aligned}&\frac{\mathrm{d}}{\mathrm{d}t}C_f(t)=\frac{\mathrm{d}}{\mathrm{d}t}\int_{-\infty}^{\infty}\mathrm{d}x\psi_f^*(x,t)\Psi(x,t)=\\&\int_{-\infty}^{\infty}\mathrm{d}x\left\{\left[\frac{\partial}{\partial t}\psi_f^*(x,t)\right]\Psi(x,t)+\psi_f^*(x,t)\left[\frac{\partial}{\partial t}\Psi(x,t)\right]\right\}\end{aligned} \tag{5}$$

首先，处理式(5) 右端的第 1 项，即

$$\begin{aligned}&\int_{-\infty}^{\infty}\mathrm{d}x\left[\frac{\partial}{\partial t}\psi_f^*(x,t)\right]\Psi(x,t)=\\&\int_{-\infty}^{\infty}\mathrm{d}x\Psi(x,t)\mathrm{e}^{\frac{\mathrm{i}}{\hbar B(t)}\left[fx+\frac{1}{2}A(t)x^2\right]}\left[\frac{\mathrm{d}}{\mathrm{d}t}\frac{1}{\sqrt{2\pi\hbar B(t)}}\right]+\\&\int_{-\infty}^{\infty}\mathrm{d}x\psi_f^*(x,t)\Psi(x,t)\frac{\partial}{\partial t}\left\{\frac{\mathrm{i}}{\hbar B(t)}\left[fx+\frac{1}{2}A(t)x^2\right]\right\}\end{aligned} \tag{6}$$

在上式中，与时间导数相关的部分可以分别算出，即

$$\frac{\mathrm{d}}{\mathrm{d}t}\frac{1}{\sqrt{2\pi\hbar B(t)}}=-\frac{1}{2\sqrt{2\pi\hbar}B^{3/2}(t)}\frac{\mathrm{d}B(t)}{\mathrm{d}t}=-\frac{c(t)}{2B(t)}\frac{\mathrm{d}B(t)}{\mathrm{d}t} \tag{7}$$

$$\begin{aligned}&\frac{\partial}{\partial t}\left\{\frac{\mathrm{i}}{\hbar B(t)}\left[fx+\frac{1}{2}A(t)x^2\right]\right\}=\\&-\frac{\mathrm{i}fx}{\hbar B^2(t)}\frac{\mathrm{d}B(t)}{\mathrm{d}t}-\frac{\mathrm{i}x^2A(t)}{2\hbar B^2(t)}\frac{\mathrm{d}B(t)}{\mathrm{d}t}+\frac{\mathrm{i}x^2}{2\hbar B(t)}\frac{\mathrm{d}A(t)}{\mathrm{d}t}\end{aligned} \tag{8}$$

由 $A(t)$，$B(t)$ 的表达式可知

$$\begin{aligned}&\frac{\mathrm{d}A(t)}{\mathrm{d}t}=c_1\mu\omega^2\mathrm{e}^{\mathrm{i}\omega t}+c_2\mu\omega^2\mathrm{e}^{-\mathrm{i}\omega t}=\mu\omega^2B(t)\\&\frac{\mathrm{d}B(t)}{\mathrm{d}t}=\mathrm{i}c_1\omega\mathrm{e}^{\mathrm{i}\omega t}-\mathrm{i}c_2\omega\mathrm{e}^{-\mathrm{i}\omega t}=-\frac{1}{\mu}A(t)\end{aligned} \tag{9}$$

利用上式将式(7)～(8)改写成

$$\frac{\mathrm{d}}{\mathrm{d}t}\frac{1}{\sqrt{2\pi\hbar B(t)}}=\frac{c(t)A(t)}{2\mu B(t)} \tag{10}$$

$$\frac{\partial}{\partial t}\left\{\frac{\mathrm{i}}{\hbar B(t)}\left[fx+\frac{1}{2}A(t)x^2\right]\right\}=\frac{\mathrm{i}fxA(t)}{\mu\hbar B^2(t)}+\frac{\mathrm{i}x^2A^2(t)}{2\mu\hbar B^2(t)}+\frac{\mathrm{i}\mu\omega^2x^2}{2\hbar} \tag{11}$$

进而可以将式(6)简化为

$$\begin{aligned}&\int_{-\infty}^{\infty}\mathrm{d}x\left[\frac{\partial}{\partial t}\psi_f^*(x,t)\right]\Psi(x,t)=\\&\int_{-\infty}^{\infty}\mathrm{d}x\psi_f^*(x,t)\Psi(x,t)\left[\frac{A(t)}{2\mu B(t)}+\frac{\mathrm{i}\mu\omega^2x^2}{2\hbar}+\frac{\mathrm{i}fxA(t)}{\mu\hbar B^2(t)}+\frac{\mathrm{i}x^2A^2(t)}{2\mu\hbar B^2(t)}\right]\end{aligned} \tag{12}$$

然后，计算式(5)端的第2项，由哈密顿算符的厄米性质可知

$$\begin{aligned}&\int_{-\infty}^{\infty}\mathrm{d}x\psi_f^*(x,t)\left[\frac{\partial}{\partial t}\Psi(x,t)\right]=-\frac{\mathrm{i}}{\hbar}\int_{-\infty}^{\infty}\mathrm{d}x\psi_f^*(x,t)\hat{H}\Psi(x,t)=\\&-\frac{\mathrm{i}}{\hbar}\int_{-\infty}^{\infty}\mathrm{d}x\Psi(x,t)\ [\hat{H}\psi_f(x,t)]^*\end{aligned} \tag{13}$$

利用式(1)与式(2)，通过简单的微商运算可知

$$\hat{H}\psi_f(x,t)=\left\{-\frac{\hbar^2}{2\mu}\left[\frac{-\mathrm{i}A(t)}{\hbar B(t)}-\frac{[f+A(t)x]^2}{\hbar^2B^2(t)}\right]+\frac{1}{2}\mu\omega^2x^2\right\}\psi_f(x,t) \tag{14}$$

将上式取复数共轭

$$[\hat{H}\psi_f(x,t)]^*=\left\{\frac{-\mathrm{i}\hbar A(t)}{2\mu B(t)}+\frac{[f+A(t)x]^2}{2\mu B^2(t)}+\frac{1}{2}\mu\omega^2x^2\right\}\psi_f(x,t) \tag{15}$$

代入式(13)，得到

$$\begin{aligned}&\int_{-\infty}^{\infty}\mathrm{d}x\psi_f^*(x,t)\left[\frac{\partial}{\partial t}\Psi(x,t)\right]=\\&\int_{-\infty}^{\infty}\mathrm{d}x\Psi(x,t)\psi_f(x,t)\left\{-\frac{A(t)}{2\mu B(t)}-\frac{\mathrm{i}\,[f+A(t)x]^2}{2\mu\hbar B^2(t)}-\frac{\mathrm{i}}{2\hbar}\mu\omega^2x^2\right\}\end{aligned} \tag{16}$$

最后，将式(16)与式(12)代入式(5)，9项当中有8项正负抵消，整理后得到

$$\frac{\mathrm{d}}{\mathrm{d}t}C_f(t)=-\frac{\mathrm{i}f^2}{2\mu\hbar B^2(t)}\int_{-\infty}^{\infty}\mathrm{d}x\psi_f^*(x,t)\Psi(x,t)=-\frac{\mathrm{i}f^2}{2\mu\hbar B^2(t)}C_f(t) \tag{17}$$

力学量 $F(t)$ 在任意状态 $\Psi(x,t)$ 下的取值概率随时间的变化为

$$\frac{\mathrm{d}}{\mathrm{d}t}W_f(t)=C_f^*(t)\frac{\mathrm{d}}{\mathrm{d}t}C_f(t)+C_f(t)\frac{\mathrm{d}}{\mathrm{d}t}C_f^*(t) \tag{18}$$

将式(17)及其复数共轭代入上式，得到

$$\frac{\mathrm{d}}{\mathrm{d}t}W_f(t)=-\frac{\mathrm{i}f^2}{2\mu\hbar B^2(t)}C_f^*(t)C_f(t)+\frac{\mathrm{i}f^2}{2\mu\hbar B^2(t)}C_f^*(t)C_f(t)=0 \tag{19}$$

上式表明，在体系任意状态 $\Psi(x,t)$ 下力学量 $F(t)$ 取 f 值的概率不随时间改变，进而可知其平均值也与时间无关，于是 $F(t)$ 是线谐振子体系的含时守恒量。

习题 5.18　证明

$$[\hat{F}^n(t),\hat{H}]=n\hat{C}(t)\hat{F}^{n-1}(t)+\frac{n(n-1)}{2}D\hat{F}^{n-2}(t)$$

证明　已知含时力学量算符满足

$$\begin{aligned}\hat{C}(t)&=[\hat{F}(t),\hat{H}]\\ D&=[\hat{F}(t),\hat{C}(t)]=\text{实常数}\end{aligned} \tag{1}$$

下面用数学归纳法证明之。

当 $n=1$ 时，显然求证之式成立，即

$$[\hat{F}(t),\hat{H}]=\hat{C}(t) \tag{2}$$

假设 $n=k$ 时求证之式成立，即

$$[\hat{F}^k(t),\hat{H}]=k\hat{C}(t)\hat{F}^{k-1}(t)+\frac{k(k-1)}{2}D\hat{F}^{k-2}(t) \tag{3}$$

当 $n=k+1$ 时，有

$$\begin{aligned}[\hat{F}^{k+1}(t),\hat{H}]&=[\hat{F}(t)\hat{F}^k(t),\hat{H}]=\hat{F}(t)[\hat{F}^k(t),\hat{H}]+\hat{C}(t)\hat{F}^k(t)=\\ &\hat{F}(t)\left[k\hat{C}(t)\hat{F}^{k-1}(t)+\frac{k(k-1)}{2}D\hat{F}^{k-2}(t)\right]+\hat{C}(t)\hat{F}^k(t)=\\ &k[\hat{C}(t)\hat{F}(t)+D]\hat{F}^{k-1}(t)+\frac{k(k-1)}{2}D\hat{F}^{k-1}(t)+\hat{C}(t)\hat{F}^k(t)=\\ &(k+1)\hat{C}(t)\hat{F}^k(t)+\frac{k(k+1)}{2}D\hat{F}^{k-1}(t)\end{aligned} \tag{4}$$

取 $n=k+1$，上式变成求证之式，即

$$[\hat{F}^n(t),\hat{H}]=n\hat{C}(t)\hat{F}^{n-1}(t)+\frac{n(n-1)}{2}D\hat{F}^{n-2}(t) \tag{5}$$

如果含时力学量算符满足

$$\hat{C}(t)=[\hat{H},\hat{F}(t)]$$
$$D=[\hat{F}(t),\hat{C}(t)]=\text{实常数} \tag{6}$$

则式(5) 也可以改写成

$$[\hat{H},\hat{F}^n(t)]=n\hat{C}(t)\hat{F}^{n-1}(t)+\frac{n(n-1)}{2}D\hat{F}^{n-2}(t) \tag{7}$$

细心的读者应该发现,上式比习题 4.5 中的公式

$$[\hat{A},\hat{B}^n]=n\hat{B}^{n-1}[\hat{A},\hat{B}] \tag{8}$$

多出一个与 D 相关的项,这是因为式(8) 成立是有条件的,即要求算符 $\hat{B}$ 与对易子 $[\hat{A},\hat{B}]$ 是对易的,而式(7) 中的算符 $\hat{F}(t)$ 与对易子 $\hat{C}(t)$ 并不对易,此即两者差异之所在。当算符 $\hat{F}(t)$ 与对易子 $\hat{C}(t)$ 对易(即 $D=0$) 时,式(7) 退化为式(8),表明式(8) 只是式(7) 的一种特例,式(7) 具有更普遍的意义。

习题 5.19 求出受迫振子含时位势的本征解。

解 已知受迫振子含时位势算符 $\hat{F}(t)$ 的形式为

$$\hat{F}(t)=-A(t)x-B(t)\hat{p} \tag{1}$$

设其满足的本征方程为

$$\hat{F}(t)\psi_f(x,t)=f\psi_f(x,t) \tag{2}$$

将式(1) 代入上式,得到

$$\left[-A(t)x+\mathrm{i}\hbar B(t)\frac{\partial}{\partial x}\right]\psi_f(x,t)=f\psi_f(x,t) \tag{3}$$

$\hat{F}(t)$ 的本征值 f 可以在正负无穷之间连续取值,相应的本征函数为

$$\psi_f(x,t)=c(t)\mathrm{e}^{-\frac{\mathrm{i}}{\hbar B(t)}\left[fx+\frac{1}{2}A(t)x^2\right]} \tag{4}$$

由于上述本征函数不能归一化,故式中的 $c(t)$ 为规格化常数。

下面利用本征函数的规格化条件确定规格化常数 $c(t)$。

利用 $A(t)$,$B(t)$ 皆为实函数及 δ 函数的定义与性质,通过简单的计算得到

$$\int_{-\infty}^{\infty}\mathrm{d}x\psi_f^*(x,t)\psi_{f'}(x,t)=$$
$$|c(t)|^2\int_{-\infty}^{\infty}\mathrm{d}x\mathrm{e}^{\frac{\mathrm{i}}{\hbar B(t)}\left[fx+\frac{1}{2}A(t)x^2\right]}\mathrm{e}^{-\frac{\mathrm{i}}{\hbar B(t)}\left[f'x+\frac{1}{2}A(t)x^2\right]}= \tag{5}$$
$$|c(t)|^2\int_{-\infty}^{\infty}\mathrm{d}x\mathrm{e}^{\frac{\mathrm{i}fx}{\hbar B(t)}}\mathrm{e}^{-\frac{\mathrm{i}f'x}{\hbar B(t)}}=|c(t)|^2 2\pi\hbar B(t)\delta(f-f')$$

若取规格化常数为

$$c(t)=\left[2\pi\hbar B(t)\right]^{-1/2} \tag{6}$$

则本征函数 $\psi_f(x,t)$ 满足规格化条件

$$\int_{-\infty}^{\infty}\mathrm{d}x\psi_f^*(x,t)\psi_{f'}(x,t)=\delta(f-f') \tag{7}$$

在形式上,它与坐标或动量本征函数的规格化条件完全一样。

第 6 章　量子散射理论

习题 6.1　证明 0 级格林算符 $\hat{g}_0^{(\pm)}(E_k)$ 在坐标表象中的矩阵元为

$$\langle \boldsymbol{r} \mid \hat{g}_0^{(\pm)}(E_k) \mid \boldsymbol{r}'\rangle = 2\mu\hbar^{-2} G_k^{(\pm)}(\boldsymbol{r}-\boldsymbol{r}')$$

其中

$$G_k^{(\pm)}(\boldsymbol{r}-\boldsymbol{r}') = (2\pi)^{-3}\int \mathrm{d}^3 k' \left[\boldsymbol{k}^2 - (\boldsymbol{k}')^2 \pm \mathrm{i}\varepsilon\right]^{-1} \mathrm{e}^{\mathrm{i}\boldsymbol{k}'\cdot(\boldsymbol{r}-\boldsymbol{r}')}$$

$$\hat{g}_0^{(\pm)}(E_k) = (E_k - \hat{H}_0 \pm \mathrm{i}\varepsilon)^{-1}$$

证明　从 0 级格林算符 $\hat{g}_0^{(\pm)}(E_k)$ 的定义出发,计算其坐标表象下的矩阵元

$$\langle \boldsymbol{r} \mid \hat{g}_0^{(\pm)}(E_k) \mid \boldsymbol{r}'\rangle = \langle \boldsymbol{r} \mid (E_k - \hat{H}_0 \pm \mathrm{i}\varepsilon)^{-1} \mid \boldsymbol{r}'\rangle \tag{1}$$

若在上式右端插入封闭关系

$$(2\pi)^{-3}\int \mathrm{d}^3 k \mid \boldsymbol{k}\rangle\langle \boldsymbol{k} \mid = 1 \tag{2}$$

并利用

$$(E_k - \hat{H}_0 \pm \mathrm{i}\varepsilon)^{-1} \mid \boldsymbol{k}'\rangle = \left[\frac{\hbar^2}{2\mu}\boldsymbol{k}^2 - \frac{\hbar^2}{2\mu}(\boldsymbol{k}')^2 \pm \mathrm{i}\varepsilon\right]^{-1} \mid \boldsymbol{k}'\rangle \tag{3}$$

$$\begin{aligned} \langle \boldsymbol{r} \mid \boldsymbol{k}'\rangle &= \mathrm{e}^{\mathrm{i}\boldsymbol{k}'\cdot\boldsymbol{r}} \\ \langle \boldsymbol{k}' \mid \boldsymbol{r}'\rangle &= \mathrm{e}^{-\mathrm{i}\boldsymbol{k}'\cdot\boldsymbol{r}'} \end{aligned} \tag{4}$$

则式(1) 变成

$$\begin{aligned} \langle \boldsymbol{r} \mid \hat{g}_0^{(\pm)}(E_k) \mid \boldsymbol{r}'\rangle = {} & (2\pi)^{-3}\int \mathrm{d}^3 k' \langle \boldsymbol{r} \mid (E_k - \hat{H}_0 \pm \mathrm{i}\varepsilon)^{-1} \mid \boldsymbol{k}'\rangle\langle \boldsymbol{k}' \mid \boldsymbol{r}'\rangle = \\ & (2\pi)^{-3}\int \mathrm{d}^3 k' \left[\frac{\hbar^2}{2\mu}\boldsymbol{k}^2 - \frac{\hbar^2}{2\mu}(\boldsymbol{k}')^2 \pm \mathrm{i}\varepsilon\right]^{-1} \langle \boldsymbol{r} \mid \boldsymbol{k}'\rangle\langle \boldsymbol{k}' \mid \boldsymbol{r}'\rangle = \\ & 2\mu\hbar^{-2}(2\pi)^{-3}\int \mathrm{d}^3 k' \left[\boldsymbol{k}^2 - (\boldsymbol{k}')^2 \pm \mathrm{i}\varepsilon 2\mu/\hbar^2\right]^{-1} \mathrm{e}^{\mathrm{i}\boldsymbol{k}'\cdot\boldsymbol{r}}\mathrm{e}^{-\mathrm{i}\boldsymbol{k}'\cdot\boldsymbol{r}'} = \\ & 2\mu\hbar^{-2}(2\pi)^{-3}\int \mathrm{d}^3 k' \left[\boldsymbol{k}^2 - (\boldsymbol{k}')^2 \pm \mathrm{i}\varepsilon\right]^{-1} \mathrm{e}^{\mathrm{i}\boldsymbol{k}'\cdot(\boldsymbol{r}-\boldsymbol{r}')} \end{aligned} \tag{5}$$

若令格林函数

$$G_k^{(\pm)}(\boldsymbol{r}-\boldsymbol{r}') = (2\pi)^{-3}\int \mathrm{d}^3 k' \left[\boldsymbol{k}^2 - (\boldsymbol{k}')^2 \pm \mathrm{i}\varepsilon\right]^{-1} \mathrm{e}^{\mathrm{i}\boldsymbol{k}'\cdot(\boldsymbol{r}-\boldsymbol{r}')} \tag{6}$$

则式(5) 可以简化为

$$\langle \boldsymbol{r} \mid \hat{g}_0^{(\pm)}(E_k) \mid \boldsymbol{r}' \rangle = 2\mu\hbar^{-2} G_k^{(\pm)}(\boldsymbol{r}-\boldsymbol{r}') \tag{7}$$

此即求证之式。

习题 6.2　证明

$$G_k^{(\pm)}(\boldsymbol{r}-\boldsymbol{r}') = \frac{1}{\mathrm{i}R(2\pi)^2}\int_{-\infty}^{\infty} \mathrm{d}k'k' \left[\boldsymbol{k}^2 - (\boldsymbol{k}')^2 \pm \mathrm{i}\varepsilon\right]^{-1} \mathrm{e}^{\mathrm{i}Rk'}$$

其中

$$R = |\boldsymbol{r}-\boldsymbol{r}'|$$

证明　由格林函数的定义可知

$$G_k^{(\pm)}(\boldsymbol{r}-\boldsymbol{r}') = (2\pi)^{-3}\int \mathrm{d}^3k' \left[\boldsymbol{k}^2 - (\boldsymbol{k}')^2 \pm \mathrm{i}\varepsilon\right]^{-1} \mathrm{e}^{\mathrm{i}\boldsymbol{k}'\cdot(\boldsymbol{r}-\boldsymbol{r}')} \tag{1}$$

若设 $R=|\boldsymbol{r}-\boldsymbol{r}'|$，则有

$$\begin{aligned} &G_k^{(\pm)}(\boldsymbol{r}-\boldsymbol{r}') = \\ &(2\pi)^{-3}\int_{-\infty}^{\infty} \mathrm{d}k'(\boldsymbol{k}')^2 \int_0^{2\pi}\mathrm{d}\varphi\int_0^{\pi}\mathrm{d}\theta\sin\theta \left[\boldsymbol{k}^2 - (\boldsymbol{k}')^2 \pm \mathrm{i}\varepsilon\right]^{-1} \mathrm{e}^{\mathrm{i}k'R\cos\theta} = \\ &(2\pi)^{-2}\int_{-\infty}^{\infty} \mathrm{d}k'(\boldsymbol{k}')^2 \left[\boldsymbol{k}^2 - (\boldsymbol{k}')^2 \pm \mathrm{i}\varepsilon\right]^{-1} \int_{-1}^{1}\mathrm{d}y\mathrm{e}^{\mathrm{i}k'Ry} \end{aligned} \tag{2}$$

式中的积分可以算出

$$\int_{-1}^{1}\mathrm{d}y\mathrm{e}^{\mathrm{i}k'Ry} = \frac{1}{\mathrm{i}Rk'}(\mathrm{e}^{\mathrm{i}k'R} - \mathrm{e}^{-\mathrm{i}k'R}) \tag{3}$$

由于观测位置 $\boldsymbol{r}$ 远大于位势作用位置 $\boldsymbol{r}'$，故 $R=|\boldsymbol{r}-\boldsymbol{r}'|$ 是很大的，于是，式(3)可简化成

$$\int_{-1}^{1}\mathrm{d}y\mathrm{e}^{\mathrm{i}k'Ry} \approx \frac{1}{\mathrm{i}Rk'}\mathrm{e}^{\mathrm{i}k'R} \tag{4}$$

将上式代入式(2)，得到求证之式，即

$$\begin{aligned} G_k^{(\pm)}(\boldsymbol{r}-\boldsymbol{r}') &= \frac{1}{(2\pi)^2}\int_{-\infty}^{\infty} \mathrm{d}k'(\boldsymbol{k}')^2 \frac{1}{\mathrm{i}Rk'}\left[\boldsymbol{k}^2 - (\boldsymbol{k}')^2 \pm \mathrm{i}\varepsilon\right]^{-1} \mathrm{e}^{\mathrm{i}k'R} = \\ &\frac{1}{\mathrm{i}R(2\pi)^2}\int_{-\infty}^{\infty} \mathrm{d}k'k' \left[\boldsymbol{k}^2 - (\boldsymbol{k}')^2 \pm \mathrm{i}\varepsilon\right]^{-1} \mathrm{e}^{\mathrm{i}k'R} \end{aligned} \tag{5}$$

习题 6.3　证明 $G_k^{(\pm)}(\boldsymbol{r}-\boldsymbol{r}')$ 满足有点源的波动方程

$$(\vec{\nabla}^2 + \boldsymbol{k}^2) G_k^{(\pm)}(\boldsymbol{r}-\boldsymbol{r}') = \delta^3(\boldsymbol{r}-\boldsymbol{r}')$$

证明　由格林函数的定义可知

$$G_k^{(\pm)}(\boldsymbol{r}-\boldsymbol{r}') = (2\pi)^{-3}\int d^3k' \,[\boldsymbol{k}^2 - (\boldsymbol{k}')^2 \pm i\varepsilon]^{-1} e^{i\boldsymbol{k}'\cdot(\boldsymbol{r}-\boldsymbol{r}')} \tag{1}$$

用 $(\vec{\nabla}^2 + \boldsymbol{k}^2)$ 从左作用上式两端，并利用

$$\vec{\nabla}^2 e^{i\boldsymbol{k}'\cdot(\boldsymbol{r}-\boldsymbol{r}')} = -(\boldsymbol{k}')^2 e^{i\boldsymbol{k}'\cdot(\boldsymbol{r}-\boldsymbol{r}')} \tag{2}$$

立即得到有点源的波动方程

$$\begin{aligned}
&(\vec{\nabla}^2 + \boldsymbol{k}^2) G_k^{(\pm)}(\boldsymbol{r}-\boldsymbol{r}') = \\
&(2\pi)^{-3}\int d^3k' \,[\boldsymbol{k}^2 - (\boldsymbol{k}')^2 \pm i\varepsilon]^{-1} (\vec{\nabla}^2 + \boldsymbol{k}^2) e^{i\boldsymbol{k}'\cdot(\boldsymbol{r}-\boldsymbol{r}')} = \\
&(2\pi)^{-3}\int d^3k' \,[\boldsymbol{k}^2 - (\boldsymbol{k}')^2 \pm i\varepsilon]^{-1} [\boldsymbol{k}^2 - (\boldsymbol{k}')^2] e^{i\boldsymbol{k}'\cdot(\boldsymbol{r}-\boldsymbol{r}')} = \\
&(2\pi)^{-3}\int d^3k' e^{i\boldsymbol{k}'\cdot(\boldsymbol{r}-\boldsymbol{r}')} = \delta^3(\boldsymbol{r}-\boldsymbol{r}')
\end{aligned} \tag{3}$$

在推导上式的过程中用到了 $\varepsilon \to 0$。

习题 6.4 利用格林函数方法导出势散射的积分方程，即

$$\psi_k^{(+)}(\boldsymbol{r}) = e^{i\boldsymbol{k}\cdot\boldsymbol{r}} - (4\pi)^{-1}\int d\tau' R^{-1} e^{ikR} U(r') \psi_k^{(+)}(\boldsymbol{r}')$$

解 由定态薛定谔方程

$$(\hat{H}_0 + \hat{V}) \mid \psi\rangle = E \mid \psi\rangle \tag{1}$$

可以导出 LS 方程，即

$$\mid \psi_k^{(\pm)}\rangle = \mid \boldsymbol{k}\rangle + \hat{g}_0^{(\pm)}(E_k)\hat{V} \mid \psi_k^{(\pm)}\rangle \tag{2}$$

利用习题 6.1 中的式(5)，可以将上式在坐标表象下写出来，即用 $\langle \boldsymbol{r} \mid$ 左乘式(2) 两端，得到

$$\begin{aligned}
\psi_k^{(\pm)}(\boldsymbol{r}) &= e^{i\boldsymbol{k}\cdot\boldsymbol{r}} + \int d\tau' \langle \boldsymbol{r} \mid \hat{g}_0^{(\pm)}(E_k) \mid \boldsymbol{r}'\rangle V(r') \psi_k^{(\pm)}(\boldsymbol{r}') = \\
&c^{i\boldsymbol{k}\cdot\boldsymbol{r}} + \int d\tau' 2\mu\hbar^{-2} G_k^{(\pm)}(\boldsymbol{r}-\boldsymbol{r}') V(r') \psi_k^{(\pm)}(\boldsymbol{r}') = \\
&e^{i\boldsymbol{k}\cdot\boldsymbol{r}} + \int d\tau' G_k^{(\pm)}(\boldsymbol{r}-\boldsymbol{r}') U(r') \psi_k^{(\pm)}(\boldsymbol{r}')
\end{aligned} \tag{3}$$

由习题 6.2 中的式(5) 可知，上式中的格林函数为

$$G_k^{(\pm)}(\boldsymbol{r}-\boldsymbol{r}') = \frac{1}{iR(2\pi)^2}\int_{-\infty}^{\infty} dk'k' \,[\boldsymbol{k}^2 - (\boldsymbol{k}')^2 \pm i\varepsilon]^{-1} e^{ik'R} \tag{4}$$

应用柯西积分公式完成上式中的复变函数积分，得到

$$G_k^{(\pm)}(\boldsymbol{r}-\boldsymbol{r}') = -\frac{1}{4\pi R} e^{\pm ikR} \tag{5}$$

将上式代入式(3)，得到

$$\psi_{\boldsymbol{k}}^{(+)}(\boldsymbol{r})=\mathrm{e}^{\mathrm{i}\boldsymbol{k}\cdot\boldsymbol{r}}-(4\pi)^{-1}\int \mathrm{d}\tau' R^{-1}\mathrm{e}^{\mathrm{i}kR}U(r')\psi_{\boldsymbol{k}}^{(+)}(\boldsymbol{r}') \tag{6}$$

由于 $\mathrm{e}^{-\mathrm{i}kR}$ 不是散射态，故已将其去掉。

习题 6.5　证明跃迁算符 $\hat{T}^{(\pm)}$ 与位势算符 $\hat{V}$ 满足下列关系

$$\hat{g}_0^{(\pm)}\hat{T}^{(\pm)}=\hat{g}^{(\pm)}\hat{V}$$

$$\hat{T}^{(\pm)}\hat{g}_0^{(\pm)}=\hat{V}\hat{g}^{(\pm)}$$

$$\hat{g}^{(\pm)}=\hat{g}_0^{(\pm)}+\hat{g}_0^{(\pm)}\hat{T}^{(\pm)}\hat{g}_0^{(\pm)}$$

证明　已知 LS 方程为

$$|\psi_{\boldsymbol{k}}^{(\pm)}\rangle=|\boldsymbol{k}\rangle+\hat{g}_0^{(\pm)}\hat{V}|\psi_{\boldsymbol{k}}^{(\pm)}\rangle \tag{1}$$

其中，0 级格林算符的定义是

$$\hat{g}_0^{(\pm)}=(E-\hat{H}_0\pm\mathrm{i}\varepsilon)^{-1} \tag{2}$$

用 $E-\hat{H}_0\pm\mathrm{i}\varepsilon$ 左乘式(1) 两端，得

$$(E-\hat{H}_0\pm\mathrm{i}\varepsilon)|\psi_{\boldsymbol{k}}^{(\pm)}\rangle=(E-\hat{H}_0\pm\mathrm{i}\varepsilon)|\boldsymbol{k}\rangle+\hat{V}|\psi_{\boldsymbol{k}}^{(\pm)}\rangle \tag{3}$$

由于 $\hat{H}_0=\hat{H}-\hat{V}$，故上式可以改写成

$$(E-\hat{H}\pm\mathrm{i}\varepsilon)|\psi_{\boldsymbol{k}}^{(\pm)}\rangle=(E-\hat{H}\pm\mathrm{i}\varepsilon)|\boldsymbol{k}\rangle+\hat{V}|\boldsymbol{k}\rangle \tag{4}$$

利用格林算符的定义

$$\hat{g}^{(\pm)}=(E-\hat{H}\pm\mathrm{i}\varepsilon)^{-1} \tag{5}$$

可以把式(4) 改写成

$$|\psi_{\boldsymbol{k}}^{(\pm)}\rangle=|\boldsymbol{k}\rangle+\hat{g}^{(\pm)}\hat{V}|\boldsymbol{k}\rangle \tag{6}$$

这是 LS 方程的另外一种表述形式。

跃迁算符的定义为

$$\hat{T}^{(\pm)}|\boldsymbol{k}\rangle=\hat{V}|\psi_{\boldsymbol{k}}^{(\pm)}\rangle \tag{7}$$

将其代入式(1)，得到

$$|\psi_{\boldsymbol{k}}^{(\pm)}\rangle=|\boldsymbol{k}\rangle+\hat{g}_0^{(\pm)}\hat{V}|\psi_{\boldsymbol{k}}^{(\pm)}\rangle=|\boldsymbol{k}\rangle+\hat{g}_0^{(\pm)}\hat{T}^{(\pm)}|\boldsymbol{k}\rangle \tag{8}$$

比较式(8) 与式(6)，得到

$$\hat{g}_0^{(\pm)}\hat{T}^{(\pm)}=\hat{g}^{(\pm)}\hat{V} \tag{9}$$

此即求证之第 1 式。

由 0 级格林算符的定义式(2) 与格林算符的定义式(5) 可知

$$\begin{aligned}(\hat{g}_0^{(\pm)})^{\dagger}&=\hat{g}_0^{(\mp)}\\(\hat{g}^{(\pm)})^{\dagger}&=\hat{g}^{(\mp)}\end{aligned} \tag{10}$$

从跃迁算符的定义式(7) 出发,利用 LS 方程式(6),得到

$$\hat{T}^{(\pm)}|\boldsymbol{k}\rangle=\hat{V}|\psi_{\boldsymbol{k}}^{(\pm)}\rangle=\hat{V}(|\boldsymbol{k}\rangle+\hat{g}^{(\pm)}\hat{V}|\boldsymbol{k}\rangle)=(\hat{V}+\hat{V}\hat{g}^{(\pm)}\hat{V})|\boldsymbol{k}\rangle \tag{11}$$

此即

$$\hat{T}^{(\pm)}=\hat{V}+\hat{V}\hat{g}^{(\pm)}\hat{V} \tag{12}$$

由位势算符 $\hat{V}$ 的厄米性及式(10) 可知

$$(\hat{T}^{(\pm)})^{\dagger}=\hat{T}^{(\mp)} \tag{13}$$

将式(9) 两端取共轭,并利用式(10) 与式(13) 的结果,得到

$$\hat{T}^{(\pm)}\hat{g}_0^{(\pm)}=\hat{V}\hat{g}^{(\pm)} \tag{14}$$

此即求证之第 2 式。

从跃迁算符的定义式(7) 出发,利用 LS 方程式(1),得到

$$\begin{aligned}&\hat{T}^{(\pm)}|\boldsymbol{k}\rangle=\hat{V}|\psi_{\boldsymbol{k}}^{(\pm)}\rangle=\hat{V}(|\boldsymbol{k}\rangle+\hat{g}_0^{(\pm)}\hat{V}|\psi_{\boldsymbol{k}}^{(\pm)}\rangle)=\\&\hat{V}|\boldsymbol{k}\rangle+\hat{V}\hat{g}_0^{(\pm)}\hat{V}|\psi_{\boldsymbol{k}}^{(\pm)}\rangle=\\&\hat{V}|\boldsymbol{k}\rangle+\hat{V}\hat{g}_0^{(\pm)}\hat{T}^{(\pm)}|\boldsymbol{k}\rangle=(\hat{V}+\hat{V}\hat{g}_0^{(\pm)}\hat{T}^{(\pm)})|\boldsymbol{k}\rangle\end{aligned} \tag{15}$$

此即

$$\hat{T}^{(\pm)}=\hat{V}+\hat{V}\hat{g}_0^{(\pm)}\hat{T}^{(\pm)} \tag{16}$$

由式(14) 可知

$$\hat{g}^{(\pm)}=\hat{V}^{-1}\hat{T}^{(\pm)}\hat{g}_0^{(\pm)} \tag{17}$$

再把式(16) 代入上式,得到

$$\hat{g}^{(\pm)}=\hat{V}^{-1}[\hat{V}+\hat{V}\hat{g}_0^{(\pm)}\hat{T}^{(\pm)}]\hat{g}_0^{(\pm)}=\hat{g}_0^{(\pm)}+\hat{g}_0^{(\pm)}\hat{T}^{(\pm)}\hat{g}_0^{(\pm)} \tag{18}$$

此即求证之第 3 式。

习题 6.6 证明摩勒算符 $\hat{\Omega}^{(\pm)}$ 与哈密顿算符 $\hat{H}=\hat{H}_0+\hat{V}$ 满足下列关系

$$\hat{H}\hat{\Omega}^{(\pm)}=\hat{\Omega}^{(\pm)}\hat{H}_0$$

$$(\hat{\Omega}^{(\pm)})^{\dagger}\hat{H}=\hat{H}_0(\hat{\Omega}^{(\pm)})^{\dagger}$$

证明 摩勒算符的定义为

$$\hat{\Omega}^{(\pm)}|\boldsymbol{k}\rangle=|\psi_{\boldsymbol{k}}^{(\pm)}\rangle \tag{1}$$

用哈密顿算符从左作用上式两端,得到

$$\hat{H}\hat{\Omega}^{(\pm)}|\boldsymbol{k}\rangle=\hat{H}|\psi_{\boldsymbol{k}}^{(\pm)}\rangle=E_k|\psi_{\boldsymbol{k}}^{(\pm)}\rangle \tag{2}$$

而

$$\hat{\Omega}^{(\pm)}\hat{H}_0 \mid \boldsymbol{k}\rangle = E_k\hat{\Omega}^{(\pm)} \mid \boldsymbol{k}\rangle \tag{3}$$

将式(1) 代入上式右端，得到

$$\hat{\Omega}^{(\pm)}\hat{H}_0 \mid \boldsymbol{k}\rangle = E_k \mid \psi_k^{(\pm)}\rangle \tag{4}$$

比较式(2) 与式(4) 可知

$$\hat{H}\hat{\Omega}^{(\pm)} \mid \boldsymbol{k}\rangle = \hat{\Omega}^{(\pm)}\hat{H}_0 \mid \boldsymbol{k}\rangle \tag{5}$$

由 $|\boldsymbol{k}\rangle$ 的任意性得到

$$\hat{H}\hat{\Omega}^{(\pm)} = \hat{\Omega}^{(\pm)}\hat{H}_0 \tag{6}$$

此即求证之第 1 式。

对式(6) 两端取共轭，即

$$(\hat{H}\hat{\Omega}^{(\pm)})^{\dagger} = (\hat{\Omega}^{(\pm)}\hat{H}_0)^{\dagger} \tag{7}$$

于是有

$$(\hat{\Omega}^{(\pm)})^{\dagger}\hat{H}^{\dagger} = (\hat{H}_0)^{\dagger}(\hat{\Omega}^{(\pm)})^{\dagger} \tag{8}$$

由哈密顿算符的厄米性质可知

$$(\hat{\Omega}^{(\pm)})^{\dagger}\hat{H} = \hat{H}_0(\hat{\Omega}^{(\pm)})^{\dagger} \tag{9}$$

此即求证之第 2 式。

习题 6.7　导出 $r\to\infty$ 时平面波的展开公式

$$e^{ikz} \underset{r\to\infty}{\longrightarrow} \frac{1}{kr}\sum_{l=0}^{\infty}[4\pi(2l+1)]^{1/2}\mathrm{i}^l \mathrm{j}_l(kr)\,\mathrm{Y}_{l0}(\theta)$$

证明　平面波 $\psi = e^{ikz}$ 是自由粒子满足的定态薛定谔方程的解，即

$$\vec{\nabla}^2\psi + \boldsymbol{k}^2\psi = 0 \tag{1}$$

式中

$$\boldsymbol{k}^2 = 2\mu E/\hbar^2 \tag{2}$$

在球极坐标系中，式(1) 的通解为

$$\psi = \frac{1}{kr}\sum_{l=0}^{\infty}\sum_{m=-l}^{l}\{A_{l,m}\mathrm{j}_l(kr) + B_{l,m}\mathrm{n}_l(kr)\}\,\mathrm{P}_l^m(\theta)\,e^{im\varphi} \tag{3}$$

其中，球贝塞尔函数 $\mathrm{j}_l(kr)$ 与球诺依曼函数 $n_l(kr)$ 分别为

$$\begin{aligned}\mathrm{j}_l(kr) &= \sqrt{\pi/(2kr)}\,\mathrm{J}_{l+1/2}(kr)\\ \mathrm{n}_l(kr) &= (-1)^{l+1}\sqrt{\pi/(2kr)}\,\mathrm{J}_{-(l+1/2)}(kr)\end{aligned} \tag{4}$$

当用上式表示平面波时，可以做如下简化：首先，由于平面波与角度 φ 无关，即要求量子数 $m=0$，物理上可以理解为沿 Z 轴入射的粒子无角动量的 Z 分量。其次，由于 $\mathrm{n}_l(kr)$ 在坐标中心是非正则的，故其不应出现。于是，平面波的展开式(3) 可以简化为

$$e^{ikr\cos\theta}=\frac{1}{kr}\sum_{l=0}^{\infty}A_l j_l(kr)P_l(\cos\theta) \tag{5}$$

为了确定系数 A_l，令 $x=\cos\theta$，将上式两端乘以 $P_{l'}(x)$，再对 x 做积分，得到

$$\int_{-1}^{1}dx\, e^{ikrx}P_{l'}(x)=\frac{1}{kr}\sum_{l=0}^{\infty}A_l j_l(kr)\int_{-1}^{1}dx\, P_{l'}(x)P_l(x) \tag{6}$$

利用勒让德多项式的正交归一化关系

$$\int_{-1}^{1}P_l(x)P_{l'}(x)\,dx=\frac{2}{2l+1}\delta_{l,l'} \tag{7}$$

式(6) 可以简化为

$$\int_{-1}^{1}dx\, e^{ikrx}P_l(x)=\frac{1}{kr}\,\frac{2}{2l+1}A_l j_l(kr) \tag{8}$$

由于关心的只是 $r\to\infty$ 时的结果，所以

$$j_l(kr)\xrightarrow[r\to\infty]{}\sin(kr-l\pi/2) \tag{9}$$

而式(8) 左端的积分可以利用分部积分的方法来完成，即

$$\begin{aligned}\int_{-1}^{1}dx\, e^{ikrx}P_l(x)=&\frac{1}{ikr}\left[e^{ikrx}P_l(x)\right]_{-1}^{1}-\\ &\frac{1}{ikr}\left\{\frac{1}{ikr}\left[e^{ikrx}P'_l(x)\right]_{-1}^{1}-\frac{1}{ikr}\int_{-1}^{1}dx\, e^{ikrx}P''_l(x)\right\}\end{aligned} \tag{10}$$

在 $r\to\infty$ 时，只取其第 1 项，并利用

$$P_l(\pm1)=(\pm1)^l \tag{11}$$

式(10) 变成

$$\begin{aligned}\int_{-1}^{1}dx\, e^{ikrx}P_l(x)\xrightarrow[r\to\infty]{}&\frac{1}{ikr}\left[e^{ikrx}P_l(x)\right]_{-1}^{+1}=\\ &\frac{1}{ikr}\left[e^{ikr}-(-1)^l e^{-ikr}\right]=\frac{2}{kr}\left(\frac{e^{ikr}-e^{il\pi}e^{-ikr}}{2i}\right)=\\ &\frac{2e^{il\pi/2}}{kr}\left(\frac{e^{i(kr-l\pi/2)}-e^{-i(kr-l\pi/2)}}{2i}\right)=\frac{2i^l}{kr}\sin(kr-l\pi/2)\end{aligned} \tag{12}$$

将式(10) 与式(12) 代入式(8)，得到展开系数

$$A_l=(2l+1)i^l \tag{13}$$

把展开系数代入式(5)，结果为

$$e^{ikr\cos\theta}\xrightarrow[r\to\infty]{}\frac{1}{kr}\sum_{l=0}^{\infty}(2l+1)i^l j_l(kr)P_l(\cos\theta) \tag{14}$$

最后，利用球谐函数与勒让德多项式的关系

$$Y_{l0}(\cos\theta)=[(2l+1)/(4\pi)]^{1/2}P_l(\cos\theta) \tag{15}$$

式(14) 可以改写成

$$e^{ikz}=e^{ikr\cos\theta}\underset{r\to\infty}{\to}\frac{1}{kr}\sum_{l=0}^{\infty}[4\pi(2l+1)]^{1/2}\sqrt{4\pi(2l+1)}\,i^l j_l(kr)Y_{l0}(\theta) \tag{16}$$

习题 6.8　利用 $r\to\infty$ 时的公式

$$e^{ikz}\underset{r\to\infty}{\to}\sum_{l=0}^{\infty}(2l+1)(kr)^{-1}\sin(kr-l\pi/2)e^{il\pi/2}P_l(\cos\theta)$$

$$f(\theta)r^{-1}e^{ikr}=\sum_{l=0}^{\infty}d_l(2ikr)^{-1}P_l(\cos\theta)e^{ikr}$$

导出

$$\psi(\boldsymbol{r})\underset{r\to\infty}{\to}e^{ikz}+f(\theta)r^{-1}e^{ikr}=$$

$$\sum_{l=0}^{\infty}P_l(\cos\theta)(2ikr)^{-1}[(2l+1+d_l)e^{ikr}-(2l+1)e^{il\pi}e^{-ikr}]$$

证明　分别将入射平面波与散射球面波的表达式代入无穷远处的边界条件，得到

$$\psi(\boldsymbol{r})\underset{r\to\infty}{\to}e^{ikz}+f(\theta)r^{-1}e^{ikr}=$$

$$\sum_{l=0}^{\infty}(2l+1)(kr)^{-1}\sin(kr-l\pi/2)e^{il\pi/2}P_l(\cos\theta)+ \tag{1}$$

$$\sum_{l=0}^{\infty}d_l(2ikr)^{-1}P_l(\cos\theta)e^{ikr}$$

利用公式

$$\sin(kr-l\pi/2)=\frac{1}{2i}[e^{i(kr-l\pi/2)}-e^{-i(kr-l\pi/2)}] \tag{2}$$

将式(1) 变成

$$\psi(\boldsymbol{r})\underset{r\to\infty}{\to}\sum_{l=0}^{\infty}(2l+1)(2ikr)^{-1}(e^{ikr}-e^{-ikr+il\pi})P_l(\cos\theta)+$$

$$\sum_{l=0}^{\infty}d_l(2ikr)^{-1}P_l(\cos\theta)e^{ikr}=$$

$$\sum_{l=0}^{\infty}(2ikr)^{-1}P_l(\cos\theta)(2l+1+d_l)e^{ikr}-$$

$$\sum_{l=0}^{\infty}(2ikr)^{-1}P_l(\cos\theta)(2l+1)e^{-ikr+il\pi}=$$

$$\sum_{l=0}^{\infty}P_l(\cos\theta)(2ikr)^{-1}[(2l+1+d_l)e^{ikr}-(2l+1)e^{-ikr+il\pi}] \tag{3}$$

此即求证之式。

习题 6.9 利用

$$\psi(\boldsymbol{r}) \underset{r\to\infty}{\rightarrow} \sum_{l=0}^{\infty} c_l \mathrm{P}_l(\cos\theta)(2\mathrm{i}kr)^{-1}\left[\mathrm{e}^{\mathrm{i}(kr-l\pi/2+\delta_l)} - \mathrm{e}^{-\mathrm{i}(kr-l\pi/2+\delta_l)}\right]$$

$$\psi(\boldsymbol{r}) \underset{r\to\infty}{\rightarrow} \sum_{l=0}^{\infty} \mathrm{P}_l(\cos\theta)(2\mathrm{i}kr)^{-1}\left[(2l+1+d_l)\mathrm{e}^{\mathrm{i}kr} - (2l+1)\mathrm{e}^{-\mathrm{i}kr+\mathrm{i}l\pi}\right]$$

导出 c_l 与 d_l 满足的方程，进而求出它们的表达式。

解 比较题中给出的两个公式的右端，得到

$$c_l \mathrm{e}^{\mathrm{i}(-l\pi/2+\delta_l)} = 2l+1+d_l \tag{1}$$

$$c_l \mathrm{e}^{-\mathrm{i}(-l\pi/2+\delta_l)} = (2l+1)\mathrm{e}^{\mathrm{i}l\pi} \tag{2}$$

由式(2) 立即求出

$$c_l = (2l+1)\mathrm{e}^{\mathrm{i}l\pi/2}\mathrm{e}^{\mathrm{i}\delta_l} \tag{3}$$

将上式代入式(1)，得到

$$(2l+1)\mathrm{e}^{\mathrm{i}l\pi/2}\mathrm{e}^{\mathrm{i}\delta_l}\mathrm{e}^{\mathrm{i}(-l\pi/2+\delta_l)} = 2l+1+d_l \tag{4}$$

整理之，有

$$d_l = (2l+1)(\mathrm{e}^{\mathrm{i}2\delta_l}-1) \tag{5}$$

习题 6.10 利用

$$\sigma_t = \frac{1}{k^2}\int \mathrm{d}\Omega \left| \sum_{l=0}^{\infty}(2l+1)\sin\delta_l \mathrm{e}^{\mathrm{i}\delta_l}\mathrm{P}_l(\cos\theta)\right|^2$$

证明

$$\sigma_t = \frac{4\pi}{k^2}\sum_{l=0}^{\infty}(2l+1)\sin^2\delta_l$$

证明 计算被积函数，得到

$$\left| \sum_{l-0}^{\infty}(2l+1)\sin\delta_l \mathrm{e}^{\mathrm{i}\delta_l}\mathrm{P}_l(\cos\theta)\right|^2 =$$

$$\sum_{l=0}^{\infty}(2l+1)\sin\delta_l \mathrm{e}^{-\mathrm{i}\delta_l}\mathrm{P}_l(\cos\theta)\sum_{l'=0}^{\infty}(2l'+1)\sin\delta_{l'}\mathrm{e}^{\mathrm{i}\delta_{l'}}\mathrm{P}_{l'}(\cos\theta) = \tag{1}$$

$$\sum_{l=0}^{\infty}\sum_{l'=0}^{\infty}(2l+1)(2l'+1)\sin\delta_l\sin\delta_{l'}\mathrm{e}^{\mathrm{i}(\delta_{l'}-\delta_l)}\mathrm{P}_l(\cos\theta)\mathrm{P}_{l'}(\cos\theta)$$

将其代入积分截面表达式，于是有

$$\sigma_t = \frac{1}{k^2}\sum_{l=0}^{\infty}\sum_{l'=0}^{\infty}(2l+1)(2l'+1)\sin\delta_l\sin\delta_{l'}\mathrm{e}^{\mathrm{i}(\delta_{l'}-\delta_l)} \times \int \mathrm{d}\Omega \mathrm{P}_l(\cos\theta)\mathrm{P}_{l'}(\cos\theta) \tag{2}$$

利用勒让德多项式正交归一化条件

$$\int d\Omega P_l(\cos\theta) P_{l'}(\cos\theta) = \frac{4\pi}{2l+1}\delta_{l,l'} \tag{3}$$

立即得到积分截面表达式

$$\sigma_t = \frac{1}{k^2}\sum_{l=0}^{\infty}\sum_{l'=0}^{\infty}(2l+1)(2l'+1)\sin\delta_l \sin\delta_{l'} e^{i(\delta_{l'}-\delta_l)} \frac{4\pi}{2l+1}\delta_{l,l'} = \frac{4\pi}{k^2}\sum_{l=0}^{\infty}(2l+1)\sin^2\delta_l \tag{4}$$

习题 6.11　在玻恩近似下，证明波函数满足的积分方程为

$$\psi(\boldsymbol{r}) = e^{ikz} - \frac{1}{4\pi}\int d\tau' \,|\boldsymbol{r}-\boldsymbol{r}'|^{-1} e^{ik|\boldsymbol{r}-\boldsymbol{r}'|} U(r')\psi(\boldsymbol{r}')$$

进而导出玻恩近似的波函数 1 级修正为

$$\psi^{(1)}(\boldsymbol{r}) = -\frac{1}{4\pi}\int d\tau' \,|\boldsymbol{r}-\boldsymbol{r}'|^{-1} e^{ik|\boldsymbol{r}-\boldsymbol{r}'|} U(r') e^{ikz'}$$

证明　在玻恩近似下，波函数满足的方程为

$$(\vec{\nabla}^2 + \boldsymbol{k}^2)\psi(\boldsymbol{r}) = U(r)\psi(\boldsymbol{r}) \tag{1}$$

若设 $\rho(\boldsymbol{r}) = U(r)\psi(\boldsymbol{r})$，则其形式解可以写成

$$\psi(\boldsymbol{r}) = (\vec{\nabla}^2 + \boldsymbol{k}^2 \pm i\varepsilon)^{-1} U(r)\psi(\boldsymbol{r}) = (\vec{\nabla}^2 + \boldsymbol{k}^2 \pm i\varepsilon)^{-1}\rho(\boldsymbol{r}) \tag{2}$$

其中，ε 为一个小是正数，当计算结束时，取其为零。

若引入格林函数

$$G_k(\boldsymbol{r},\boldsymbol{r}') = (\vec{\nabla}^2 + \boldsymbol{k}^2 \pm i\varepsilon)^{-1}\delta^3(\boldsymbol{r}-\boldsymbol{r}') \tag{3}$$

利用 δ 函数的性质

$$\rho(\boldsymbol{r}) = \int d\tau' \rho(\boldsymbol{r}')\delta^3(\boldsymbol{r}-\boldsymbol{r}') \tag{4}$$

则式(2) 可以改写成

$$\begin{aligned}\psi(\boldsymbol{r}) &= (\vec{\nabla}^2 + \boldsymbol{k}^2 \pm i\varepsilon)^{-1}\rho(\boldsymbol{r}) = \\ &(\vec{\nabla}^2 + \boldsymbol{k}^2 \pm i\varepsilon)^{-1}\int d\tau' \rho(\boldsymbol{r}')\delta^3(\boldsymbol{r}-\boldsymbol{r}') = \\ &\int d\tau' G_k(\boldsymbol{r},\boldsymbol{r}')\rho(\boldsymbol{r}') = \int d\tau' G_k(\boldsymbol{r},\boldsymbol{r}') U(r')\psi(\boldsymbol{r}')\end{aligned} \tag{5}$$

上式即为玻恩近似下波函数的形式解。

对于散射问题，取

$$\delta^3(\boldsymbol{r}-\boldsymbol{r}') = (2\pi)^{-3}\int d\boldsymbol{k}' e^{i\boldsymbol{k}'\cdot(\boldsymbol{r}-\boldsymbol{r}')} \tag{6}$$

由于

$$(\vec{\nabla}^2 + \boldsymbol{k}^2)\,\mathrm{e}^{\mathrm{i}\boldsymbol{k}'\cdot\boldsymbol{r}} = [\boldsymbol{k}^2 - (\boldsymbol{k}')^2 \pm \mathrm{i}\varepsilon]\,\mathrm{e}^{\mathrm{i}\boldsymbol{k}'\cdot\boldsymbol{r}} \tag{7}$$

故格林函数可以写成

$$G_k(\boldsymbol{r},\boldsymbol{r}') = (2\pi)^{-3}\int \mathrm{d}\boldsymbol{k}'\,[\boldsymbol{k}^2 - (\boldsymbol{k}')^2 \pm \mathrm{i}\varepsilon]^{-1}\mathrm{e}^{\mathrm{i}\boldsymbol{k}'\cdot(\boldsymbol{r}-\boldsymbol{r}')} \tag{8}$$

只有当上式中的 $\pm\mathrm{i}\varepsilon$ 取 $+\mathrm{i}\varepsilon$ 时，才能满足边界条件。

若选 $\boldsymbol{r}-\boldsymbol{r}'$ 作为极轴，在 $\boldsymbol{k}'$ 空间中

$$\mathrm{d}\boldsymbol{k}' = (\boldsymbol{k}')^2\,\mathrm{d}k'\sin\theta\,\mathrm{d}\theta\,\mathrm{d}\varphi \tag{9}$$

完成式(8) 中关于角度的积分，即

$$\begin{aligned}\int \mathrm{d}\Omega\,\mathrm{e}^{\mathrm{i}\boldsymbol{k}'\cdot(\boldsymbol{r}-\boldsymbol{r}')} &= \int_0^{2\pi}\mathrm{d}\varphi\int_0^{\pi}\mathrm{d}\theta\,\mathrm{e}^{\mathrm{i}k'|\boldsymbol{r}-\boldsymbol{r}'|\cos\theta}\sin\theta = \\ 2\pi\int_{-1}^{1}\mathrm{d}\xi\,\mathrm{e}^{\mathrm{i}k'|\boldsymbol{r}-\boldsymbol{r}'|\xi} &= 4\pi\,\frac{\sin(k'|\boldsymbol{r}-\boldsymbol{r}'|)}{k'|\boldsymbol{r}-\boldsymbol{r}'|}\end{aligned} \tag{10}$$

将上式代入式(8)，得到

$$\begin{aligned}G_k(\boldsymbol{r},\boldsymbol{r}') &= \frac{1}{2\pi^2}\int_0^{\infty}\mathrm{d}k'\,\frac{(\boldsymbol{k}')^2}{\boldsymbol{k}^2-(\boldsymbol{k}')^2+\mathrm{i}\varepsilon}\,\frac{\sin(k'|\boldsymbol{r}-\boldsymbol{r}'|)}{k'|\boldsymbol{r}-\boldsymbol{r}'|} = \\ &\frac{1}{2\pi^2|\boldsymbol{r}-\boldsymbol{r}'|}\int_0^{\infty}\mathrm{d}k'\,\frac{k'}{\boldsymbol{k}^2-(\boldsymbol{k}')^2+\mathrm{i}\varepsilon}\sin(k'|\boldsymbol{r}-\boldsymbol{r}'|)\end{aligned} \tag{11}$$

利用

$$\sin\theta = \frac{1}{2\mathrm{i}}(\mathrm{e}^{\mathrm{i}\theta} - \mathrm{e}^{-\mathrm{i}\theta}) \tag{12}$$

将式(11) 改写成

$$\begin{aligned}G_k(\boldsymbol{r},\boldsymbol{r}') &= \frac{1}{2\pi^2|\boldsymbol{r}-\boldsymbol{r}'|}\int_0^{\infty}\mathrm{d}k'\,\frac{k'}{\boldsymbol{k}^2-(\boldsymbol{k}')^2+\mathrm{i}\varepsilon}\sin(k'|\boldsymbol{r}-\boldsymbol{r}'|) = \\ &\frac{1}{4\pi^2\mathrm{i}|\boldsymbol{r}-\boldsymbol{r}'|}\int_0^{\infty}\mathrm{d}k'\,\frac{k'}{\boldsymbol{k}^2-(\boldsymbol{k}')^2+\mathrm{i}\varepsilon}(\mathrm{e}^{\mathrm{i}k'|\boldsymbol{r}-\boldsymbol{r}'|} - \mathrm{e}^{-\mathrm{i}k'|\boldsymbol{r}-\boldsymbol{r}'|}) = \\ &\frac{1}{4\pi^2\mathrm{i}|\boldsymbol{r}-\boldsymbol{r}'|}\left[\int_0^{\infty}\mathrm{d}k'\,\frac{k'\mathrm{e}^{\mathrm{i}k'|\boldsymbol{r}-\boldsymbol{r}'|}}{\boldsymbol{k}^2-(\boldsymbol{k}')^2+\mathrm{i}\varepsilon} - \int_0^{\infty}\mathrm{d}k'\,\frac{k'\mathrm{e}^{-\mathrm{i}k'|\boldsymbol{r}-\boldsymbol{r}'|}}{\boldsymbol{k}^2-(\boldsymbol{k}')^2+\mathrm{i}\varepsilon}\right] = \\ &\frac{1}{4\pi^2\mathrm{i}|\boldsymbol{r}-\boldsymbol{r}'|}\left[\int_0^{\infty}\mathrm{d}k'\,\frac{k'\mathrm{e}^{\mathrm{i}k'|\boldsymbol{r}-\boldsymbol{r}'|}}{\boldsymbol{k}^2-(\boldsymbol{k}')^2+\mathrm{i}\varepsilon} + \int_0^{-\infty}\mathrm{d}k'\,\frac{-k'\mathrm{e}^{\mathrm{i}k'|\boldsymbol{r}-\boldsymbol{r}'|}}{\boldsymbol{k}^2-(\boldsymbol{k}')^2+\mathrm{i}\varepsilon}\right] = \\ &\frac{1}{4\pi^2\mathrm{i}|\boldsymbol{r}-\boldsymbol{r}'|}\int_{-\infty}^{\infty}\mathrm{d}k'\,\frac{k'\mathrm{e}^{\mathrm{i}k'|\boldsymbol{r}-\boldsymbol{r}'|}}{\boldsymbol{k}^2-(\boldsymbol{k}')^2+\mathrm{i}\varepsilon}\end{aligned} \tag{13}$$

式(13) 中的积分可以利用复变函数论的回路积分与留数定理算出，显然，$k'=\pm k$ 是被积函数的一阶极点。为了满足散射问题的边界条件，选择只包含极点 $k'=k$ 的上半复平面为回路，由留数定理可知

$$G_k(\boldsymbol{r},\boldsymbol{r}')=\frac{1}{4\pi^2\mathrm{i}|\boldsymbol{r}-\boldsymbol{r}'|}\int_{-\infty}^{\infty}\mathrm{d}k'\frac{k'}{\boldsymbol{k}^2-(\boldsymbol{k}')^2+\mathrm{i}\varepsilon}\mathrm{e}^{\mathrm{i}k'|\boldsymbol{r}-\boldsymbol{r}'|}=$$

$$\frac{1}{4\pi^2\mathrm{i}|\boldsymbol{r}-\boldsymbol{r}'|}2\pi\mathrm{i}\frac{k}{(-2k)}\mathrm{e}^{\mathrm{i}k|\boldsymbol{r}-\boldsymbol{r}'|}=-\frac{1}{4\pi|\boldsymbol{r}-\boldsymbol{r}'|}\mathrm{e}^{\mathrm{i}k|\boldsymbol{r}-\boldsymbol{r}'|} \quad (14)$$

将其代入式(5)，顾及到 $V(r)=0$ 时波函数的特解(0 级近似)，得到

$$\begin{aligned}\psi(\boldsymbol{r})&=\mathrm{e}^{\mathrm{i}kz}+\int\mathrm{d}\tau'G_k(\boldsymbol{r},\boldsymbol{r}')U(r')\psi(\boldsymbol{r}')=\\&\mathrm{e}^{\mathrm{i}kz}-\frac{1}{4\pi}\int\mathrm{d}\tau'\ |\boldsymbol{r}-\boldsymbol{r}'|^{-1}\mathrm{e}^{\mathrm{i}k|\boldsymbol{r}-\boldsymbol{r}'|}U(r')\psi(\boldsymbol{r}')\end{aligned} \quad (15)$$

此即玻恩近似下波函数满足的积分方程。

在上式中，若对被积函数中的波函数取 0 级近似 $\psi^{(0)}(\boldsymbol{r}')=\mathrm{e}^{\mathrm{i}kz'}$，则波函数的 1 级修正为

$$\psi^{(1)}(\boldsymbol{r})=-\frac{1}{4\pi}\int\mathrm{d}\tau'\ |\boldsymbol{r}-\boldsymbol{r}'|^{-1}\mathrm{e}^{\mathrm{i}k|\boldsymbol{r}-\boldsymbol{r}'|}U(r')\,\mathrm{e}^{\mathrm{i}kz'} \quad (16)$$

波函数的 2 级修正为

$$\begin{aligned}\psi^{(2)}(\boldsymbol{r})&=\int\mathrm{d}\tau'G(\boldsymbol{r},\boldsymbol{r}')U(r')\psi^{(1)}(\boldsymbol{r}')=\\&+\frac{1}{4\pi}\int\mathrm{d}\tau'\ \frac{\mathrm{e}^{\mathrm{i}k|\boldsymbol{r}-\boldsymbol{r}'|}}{|\boldsymbol{r}-\boldsymbol{r}'|}U(r')\ \frac{1}{4\pi}\int\mathrm{d}\tau''\ \frac{\mathrm{e}^{\mathrm{i}k|\boldsymbol{r}'-\boldsymbol{r}''|}}{|\boldsymbol{r}'-\boldsymbol{r}''|}U(r'')\,\mathrm{e}^{\mathrm{i}kz''}=\\&\frac{1}{16\pi^2}\iint\mathrm{d}\tau'\mathrm{d}\tau''\ \frac{\mathrm{e}^{\mathrm{i}k|\boldsymbol{r}-\boldsymbol{r}'|}\ \mathrm{e}^{\mathrm{i}k|\boldsymbol{r}'-\boldsymbol{r}''|}\ \mathrm{e}^{\mathrm{i}kz''}}{|\boldsymbol{r}-\boldsymbol{r}'|\,|\boldsymbol{r}'-\boldsymbol{r}''|}U(r')U(r'')\end{aligned} \quad (17)$$

习题 6.12　当位势为

$$V(r)=\begin{cases}b/r & (r<r_0)\\0 & (r\geqslant r_0)\end{cases}$$

时，利用玻恩近似计算其微分散射截面。并给出 $Kr_0\ll 1$ 情况下的近似结果，进而求出积分散射截面。

解　玻恩近似的散射振幅公式为

$$f(\theta)=-\frac{2\mu}{K^2}\int_0^{\infty}\mathrm{d}r rV(r)\sin(Kr) \quad (1)$$

式中的积分为

$$\int_0^{\infty} \mathrm{d}r r V(r) \sin(Kr) = b \int_0^{r_0} \mathrm{d}r \sin(Kr) = \\ -\frac{b}{K} \cos(Kr) \Big|_0^{r_0} = \frac{b}{K} [1 - \cos(Kr_0)] \tag{2}$$

将其代入玻恩近似的散射振幅公式(1)，再利用微分散射截面与散射振幅的关系，得到微分散射截面为

$$\sigma(\theta) = |f(\theta)|^2 = \frac{4\mu^2 b^2}{K^4 \hbar^4} [1 - \cos(Kr_0)]^2 \tag{3}$$

通常情况下，玻恩近似只适用于高能粒子，这个要求的实质是入射粒子的动能远大于势能，因此，在低能情况下，只要方位势足够的窄和浅，也可以使用玻恩近似。

由于 $Kr_0 \ll 1$，故可以将上式中的三角函数作展开，得到

$$\sigma(\theta) = \frac{4\mu^2 b^2}{K^4 \hbar^4} \left[1 - 1 + \frac{1}{2!}(Kr_0)^2 - \frac{1}{4!}(Kr_0)^4 + \cdots\right]^2 = \\ \frac{4\mu^2 b^2}{K^4 \hbar^4} \left[\frac{1}{2!}(Kr_0)^2 - \frac{1}{4!}(Kr_0)^4 + \cdots\right]^2 \approx \frac{\mu^2 b^2}{\hbar^4} r_0^4 \tag{4}$$

正如预期的一样，微分散射截面与角度 θ 无关，即该截面表现出各向同性的性质。而积分散射截面为

$$\sigma_t \approx 4\pi\mu^2 b^2 r_0^4 \hbar^{-4} \tag{5}$$

习题 6.13　当位势为

$$V(r) = \begin{cases} V_0 & (r < a) \\ V_0 a / r & (a < r < b) \\ 0 & (r \geqslant b) \end{cases}$$

时，利用玻恩近似计算其微分散射截面。并给出 $Ka \ll 1, Kb \ll 1$ 情况下的近似结果，进而求出积分散射截面。

解　玻恩近似的散射振幅公式为

$$f(\theta) = -\frac{2\mu}{K\hbar^2} \int_0^{\infty} \mathrm{d}r r V(r) \sin(Kr) \tag{1}$$

式中的积分为

$$\int_0^\infty \mathrm{d}r r V(r)\sin(Kr)=V_0\int_0^a \mathrm{d}r r\sin(Kr)+V_0 a\int_a^b \mathrm{d}r\sin(Kr)=$$

$$\frac{V_0}{K^2}[\sin(Ka)-Ka\cos(Ka)]-\frac{V_0}{K}a[\cos(Kb)-\cos(Ka)]= \tag{2}$$

$$\frac{V_0}{K^2}[\sin(Ka)-Ka\cos(Kb)]$$

将其代入玻恩近似的散射振幅公式(1)，再利用微分散射截面与散射振幅的关系，得到微分散射截面为

$$\sigma(\theta)=|f(\theta)|^2=\frac{4\mu^2V_0^2}{K^6\hbar^4}[\sin(Ka)-Ka\cos(Kb)]^2 \tag{3}$$

当 $Ka\ll 1, Kb\ll 1$ 时，可以将上式中的三角函数作展开，即

$$\sin x=x-x^3/3!+x^5/5!-\cdots \tag{4}$$

$$\cos x=1-x^2/2!+x^4/4!-\cdots \tag{5}$$

将上述两式代入式(3)，得到近似的微分截面

$$\sigma(\theta)=\frac{4\mu^2V_0^2}{K^6\hbar^4}\times\left\{Ka-\frac{(Ka)^3}{3!}+\frac{(Ka)^5}{5!}-\cdots-Ka\left[1-\frac{(Kb)^2}{2!}+\frac{(Kb)^4}{4!}-\cdots\right]\right\}^2\approx$$

$$\frac{4\mu^2V_0^2}{K^6\hbar^4}\left[\frac{1}{2}K^3a\left(b^2-\frac{a^2}{3}\right)\right]^2=\frac{\mu^2V_0^2a^2}{\hbar^4}\left(b^2-\frac{a^2}{3}\right)^2 \tag{6}$$

正如预期的一样，微分散射截面与角度 θ 无关，即该截面表现出各向同性的性质。而积分散射截面为

$$\sigma_t\approx 4\pi\mu^2V_0^2a^2\hbar^{-4}(b^2-a^2/3)^2 \tag{7}$$

习题 6.14　证明汤川势散射的微分散射截面为

$$\sigma(\theta)=\frac{4\mu^2Z_1^2Z_2^2e^4}{\hbar^4K^4}[1+(Ka)^{-2}]^{-2}$$

证明　已知汤川势为

$$V(r)=Z_1Z_2e^2r^{-1}\mathrm{e}^{-r/a} \tag{1}$$

由玻恩近似可知，微分散射截面为

$$\sigma(\theta)=|f(\theta)|^2=\frac{4\mu^2}{K^2\hbar^4}\left|\int_0^\infty \mathrm{d}r rZ_1Z_2e^2r^{-1}\mathrm{e}^{-r/a}\sin(Kr)\right|^2 \tag{2}$$

其中的积分为

$$I=\int_0^\infty \mathrm{d}r rZ_1Z_2e^2r^{-1}\mathrm{e}^{-r/a}\sin(Kr)=Z_1Z_2e^2\int_0^\infty \mathrm{d}r\mathrm{e}^{-r/a}\sin(Kr) \tag{3}$$

利用积分公式

$$\int_0^{\infty} dx e^{-\alpha x}\sin(\beta r)=\frac{\beta}{\alpha^2+\beta^2} \tag{4}$$

可以将式(3)化为

$$I=Z_1Z_2e^2\int_0^{\infty} dre^{-r/a}\sin(Kr)=\frac{Z_1Z_2e^2K}{a^{-2}+K^2}=\frac{1}{K}\frac{Z_1Z_2e^2}{(aK)^{-2}+1} \tag{5}$$

将上式代入式(2),得到

$$\sigma(\theta)=\frac{4\mu^2}{K^2\hbar^4}\left|\frac{1}{K}\frac{Z_1Z_2e^2}{(aK)^{-2}+1}\right|^2=\frac{4\mu^2Z_1^2Z_2^2e^4}{K^4\hbar^4}\left[1+(Ka)^{-2}\right]^{-2} \tag{6}$$

习题 6.15 利用汤川势散射公式导出库仑势散射公式,进而证明库仑散射公式与卢瑟福散射公式是等价的。

证明 由上题可知,汤川势散射的微分散射截面公式为

$$\sigma(\theta)=\frac{4\mu^2Z_1^2Z_2^2e^4}{K^4\hbar^4}\left[1+(Ka)^{-2}\right]^{-2} \tag{1}$$

当 $a\rightarrow\infty$ 时,上式变成

$$\sigma(\theta)=\frac{4\mu^2Z_1^2Z_2^2e^4}{K^4\hbar^4}\left[1+(Ka)^{-2}\right]^{-2}=\frac{4\mu^2Z_1^2Z_2^2e^4}{K^4\hbar^4} \tag{2}$$

此即库仑势散射公式。

下面由库仑势散射公式(2)导出卢瑟福散射公式。

已知

$$K=2k\sin(\theta/2) \tag{3}$$

$$k^2=2\mu E/\hbar^2 \tag{4}$$

$$E=\frac{p^2}{2\mu}=\frac{\mu^2v^2}{2\mu}=\frac{1}{2}\mu v^2 \tag{5}$$

式中,v 是粒子的运动速率。将上述3式代入式(2),得到

$$\sigma(\theta)=\frac{4\mu^2Z_1^2Z_2^2e^4}{K^4\hbar^4}=\frac{4\mu^2Z_1^2Z_2^2e^4}{16k^4\hbar^4\sin^4(\theta/2)}=\frac{\mu^2Z_1^2Z_2^2e^4}{4(2\mu E/\hbar^2)^2\hbar^4\sin^4(\theta/2)}=$$
$$\frac{Z_1^2Z_2^2e^4}{16E^2\sin^4(\theta/2)}=\frac{Z_1^2Z_2^2e^4}{4\mu^2v^4\sin^4(\theta/2)} \tag{6}$$

此即卢瑟福散射公式。

习题 6.16 约化质量为 μ 的粒子被位势

$$V(r)=V_0\delta(r-a)$$

所散射,当 $Ka\ll 1$ 时,利用玻恩近似计算散射振幅与微分散射截面。

解 玻恩近似的散射振幅公式为

$$f(\theta)=-\frac{2\mu}{K\hbar^2}\int_0^{\infty} drrV(r)\sin(Kr) \tag{1}$$

将已知位势代入上式，利用 δ 函数的性质可知

$$f(\theta)=-\frac{2\mu}{K\hbar^2}\int_0^{\infty}\mathrm{d}rrV(r)\sin(Kr)=$$
$$-\frac{2\mu V_0}{K\hbar^2}\int_0^{\infty}\mathrm{d}rr\delta(r-a)\sin(Kr)=$$
$$-\frac{2\mu V_0}{K\hbar^2}a\sin(Ka) \tag{2}$$

利用微分散射截面与散射振幅的关系，得到微分散射截面为

$$\sigma(\theta)=|f(\theta)|^2=\frac{4\mu^2V_0^2a^2}{K^2\hbar^4}\sin^2(Ka) \tag{3}$$

当 $Ka\ll 1$ 时，式(2) 可写成

$$\begin{aligned}f(\theta)&=-\frac{2\mu V_0 a}{K\hbar^2}\sin(Ka)=\\&-\frac{2\mu V_0 a}{K\hbar^2}\left[Ka-\frac{1}{3!}(Ka)^3+\cdots\right]\approx-\frac{2\mu V_0 a^2}{\hbar^2}\end{aligned} \tag{4}$$

微分散射截面近似为

$$\sigma(\theta)=|f(\theta)|^2\approx\frac{4\mu^2V_0^2a^4}{\hbar^4} \tag{5}$$

习题 6.17　利用质心坐标系中的散射角度 θ 与实验室坐标系中的散射角度 θ' 之间的关系

$$\tan\theta'=\frac{m_2\sin\theta}{m_1+m_2\cos\theta}$$

将微分散射截面公式由质心坐标系变换到实验室坐标系。式中 m_1 与 m_2 分别为两个粒子的质量

解　在微分散射截面公式的推导过程中使用的是质心坐标系，实际上，微分散射截面的实验数据是在实验室坐标系下得到的，为了使理论结果可以与实验数据比较，需要导出两者之间的关系。

微分散射截面的定义为

$$\sigma(\theta,\varphi)=\frac{\mathrm{d}N}{N}\mathrm{d}\Omega \tag{1}$$

由于在两个坐标系中 $\frac{\mathrm{d}N}{N}$ 是相同的，故有

$$\sigma(\theta,\varphi)\,\mathrm{d}\Omega=\sigma(\theta',\varphi')\,\mathrm{d}\Omega' \tag{2}$$

当质量为 m_1 的粒子沿 z 轴入射时，有 $\mathrm{d}\varphi=\mathrm{d}\varphi'$，于是，式(2) 变成

$$\sigma(\theta,\varphi)\sin\theta\mathrm{d}\theta=\sigma(\theta',\varphi')\sin\theta'\mathrm{d}\theta' \tag{3}$$

利用已知条件

$$\tan\theta' = \frac{m_2 \sin\theta}{m_1 + m_2 \cos\theta} \tag{4}$$

得到

$$\cos\theta' = \frac{m_1 + m_2\cos\theta}{[(m_1 + m_2\cos\theta)^2 + (m_2\sin\theta)^2]^{1/2}} = \frac{m_1 + m_2\cos\theta}{[m_1^2 + m_2^2 + 2m_1m_2\cos\theta]^{1/2}} \tag{5}$$

利用分式求导公式

$$\left(\frac{u}{v}\right)' = \frac{u'v - v'u}{v^2} \tag{6}$$

对式(5) 两端求导，得到

$$\begin{aligned}\sin\theta' \mathrm{d}\theta' = &\frac{(m_1^2 + m_2^2 + 2m_1m_2\cos\theta)^{1/2} m_2\sin\theta\mathrm{d}\theta}{[m_1^2 + m_2^2 + 2m_1m_2\cos\theta]} - \\ &\frac{\frac{1}{2}(m_1^2 + m_2^2 + 2m_1m_2\cos\theta)^{-1/2} 2m_1m_2\sin\theta(m_1 + m_2\cos\theta)\mathrm{d}\theta}{[m_1^2 + m_2^2 + 2m_1m_2\cos\theta]} = \\ &\frac{m_2\sin\theta\mathrm{d}\theta}{[m_1^2 + m_2^2 + 2m_1m_2\cos\theta]^{1/2}} - \frac{m_1m_2\sin\theta(m_1 + m_2\cos\theta)\mathrm{d}\theta}{[m_1^2 + m_2^2 + 2m_1m_2\cos\theta]^{3/2}} = \\ &\frac{[(m_1^2 + m_2^2 + 2m_1m_2\cos\theta)m_2 - m_1m_2(m_1 + m_2\cos\theta)]\sin\theta\mathrm{d}\theta}{[m_1^2 + m_2^2 + 2m_1m_2\cos\theta]^{3/2}} = \\ &\frac{m_2^2(m_2 + m_1\cos\theta)}{[m_1^2 + m_2^2 + 2m_1m_2\cos\theta]^{3/2}}\sin\theta\mathrm{d}\theta\end{aligned} \tag{7}$$

将式(7) 代入式(3)，立即得到两个坐标系中微分截面之间的变换关系

$$\sigma(\theta', \varphi') = \frac{[m_1^2 + m_2^2 + 2m_1m_2\cos\theta]^{3/2}}{m_2^2 |m_2 + m_1\cos\theta|}\sigma(\theta, \varphi) \tag{8}$$

当 $m_1 = m_2$ 时，式(8) 简化为

$$\sigma(\theta', \varphi') = 2^{3/2}(1 + \cos\theta)^{1/2}\sigma(\theta, \varphi) \tag{9}$$

当 $m_1 \ll m_2$ 时，式(8) 简化为

$$\sigma(\theta', \varphi') \approx \sigma(\theta, \varphi) \tag{10}$$

第 7 章　相对论性量子力学

习题 7.1　若顾及到相对论效应，一个在对数位势中运动的粒子的哈密顿量可以写成

$$H = (p^2c^2 + m_0^2c^4)^{1/2} + k\ln(r/r_0)\ (k > 0)$$

利用不确定关系估算该粒子的基态能量。式中，m_0 是粒子的静止质量，k 与 r_0 为常数。

解　由不确定关系可知

$$\Delta r \cdot \Delta p \geqslant \hbar/2 \tag{1}$$

于是，有

$$rp \sim \hbar \tag{2}$$

式中，r 与 p 分别为坐标与动量的长度。将式(2)代入哈密顿量的表达式，得到

$$E(p) = (p^2c^2 + m_0^2c^4)^{1/2} + k\ln(\hbar r_0^{-1}p^{-1}) \tag{3}$$

使得能量取极值的 p 应满足的条件为

$$\begin{aligned} 0 = \frac{\partial E(p)}{\partial p} &= pc^2\ (p^2c^2 + m_0^2c^4)^{-1/2} + \\ &k\ (\hbar r_0^{-1}p^{-1})^{-1}\ \frac{\partial}{\partial p}(\hbar r_0^{-1}p^{-1}) = \\ &pc^2\ (p^2c^2 + m_0^2c^4)^{-1/2} - k/p \end{aligned} \tag{4}$$

上式可以写成

$$p^2c^2 = k\sqrt{p^2c^2 + m_0^2c^4} \tag{5}$$

这是一个关于 p^2c^2 的一元二次方程，解之得

$$p^2c^2 = \frac{k^2}{2}\left[1 \pm \sqrt{1 + \frac{4m_0^2c^4}{k^2}}\right] \tag{6}$$

其中，取负号的解使得 $p^2c^2 < 0$，应弃之。将取正号的解代回式(3)，得到基态能量 E_0 的近似值

$$\begin{aligned} E_0 &= \sqrt{p^2c^2 + m_0^2c^4} + k\ln\left(\frac{\hbar c}{r_0pc}\right) = \\ &\left[\frac{k^2}{2}\left(1 + \sqrt{1 + \frac{4m_0^2c^4}{k^2}}\right) + m_0^2c^4\right]^{1/2} + \\ &k\ln\left[\frac{\sqrt{2}\,\hbar c}{r_0k}\left(1 + \sqrt{1 + \frac{4m_0^2c^4}{k^2}}\right)^{-1/2}\right] \end{aligned} \tag{7}$$

习题 7.2 若顾及相对论的质能关系的影响，导出哈密顿算符的近似形式，并用微扰论计算线谐振子与类氢离子的能量修正。

解 首先，导出顾及相对论质能关系的哈密顿算符的形式。

一个静止质量为 m_0、动量为 $\boldsymbol{p}$ 的经典粒子，满足相对论的关系式

$$E=\sqrt{\boldsymbol{p}^2c^2+m_0^2c^4} \tag{1}$$

上式可以改写为

$$\begin{aligned}E=&m_0c^2\sqrt{1+\frac{\boldsymbol{p}^2}{m_0^2c^2}}=\\&m_0c^2\left[1+\frac{1}{2}\frac{\boldsymbol{p}^2}{m_0^2c^2}-\frac{1}{8}\left(\frac{\boldsymbol{p}^2}{m_0^2c^2}\right)^2+\cdots\right]=\\&m_0c^2+\frac{\boldsymbol{p}^2}{2m_0}-\frac{\boldsymbol{p}^4}{8m_0^3c^2}+\cdots\end{aligned} \tag{2}$$

当 $v\ll c$ 时，略去高级项，得到能量的近似表达式

$$E=m_0c^2+\frac{\boldsymbol{p}^2}{2m_0}-\frac{\boldsymbol{p}^4}{8m_0^3c^2} \tag{3}$$

将上式中的能量与动量算符化，得到该粒子满足的薛定谔方程

$$\mathrm{i}\hbar\frac{\partial}{\partial t}\Psi(\boldsymbol{r},t)=\left[m_0c^2+\frac{\hat{\boldsymbol{p}}^2}{2m_0}-\frac{\hat{\boldsymbol{p}}^4}{8m_0^3c^2}+V(\boldsymbol{r})\right]\Psi(\boldsymbol{r},t) \tag{4}$$

为了消去与 m_0c^2 相关的项，可令

$$\Psi(\boldsymbol{r},t)=\psi(\boldsymbol{r},t)\,\mathrm{e}^{-\frac{\mathrm{i}}{\hbar}m_0c^2t} \tag{5}$$

于是，式(4)可以简化成

$$\mathrm{i}\hbar\frac{\partial}{\partial t}\psi(\boldsymbol{r},t)=\left[\frac{\hat{\boldsymbol{p}}^2}{2m_0}-\frac{\hat{\boldsymbol{p}}^4}{8m_0^3c^2}+V(\boldsymbol{r})\right]\psi(\boldsymbol{r},t) \tag{6}$$

此即顾及质能关系的最低级近似后粒子满足的薛定谔方程。

为了利用微扰论计算体系的能量修正，将哈密顿算符写成

$$\hat{H}=\hat{H}_0+\hat{W} \tag{7}$$

其中

$$\begin{aligned}\hat{H}_0&=\frac{\hat{\boldsymbol{p}}^2}{2m_0}+V(\boldsymbol{r})\\\hat{W}&=-\frac{\hat{\boldsymbol{p}}^4}{8m_0^3c^2}\end{aligned} \tag{8}$$

为了规避动量算符 4 次方，可以将微扰算符改写成

$$\begin{aligned}\hat{W}=&-\frac{1}{2m_0c^2}\left(\frac{\hat{\boldsymbol{p}}^2}{2m_0}\right)^2=-\frac{1}{2m_0c^2}\left[\hat{H}_0-V(\boldsymbol{r})\right]^2=\\&-\frac{1}{2m_0c^2}\left[\hat{H}_0^2-\hat{H}_0V(\boldsymbol{r})-V(\boldsymbol{r})\hat{H}_0+V^2(\boldsymbol{r})\right]\end{aligned} \tag{9}$$

其次，计算相对论效应对线谐振子能量的修正。

线谐振子的位势为

$$V(x)=\frac{1}{2}m_0\omega^2x^2 \tag{10}$$

已知无微扰哈密顿算符 $\hat{H}_0$ 的本征矢为 $|n\rangle$，相应的本征能量是

$$E_n^0=(n+1/2)\hbar\omega \quad (n=0,1,2,\cdots) \tag{11}$$

由位力定理可知，在本征矢 $|n\rangle$ 下，位势 $V(x)$ 的平均值为

$$\overline{V(x)}=\langle n|V(x)|n\rangle=E_n^0/2 \tag{12}$$

利用无简并微扰论能量 1 级修正的公式，得到

$$\begin{aligned}E_n^{(1)}=&\langle n|\hat{W}|n\rangle=\\&-\frac{1}{2m_0c^2}\langle n|[\hat{H}_0^2-\hat{H}_0V(x)-V(x)\hat{H}_0+V^2(x)]|n\rangle=\\&-\frac{1}{2m_0c^2}\langle n|\left[(E_n^0)^2-2E_n^0\frac{1}{2}E_n^0+V^2(x)\right]|n\rangle=\\&-\frac{1}{2m_0c^2}\langle n|V^2(x)|n\rangle=-\frac{1}{2m_0c^2}\left(\frac{1}{2}m_0\omega^2\right)^2\langle n|x^4|n\rangle\end{aligned} \tag{13}$$

其中，坐标 4 次方的矩阵元的计算公式为

$$\begin{aligned}4\alpha^4\langle m|x^4|n\rangle=&\sqrt{n(n-1)(n-2)(n-3)}\,\delta_{m,n-4}+\\&2(2n-1)\sqrt{n(n-1)}\,\delta_{m,n-2}+3(2n^2+2n+1)\delta_{m,n}+\\&2(2n+3)\sqrt{(n+1)(n+2)}\,\delta_{m,n+2}+\\&\sqrt{(n+1)(n+2)(n+3)(n+4)}\,\delta_{m,n+4}\end{aligned} \tag{14}$$

由 $\alpha^2=m_0\omega/\hbar$ 可知，坐标 4 次方的对角元的公式为

$$\langle n|x^4|n\rangle=\frac{3\hbar^2}{4m_0^2\omega^2}(2n^2+2n+1) \tag{15}$$

将上式代入式(13)，得到本征能量的 1 级修正

$$\begin{aligned}E_n^{(1)}=&-\frac{1}{2m_0c^2}\left(\frac{1}{2}m_0\omega^2\right)^2\langle n|x^4|n\rangle=\\&-\frac{1}{2m_0c^2}\left(\frac{1}{2}m_0\omega^2\right)^2\frac{3\hbar^2}{4m_0^2\omega^2}(2n^2+2n+1)=\\&-\frac{3\hbar^2\omega^2}{32m_0c^2}(2n^2+2n+1)\end{aligned} \tag{16}$$

最后，计算相对论效应对类氢离子本征能量的修正。

类氢离子的位势为

$$V(r)=-Ze^2/r \tag{17}$$

这时，无微扰哈密顿算符 $\hat{H}_0$ 的本征矢为 $|nlm\rangle$，相应的本征能量是

$$E_n^0 = -\frac{Z^2 e^2}{2an^2} \quad (n = 1, 2, 3, \cdots) \tag{18}$$

式中，$a = m_0^{-1}\hbar^2 e^{-2}$ 为类氢离子的玻尔半径。

由于，$\hat{\boldsymbol{p}}^4, \hat{\boldsymbol{l}}^2, \hat{l}_z$ 相互对易，故有

$$\langle nlm \mid \hat{W} \mid n'l'm' \rangle = \langle n \mid \hat{W} \mid n' \rangle \delta_{l,l'} \delta_{m,m'} \tag{19}$$

对于氢原子而言，除了基态之外，所有激发态$(n > 1)$的能级都是 n^2 度简并的，激发态的能量 1 级修正应该用简并微扰论求出，但是，由于微扰算符的矩阵元满足式(19) 的条件，所以，能量 1 级修正值仍为无简并微扰论的形式，即

$$\begin{aligned} E_{nlm}^{(1)} &= \langle nlm \mid \hat{W} \mid nlm \rangle = \\ & -\frac{1}{2m_0 c^2} \langle nlm \mid [\hat{H}_0^2 - \hat{H}_0 V(r) - V(r) \hat{H}_0 + V^2(r)] \mid nlm \rangle = \\ & -\frac{1}{2m_0 c^2} \langle nlm \mid [(E_n^0)^2 - 2E_n^0 V(r) + V^2(r)] \mid nlm \rangle \end{aligned} \tag{20}$$

由位力定理可知，动能与位势的平均值满足

$$\langle nlm \mid \hat{T} \mid nlm \rangle = -\frac{1}{2} \langle nlm \mid V(r) \mid nlm \rangle \tag{21}$$

而总能量

$$E_n^0 = \langle nlm \mid \hat{T} \mid nlm \rangle + \langle nlm \mid V(r) \mid nlm \rangle = \frac{1}{2} \langle nlm \mid V(r) \mid nlm \rangle \tag{22}$$

将上式代入式(20)，得到

$$\begin{aligned} E_{nlm}^{(1)} &= -\frac{1}{2m_0 c^2} \langle nlm \mid [(E_n^0)^2 - 4(E_n^0)^2 + V^2(r)] \mid nlm \rangle = \\ & \frac{3}{2m_0 c^2} (E_n^0)^2 - \frac{1}{2m_0 c^2} \langle nlm \mid V^2(r) \mid nlm \rangle \end{aligned} \tag{23}$$

其中，位势平方项的平均值可以利用赫尔曼－费恩曼定理计算，即

$$\langle nlm \mid \frac{\partial \hat{H}}{\partial l} \mid nlm \rangle = (2l+1) \frac{\hbar^2}{2m_0} \langle nlm \mid \frac{1}{r^2} \mid nlm \rangle \tag{24}$$

由于，$n = n_r + l + 1$，故

$$\frac{\partial E_n^0}{\partial l} = \frac{\partial E_n^0}{\partial n} = \frac{Z^2 e^2}{an^3} \tag{25}$$

由上述两式相等可知

$$\langle nlm \mid \frac{1}{r^2} \mid nlm \rangle = \frac{2m_0}{(2l+1)\hbar^2} \frac{Z^2 e^2}{an^3} = \frac{2Z^2}{(2l+1) a^2 n^3} \tag{26}$$

将其代入式(23)，得到

$$E_{nlm}^{(1)}=\frac{3}{2m_0c^2}(E_n^0)^2-\frac{1}{2m_0c^2}\langle nlm\mid V^2(r)\mid nlm\rangle=$$

$$\frac{3}{2m_0c^2}(E_n^0)^2-\frac{Z^2e^4}{2m_0c^2}\frac{2Z^2}{(2l+1)a^2n^3}=$$

$$\frac{3}{2m_0c^2}\left(-\frac{Z^2e^2}{2an^2}\right)^2-\frac{Z^4e^4}{m_0c^2a^2(2l+1)n^3}=$$

$$\frac{3Z^4e^4}{8m_0c^2a^2n^4}-\frac{Z^4e^4}{m_0c^2a^2(2l+1)n^3}=$$

$$-\frac{Z^4e^4}{2m_0c^2a^2n^4}\left[\frac{n}{l+1/2}-\frac{3}{4}\right] \tag{27}$$

将玻尔半径的定义 $a=\hbar^2/(m_0e^2)$ 代入上式，得到本征能量的 1 级修正

$$E_{nlm}^{(1)}=-\frac{Z^4e^4}{2m_0c^2a^2n^4}\left[\frac{n}{l+1/2}-\frac{3}{4}\right]=$$

$$-\frac{Z^4m_0^2e^8}{2m_0c^2\hbar^4n^4}\left[\frac{n}{l+1/2}-\frac{3}{4}\right]=$$

$$-m_0c^2\alpha^4\frac{Z^4}{2n^4}\left[\frac{n}{l+1/2}-\frac{3}{4}\right] \tag{28}$$

式中 $\alpha=e^2/(\hbar c)$ 为精细结构常数。

显然，能量的 1 级修正已经使得关于量子数 l 的简并消除，它对能级的影响称之为氢原子光谱的精细结构，而关于量子数 m 的简并仍然存在。

由精细结构常数 $\alpha=1/137$ 可知，对于氢原子($Z=1$) 的基态($n=1$) 而言，能量 1 级修正的数值为

$$E_{100}^{(1)}=-\frac{5}{8}\left(\frac{1}{137}\right)^4m_0c^2=-9.1\times10^{-4}\text{eV} \tag{29}$$

相对氢原子的基态能量 $-13\cdot6$eV 而言，这个修正是一个相当小的量。

习题 7.3　验证单色平面波满足 KG 方程。

证明　将单色平面波

$$\boldsymbol{\Psi}(\boldsymbol{r},t)=(2\pi\hbar)^{-3/2}\mathrm{e}^{\frac{\mathrm{i}}{\hbar}(\boldsymbol{r}\cdot\boldsymbol{p}-Et)} \tag{1}$$

代入 KG 方程

$$-\hbar^2\frac{\partial^2}{\partial t^2}\boldsymbol{\Psi}(\boldsymbol{r},t)=(-\hbar^2c^2\vec{\nabla}^2+m_0^2c^4)\boldsymbol{\Psi}(\boldsymbol{r},t) \tag{2}$$

的左端，得到

$$\begin{aligned}-\hbar^2\frac{\partial^2}{\partial t^2}\boldsymbol{\Psi}(\boldsymbol{r},t)=-\hbar^2\frac{\partial^2}{\partial t^2}\left[(2\pi)^{-3/2}\mathrm{e}^{\frac{\mathrm{i}}{\hbar}(\boldsymbol{r}\cdot\boldsymbol{p}-Et)}\right]=\\-\hbar^2(\mathrm{i}\hbar^{-1})^2E^2(2\pi\hbar)^{-3/2}\mathrm{e}^{\frac{\mathrm{i}}{\hbar}(\boldsymbol{r}\cdot\boldsymbol{p}-Et)}=E^2\boldsymbol{\Psi}(\boldsymbol{r},t)\end{aligned} \tag{3}$$

再将式(1) 代入 KG 方程式(2) 的右端，得到

$$
\begin{aligned}
&(-\hbar^2c^2\vec{\nabla}^2+m_0^2c^4)\Psi(\boldsymbol{r},t)=\\
&(-\hbar^2c^2\vec{\nabla}^2+m_0^2c^4)(2\pi\hbar)^{-3/2}\mathrm{e}^{\frac{\mathrm{i}}{\hbar}(\boldsymbol{r}\cdot\boldsymbol{p}-Et)}=\\
&[-\hbar^2c^2(\mathrm{i}\hbar^{-1})^2\boldsymbol{p}^2+m_0^2c^4]\Psi(\boldsymbol{r},t)=\\
&(\boldsymbol{p}^2c^2+m_0^2c^4)\Psi(\boldsymbol{r},t)=E^2\Psi(\boldsymbol{r},t)
\end{aligned}
\tag{4}
$$

比较式(3)与式(4)可知，单色平面波满足KG方程。

习题 7.4 利用KG方程导出概率守恒公式。

证明 已知自由粒子满足的KG方程为

$$-\hbar^2\frac{\partial^2}{\partial t^2}\Psi(\boldsymbol{r},t)=(-\hbar^2c^2\vec{\nabla}^2+m_0^2c^4)\Psi(\boldsymbol{r},t)\tag{1}$$

两端同时除以 $-c^2\hbar^2$，得到

$$\frac{1}{c^2}\frac{\partial^2}{\partial t^2}\Psi(\boldsymbol{r},t)=\vec{\nabla}^2\Psi(\boldsymbol{r},t)-\frac{m_0^2c^2}{\hbar^2}\Psi(\boldsymbol{r},t)\tag{2}$$

首先，用 $\Psi^*(\boldsymbol{r},t)$ 左乘上式两端，得到

$$
\begin{aligned}
&\frac{1}{c^2}\Psi^*(\boldsymbol{r},t)\frac{\partial^2}{\partial t^2}\Psi(\boldsymbol{r},t)=\\
&\Psi^*(\boldsymbol{r},t)\vec{\nabla}^2\Psi(\boldsymbol{r},t)-\frac{m_0^2c^2}{\hbar^2}\Psi^*(\boldsymbol{r},t)\Psi(\boldsymbol{r},t)
\end{aligned}
\tag{3}
$$

其次，将式(2)两端取复数共轭，再用 $\Psi(\boldsymbol{r},t)$ 左乘之，得到

$$
\begin{aligned}
&\frac{1}{c^2}\Psi(\boldsymbol{r},t)\frac{\partial^2}{\partial t^2}\Psi^*(\boldsymbol{r},t)=\\
&\Psi(\boldsymbol{r},t)\vec{\nabla}^2\Psi^*(\boldsymbol{r},t)-\frac{m_0^2c^2}{\hbar^2}\Psi(\boldsymbol{r},t)\Psi^*(\boldsymbol{r},t)
\end{aligned}
\tag{4}
$$

最后，将式(3)与式(4)相减，得到

$$
\begin{aligned}
&\frac{1}{c^2}\Psi^*(\boldsymbol{r},t)\frac{\partial^2}{\partial t^2}\Psi(\boldsymbol{r},t)-\frac{1}{c^2}\Psi(\boldsymbol{r},t)\frac{\partial^2}{\partial t^2}\Psi^*(\boldsymbol{r},t)=\\
&\Psi^*(\boldsymbol{r},t)\vec{\nabla}^2\Psi(\boldsymbol{r},t)-\Psi(\boldsymbol{r},t)\vec{\nabla}^2\Psi^*(\boldsymbol{r},t)
\end{aligned}
\tag{5}
$$

上式的左端可以改写为

$$
\begin{aligned}
&\frac{1}{c^2}\Psi^*(\boldsymbol{r},t)\frac{\partial^2}{\partial t^2}\Psi(\boldsymbol{r},t)-\frac{1}{c^2}\Psi(\boldsymbol{r},t)\frac{\partial^2}{\partial t^2}\Psi^*(\boldsymbol{r},t)=\\
&\frac{1}{c^2}\frac{\partial}{\partial t}\left[\Psi^*(\boldsymbol{r},t)\frac{\partial}{\partial t}\Psi(\boldsymbol{r},t)\right]-\frac{1}{c^2}\left[\frac{\partial}{\partial t}\Psi^*(\boldsymbol{r},t)\right]\left[\frac{\partial}{\partial t}\Psi(\boldsymbol{r},t)\right]-\\
&\frac{1}{c^2}\frac{\partial}{\partial t}\left[\Psi(\boldsymbol{r},t)\frac{\partial}{\partial t}\Psi^*(\boldsymbol{r},t)\right]+\frac{1}{c^2}\left[\frac{\partial}{\partial t}\Psi(\boldsymbol{r},t)\right]\left[\frac{\partial}{\partial t}\Psi^*(\boldsymbol{r},t)\right]=\\
&\frac{1}{c^2}\frac{\partial}{\partial t}\left[\Psi^*(\boldsymbol{r},t)\frac{\partial}{\partial t}\Psi(\boldsymbol{r},t)-\Psi(\boldsymbol{r},t)\frac{\partial}{\partial t}\Psi^*(\boldsymbol{r},t)\right]
\end{aligned}
\tag{6}
$$

再将式(5)的右端改写为

$$\begin{aligned}&\Psi^*(\boldsymbol{r},t)\vec{\nabla}^2\Psi(\boldsymbol{r},t)-\Psi(\boldsymbol{r},t)\vec{\nabla}^2\Psi^*(\boldsymbol{r},t)=\\&\vec{\nabla}\cdot[\Psi^*(\boldsymbol{r},t)\vec{\nabla}\Psi(\boldsymbol{r},t)]-[\vec{\nabla}\Psi^*(\boldsymbol{r},t)][\vec{\nabla}\Psi(\boldsymbol{r},t)]-\\&\vec{\nabla}\cdot[\Psi(\boldsymbol{r},t)\vec{\nabla}\Psi^*(\boldsymbol{r},t)]+[\vec{\nabla}\Psi(\boldsymbol{r},t)][\vec{\nabla}\Psi^*(\boldsymbol{r},t)]=\\&\vec{\nabla}\cdot[\Psi^*(\boldsymbol{r},t)\vec{\nabla}\Psi(\boldsymbol{r},t)-\Psi(\boldsymbol{r},t)\vec{\nabla}\Psi^*(\boldsymbol{r},t)]\end{aligned}\tag{7}$$

若令

$$\rho=\frac{\mathrm{i}\hbar}{2m_0c^2}\left[\Psi^*(\boldsymbol{r},t)\frac{\partial}{\partial t}\Psi(\boldsymbol{r},t)-\Psi(\boldsymbol{r},t)\frac{\partial}{\partial t}\Psi^*(\boldsymbol{r},t)\right]\tag{8}$$

$$\boldsymbol{j}=\frac{\mathrm{i}\hbar}{2m_0}[\Psi(\boldsymbol{r},t)\vec{\nabla}\Psi^*(\boldsymbol{r},t)-\Psi^*(\boldsymbol{r},t)\vec{\nabla}\Psi(\boldsymbol{r},t)]\tag{9}$$

则式(6)变成

$$\begin{aligned}&\frac{1}{c^2}\Psi^*(\boldsymbol{r},t)\frac{\partial^2}{\partial t^2}\Psi(\boldsymbol{r},t)-\frac{1}{c^2}\Psi(\boldsymbol{r},t)\frac{\partial^2}{\partial t^2}\Psi^*(\boldsymbol{r},t)=\\&\frac{1}{c^2}\frac{\partial}{\partial t}\left[\Psi^*(\boldsymbol{r},t)\frac{\partial}{\partial t}\Psi(\boldsymbol{r},t)-\Psi(\boldsymbol{r},t)\frac{\partial}{\partial t}\Psi^*(\boldsymbol{r},t)\right]=\\&\frac{2m_0}{\mathrm{i}\hbar}\frac{\partial}{\partial t}\rho\end{aligned}\tag{10}$$

而式(7)变成

$$\begin{aligned}&\Psi^*(\boldsymbol{r},t)\vec{\nabla}^2\Psi(\boldsymbol{r},t)-\Psi(\boldsymbol{r},t)\vec{\nabla}^2\Psi^*(\boldsymbol{r},t)=\\&\vec{\nabla}\cdot[\Psi^*(\boldsymbol{r},t)\vec{\nabla}\Psi(\boldsymbol{r},t)-\Psi(\boldsymbol{r},t)\vec{\nabla}\Psi^*(\boldsymbol{r},t)]=\\&-\frac{2m_0}{\mathrm{i}\hbar}\vec{\nabla}\cdot\boldsymbol{j}\end{aligned}\tag{11}$$

由式(10)与式(11)可知

$$\frac{2m_0}{\mathrm{i}\hbar}\frac{\partial}{\partial t}\rho=-\frac{2m_0}{\mathrm{i}}\vec{\nabla}\cdot\boldsymbol{j}\tag{12}$$

消去等式两端相同的常数因子，得到由 KG 方程导出概率守恒公式

$$\frac{\partial}{\partial t}\rho+\vec{\nabla}\cdot\boldsymbol{j}=0\tag{13}$$

其中，由式(8)与(9)定义的 ρ 与 $\boldsymbol{j}$ 分别称之为概率密度与概率流密度。

习题 7.5　利用

$$\Psi(\boldsymbol{r},t)=\Phi(\boldsymbol{r},t)\,\mathrm{e}^{-\frac{\mathrm{i}}{\hbar}m_0c^2t}$$

$$\rho=\frac{\mathrm{i}\hbar}{2m_0c^2}\left[\Psi^*(\boldsymbol{r},t)\frac{\partial}{\partial t}\Psi(\boldsymbol{r},t)-\Psi(\boldsymbol{r},t)\frac{\partial}{\partial t}\Psi^*(\boldsymbol{r},t)\right]$$

导出非相对论的概率密度表达式。

解 将相对论的波函数 $\Psi(\boldsymbol{r},t)$ 代入相对论的概率密度公式，得到

$$\rho=\frac{\mathrm{i}\hbar}{2m_0c^2}\left[\Psi^*(\boldsymbol{r},t)\frac{\partial}{\partial t}\Psi(\boldsymbol{r},t)-\Psi(\boldsymbol{r},t)\frac{\partial}{\partial t}\Psi^*(\boldsymbol{r},t)\right]=$$

$$\frac{\mathrm{i}\hbar}{2m_0c^2}\Psi^*(\boldsymbol{r},t)\frac{\partial}{\partial t}\left[\Phi(\boldsymbol{r},t)\,\mathrm{e}^{-\frac{\mathrm{i}}{\hbar}m_0c^2t}\right]-$$

$$\frac{\mathrm{i}\hbar}{2m_0c^2}\Psi(\boldsymbol{r},t)\frac{\partial}{\partial t}\left[\Phi^*(\boldsymbol{r},t)\,\mathrm{e}^{\frac{\mathrm{i}}{\hbar}m_0c^2t}\right]=$$

$$\frac{\mathrm{i}\hbar}{2m_0c^2}\Psi^*(\boldsymbol{r},t)\left[\frac{\partial}{\partial t}\Phi(\boldsymbol{r},t)\right]\mathrm{e}^{-\frac{\mathrm{i}}{\hbar}m_0c^2t}+$$

$$\frac{1}{2}\Psi^*(\boldsymbol{r},t)\Phi(\boldsymbol{r},t)\,\mathrm{e}^{-\frac{\mathrm{i}}{\hbar}m_0c^2t}-$$

$$\frac{\mathrm{i}\hbar}{2m_0c^2}\Psi(\boldsymbol{r},t)\left[\frac{\partial}{\partial t}\Phi^*(\boldsymbol{r},t)\right]\mathrm{e}^{\frac{\mathrm{i}}{\hbar}m_0c^2t}+$$

$$\frac{1}{2}\Psi(\boldsymbol{r},t)\Phi^*(\boldsymbol{r},t)\,\mathrm{e}^{\frac{\mathrm{i}}{\hbar}m_0c^2t}\tag{1}$$

由于 $mc^2\gg1$，故上式中与 $1/(m_0c^2)$ 相关的项可以略去，于是式(1)简化成

$$\rho=\frac{1}{2}\Psi^*(\boldsymbol{r},t)\Phi(\boldsymbol{r},t)\,\mathrm{e}^{-\frac{\mathrm{i}}{\hbar}m_0c^2t}+\frac{1}{2}\Psi(\boldsymbol{r},t)\Phi^*(\boldsymbol{r},t)\,\mathrm{e}^{\frac{\mathrm{i}}{\hbar}m_0c^2t}=$$

$$\frac{1}{2}\Phi^*(\boldsymbol{r},t)\Phi(\boldsymbol{r},t)+\frac{1}{2}\Phi(\boldsymbol{r},t)\Phi^*(\boldsymbol{r},t)=\Phi^*(\boldsymbol{r},t)\Phi(\boldsymbol{r},t)\tag{2}$$

由于 $\Phi(\boldsymbol{r},t)$ 满足自由粒子的非相对论的薛定谔方程，即

$$\mathrm{i}\hbar\frac{\partial}{\partial t}\Phi(\boldsymbol{r},t)=-\frac{\hbar^2}{2m_0}\vec{\nabla}^2\Phi(\boldsymbol{r},t)\tag{3}$$

所以，式(2)即非相对论情况下的概率密度公式。

习题 7.6 验证

$$\hat{\alpha}_i=\begin{pmatrix}\hat{O} & \hat{\sigma}_i\\ \hat{\sigma}_i & \hat{O}\end{pmatrix}$$

$$\hat{\beta}=\begin{pmatrix}\hat{I} & \hat{O}\\ \hat{O} & -\hat{I}\end{pmatrix}$$

满足

$$\hat{\beta}^2=\begin{pmatrix}\hat{I} & \hat{O}\\ \hat{O} & \hat{I}\end{pmatrix}=\hat{I}'$$

$$\hat{\alpha}_i\hat{\beta}+\hat{\beta}\hat{\alpha}_i=\hat{O}'$$

$$\hat{\alpha}_i\hat{\alpha}_j+\hat{\alpha}_j\hat{\alpha}_i=2\delta_{i,j}\begin{pmatrix}\hat{I} & \hat{O}\\ \hat{O} & \hat{I}\end{pmatrix}=2\delta_{i,j}\hat{I}'$$

其中，$\hat{I}$，$\hat{I}'$ 分别为 2×2 与 4×4 的单位矩阵；$\hat{O}$，$\hat{O}'$ 分别为 2×2 与 4×4 的零矩阵；$\hat{\sigma}_i$ 为泡利算符的 $i=x,y,z$ 分量算符。

证明 由 $\hat{\beta}$ 的定义可知

$$\hat{\beta}^2=\begin{pmatrix}\hat{I} & \hat{O}\\ \hat{O} & -\hat{I}\end{pmatrix}\begin{pmatrix}\hat{I} & \hat{O}\\ \hat{O} & -\hat{I}\end{pmatrix}=\begin{pmatrix}\hat{I} & \hat{O}\\ \hat{O} & \hat{I}\end{pmatrix}=\hat{I}' \tag{1}$$

其中，$\hat{I}'$ 是 4×4 的单位矩阵，此即 $\hat{\beta}^2$ 的矩阵形式。上式也可以写成算符形式，即

$$\hat{\beta}^2=1 \tag{2}$$

由 $\hat{\alpha}_i$ 与 $\hat{\beta}$ 的定义可以得到

$$\begin{aligned}\hat{\alpha}_i\hat{\beta}+\hat{\beta}\hat{\alpha}_i&=\begin{pmatrix}\hat{O} & \hat{\sigma}_i\\ \hat{\sigma}_i & \hat{O}\end{pmatrix}\begin{pmatrix}\hat{I} & \hat{O}\\ \hat{O} & -\hat{I}\end{pmatrix}+\begin{pmatrix}\hat{I} & \hat{O}\\ \hat{O} & -\hat{I}\end{pmatrix}\begin{pmatrix}\hat{O} & \hat{\sigma}_i\\ \hat{\sigma}_i & \hat{O}\end{pmatrix}=\\ &\begin{pmatrix}\hat{O} & -\hat{\sigma}_i\hat{I}\\ \hat{\sigma}_i\hat{I} & \hat{O}\end{pmatrix}+\begin{pmatrix}\hat{O} & \hat{\sigma}_i\hat{I}\\ -\hat{\sigma}_i\hat{I} & \hat{O}\end{pmatrix}=\hat{O}'\end{aligned} \tag{3}$$

或者写成算符形式

$$\hat{\alpha}_i\hat{\beta}+\hat{\beta}\hat{\alpha}_i=0 \tag{4}$$

同理可知

$$\hat{\alpha}_i\hat{\alpha}_j+\hat{\alpha}_j\hat{\alpha}_i=\begin{pmatrix}\hat{O} & \hat{\sigma}_i\\ \hat{\sigma}_i & \hat{O}\end{pmatrix}\begin{pmatrix}\hat{O} & \hat{\sigma}_j\\ \hat{\sigma}_j & \hat{O}\end{pmatrix}+\begin{pmatrix}\hat{O} & \hat{\sigma}_j\\ \hat{\sigma}_j & \hat{O}\end{pmatrix}\begin{pmatrix}\hat{O} & \hat{\sigma}_i\\ \hat{\sigma}_i & \hat{O}\end{pmatrix}=$$

$$\begin{pmatrix}\hat{\sigma}_i\hat{\sigma}_j & 0\\ 0 & \hat{\sigma}_i\hat{\sigma}_j\end{pmatrix}+\begin{pmatrix}\hat{\sigma}_j\hat{\sigma}_i & 0\\ 0 & \hat{\sigma}_j\hat{\sigma}_i\end{pmatrix}=\begin{pmatrix}\hat{\sigma}_i\hat{\sigma}_j+\hat{\sigma}_j\hat{\sigma}_i & \hat{O}\\ \hat{O} & \hat{\sigma}_i\hat{\sigma}_j+\hat{\sigma}_j\hat{\sigma}_i\end{pmatrix}= \tag{5}$$

$$(\hat{\sigma}_i\hat{\sigma}_j+\hat{\sigma}_j\hat{\sigma}_i)\begin{pmatrix}\hat{I} & \hat{O}\\ \hat{O} & \hat{I}\end{pmatrix}$$

利用泡利矩阵的性质

$$\begin{aligned}\hat{\sigma}_i\hat{\sigma}_j+\hat{\sigma}_j\hat{\sigma}_i&=\hat{O}\quad(i\neq j)\\ \hat{\sigma}_i\hat{\sigma}_j+\hat{\sigma}_j\hat{\sigma}_i&=2\hat{I}\quad(i=j)\end{aligned} \tag{6}$$

可以将式(5)改写成

$$\begin{aligned}\hat{\alpha}_i\hat{\alpha}_j+\hat{\alpha}_j\hat{\alpha}_i&=(\hat{\sigma}_i\hat{\sigma}_j+\hat{\sigma}_j\hat{\sigma}_i)\begin{pmatrix}\hat{I} & \hat{O}\\ \hat{O} & \hat{I}\end{pmatrix}=\\ &2\delta_{i,j}\begin{pmatrix}\hat{I} & \hat{O}\\ \hat{O} & \hat{I}\end{pmatrix}=2\delta_{i,j}\hat{I}'\end{aligned} \tag{7}$$

或者写成算符形式

$$\hat{\alpha}_i\hat{\alpha}_j+\hat{\alpha}_j\hat{\alpha}_i=2\delta_{i,j} \tag{8}$$

习题 7.7 证明

$$(\hat{\boldsymbol{\alpha}}\cdot\hat{\boldsymbol{A}})(\hat{\boldsymbol{\alpha}}\cdot\hat{\boldsymbol{B}})=(\hat{\boldsymbol{\sigma}}\cdot\hat{\boldsymbol{A}})(\hat{\boldsymbol{\sigma}}\cdot\hat{\boldsymbol{B}})$$

$$(\hat{\boldsymbol{\alpha}}\cdot\hat{\boldsymbol{A}})(1+\hat{\beta})(\hat{\boldsymbol{\alpha}}\cdot\hat{\boldsymbol{B}})=(\hat{\boldsymbol{\sigma}}\cdot\hat{\boldsymbol{A}})(\hat{\boldsymbol{\sigma}}\cdot\hat{\boldsymbol{B}})(1-\hat{\beta})$$

$$\mathrm{Tr}(\hat{\beta})=0;\quad \mathrm{Tr}(\hat{\alpha}_i\hat{\beta})=0;\quad \mathrm{Tr}(\hat{\alpha}_i\hat{\alpha}_j\hat{\beta})=0;\quad \mathrm{Tr}(\hat{\alpha}_i\hat{\alpha}_j\hat{\alpha}_k\hat{\beta})=0$$

其中,$\hat{\boldsymbol{A}}$,$\hat{\boldsymbol{B}}$ 是两个与泡利算符 $\hat{\boldsymbol{\sigma}}$ 对易的矢量算符。

证明 算符 $\hat{\alpha}_i$ 和 $\hat{\beta}$ 皆为 4 阶的厄米矩阵,它们的具体形式为

$$\hat{\alpha}_i = \begin{pmatrix} \hat{O} & \hat{\sigma}_i \\ \hat{\sigma}_i & \hat{O} \end{pmatrix}$$

$$\hat{\beta} = \begin{pmatrix} \hat{I} & \hat{O} \\ \hat{O} & -\hat{I} \end{pmatrix} \tag{1}$$

式中，$\hat{I}$ 为 2×2 的单位矩阵；$\hat{O}$ 为 2×2 的零矩阵；$\hat{\sigma}_i(i=x,y,z)$ 是泡利算符。

首先，利用 $\hat{\alpha}_i$ 的定义导出求证之前两式，即

$$(\hat{\boldsymbol{\alpha}}\cdot\hat{\boldsymbol{A}})(\hat{\boldsymbol{\alpha}}\cdot\hat{\boldsymbol{B}}) = \left\{\begin{pmatrix} \hat{O} & \hat{\boldsymbol{\sigma}} \\ \hat{\boldsymbol{\sigma}} & \hat{O} \end{pmatrix}\cdot\hat{\boldsymbol{A}}\right\}\left\{\begin{pmatrix} \hat{O} & \hat{\boldsymbol{\sigma}} \\ \hat{\boldsymbol{\sigma}} & \hat{O} \end{pmatrix}\cdot\hat{\boldsymbol{B}}\right\} =$$

$$\begin{pmatrix} \hat{O} & \hat{\boldsymbol{\sigma}}\cdot\hat{\boldsymbol{A}} \\ \hat{\boldsymbol{\sigma}}\cdot\hat{\boldsymbol{A}} & \hat{O} \end{pmatrix}\begin{pmatrix} \hat{O} & \hat{\boldsymbol{\sigma}}\cdot\hat{\boldsymbol{B}} \\ \hat{\boldsymbol{\sigma}}\cdot\hat{\boldsymbol{B}} & \hat{O} \end{pmatrix} =$$

$$\begin{pmatrix} (\hat{\boldsymbol{\sigma}}\cdot\hat{\boldsymbol{A}})(\hat{\boldsymbol{\sigma}}\cdot\hat{\boldsymbol{B}}) & \hat{O} \\ \hat{O} & (\hat{\boldsymbol{\sigma}}\cdot\hat{\boldsymbol{A}})(\hat{\boldsymbol{\sigma}}\cdot\hat{\boldsymbol{B}}) \end{pmatrix} =$$

$$(\hat{\boldsymbol{\sigma}}\cdot\hat{\boldsymbol{A}})(\hat{\boldsymbol{\sigma}}\cdot\hat{\boldsymbol{B}})\begin{pmatrix} \hat{I} & \hat{O} \\ \hat{O} & \hat{I} \end{pmatrix} = (\hat{\boldsymbol{\sigma}}\cdot\hat{\boldsymbol{A}})(\hat{\boldsymbol{\sigma}}\cdot\hat{\boldsymbol{B}}) \tag{2}$$

$$(\hat{\boldsymbol{\alpha}}\cdot\hat{\boldsymbol{A}})(1+\hat{\beta})(\hat{\boldsymbol{\alpha}}\cdot\hat{\boldsymbol{B}}) = \begin{pmatrix} \hat{O} & \hat{\boldsymbol{\sigma}}\cdot\hat{\boldsymbol{A}} \\ \hat{\boldsymbol{\sigma}}\cdot\hat{\boldsymbol{A}} & \hat{O} \end{pmatrix}(1+\hat{\beta})\begin{pmatrix} \hat{O} & \hat{\boldsymbol{\sigma}}\cdot\hat{\boldsymbol{B}} \\ \hat{\boldsymbol{\sigma}}\cdot\hat{\boldsymbol{B}} & \hat{O} \end{pmatrix} =$$

$$(\hat{\boldsymbol{\sigma}}\cdot\hat{\boldsymbol{A}})(\hat{\boldsymbol{\sigma}}\cdot\hat{\boldsymbol{B}})\begin{pmatrix} \hat{I} & \hat{O} \\ \hat{O} & \hat{I} \end{pmatrix} +$$

$$\begin{pmatrix} \hat{O} & \hat{\boldsymbol{\sigma}}\cdot\hat{\boldsymbol{A}} \\ \hat{\boldsymbol{\sigma}}\cdot\hat{\boldsymbol{A}} & \hat{O} \end{pmatrix}\begin{pmatrix} \hat{I} & \hat{O} \\ \hat{O} & -\hat{I} \end{pmatrix}\begin{pmatrix} \hat{O} & \hat{\boldsymbol{\sigma}}\cdot\hat{\boldsymbol{B}} \\ \hat{\boldsymbol{\sigma}}\cdot\hat{\boldsymbol{B}} & \hat{O} \end{pmatrix} =$$

$$(\hat{\boldsymbol{\sigma}}\cdot\hat{\boldsymbol{A}})(\hat{\boldsymbol{\sigma}}\cdot\hat{\boldsymbol{B}})\begin{pmatrix} \hat{I} & \hat{O} \\ \hat{O} & \hat{I} \end{pmatrix} +$$

$$\begin{pmatrix} \hat{O} & \hat{\boldsymbol{\sigma}}\cdot\hat{\boldsymbol{A}} \\ \hat{\boldsymbol{\sigma}}\cdot\hat{\boldsymbol{A}} & \hat{O} \end{pmatrix}\begin{pmatrix} \hat{O} & \hat{\boldsymbol{\sigma}}\cdot\hat{\boldsymbol{B}} \\ -\hat{\boldsymbol{\sigma}}\cdot\hat{\boldsymbol{B}} & \hat{O} \end{pmatrix} =$$

$$(\hat{\boldsymbol{\sigma}}\cdot\hat{\mathbf{A}})(\hat{\boldsymbol{\sigma}}\cdot\hat{\boldsymbol{B}})\begin{pmatrix}\hat{I} & \hat{O}\\ \hat{O} & \hat{I}\end{pmatrix}-$$

$$(\hat{\boldsymbol{\sigma}}\cdot\hat{\mathbf{A}})(\hat{\boldsymbol{\sigma}}\cdot\hat{\boldsymbol{B}})\begin{pmatrix}\hat{I} & \hat{O}\\ \hat{O} & -\hat{I}\end{pmatrix}=$$

$$(\hat{\boldsymbol{\sigma}}\cdot\hat{\mathbf{A}})(\hat{\boldsymbol{\sigma}}\cdot\hat{\boldsymbol{B}})(1-\hat{\beta}) \tag{3}$$

其次,计算阵迹

$$\mathrm{Tr}(\hat{\beta})=\mathrm{Tr}\begin{pmatrix}\hat{I} & \hat{O}\\ \hat{O} & -\hat{I}\end{pmatrix}=\mathrm{Tr}\begin{pmatrix}1 & 0 & 0 & 0\\ 0 & 1 & 0 & 0\\ 0 & 0 & -1 & 0\\ 0 & 0 & 0 & -1\end{pmatrix}=0 \tag{4}$$

$$\mathrm{Tr}(\hat{\alpha}_i\hat{\beta})=\mathrm{Tr}\left\{\begin{pmatrix}\hat{O} & \hat{\sigma}_i\\ \hat{\sigma}_i & \hat{O}\end{pmatrix}\begin{pmatrix}\hat{I} & \hat{O}\\ \hat{O} & -\hat{I}\end{pmatrix}\right\}=\mathrm{Tr}\begin{pmatrix}\hat{O} & -\hat{\sigma}_i\hat{I}\\ \hat{\sigma}_i\hat{I} & \hat{O}\end{pmatrix}=0 \tag{5}$$

$$\mathrm{Tr}(\hat{\alpha}_i\hat{\alpha}_j\hat{\beta})=\mathrm{Tr}\left\{\begin{pmatrix}\hat{O} & \hat{\sigma}_i\\ \hat{\sigma}_i & \hat{O}\end{pmatrix}\begin{pmatrix}\hat{O} & \hat{\sigma}_j\\ \hat{\sigma}_j & \hat{O}\end{pmatrix}\begin{pmatrix}\hat{I} & \hat{O}\\ \hat{O} & -\hat{I}\end{pmatrix}\right\}=$$

$$\mathrm{Tr}\left\{\begin{pmatrix}\hat{O} & \hat{\sigma}_i\\ \hat{\sigma}_i & \hat{O}\end{pmatrix}\begin{pmatrix}\hat{O} & -\hat{\sigma}_j\hat{I}\\ \hat{\sigma}_j\hat{I} & \hat{O}\end{pmatrix}\right\}=\mathrm{Tr}\begin{pmatrix}\hat{\sigma}_i\hat{\sigma}_j\hat{I} & \hat{O}\\ \hat{O} & -\hat{\sigma}_i\hat{\sigma}_j\hat{I}\end{pmatrix}=0 \tag{6}$$

$$\mathrm{Tr}(\hat{\alpha}_i\hat{\alpha}_j\hat{\alpha}_k\hat{\beta})=\mathrm{Tr}\left\{\begin{pmatrix}\hat{O} & \hat{\sigma}_i\\ \hat{\sigma}_i & \hat{O}\end{pmatrix}\begin{pmatrix}\hat{O} & \hat{\sigma}_j\\ \hat{\sigma}_j & \hat{O}\end{pmatrix}\begin{pmatrix}\hat{O} & \hat{\sigma}_k\\ \hat{\sigma}_k & \hat{O}\end{pmatrix}\begin{pmatrix}\hat{I} & \hat{O}\\ \hat{O} & -\hat{I}\end{pmatrix}\right\}=$$

$$\mathrm{Tr}\left\{\begin{pmatrix}\hat{O} & \hat{\sigma}_i\\ \hat{\sigma}_i & \hat{O}\end{pmatrix}\begin{pmatrix}\hat{O} & \hat{\sigma}_j\\ \hat{\sigma}_j & \hat{O}\end{pmatrix}\begin{pmatrix}\hat{O} & -\hat{\sigma}_k\hat{I}\\ \hat{\sigma}_k\hat{I} & \hat{O}\end{pmatrix}\right\}= \tag{7}$$

$$\mathrm{Tr}\left\{\begin{pmatrix}\hat{O} & \hat{\sigma}_i\\ \hat{\sigma}_i & \hat{O}\end{pmatrix}\begin{pmatrix}\hat{\sigma}_j\hat{\sigma}_k\hat{I} & \hat{O}\\ \hat{O} & -\hat{\sigma}_j\hat{\sigma}_k\hat{I}\end{pmatrix}\right\}=\mathrm{Tr}\begin{pmatrix}\hat{O} & -\hat{\sigma}_i\hat{\sigma}_j\hat{\sigma}_k\hat{I}\\ \hat{\sigma}_i\hat{\sigma}_j\hat{\sigma}_k\hat{I} & \hat{O}\end{pmatrix}=0$$

习题 7.8 定义 $\hat{\gamma}_\mu(\mu=1,2,3,4,5)$ 算符满足

$$\hat{\gamma}_i = -\mathrm{i}\hat{\beta}\hat{\alpha}_i \ (i=1,2,3)$$

$$\hat{\gamma}_4 = \hat{\beta}$$

$$\hat{\gamma}_5 = \hat{\gamma}_1\hat{\gamma}_2\hat{\gamma}_3\hat{\gamma}_4$$

证明当 $\mu,\nu=1,2,3,4$ 时，下列各式成立

$$\hat{\gamma}_\mu^2 = \hat{I}'$$

$$\hat{\gamma}_\mu\hat{\gamma}_\nu + \hat{\gamma}_\nu\hat{\gamma}_\mu = 2\delta_{\mu,\nu}\hat{I}'$$

$$\hat{\gamma}_\mu\hat{\gamma}_5 + \hat{\gamma}_5\hat{\gamma}_\mu = \hat{O}'$$

其中，$\hat{I}'$，$\hat{O}'$ 分别为 4×4 的单位矩阵与零矩阵。

证明　由 $\hat{\gamma}_\mu$ 算符的定义可知

$$\hat{\gamma}_1^2 = (-\mathrm{i}\hat{\beta}\hat{\alpha}_x)^2 = -\left[\begin{pmatrix}\hat{I} & \hat{O}\\ \hat{O} & -\hat{I}\end{pmatrix}\begin{pmatrix}\hat{O} & \hat{\sigma}_x\\ \hat{\sigma}_x & \hat{O}\end{pmatrix}\right]^2 =$$

$$-\begin{pmatrix}\hat{O} & \hat{\sigma}_x\hat{I}\\ -\hat{\sigma}_x\hat{I} & \hat{O}\end{pmatrix}\begin{pmatrix}\hat{O} & \hat{\sigma}_x\hat{I}\\ -\hat{\sigma}_x\hat{I} & \hat{O}\end{pmatrix} = -\begin{pmatrix}-\hat{\sigma}_x^2\hat{I} & \hat{O}\\ \hat{O} & -\hat{\sigma}_x^2\hat{I}\end{pmatrix} = \hat{I}' \tag{1}$$

同理可知

$$\hat{\gamma}_2^2 = (-\mathrm{i}\hat{\beta}\hat{\alpha}_y)^2 = -\left[\begin{pmatrix}\hat{I} & \hat{O}\\ \hat{O} & -\hat{I}\end{pmatrix}\begin{pmatrix}\hat{O} & \hat{\sigma}_y\\ \hat{\sigma}_y & \hat{O}\end{pmatrix}\right]^2 =$$

$$-\begin{pmatrix}\hat{O} & \hat{\sigma}_y\hat{I}\\ -\hat{\sigma}_y\hat{I} & \hat{O}\end{pmatrix}\begin{pmatrix}\hat{O} & \hat{\sigma}_y\hat{I}\\ -\hat{\sigma}_y\hat{I} & \hat{O}\end{pmatrix} = -\begin{pmatrix}-\hat{\sigma}_y^2\hat{I} & \hat{O}\\ \hat{O} & -\hat{\sigma}_y^2\hat{I}\end{pmatrix} = \hat{I}' \tag{2}$$

$$\hat{\gamma}_3^2 = (-\mathrm{i}\hat{\beta}\hat{\alpha}_z)^2 = -\left[\begin{pmatrix}\hat{I} & \hat{O}\\ \hat{O} & -\hat{I}\end{pmatrix}\begin{pmatrix}\hat{O} & \hat{\sigma}_z\\ \hat{\sigma}_z & \hat{O}\end{pmatrix}\right]^2 =$$

$$-\begin{pmatrix}\hat{O} & \hat{\sigma}_z\hat{I}\\ -\hat{\sigma}_z\hat{I} & \hat{O}\end{pmatrix}\begin{pmatrix}\hat{O} & \hat{\sigma}_z\hat{I}\\ -\hat{\sigma}_z\hat{I} & \hat{O}\end{pmatrix} = -\begin{pmatrix}-\hat{\sigma}_z^2\hat{I} & \hat{O}\\ \hat{O} & -\hat{\sigma}_z^2\hat{I}\end{pmatrix} = \hat{I}' \tag{3}$$

$$\hat{\gamma}_4^2 = \hat{\beta}^2 = \begin{pmatrix}\hat{I} & \hat{O}\\ \hat{O} & -\hat{I}\end{pmatrix}\begin{pmatrix}\hat{I} & \hat{O}\\ \hat{O} & -\hat{I}\end{pmatrix} = \begin{pmatrix}\hat{I} & \hat{O}\\ \hat{O} & \hat{I}\end{pmatrix} = \hat{I}' \tag{4}$$

当 $\mu,\nu=1,2,3$ 时，有

$$\hat{\gamma}_\mu\hat{\gamma}_\nu+\hat{\gamma}_\nu\hat{\gamma}_\mu=(-\mathrm{i}\hat{\beta}\hat{\alpha}_\mu)(-\mathrm{i}\hat{\beta}\hat{\alpha}_\nu)+ (-\mathrm{i}\hat{\beta}\hat{\alpha}_\nu)(-\mathrm{i}\hat{\beta}\hat{\alpha}_\mu)=-\hat{\beta}\hat{\alpha}_\mu\hat{\beta}\hat{\alpha}_\nu-\hat{\beta}\hat{\alpha}_\nu\hat{\beta}\hat{\alpha}_\mu= \hat{\beta}^2\hat{\alpha}_\mu\hat{\alpha}_\nu+\hat{\beta}^2\hat{\alpha}_\nu\hat{\alpha}_\mu=\hat{\alpha}_\mu\hat{\alpha}_\nu+\hat{\alpha}_\nu\hat{\alpha}_\mu=2\delta_{\mu,\nu}\hat{I}' \tag{5}$$

其中用到

$$\begin{aligned}&\hat{\beta}^2=\hat{I}'\\&\hat{\alpha}_\mu\hat{\beta}+\hat{\beta}\hat{\alpha}_\mu=\hat{O}'\\&\hat{\alpha}_\mu\hat{\alpha}_\nu+\hat{\alpha}_\nu\hat{\alpha}_\mu=2\delta_{\mu,\nu}\hat{I}'\end{aligned} \tag{6}$$

当 $\mu=1,2,3$ 和 $\nu=4$ 时，有

$$\hat{\gamma}_\mu\hat{\gamma}_4+\hat{\gamma}_4\hat{\gamma}_\mu=(-\mathrm{i}\hat{\beta}\hat{\alpha}_\mu)\hat{\beta}+\hat{\beta}(-\mathrm{i}\hat{\beta}\hat{\alpha}_\mu)= -\mathrm{i}\hat{\beta}\hat{\alpha}_\mu\hat{\beta}-\mathrm{i}\hat{\beta}\hat{\beta}\hat{\alpha}_\mu=\mathrm{i}\hat{\beta}^2\hat{\alpha}_\mu-\mathrm{i}\hat{\beta}^2\hat{\alpha}_\mu=\hat{O}' \tag{7}$$

当 $\mu=\nu=4$ 时，有

$$\hat{\gamma}_4\hat{\gamma}_4+\hat{\gamma}_4\hat{\gamma}_4=\hat{\beta}^2+\hat{\beta}^2=2\hat{I}' \tag{8}$$

由上述结果可知，当 $\mu,\nu=1,2,3,4$ 时，下式成立

$$\hat{\gamma}_\mu\hat{\gamma}_\nu+\hat{\gamma}_\nu\hat{\gamma}_\mu=2\delta_{\mu,\nu}\hat{I}' \tag{9}$$

由定义可知

$$\hat{\gamma}_5=\hat{\gamma}_1\hat{\gamma}_2\hat{\gamma}_3\hat{\gamma}_4=(-\mathrm{i}\hat{\beta}\hat{\alpha}_x)(-\mathrm{i}\hat{\beta}\hat{\alpha}_y)(-\mathrm{i}\hat{\beta}\hat{\alpha}_z)\hat{\beta}= \mathrm{i}\hat{\alpha}_x\hat{\alpha}_y\hat{\alpha}_z=\mathrm{i}\begin{pmatrix}\hat{O} & \hat{\sigma}_x\hat{\sigma}_y\hat{\sigma}_z\\ \hat{\sigma}_x\hat{\sigma}_y\hat{\sigma}_z & \hat{O}\end{pmatrix}=\begin{pmatrix}\hat{O} & -\hat{I}\\ -\hat{I} & \hat{O}\end{pmatrix} \tag{10}$$

当 $\mu=1$ 时，有

$$\hat{\gamma}_1\hat{\gamma}_5+\hat{\gamma}_5\hat{\gamma}_1=(-\mathrm{i}\hat{\beta}\hat{\alpha}_x)\hat{\gamma}_5+\hat{\gamma}_5(-\mathrm{i}\hat{\beta}\hat{\alpha}_x)= (-\mathrm{i}\hat{\beta}\hat{\alpha}_x)\mathrm{i}\hat{\alpha}_x\hat{\alpha}_y\hat{\alpha}_z+\mathrm{i}\hat{\alpha}_x\hat{\alpha}_y\hat{\alpha}_z(-\mathrm{i}\hat{\beta}\hat{\alpha}_x)= \hat{\beta}\hat{\alpha}_x\hat{\alpha}_x\hat{\alpha}_y\hat{\alpha}_z+\hat{\alpha}_x\hat{\alpha}_y\hat{\alpha}_z\hat{\beta}\hat{\alpha}_x= \hat{\alpha}_x\hat{\alpha}_x\hat{\alpha}_y\hat{\alpha}_z\hat{\beta}-\hat{\alpha}_x\hat{\alpha}_y\hat{\alpha}_z\hat{\alpha}_x\hat{\beta}=\hat{O}' \tag{11}$$

其中用到

$$\hat{\alpha}_i\hat{\alpha}_j+\hat{\alpha}_j\hat{\alpha}_i=2\delta_{i,j}\hat{I}' \tag{12}$$

同理可证，当 $\mu=2,3$ 时公式成立。

当 $\mu=4$ 时,有

$$\begin{aligned}&\hat{\gamma}_4\hat{\gamma}_5+\hat{\gamma}_5\hat{\gamma}_4=\hat{\beta}\hat{\gamma}_5+\hat{\gamma}_5\hat{\beta}=\hat{\beta}\mathrm{i}\hat{\alpha}_x\hat{\alpha}_y\hat{\alpha}_z+\mathrm{i}\hat{\alpha}_x\hat{\alpha}_y\hat{\alpha}_z\hat{\beta}=\\&-\mathrm{i}\hat{\alpha}_x\hat{\alpha}_y\hat{\alpha}_z\hat{\beta}+\mathrm{i}\hat{\alpha}_x\hat{\alpha}_y\hat{\alpha}_z\hat{\beta}=\hat{O}'\end{aligned}\tag{13}$$

上述公式也可以写成算符形式,即

$$\begin{aligned}&\hat{\gamma}_\mu^2=1\\&\hat{\gamma}_\mu\hat{\gamma}_\nu+\hat{\gamma}_\nu\hat{\gamma}_\mu=2\delta_{\mu,\nu}\\&\hat{\gamma}_\mu\hat{\gamma}_5+\hat{\gamma}_5\hat{\gamma}_\mu=0\end{aligned}\tag{14}$$

习题 7.9　证明

$$[\hat{\Sigma}_x,\hat{\alpha}_y]=\mathrm{i}2\hat{\alpha}_z$$
$$[\hat{\Sigma}_x,\hat{\alpha}_z]=-\mathrm{i}2\hat{\alpha}_y$$
$$\hat{\boldsymbol{\Sigma}}^2=3$$

其中

$$\hat{\Sigma}_x=\begin{pmatrix}\hat{\sigma}_x & \hat{O}\\ \hat{O} & \hat{\sigma}_x\end{pmatrix};\quad \hat{\alpha}_y=\begin{pmatrix}\hat{O} & \hat{\sigma}_y\\ \hat{\sigma}_y & \hat{O}\end{pmatrix};\quad \hat{\alpha}_z=\begin{pmatrix}\hat{O} & \hat{\sigma}_z\\ \hat{\sigma}_z & \hat{O}\end{pmatrix}$$

证明　由已知条件可知

$$\begin{aligned}&[\hat{\Sigma}_x,\hat{\alpha}_y]=\begin{pmatrix}\hat{\sigma}_x & \hat{O}\\ \hat{O} & \hat{\sigma}_x\end{pmatrix}\begin{pmatrix}\hat{O} & \hat{\sigma}_y\\ \hat{\sigma}_y & \hat{O}\end{pmatrix}-\begin{pmatrix}\hat{O} & \hat{\sigma}_y\\ \hat{\sigma}_y & \hat{O}\end{pmatrix}\begin{pmatrix}\hat{\sigma}_x & \hat{O}\\ \hat{O} & \hat{\sigma}_x\end{pmatrix}=\\&\begin{pmatrix}\hat{O} & \hat{\sigma}_x\hat{\sigma}_y\\ \hat{\sigma}_x\hat{\sigma}_y & \hat{O}\end{pmatrix}-\begin{pmatrix}\hat{O} & \hat{\sigma}_y\hat{\sigma}_x\\ \hat{\sigma}_y\hat{\sigma}_x & \hat{O}\end{pmatrix}=\\&\begin{pmatrix}\hat{O} & \hat{\sigma}_x\hat{\sigma}_y-\hat{\sigma}_y\hat{\sigma}_x\\ \hat{\sigma}_x\hat{\sigma}_y-\hat{\sigma}_y\hat{\sigma}_x & \hat{O}\end{pmatrix}=2\mathrm{i}\begin{pmatrix}\hat{O} & \hat{\sigma}_z\\ \hat{\sigma}_z & \hat{O}\end{pmatrix}=\mathrm{i}2\hat{\alpha}_z\end{aligned}\tag{1}$$

同理可知

$$\begin{aligned}&[\hat{\Sigma}_x,\hat{\alpha}_z]=\begin{pmatrix}\hat{\sigma}_x & \hat{O}\\ \hat{O} & \hat{\sigma}_x\end{pmatrix}\begin{pmatrix}\hat{O} & \hat{\sigma}_z\\ \hat{\sigma}_z & \hat{O}\end{pmatrix}-\begin{pmatrix}\hat{O} & \hat{\sigma}_z\\ \hat{\sigma}_z & \hat{O}\end{pmatrix}\begin{pmatrix}\hat{\sigma}_x & \hat{O}\\ \hat{O} & \hat{\sigma}_x\end{pmatrix}=\\&\begin{pmatrix}\hat{O} & \hat{\sigma}_x\hat{\sigma}_z\\ \hat{\sigma}_x\hat{\sigma}_z & \hat{O}\end{pmatrix}-\begin{pmatrix}\hat{O} & \hat{\sigma}_z\hat{\sigma}_x\\ \hat{\sigma}_z\hat{\sigma}_x & \hat{O}\end{pmatrix}=\end{aligned}$$

$$\begin{pmatrix} \hat{O} & \hat{\sigma}_x\hat{\sigma}_z-\hat{\sigma}_z\hat{\sigma}_x \\ \hat{\sigma}_x\hat{\sigma}_z-\hat{\sigma}_z\hat{\sigma}_x & \hat{O} \end{pmatrix}=-2\mathrm{i}\begin{pmatrix} \hat{O} & \hat{\sigma}_y \\ \hat{\sigma}_y & \hat{O} \end{pmatrix}=-\mathrm{i}2\hat{\alpha}_y \tag{2}$$

$$\begin{aligned}\hat{\boldsymbol{\Sigma}}^2&=\begin{pmatrix} \hat{\boldsymbol{\sigma}} & \hat{O} \\ \hat{O} & \hat{\boldsymbol{\sigma}} \end{pmatrix}\begin{pmatrix} \hat{\boldsymbol{\sigma}} & \hat{O} \\ \hat{O} & \hat{\boldsymbol{\sigma}} \end{pmatrix}=\begin{pmatrix} \hat{\boldsymbol{\sigma}}^2 & \hat{O} \\ \hat{O} & \hat{\boldsymbol{\sigma}}^2 \end{pmatrix}= \\ &\begin{pmatrix} \hat{\sigma}_x^2+\hat{\sigma}_y^2+\hat{\sigma}_z^2 & \hat{O} \\ \hat{O} & \hat{\sigma}_x^2+\hat{\sigma}_y^2+\hat{\sigma}_z^2 \end{pmatrix}=3\end{aligned} \tag{3}$$

习题 7.10　求出自由电子狄拉克方程负能解的两个本征矢。

解　已知静止质量为 m_0 的自由电子狄拉克方程的矩阵形式为

$$\begin{pmatrix} 0 & 0 & cp & 0 \\ 0 & 0 & 0 & -cp \\ cp & 0 & 0 & 0 \\ 0 & -cp & 0 & 0 \end{pmatrix}\begin{pmatrix} u_1 \\ u_2 \\ u_3 \\ u_4 \end{pmatrix}+m_0c^2\begin{pmatrix} 1 & 0 & 0 & 0 \\ 0 & 1 & 0 & 0 \\ 0 & 0 & -1 & 0 \\ 0 & 0 & 0 & -1 \end{pmatrix}\begin{pmatrix} u_1 \\ u_2 \\ u_3 \\ u_4 \end{pmatrix}=E\begin{pmatrix} u_1 \\ u_2 \\ u_3 \\ u_4 \end{pmatrix} \tag{1}$$

上式可以化为

$$(m_0c^2-E)u_1+cpu_3=0 \tag{2}$$

$$cpu_1-(m_0c^2+E)u_3=0 \tag{3}$$

$$(m_0c^2-E)u_2-cpu_4=0 \tag{4}$$

$$-cpu_2-(m_0c^2+E)u_4=0 \tag{5}$$

其中,式(2)和式(3)是关于 u_1 和 u_3 的联立方程组,式(4)和式(5)是关于 u_2 和 u_4 的联立方程组,两者所满足的久期方程分别为

$$\begin{vmatrix} m_0c^2-E & \pm cp \\ \pm cp & -(m_0c^2+E) \end{vmatrix}=0 \tag{6}$$

实际上,两种情况给出的结果是相同的。由上式解出的两个根为

$$E=E_{\pm}=\pm(m_0^2c^4+p^2c^2)^{1/2} \tag{7}$$

下面讨论负能解。将 $E=E_-$ 分别代入式(2)和式(4),得到

$$\begin{aligned} u_1&=\frac{-cp}{m_0c^2-E_-}u_3 \\ u_2&=\frac{cp}{m_0c^2-E_-}u_4 \end{aligned} \tag{8}$$

至此,还不能把解完全确定下来,原因在于还没有顾及电子的自旋自由度。为了确定本征波函数,需要寻找一个与动量和哈密顿量都对易的力学量,构成力学量的完全集,通常选其为总角动量。由于已经假定电子沿 z 轴运动,

即

$$p_x = p_y = 0 \tag{9}$$

进而可知

$$l_z = xp_y - yp_x = 0 \tag{10}$$

$$j_z = s_z = \Sigma_z/2 \tag{11}$$

所以，选$\{\boldsymbol{p}, H, j_z\}$作为力学量完全集。要求$\{u\}$是$\hat{\Sigma}_z$的本征态，而$\hat{\Sigma}_z$的矩阵形式为

$$\hat{\Sigma}_z = \begin{pmatrix} \hat{\sigma}_z & 0 \\ 0 & \hat{\sigma}_z \end{pmatrix} = \begin{pmatrix} 1 & 0 & 0 & 0 \\ 0 & -1 & 0 & 0 \\ 0 & 0 & 1 & 0 \\ 0 & 0 & 0 & -1 \end{pmatrix} \tag{12}$$

它满足的本征方程为

$$\begin{pmatrix} 1 & 0 & 0 & 0 \\ 0 & -1 & 0 & 0 \\ 0 & 0 & 1 & 0 \\ 0 & 0 & 0 & -1 \end{pmatrix} \begin{pmatrix} u_1 \\ u_2 \\ u_3 \\ u_4 \end{pmatrix} = \lambda \begin{pmatrix} u_1 \\ u_2 \\ u_3 \\ u_4 \end{pmatrix} \tag{13}$$

解之得

$$\lambda = \pm 1 \tag{14}$$

当$\lambda = 1$时，$s_z = \hbar/2$，且$u_2 = u_4 = 0$，而当$\lambda = -1$时，$s_z = -\hbar/2$，且$u_1 = u_3 = 0$。再利用式(8)，可求出负能量的两组解

$$u_1^{(-)} \sim \begin{pmatrix} \dfrac{-cp}{m_0c^2 - E_-} \\ 0 \\ 1 \\ 0 \end{pmatrix}; \quad u_{-1}^{(-)} \sim \begin{pmatrix} 0 \\ \dfrac{cp}{m_0c^2 - E_-} \\ 0 \\ 1 \end{pmatrix} \tag{15}$$

将其归一化，得到归一化常数为

$$N = \left[1 + \frac{p^2c^2}{(m_0c^2 + |E_-|)^2}\right]^{-1/2} \tag{16}$$

上式也可以改写成

$$N = \left[1 + \frac{p^2c^2}{(m_0c^2 + |E_-|)^2}\right]^{-1/2} = \left[\frac{(m_0c^2 + |E_-|)^2}{(m_0c^2 + |E_-|)^2 + p^2c^2}\right]^{1/2} =$$

$$\left[\frac{(m_0c^2 + |E_-|)^2}{2m_0^2c^4 + 2m_0c^2|E_-| + 2p^2c^2}\right]^{1/2} = \left[\frac{(m_0c^2 + |E_-|)^2}{2E^2 + 2m_0c^2|E_-|}\right]^{1/2} =$$

$$\left[\frac{(m_0c^2 + |E_-|)^2}{2|E|(|E_-| + m_0c^2)}\right]^{1/2} = \left(\frac{m_0c^2 + |E_-|}{2|E_-|}\right)^{1/2} \tag{17}$$

于是，归一化后的波函数为

$$u_1^{(-)}=N\begin{pmatrix}\dfrac{-cp}{m_0c^2-E_-}\\0\\1\\0\end{pmatrix};\quad u_{-1}^{(-)}=N\begin{pmatrix}0\\\dfrac{cp}{m_0c^2-E_-}\\0\\1\end{pmatrix}\tag{18}$$

习题7.11　证明在非相对论极限下，电磁场中的狄拉克方程的1级近似为泡利方程，即

$$\mathrm{i}\hbar\frac{\partial}{\partial t}\Psi(\boldsymbol{r},t)=\left[\frac{1}{2m_0}\left(\hat{\boldsymbol{p}}+\frac{e}{c}\boldsymbol{A}\right)^2-e\Phi-\hat{\boldsymbol{\mu}}\cdot\boldsymbol{B}\right]\Psi(\boldsymbol{r},t)$$

其中，$\boldsymbol{A}$，Φ 分别为电磁场的矢势与标势，$\boldsymbol{B}=\vec{\nabla}\times\boldsymbol{A}$ 是磁场，$\hat{\boldsymbol{\mu}}=-\dfrac{e}{2m_0c}\hat{\boldsymbol{\sigma}}$ 是电子的固有磁矩算符。

解　电子在电磁场中运动时，满足的狄拉克方程为

$$\mathrm{i}\hbar\frac{\partial}{\partial t}\psi=\hat{H}\psi\tag{1}$$

其中

$$\hat{H}=c\hat{\boldsymbol{\alpha}}\cdot\left(\hat{\boldsymbol{p}}+\frac{e}{c}\boldsymbol{A}\right)-e\Phi+m_0c^2\hat{\beta}\tag{2}$$

$$\hat{\boldsymbol{\alpha}}=\begin{pmatrix}\hat{O}&\hat{\boldsymbol{\sigma}}\\\hat{\boldsymbol{\sigma}}&\hat{O}\end{pmatrix};\quad\hat{\beta}=\begin{pmatrix}\hat{I}&\hat{O}\\\hat{O}&-\hat{I}\end{pmatrix}\tag{3}$$

式(1)中的 ψ 是4分量的波函数，略去其自变量，将其写成

$$\psi=\begin{pmatrix}\varphi\\\chi\end{pmatrix}\mathrm{e}^{-\frac{\mathrm{i}}{\hbar}m_0c^2t}\tag{4}$$

其中，Ψ 与 χ 均为2分量的波函数。将式(4)代入式(1)，得到

$$\mathrm{i}\hbar\frac{\partial}{\partial t}\begin{pmatrix}\Psi\\\chi\end{pmatrix}\mathrm{e}^{-\frac{\mathrm{i}}{\hbar}m_0c^2t}=\left[c\hat{\boldsymbol{\alpha}}\cdot\left(\hat{\boldsymbol{p}}+\frac{e}{c}\boldsymbol{A}\right)-e\Phi+m_0c^2\hat{\beta}\right]\begin{pmatrix}\Psi\\\chi\end{pmatrix}\mathrm{e}^{-\frac{\mathrm{i}}{\hbar}m_0c^2t}=$$

$$\left[c\begin{pmatrix}0&\hat{\boldsymbol{\sigma}}\\\hat{\boldsymbol{\sigma}}&0\end{pmatrix}\cdot\left(\hat{\boldsymbol{p}}+\frac{e}{c}\boldsymbol{A}\right)-e\Phi+m_0c^2\begin{pmatrix}\hat{I}&0\\0&-\hat{I}\end{pmatrix}\right]\begin{pmatrix}\Psi\\\chi\end{pmatrix}\mathrm{e}^{-\frac{\mathrm{i}}{\hbar}m_0c^2t}=$$

$$\left[c\begin{pmatrix}0&\hat{\boldsymbol{\sigma}}\cdot\left(\hat{\boldsymbol{p}}+\frac{e}{c}\boldsymbol{A}\right)\\\hat{\boldsymbol{\sigma}}\cdot\left(\hat{\boldsymbol{p}}+\frac{e}{c}\boldsymbol{A}\right)&0\end{pmatrix}-e\Phi+\right.$$

$$m_0c^2\begin{bmatrix}\hat{I} & 0\\ 0 & -\hat{I}\end{bmatrix}\Bigg]\begin{pmatrix}\Psi\\ \chi\end{pmatrix}e^{-\frac{i}{\hbar}m_0c^2t} \tag{5}$$

写成分量形式为

$$i\hbar\frac{\partial}{\partial t}\Psi = c\hat{\boldsymbol{\sigma}}\cdot\left(\hat{\boldsymbol{p}}+\frac{e}{c}\boldsymbol{A}\right)\chi - e\Phi\Psi \tag{6}$$

$$i\hbar\frac{\partial}{\partial t}\chi = c\hat{\boldsymbol{\sigma}}\cdot\left(\hat{\boldsymbol{p}}+\frac{e}{c}\boldsymbol{A}\right)\Psi - e\Phi\chi - 2m_0c^2\chi \tag{7}$$

在非相对论极限下，由于

$$\begin{aligned}&i\hbar\frac{\partial}{\partial t}\approx m_0v^2\\ &e\Phi\approx m_0v^2\\ &c\hat{\boldsymbol{\sigma}}\cdot\left(\hat{\boldsymbol{p}}+\frac{e}{c}\boldsymbol{A}\right)\approx cm_0v\end{aligned} \tag{8}$$

所以，由式(7) 可以得到

$$\chi\approx\frac{1}{2m_0c}\hat{\boldsymbol{\sigma}}\cdot\left(\hat{\boldsymbol{p}}+\frac{e}{c}\boldsymbol{A}\right)\Psi \tag{9}$$

通常把 χ 称为 ψ 的小分量，把 Ψ 称为 ψ 的大分量。将式(9) 代入式(6)，得到

$$i\hbar\frac{\partial}{\partial t}\Psi = \frac{1}{2m_0}\left[\hat{\boldsymbol{\sigma}}\cdot\left(\hat{\boldsymbol{p}}+\frac{e}{c}\boldsymbol{A}\right)\right]^2\Psi - e\Phi\Psi \tag{10}$$

利用公式(见习题.19)

$$(\hat{\boldsymbol{\sigma}}\cdot\hat{\boldsymbol{a}})(\hat{\boldsymbol{\sigma}}\cdot\hat{\boldsymbol{b}}) = \hat{\boldsymbol{a}}\cdot\hat{\boldsymbol{b}} + i\hat{\boldsymbol{\sigma}}\cdot(\hat{\boldsymbol{a}}\times\hat{\boldsymbol{b}}) \tag{11}$$

式(10) 中的平方项可以改写成

$$\begin{aligned}&\left[\hat{\boldsymbol{\sigma}}\cdot\left(\hat{\boldsymbol{p}}+\frac{e}{c}\boldsymbol{A}\right)\right]^2 = \left[\hat{\boldsymbol{\sigma}}\cdot\left(\hat{\boldsymbol{p}}+\frac{e}{c}\boldsymbol{A}\right)\right]\left[\hat{\boldsymbol{\sigma}}\cdot\left(\hat{\boldsymbol{p}}+\frac{e}{c}\boldsymbol{A}\right)\right]=\\ &\left(\hat{\boldsymbol{p}}+\frac{e}{c}\boldsymbol{A}\right)\cdot\left(\hat{\boldsymbol{p}}+\frac{e}{c}\boldsymbol{A}\right)+i\hat{\boldsymbol{\sigma}}\cdot\left[\left(\hat{\boldsymbol{p}}+\frac{e}{c}\boldsymbol{A}\right)\times\left(\hat{\boldsymbol{p}}+\frac{e}{c}\boldsymbol{A}\right)\right]=\\ &\left(\hat{\boldsymbol{p}}+\frac{e}{c}\boldsymbol{A}\right)^2+\frac{ie}{c}\hat{\boldsymbol{\sigma}}\cdot(\boldsymbol{A}\times\hat{\boldsymbol{p}}+\hat{\boldsymbol{p}}\times\boldsymbol{A})=\\ &\left(\hat{\boldsymbol{p}}+\frac{e}{c}\boldsymbol{A}\right)^2+\frac{e}{c}\hat{\boldsymbol{\sigma}}\cdot(\vec{\nabla}\times\boldsymbol{A}) = \left(\hat{\boldsymbol{p}}+\frac{e\hbar}{c}\boldsymbol{A}\right)^2+\frac{e\hbar}{c}\hat{\boldsymbol{\sigma}}\cdot\boldsymbol{B}\end{aligned} \tag{12}$$

将其代回式(10)，得到

$$\begin{aligned}&i\hbar\frac{\partial}{\partial t}\Psi = \frac{1}{2m_0}\left[\left(\hat{\boldsymbol{p}}+\frac{e}{c}\boldsymbol{A}\right)^2+\frac{e}{c}\hat{\boldsymbol{\sigma}}\cdot\boldsymbol{B}\right]\Psi - e\Phi\Psi=\\ &\left[\frac{1}{2m_0}\left(\hat{\boldsymbol{p}}+\frac{e}{c}\boldsymbol{A}\right)^2 - e\Phi + \frac{e\hbar}{2m_0c}\hat{\boldsymbol{\sigma}}\cdot\boldsymbol{B}\right]\Psi\end{aligned} \tag{13}$$

利用

$$\hat{\boldsymbol{\mu}} = -\frac{e\hbar}{2m_0c}\hat{\boldsymbol{\sigma}} \tag{14}$$

式(13) 可以改写成泡利方程

$$\mathrm{i}\hbar\frac{\partial}{\partial t}\Psi = \left[\frac{1}{2m_0}\left(\hat{\boldsymbol{p}} + \frac{e}{c}\boldsymbol{A}\right)^2 - e\Phi - \hat{\boldsymbol{\mu}}\cdot\boldsymbol{B}\right]\Psi \tag{15}$$

习题 7.12　证明

$$(\hat{\boldsymbol{\Sigma}}\cdot\hat{\boldsymbol{l}})(\hat{\boldsymbol{\alpha}}\cdot\hat{\boldsymbol{p}}) = -\hat{\gamma}_5(\hat{\boldsymbol{l}}\cdot\hat{\boldsymbol{p}}) + \mathrm{i}\hat{\boldsymbol{\alpha}}\cdot(\hat{\boldsymbol{l}}\times\hat{\boldsymbol{p}})$$

其中

$$\hat{\gamma}_5 = \begin{pmatrix} \hat{O} & -\hat{I} \\ -\hat{I} & \hat{O} \end{pmatrix}$$

证明　已知

$$\hat{\boldsymbol{\Sigma}} = \begin{pmatrix} \hat{\boldsymbol{\sigma}} & \hat{O} \\ \hat{O} & \hat{\boldsymbol{\sigma}} \end{pmatrix};\quad \hat{\boldsymbol{\alpha}} = \begin{pmatrix} \hat{O} & \hat{\boldsymbol{\sigma}} \\ \hat{\boldsymbol{\sigma}} & \hat{O} \end{pmatrix} \tag{1}$$

利用上述两式计算

$$(\hat{\boldsymbol{\Sigma}}\cdot\hat{\boldsymbol{l}})(\hat{\boldsymbol{\alpha}}\cdot\hat{\boldsymbol{p}}) = \begin{pmatrix} \hat{\boldsymbol{\sigma}} & \hat{O} \\ \hat{O} & \hat{\boldsymbol{\sigma}} \end{pmatrix}\cdot\begin{pmatrix} \hat{\boldsymbol{l}} & \hat{O} \\ \hat{O} & \hat{\boldsymbol{l}} \end{pmatrix}\begin{pmatrix} \hat{O} & \hat{\boldsymbol{\sigma}} \\ \hat{\boldsymbol{\sigma}} & \hat{O} \end{pmatrix}\cdot\begin{pmatrix} \hat{\boldsymbol{p}} & \hat{O} \\ \hat{O} & \hat{\boldsymbol{p}} \end{pmatrix} =$$

$$\begin{pmatrix} \hat{\boldsymbol{\sigma}}\cdot\hat{\boldsymbol{l}} & \hat{O} \\ \hat{O} & \hat{\boldsymbol{\sigma}}\cdot\hat{\boldsymbol{l}} \end{pmatrix}\begin{pmatrix} \hat{O} & \hat{\boldsymbol{\sigma}}\cdot\hat{\boldsymbol{p}} \\ \hat{\boldsymbol{\sigma}}\cdot\hat{\boldsymbol{p}} & \hat{O} \end{pmatrix} =$$

$$\begin{pmatrix} \hat{O} & (\hat{\boldsymbol{\sigma}}\cdot\hat{\boldsymbol{l}})(\hat{\boldsymbol{\sigma}}\cdot\hat{\boldsymbol{p}}) \\ (\hat{\boldsymbol{\sigma}}\cdot\hat{\boldsymbol{l}})(\hat{\boldsymbol{\sigma}}\cdot\hat{\boldsymbol{p}}) & \hat{O} \end{pmatrix} =$$

$$(\hat{\boldsymbol{\sigma}}\cdot\hat{\boldsymbol{l}})(\hat{\boldsymbol{\sigma}}\cdot\hat{\boldsymbol{p}})\begin{pmatrix} \hat{O} & \hat{I} \\ \hat{I} & \hat{O} \end{pmatrix} \tag{2}$$

利用公式(见习题 1.9)

$$(\hat{\boldsymbol{\sigma}}\cdot\hat{\boldsymbol{A}})(\hat{\boldsymbol{\sigma}}\cdot\hat{\boldsymbol{B}}) = \hat{\boldsymbol{A}}\cdot\hat{\boldsymbol{B}} + \mathrm{i}\hat{\boldsymbol{\sigma}}\cdot(\hat{\boldsymbol{A}}\times\hat{\boldsymbol{B}}) \tag{3}$$

可以将式(2) 改写成

$$(\hat{\boldsymbol{\Sigma}}\cdot\hat{\boldsymbol{l}})(\hat{\boldsymbol{\alpha}}\cdot\hat{\boldsymbol{p}})=(\hat{\boldsymbol{\sigma}}\cdot\hat{\boldsymbol{l}})(\hat{\boldsymbol{\sigma}}\cdot\hat{\boldsymbol{p}})\begin{pmatrix}\hat{O} & \hat{I}\\ \hat{I} & \hat{O}\end{pmatrix}=(\hat{\boldsymbol{l}}\cdot\hat{\boldsymbol{p}})\begin{pmatrix}\hat{O} & \hat{I}\\ \hat{I} & \hat{O}\end{pmatrix}+$$
$$\mathrm{i}\hat{\boldsymbol{\sigma}}\cdot(\hat{\boldsymbol{l}}\times\hat{\boldsymbol{p}})\begin{pmatrix}\hat{O} & \hat{I}\\ \hat{I} & \hat{O}\end{pmatrix}=-\gamma_5(\hat{\boldsymbol{l}}\cdot\hat{\boldsymbol{p}})+\mathrm{i}\hat{\boldsymbol{\alpha}}\cdot(\hat{\boldsymbol{l}}\times\hat{\boldsymbol{p}}) \tag{4}$$

习题 7.13　若矢量算符 $\hat{\mathbf{A}}=\hat{\boldsymbol{r}},\hat{\boldsymbol{p}},\hat{\boldsymbol{l}}$，证明

$$\hat{\mathbf{A}}\cdot\hat{\boldsymbol{l}}=\hat{\boldsymbol{l}}\cdot\hat{\mathbf{A}}=\hat{\boldsymbol{l}}^2\delta_{\hat{\mathbf{A}},\hat{\boldsymbol{l}}}$$
$$\hat{\mathbf{A}}\times\hat{\boldsymbol{l}}+\hat{\boldsymbol{l}}\times\hat{\mathbf{A}}=2\mathrm{i}\hbar\hat{\mathbf{A}}$$

证明　当 $\hat{\mathbf{A}}=\hat{\boldsymbol{r}}$ 时，有

$$\begin{aligned}&\hat{\boldsymbol{r}}\cdot\hat{\boldsymbol{l}}=x\hat{l}_x+y\hat{l}_y+z\hat{l}_z=\\&x(y\hat{p}_z-z\hat{p}_y)+y(z\hat{p}_x-x\hat{p}_z)+z(x\hat{p}_y-y\hat{p}_x)=\\&(xy-yx)\hat{p}_z+(yz-zy)\hat{p}_x+(zx-xz)\hat{p}_y=0\end{aligned} \tag{1}$$

而

$$\hat{\boldsymbol{l}}\cdot\hat{\boldsymbol{r}}=\hat{l}_xx+\hat{l}_yy+\hat{l}_zz=x\hat{l}_x+y\hat{l}_y+z\hat{l}_z=\hat{\boldsymbol{r}}\cdot\hat{\boldsymbol{l}}=0 \tag{2}$$

其中用到

$$[\mu,\hat{l}_\mu]=0\quad(\mu=x,y,z) \tag{3}$$

当 $\hat{\mathbf{A}}=\hat{\boldsymbol{p}}$ 时，有

$$\begin{aligned}&\hat{\boldsymbol{l}}\cdot\hat{\boldsymbol{p}}=\hat{l}_x\hat{p}_x+\hat{l}_y\hat{p}_y+\hat{l}_z\hat{p}_z=\\&(y\hat{p}_z-z\hat{p}_y)\hat{p}_x+(z\hat{p}_x-x\hat{p}_z)\hat{p}_y+(x\hat{p}_y-y\hat{p}_x)\hat{p}_z=\\&y\hat{p}_z\hat{p}_x-z\hat{p}_y\hat{p}_x+z\hat{p}_x\hat{p}_y-x\hat{p}_z\hat{p}_y+x\hat{p}_y\hat{p}_z-y\hat{p}_x\hat{p}_z=\\&x(\hat{p}_y\hat{p}_z-\hat{p}_z\hat{p}_y)+y(\hat{p}_z\hat{p}_x-\hat{p}_x\hat{p}_z)+z(\hat{p}_x\hat{p}_y-\hat{p}_y\hat{p}_x)=\\&x[\hat{p}_y,\hat{p}_z]+y[\hat{p}_z,\hat{p}_x]+z[\hat{p}_x,\hat{p}_y]=0\end{aligned} \tag{4}$$

其中，最后一步用到动量算符各分量之间相互对易，即

$$[\hat{p}_x,\hat{p}_y]=[\hat{p}_y,\hat{p}_z]=[\hat{p}_z,\hat{p}_x]=0 \tag{5}$$

同理可知

$$\begin{aligned}&\hat{\boldsymbol{p}}\cdot\hat{\boldsymbol{l}}=\hat{p}_x\hat{l}_x+\hat{p}_y\hat{l}_y+\hat{p}_z\hat{l}_z=\\&\hat{p}_x(y\hat{p}_z-z\hat{p}_y)+\hat{p}_y(z\hat{p}_x-x\hat{p}_z)+\hat{p}_z(x\hat{p}_y-y\hat{p}_x)=\\&\hat{p}_xy\hat{p}_z-\hat{p}_xz\hat{p}_y+\hat{p}_yz\hat{p}_x-\hat{p}_yx\hat{p}_z+\hat{p}_zx\hat{p}_y-\hat{p}_zy\hat{p}_x=\\&x(\hat{p}_z\hat{p}_y-\hat{p}_y\hat{p}_z)+y(\hat{p}_x\hat{p}_z-\hat{p}_z\hat{p}_x)+z(\hat{p}_y\hat{p}_x-\hat{p}_x\hat{p}_y)=0\end{aligned} \tag{6}$$

其中,倒数第 2 步用到

$$[x,\hat{p}_y]=0;\quad [x,\hat{p}_z]=0$$
$$[y,\hat{p}_x]=0;\quad [y,\hat{p}_z]=0 \tag{7}$$
$$[z,\hat{p}_x]=0;\quad [z,\hat{p}_y]=0$$

当 $\hat{\boldsymbol{A}}=\hat{\boldsymbol{l}}$ 时,有

$$\hat{\boldsymbol{l}}\cdot\hat{\boldsymbol{l}}=\hat{l}_x^2+\hat{l}_y^2+\hat{l}_z^2=\hat{\boldsymbol{l}}^2 \tag{8}$$

综合式(1),(2),(4),(6),(8),得到

$$\hat{\boldsymbol{A}}\cdot\hat{\boldsymbol{l}}=\hat{\boldsymbol{l}}\cdot\hat{\boldsymbol{A}}=\hat{\boldsymbol{l}}^2\delta_{\hat{A},\hat{l}} \tag{9}$$

当 $\hat{\boldsymbol{A}}=\hat{\boldsymbol{r}}$ 时,对于 x 分量有

$$\begin{aligned}(\boldsymbol{r}\times\hat{\boldsymbol{l}})_x+(\hat{\boldsymbol{l}}\times\boldsymbol{r})_x&=y\hat{l}_z-z\hat{l}_y+\hat{l}_yz-\hat{l}_zy=\\ &[y,\hat{l}_z]+[\hat{l}_y,z]=-[\hat{l}_z,y]+\mathrm{i}\hbar x=2\mathrm{i}\hbar x\end{aligned} \tag{10}$$

对于 y,z 分量亦有类似的结果,于是得到

$$(\boldsymbol{r}\times\hat{\boldsymbol{l}})+(\hat{\boldsymbol{l}}\times\boldsymbol{r})=2\mathrm{i}\hbar\boldsymbol{r} \tag{11}$$

当 $\hat{\boldsymbol{A}}=\hat{\boldsymbol{p}}$ 时,对于 x 分量有

$$\begin{aligned}(\hat{\boldsymbol{p}}\times\hat{\boldsymbol{l}})_x+(\hat{\boldsymbol{l}}\times\hat{\boldsymbol{p}})_x&=\hat{p}_y\hat{l}_z-\hat{p}_z\hat{l}_y+\hat{l}_y\hat{p}_z-\hat{l}_z\hat{p}_y=\\ &[\hat{p}_y,\hat{l}_z]+[\hat{l}_y,\hat{p}_z]=-[\hat{l}_z,\hat{p}_y]+\mathrm{i}\hbar\hat{p}_x=2\mathrm{i}\hbar\hat{p}_x\end{aligned} \tag{12}$$

对于 y,z 分量亦有类似的结果,于是得到

$$(\hat{\boldsymbol{p}}\times\hat{\boldsymbol{l}})+(\hat{\boldsymbol{l}}\times\hat{\boldsymbol{p}})=2\mathrm{i}\hbar\hat{\boldsymbol{p}} \tag{13}$$

当 $\hat{\boldsymbol{A}}=\hat{\boldsymbol{l}}$ 时,对于 x 分量有

$$(\hat{\boldsymbol{l}}\times\hat{\boldsymbol{l}})_r+(\hat{\boldsymbol{l}}\times\hat{\boldsymbol{l}})_x=2\,(\hat{\boldsymbol{l}}\times\hat{\boldsymbol{l}})_x=2(\hat{l}_y\hat{l}_z-\hat{l}_z\hat{l}_y)=2\mathrm{i}\hbar\hat{l}_x \tag{14}$$

对于 y,z 分量亦有类似的结果,于是得到

$$(\hat{\boldsymbol{l}}\times\hat{\boldsymbol{l}})+(\hat{\boldsymbol{l}}\times\hat{\boldsymbol{l}})=2\mathrm{i}\hbar\hat{\boldsymbol{l}} \tag{15}$$

综合式(11),(13) 与(15) 可知

$$\hat{\boldsymbol{A}}\times\hat{\boldsymbol{l}}+\hat{\boldsymbol{l}}\times\hat{\boldsymbol{A}}=2\mathrm{i}\hbar\hat{\boldsymbol{A}} \tag{16}$$

习题 7.14　证明

$$\hat{\boldsymbol{l}}\times\hat{\boldsymbol{p}}=(\boldsymbol{r}\cdot\hat{\boldsymbol{p}})\hat{\boldsymbol{p}}-\boldsymbol{r}\hat{\boldsymbol{p}}^2$$

$$\hat{\boldsymbol{p}}\times\hat{\boldsymbol{l}}=\boldsymbol{r}\hat{\boldsymbol{p}}^2-(\boldsymbol{r}\cdot\hat{\boldsymbol{p}})\hat{\boldsymbol{p}}+\mathrm{i}2\hbar\hat{\boldsymbol{p}}$$

证明　由轨道角动量算符的定义可知

$$\begin{aligned}\hat{\boldsymbol{l}}\times\hat{\boldsymbol{p}}=&(\hat{l}_x\hat{p}_y-\hat{l}_y\hat{p}_x)\boldsymbol{k}+(\hat{l}_z\hat{p}_x-\hat{l}_x\hat{p}_z)\boldsymbol{j}+(\hat{l}_y\hat{p}_z-\hat{l}_z\hat{p}_y)\boldsymbol{i}=\\&[y\hat{p}_z-z\hat{p}_y]\hat{p}_y\boldsymbol{k}-[z\hat{p}_x-x\hat{p}_z]\hat{p}_x\boldsymbol{k}+\\&[x\hat{p}_y-y\hat{p}_x]\hat{p}_x\boldsymbol{j}-[y\hat{p}_z-z\hat{p}_y]\hat{p}_z\boldsymbol{j}+\\&[z\hat{p}_x-x\hat{p}_z]\hat{p}_z\boldsymbol{i}-[x\hat{p}_y-y\hat{p}_x]\hat{p}_y\boldsymbol{i}=\\&-z(\hat{p}_x^2+\hat{p}_y^2)\boldsymbol{k}-y(\hat{p}_x^2+\hat{p}_z^2)\boldsymbol{j}-x(\hat{p}_y^2+\hat{p}_z^2)\boldsymbol{i}+\\&[x\hat{p}_x+y\hat{p}_y]\hat{p}_z\boldsymbol{k}+[z\hat{p}_z+x\hat{p}_x]\hat{p}_y\boldsymbol{j}+[y\hat{p}_y+z\hat{p}_z]\hat{p}_x\boldsymbol{i}=\\&-\boldsymbol{r}\hat{\boldsymbol{p}}^2+z\hat{p}_z^2\boldsymbol{k}+y\hat{p}_y^2\boldsymbol{j}+xp_x^2\boldsymbol{i}+\\&[x\hat{p}_x+y\hat{p}_y]\hat{p}_z\boldsymbol{k}+[z\hat{p}_z+x\hat{p}_x]\hat{p}_y\boldsymbol{j}+[y\hat{p}_y+z\hat{p}_z]\hat{p}_x\boldsymbol{i}=\\&-\boldsymbol{r}\hat{\boldsymbol{p}}^2+[x\hat{p}_x+y\hat{p}_y+z\hat{p}_z]\,[\hat{p}_z\boldsymbol{k}+\hat{p}_y\boldsymbol{j}+\hat{p}_x\boldsymbol{i}]=\\&(\boldsymbol{r}\cdot\hat{\boldsymbol{p}})\hat{\boldsymbol{p}}-\boldsymbol{r}\hat{\boldsymbol{p}}^2\end{aligned}\tag{1}$$

而

$$\begin{aligned}\hat{\boldsymbol{p}}\times\hat{\boldsymbol{l}}=&(\hat{p}_x\hat{l}_y-\hat{p}_y\hat{l}_x)\boldsymbol{k}+(\hat{p}_z\hat{l}_x-\hat{p}_x\hat{l}_z)\boldsymbol{j}+(\hat{p}_y\hat{l}_z-\hat{p}_z\hat{l}_y)\boldsymbol{i}=\\&\hat{p}_x[z\hat{p}_x-xp_z]\boldsymbol{k}-\hat{p}_y[y\hat{p}_z-z\hat{p}_y]\boldsymbol{k}+\\&\hat{p}_z[y\hat{p}_z-z\hat{p}_y]\boldsymbol{j}-\hat{p}_x[x\hat{p}_y-y\hat{p}_x]\boldsymbol{j}+\\&\hat{p}_y[x\hat{p}_y-y\hat{p}_x]\boldsymbol{i}-\hat{p}_z[z\hat{p}_x-x\hat{p}_z]\boldsymbol{i}=\\&(\hat{p}_xz\hat{p}_x+\hat{p}_yz\hat{p}_y)\boldsymbol{k}+(\hat{p}_xy\hat{p}_x+\hat{p}_zy\hat{p}_z)\boldsymbol{j}+(\hat{p}_yx\hat{p}_y+\hat{p}_zx\hat{p}_z)\boldsymbol{i}-\\&[\hat{p}_xx+\hat{p}_yy]\hat{p}_z\boldsymbol{k}-[\hat{p}_zz+\hat{p}_xx]\hat{p}_y\boldsymbol{j}-[\hat{p}_yy+\hat{p}_zz]\hat{p}_x\boldsymbol{i}=\\&\boldsymbol{r}\hat{\boldsymbol{p}}^2-z\hat{p}_z^2\boldsymbol{k}-y\hat{p}_y^2\boldsymbol{j}-xp_x^2\boldsymbol{i}-\\&[\hat{p}_xx+\hat{p}_yy]\hat{p}_z\boldsymbol{k}-[\hat{p}_zz+\hat{p}_xx]\hat{p}_y\boldsymbol{j}-[\hat{p}_yy+\hat{p}_zz]\hat{p}_x\boldsymbol{i}=\\&\boldsymbol{r}\hat{\boldsymbol{p}}^2-(\boldsymbol{r}\cdot\hat{\boldsymbol{p}})\hat{\boldsymbol{p}}+\mathrm{i}2\hbar\hat{\boldsymbol{p}}\end{aligned}\tag{2}$$

在上式的推导过程中,用到

$$\begin{aligned}\hat{p}_xx&=x\hat{p}_x-\mathrm{i}\hbar\\\hat{p}_yy&=y\hat{p}_y-\mathrm{i}\hbar\\\hat{p}_zz&=z\hat{p}_z-\mathrm{i}\hbar\end{aligned}\tag{3}$$

习题 7.15　证明

$$(\hat{\boldsymbol{\Sigma}}\cdot\hat{\boldsymbol{l}})\,(\hat{\boldsymbol{\Sigma}}\cdot\hat{\boldsymbol{l}})=\hat{\boldsymbol{l}}^2-\hbar\hat{\boldsymbol{\Sigma}}\cdot\hat{\boldsymbol{l}}$$

证明　从上式的左端出发,得到

$$\begin{aligned}(\hat{\boldsymbol{\Sigma}}\cdot\hat{\boldsymbol{l}})\,(\hat{\boldsymbol{\Sigma}}\cdot\hat{\boldsymbol{l}})=&\begin{pmatrix}\hat{\boldsymbol{\sigma}}&\hat{O}\\\hat{O}&\hat{\boldsymbol{\sigma}}\end{pmatrix}\cdot\begin{pmatrix}\hat{\boldsymbol{l}}&\hat{O}\\\hat{O}&\hat{\boldsymbol{l}}\end{pmatrix}\begin{pmatrix}\hat{\boldsymbol{\sigma}}&\hat{O}\\\hat{O}&\hat{\boldsymbol{\sigma}}\end{pmatrix}\cdot\begin{pmatrix}\hat{\boldsymbol{l}}&\hat{O}\\\hat{O}&\hat{\boldsymbol{l}}\end{pmatrix}=\\&\begin{pmatrix}\hat{\boldsymbol{\sigma}}\cdot\hat{\boldsymbol{l}}&\hat{O}\\\hat{O}&\hat{\boldsymbol{\sigma}}\cdot\hat{\boldsymbol{l}}\end{pmatrix}\begin{pmatrix}\hat{\boldsymbol{\sigma}}\cdot\hat{\boldsymbol{l}}&\hat{O}\\\hat{O}&\hat{\boldsymbol{\sigma}}\cdot\hat{\boldsymbol{l}}\end{pmatrix}=(\hat{\boldsymbol{\sigma}}\cdot\hat{\boldsymbol{l}})\,(\hat{\boldsymbol{\sigma}}\cdot\hat{\boldsymbol{l}})\end{aligned}\tag{1}$$

利用公式(见习题 1.9)

$$(\hat{\boldsymbol{\sigma}}\cdot\hat{\boldsymbol{A}})(\hat{\boldsymbol{\sigma}}\cdot\hat{\boldsymbol{B}})=\hat{\boldsymbol{A}}\cdot\hat{\boldsymbol{B}}+\mathrm{i}\hat{\boldsymbol{\sigma}}\cdot(\hat{\boldsymbol{A}}\times\hat{\boldsymbol{B}}) \tag{2}$$

得到

$$(\hat{\boldsymbol{\Sigma}}\cdot\hat{\boldsymbol{l}})(\hat{\boldsymbol{\Sigma}}\cdot\hat{\boldsymbol{l}})=(\hat{\boldsymbol{\sigma}}\cdot\hat{\boldsymbol{l}})(\hat{\boldsymbol{\sigma}}\cdot\hat{\boldsymbol{l}})\hat{I}=\hat{\boldsymbol{l}}\cdot\hat{\boldsymbol{l}}+\mathrm{i}\hat{\boldsymbol{\Sigma}}(\hat{\boldsymbol{l}}\times\hat{\boldsymbol{l}}) \tag{3}$$

应该特别指出的是,两个相同的矢量算符的矢量积与通常的矢量运算结果不同,虽然

$$\begin{aligned}\boldsymbol{r}\times\boldsymbol{r}&=0\\ \hat{\boldsymbol{p}}\times\hat{\boldsymbol{p}}&=0\end{aligned} \tag{4}$$

但是,对于轨道角动量来说,其矢量积并不为零。例如,$\hat{\boldsymbol{l}}\times\hat{\boldsymbol{l}}$ 的 x 分量为

$$(\hat{\boldsymbol{l}}\times\hat{\boldsymbol{l}})_x=\hat{l}_y\hat{l}_z-\hat{l}_z\hat{l}_y=[\hat{l}_y,\hat{l}_z]=\mathrm{i}\hbar\hat{l}_x \tag{5}$$

同理可知

$$\begin{aligned}(\hat{\boldsymbol{l}}\times\hat{\boldsymbol{l}})_y&=\mathrm{i}\hbar\hat{l}_y\\ (\hat{\boldsymbol{l}}\times\hat{\boldsymbol{l}})_z&=\mathrm{i}\hbar\hat{l}_z\end{aligned} \tag{6}$$

于是有

$$\hat{\boldsymbol{l}}\times\hat{\boldsymbol{l}}=\mathrm{i}\hbar\hat{\boldsymbol{l}} \tag{7}$$

将上式代入式(3) 得到

$$(\hat{\boldsymbol{\Sigma}}\cdot\hat{\boldsymbol{l}})(\hat{\boldsymbol{\Sigma}}\cdot\hat{\boldsymbol{l}})=\hat{\boldsymbol{l}}^2+\mathrm{i}\hat{\boldsymbol{\Sigma}}\cdot(\mathrm{i}\hbar\hat{\boldsymbol{l}})=\hat{\boldsymbol{l}}^2-\hbar\hat{\boldsymbol{\Sigma}}\cdot\hat{\boldsymbol{l}} \tag{8}$$

习题 7.16 证明

$$(\hat{\boldsymbol{\alpha}}\cdot\boldsymbol{r})(\hat{\boldsymbol{\alpha}}\cdot\boldsymbol{r})=\boldsymbol{r}^2$$

$$\frac{1}{r}(\hat{\boldsymbol{\alpha}}\cdot\boldsymbol{r})(\hat{\boldsymbol{\alpha}}\cdot\hat{\boldsymbol{p}})=-\mathrm{i}\hbar\frac{\partial}{\partial r}+\frac{\mathrm{i}}{r}\hat{\boldsymbol{\Sigma}}\cdot\hat{\boldsymbol{l}}$$

证明 由公式(见习题 1.9)

$$(\hat{\boldsymbol{\alpha}}\cdot\boldsymbol{A})(\hat{\boldsymbol{\alpha}}\cdot\hat{\boldsymbol{B}})-\hat{\boldsymbol{A}}\cdot\hat{\boldsymbol{B}}+\mathrm{i}\hat{\boldsymbol{\Sigma}}\cdot(\hat{\boldsymbol{A}}\times\hat{\boldsymbol{B}}) \tag{1}$$

可知

$$(\hat{\boldsymbol{\alpha}}\cdot\boldsymbol{r})(\hat{\boldsymbol{\alpha}}\cdot\boldsymbol{r})=\boldsymbol{r}^2+\mathrm{i}\hat{\boldsymbol{\Sigma}}\cdot(\boldsymbol{r}\times\boldsymbol{r})=\boldsymbol{r}^2 \tag{2}$$

而

$$\frac{1}{r}(\hat{\boldsymbol{\alpha}}\cdot\boldsymbol{r})(\hat{\boldsymbol{\alpha}}\cdot\hat{\boldsymbol{p}})=\frac{\boldsymbol{r}}{r}\cdot\hat{\boldsymbol{p}}+\frac{\mathrm{i}}{r}\hat{\boldsymbol{\Sigma}}\cdot(\boldsymbol{r}\times\hat{\boldsymbol{p}})=\frac{\boldsymbol{r}}{r}\cdot\hat{\boldsymbol{p}}+\frac{\mathrm{i}}{r}\hat{\boldsymbol{\Sigma}}\cdot\hat{\boldsymbol{l}} \tag{3}$$

上式右端的第 1 项为

$$\frac{\boldsymbol{r}}{r}\cdot\hat{\boldsymbol{p}}=-\mathrm{i}\hbar\frac{\boldsymbol{r}}{r}\cdot\vec{\nabla}=-\mathrm{i}\hbar\boldsymbol{r}_0\cdot\vec{\nabla}=-\mathrm{i}\hbar\nabla_r \tag{4}$$

而球坐标系中的动量算符的形式

$$\hat{\boldsymbol{p}}=-\mathrm{i}\hbar\vec{\nabla}=-\mathrm{i}\hbar\left(\boldsymbol{r}_0\frac{\partial}{\partial r}+\boldsymbol{\theta}_0\frac{1}{r}\frac{\partial}{\partial\theta}+\boldsymbol{\varphi}_0\frac{1}{r\sin\varphi}\frac{\partial}{\partial\varphi}\right)\tag{5}$$

比较上述两式可知

$$\frac{\boldsymbol{r}}{r}\cdot\hat{\boldsymbol{p}}=-\mathrm{i}\hbar\frac{\partial}{\partial r}\tag{6}$$

将式(6) 代入式(3)，得到

$$\frac{1}{r}(\hat{\boldsymbol{\alpha}}\cdot\boldsymbol{r})(\hat{\boldsymbol{\alpha}}\cdot\hat{\boldsymbol{p}})=\frac{\boldsymbol{r}}{r}\cdot\hat{\boldsymbol{p}}+\frac{\mathrm{i}}{r}\hat{\boldsymbol{\Sigma}}\cdot\hat{\boldsymbol{l}}=-\mathrm{i}\hbar\frac{\partial}{\partial r}+\frac{\mathrm{i}}{r}\hat{\boldsymbol{\Sigma}}\cdot\hat{\boldsymbol{l}}\tag{7}$$

下面讨论算符$\frac{\boldsymbol{r}}{r}\cdot\hat{\boldsymbol{p}}$的性质。若令

$$\hat{f}_r=\frac{\boldsymbol{r}}{r}\cdot\hat{\boldsymbol{p}}\tag{8}$$

则有

$$(\hat{f}_r)^\dagger=\left(\frac{1}{r}\boldsymbol{r}\cdot\hat{\boldsymbol{p}}\right)^\dagger=\left[\frac{1}{r}(x\hat{p}_x+y\hat{p}_y+z\hat{p}_z)\right]^\dagger=$$
$$(x\hat{p}_x+y\hat{p}_y+z\hat{p}_z)^\dagger\left(\frac{1}{r}\right)^\dagger=(\hat{p}_xx+\hat{p}_yy+\hat{p}_zz)\frac{1}{r}=\hat{\boldsymbol{p}}\cdot\boldsymbol{r}\frac{1}{r}\tag{9}$$

显然，$\hat{f}_r$ 不是厄米算符。

由 $\hat{f}_r$ 可以构成一个新的算符，即

$$\hat{p}_r=\frac{1}{2}(\hat{f}_r+\hat{f}_r^\dagger)=\frac{1}{2}\left(\frac{\boldsymbol{r}}{r}\cdot\hat{\boldsymbol{p}}+\hat{\boldsymbol{p}}\cdot\frac{\boldsymbol{r}}{r}\right)\tag{10}$$

称之为径向动量算符。可以证明 $\hat{p}_r$ 是厄米算符，即

$$\hat{p}_r^\dagger=\frac{1}{2}(\hat{f}_r+\hat{f}_r^\dagger)^\dagger=\frac{1}{2}(\hat{f}_r+\hat{f}_r^\dagger)=\frac{1}{2}\left(\frac{\boldsymbol{r}}{r}\cdot\hat{\boldsymbol{p}}+\hat{\boldsymbol{p}}\cdot\frac{\boldsymbol{r}}{r}\right)=\hat{p}_r\tag{11}$$

习题 7.17　定义径向动量算符

$$\hat{p}_r=\frac{1}{2}\left(\frac{\boldsymbol{r}}{r}\cdot\hat{\boldsymbol{p}}+\hat{\boldsymbol{p}}\cdot\frac{\boldsymbol{r}}{r}\right)$$

试导出其球坐标系中的表达式，求出 $\hat{p}_r^2$ 及$[r,\hat{p}_r]$，并证明算符 $\hat{p}_r$ 是厄米算符。

解　设 $\psi(\boldsymbol{r})$ 为体系的任意一个状态，由径向动量算符的定义可知

$$\hat{p}_r\psi(\boldsymbol{r})=\frac{1}{2}\left(\frac{\boldsymbol{r}}{r}\cdot\hat{\boldsymbol{p}}+\hat{\boldsymbol{p}}\cdot\frac{\boldsymbol{r}}{r}\right)\psi(\boldsymbol{r})=$$
$$-\frac{\mathrm{i}\hbar}{2}\left(\frac{\boldsymbol{r}}{r}\cdot\vec{\nabla}+\hat{\nabla}\cdot\frac{\boldsymbol{r}}{r}\right)\psi(\boldsymbol{r})=\tag{1}$$
$$-\mathrm{i}\hbar\frac{\boldsymbol{r}}{r}\cdot\vec{\nabla}\psi(\boldsymbol{r})-\frac{\mathrm{i}\hbar}{2}\left(\hat{\nabla}\cdot\frac{\boldsymbol{r}}{r}\right)\psi(\boldsymbol{r})$$

利用

$$\vec{\nabla}\cdot\frac{\boldsymbol{r}}{r}=\frac{1}{r}\vec{\nabla}\cdot\boldsymbol{r}+\left(\vec{\nabla}\frac{1}{r}\right)\cdot\boldsymbol{r}=\frac{3}{r}-\frac{\boldsymbol{r}\cdot\boldsymbol{r}}{r^3}=\frac{2}{r} \tag{2}$$

再顾及到球坐标系中动量算符的形式

$$\hat{\boldsymbol{p}}=-\mathrm{i}\hbar\vec{\nabla}=-\mathrm{i}\hbar\left(\boldsymbol{r}_0\frac{\partial}{\partial r}+\boldsymbol{\theta}_0\frac{1}{r}\frac{\partial}{\partial\theta}+\boldsymbol{\varphi}_0\frac{1}{r\sin\varphi}\frac{\partial}{\partial\varphi}\right) \tag{3}$$

式(1)可写为

$$\hat{p}_r\psi(\boldsymbol{r})=-\mathrm{i}\hbar\left(\frac{\partial}{\partial r}+\frac{1}{r}\right)\psi(\boldsymbol{r}) \tag{4}$$

由 $\psi(\boldsymbol{r})$ 的任意性可知

$$\hat{p}_r=-\mathrm{i}\hbar\left(\frac{\partial}{\partial r}+\frac{1}{r}\right) \tag{5}$$

由上式容易求出

$$\hat{p}_r^2=-\hbar^2\left(\frac{\partial}{\partial r}+\frac{1}{r}\right)^2=-\hbar^2\left(\frac{\partial^2}{\partial r^2}+\frac{\partial}{\partial r}\frac{1}{r}+\frac{1}{r}\frac{\partial}{\partial r}+\frac{1}{r^2}\right) \tag{6}$$

将其作用到一个任意的状态 $\psi(\boldsymbol{r})$ 上，有

$$\hat{p}_r^2\psi(\boldsymbol{r})=-\hbar^2\left(\frac{\partial^2}{\partial r^2}+\frac{\partial}{\partial r}\frac{1}{r}+\frac{1}{r}\frac{\partial}{\partial r}+\frac{1}{r^2}\right)\psi(\boldsymbol{r})=$$
$$-\hbar^2\left(\frac{\partial^2}{\partial r^2}+\frac{2}{r}\frac{\partial}{\partial r}\right)\psi(\boldsymbol{r}) \tag{7}$$

由 $\psi(\boldsymbol{r})$ 的任意性可知

$$\hat{p}_r^2=-\hbar^2\left(\frac{\partial^2}{\partial r^2}+\frac{2}{r}\frac{\partial}{\partial r}\right) \tag{8}$$

将对易关系 $[r,\hat{p}_r]$ 作用到任意一个状态 $\psi(\boldsymbol{r})$ 上，即

$$[r,\hat{p}_r]\psi(\boldsymbol{r})=r\hat{p}_r\psi(\boldsymbol{r})-\hat{p}_r r\psi(\boldsymbol{r})=$$
$$-\mathrm{i}\hbar r\frac{\partial}{\partial r}\psi(\boldsymbol{r})+\mathrm{i}\hbar\frac{\partial}{\partial r}[r\psi(\boldsymbol{r})]=\mathrm{i}\hbar\psi(\boldsymbol{r}) \tag{9}$$

于是得到与直角坐标系相同的对易关系

$$[r,\hat{p}_r]=\mathrm{i}\hbar \tag{10}$$

习题 7.18 径向动量算符

$$\hat{p}_r=-\mathrm{i}\hbar\left(\frac{\partial}{\partial r}+\frac{1}{r}\right)$$

虽然是厄米算符，也满足对易关系 $[r,\hat{p}_r]=\mathrm{i}\hbar$，证明其并不对应一个可观测量。

证明 设径向动量算符满足本征方程

$$\hat{p}_r f(r)=bf(r) \tag{1}$$

将径向动量算符的表达式代入上式，有

$$-\mathrm{i}\hbar\left(\frac{\partial}{\partial r}+\frac{1}{r}\right)f(r)=bf(r) \tag{2}$$

上式可以改写成

$$-\mathrm{i}\hbar\frac{1}{r}\frac{\mathrm{d}}{\mathrm{d}r}[rf(r)]=bf(r)\tag{3}$$

解之得

$$f(r)=\frac{1}{r}\mathrm{e}^{\frac{\mathrm{i}}{\hbar}br}\tag{4}$$

虽然，上式具有球面波的形式，但是，任何的本征值 b 均不能使其满足波函数的零点条件，即

$$\lim_{r\to 0}rf(r)=0\tag{5}$$

故没有一个可观测量与径向动量算符相对应。

在中心力场中，哈密顿算符的动能部分

$$\hat{T}=\frac{1}{2\mu}\hat{p}_r^2+\frac{1}{2\mu r^2}\hat{\boldsymbol{l}}^2\tag{6}$$

总是与势能 $V(r)$ 相伴出现的，没有单独依赖径向动量 $\hat{p}_r$ 的可观测的物理效应发生。

由此可知，在量子力学中，虽然，一个可观测的物理量总是与一个厄米算符相对应，但是，一个厄米算符并不一定对应一个可观测量。除了径向动量算符外，宇称算符也没有可观测量与之对应。

习题 7.19　定义径向波函数为

$$R(r)=\begin{pmatrix}\dfrac{F(r)}{r}\\\dfrac{G(r)}{r}\end{pmatrix}$$

导出狄拉克径向方程的分量形式。

解　已知狄拉克径向方程为

$$\left[c\hat{p}_r\begin{pmatrix}0&-\mathrm{i}\\\mathrm{i}&0\end{pmatrix}-\frac{c\hbar K}{r}\begin{pmatrix}0&1\\1&0\end{pmatrix}+m_0c^2\begin{pmatrix}1&0\\0&-1\end{pmatrix}\right]R(r)=[E-V(r)]R(r)\tag{1}$$

将径向波函数的分量形式代入上式，即

$$\left[c\hat{p}_r\begin{pmatrix}0&-\mathrm{i}\\\mathrm{i}&0\end{pmatrix}-\frac{c\hbar K}{r}\begin{pmatrix}0&1\\1&0\end{pmatrix}+m_0c^2\begin{pmatrix}1&0\\0&-1\end{pmatrix}\right]\begin{pmatrix}\dfrac{F(r)}{r}\\\dfrac{G(r)}{r}\end{pmatrix}=[E-V(r)]\begin{pmatrix}\dfrac{F(r)}{r}\\\dfrac{G(r)}{r}\end{pmatrix}\tag{2}$$

整理之，得到

$$\begin{pmatrix} m_0c^2 & -\mathrm{i}c\hat{p}_r-\dfrac{c\hbar K}{r} \\ \mathrm{i}c\hat{p}_r-\dfrac{c\hbar K}{r} & -m_0c^2 \end{pmatrix}\begin{pmatrix} \dfrac{F(r)}{r} \\ \dfrac{G(r)}{r} \end{pmatrix}=[E-V(r)]\begin{pmatrix} \dfrac{F(r)}{r} \\ \dfrac{G(r)}{r} \end{pmatrix} \tag{3}$$

上式可以写成分量形式

$$m_0c^2\frac{F(r)}{r}-\left(\mathrm{i}c\hat{p}_r+\frac{c\hbar K}{r}\right)\frac{G(r)}{r}=[E-V(r)]\frac{F(r)}{r} \tag{4}$$

$$\left(\mathrm{i}c\hat{p}_r-\frac{c\hbar K}{r}\right)\frac{F(r)}{r}-m_0c^2\frac{G(r)}{r}=[E-V(r)]\frac{G(r)}{r} \tag{5}$$

其中

$$\hat{p}_r\frac{F(r)}{r}=-\mathrm{i}\hbar\left(\frac{\partial}{\partial r}+\frac{1}{r}\right)\frac{F(r)}{r}=-\mathrm{i}\hbar\frac{1}{r}\frac{\mathrm{d}F(r)}{\mathrm{d}r} \tag{6}$$

将式(6)代入式(4),得到

$$-c\hbar\frac{1}{r}\frac{\mathrm{d}}{\mathrm{d}r}G(r)-c\hbar K\frac{G(r)}{r^2}+m_0c^2\frac{F(r)}{r}=[E-V(r)]\frac{F(r)}{r} \tag{7}$$

用 r 左乘上式两端,得到

$$-c\hbar\frac{\mathrm{d}}{\mathrm{d}r}G(r)-c\hbar K\frac{G(r)}{r}+m_0c^2F(r)=[E-V(r)]F(r) \tag{8}$$

同理可知

$$c\hbar\frac{\mathrm{d}}{\mathrm{d}r}F(r)-c\hbar K\frac{F(r)}{r}-m_0c^2G(r)=[E-V(r)]G(r) \tag{9}$$

此即狄拉克径向方程的分量形式。

习题 7.20 定义

$$c_1=\frac{m_0c^2+E}{c\hbar};\quad c_2=\frac{m_0c^2-E}{c\hbar};\quad c_1-c_2=\frac{2E}{c\hbar}$$

$$a=\sqrt{c_1c_2}=\frac{\sqrt{m_0^2c^4-E^2}}{c\hbar};\quad \rho=ar$$

简化库仑场中的狄拉克方程

$$\begin{cases} \left(\dfrac{E-m_0c^2}{\hbar c}+\dfrac{\alpha}{r}\right)F(r)+\left(\dfrac{K}{r}+\dfrac{\mathrm{d}}{\mathrm{d}r}\right)G(r)=0 \\ \left(\dfrac{E+m_0c^2}{\hbar c}+\dfrac{\alpha}{r}\right)G(r)+\left(\dfrac{K}{r}-\dfrac{\mathrm{d}}{\mathrm{d}r}\right)F(r)=0 \end{cases}$$

解 利用题中定义的量,将库仑场中的狄拉克方程改写成

$$\begin{cases} \left(-c_2+\dfrac{a\alpha}{\rho}\right)F(\rho)+\left(\dfrac{aK}{\rho}+a\dfrac{\mathrm{d}}{\mathrm{d}\rho}\right)G(\rho)=0 \\ \left(c_1+\dfrac{a\alpha}{\rho}\right)G(\rho)+\left(\dfrac{aK}{\rho}-a\dfrac{\mathrm{d}}{\mathrm{d}\rho}\right)F(\rho)=0 \end{cases} \tag{1}$$

等式两端除以 a,得到

$$\begin{cases}\left(-\frac{c_2}{a}+\frac{\alpha}{\rho}\right)F(\rho)+\left(\frac{K}{\rho}+\frac{\mathrm{d}}{\mathrm{d}\rho}\right)G(\rho)=0\\\left(\frac{c_1}{a}+\frac{\alpha}{\rho}\right)G(\rho)+\left(\frac{K}{\rho}-\frac{\mathrm{d}}{\mathrm{d}\rho}\right)F(\rho)=0\end{cases}\tag{2}$$

习题 7.21　由相对论氢原子的能量本征值

$$E_{kK}=m_0c^2\left[1+\alpha^2\left(\sqrt{K^2-\alpha^2}+k\right)^{-2}\right]^{-1/2}$$

求出氢原子的能谱的精细结构。

解　首先，由于精细结构常数 $\alpha=1/137$ 是一个小量，故

$$\sqrt{K^2-\alpha^2}=|K|\sqrt{1-\frac{\alpha^2}{K^2}}\approx|K|-\frac{1}{2}\frac{\alpha^2}{|K|}\tag{1}$$

其中用到

$$\sqrt{1-x^2}\approx1-x/2\tag{2}$$

将式(1) 代入相对论氢原子的能量本征值的表达式，即

$$\begin{aligned}E_{kK}\approx m_0c^2\left[1+\left(|K|+k-\frac{1}{2}\frac{\alpha^2}{|K|}\right)^{-2}\right]^{-1/2}=\\m_0c^2\left\{1+\alpha^2(|K|+k)^{-2}\left[1-\frac{\alpha^2}{2|K|(|K|+k)}\right]^{-2}\right\}^{-1/2}\end{aligned}\tag{3}$$

其次，利用

$$(1\pm x)^{-2}\approx1\mp2x\tag{4}$$

将式(3) 改写为

$$\begin{aligned}E_{kK}\approx m_0c^2\left\{1+\alpha^2(|K|+k)^{-2}\left[1-\frac{1}{2}\frac{\alpha^2}{|K|(|K|+k)}\right]^{-2}\right\}^{-1/2}=\\m_0c^2\left\{1+\frac{\alpha^2}{(|K|+k)^2}\left[1+\frac{\alpha^2}{|K|(|K|+k)}\right]\right\}^{-1/2}=\\m_0c^2\left[1+\frac{\alpha^2}{(|K|+k)^2}+\frac{\alpha^4}{|K|(|K|+k)^3}\right]^{-1/2}\end{aligned}\tag{5}$$

最后，再利用

$$\frac{1}{\sqrt{1+x}}=1-\frac{1}{2}x+\frac{1\cdot3}{2\cdot4}x^2-\frac{1\cdot3\cdot5}{2\cdot4\cdot6}x^3+\cdots\tag{6}$$

得到

$$\begin{aligned}\frac{1}{\sqrt{1+(x+y+\cdots)}}=1-\frac{1}{2}(x+y+\cdots)+\frac{3}{8}(x+y+\cdots)^2-\\\frac{5}{16}(x+y+\cdots)^3+\cdots\end{aligned}\tag{7}$$

利用上式可以将式(5) 改写为

$$E_{kK}\approx m_0c^2\left[1+\frac{\alpha^2}{(|K|+k)^2}+\frac{\alpha^4}{|K|(|K|+k)^3}\right]^{-1/2}=$$

$$m_0c^2 - \frac{1}{2}m_0c^2\left[\frac{\alpha^2}{(|K|+k)^2} + \frac{\alpha^4}{|K|(|K|+k)^3}\right] +$$
$$\frac{3}{8}m_0c^2\left[\frac{\alpha^2}{(|K|+k)^2} + \frac{\alpha^4}{|K|(|K|+k)^3}\right]^2 =$$
$$m_0c^2\left[1 - \frac{\alpha^2}{2(|K|+k)^2} - \frac{\alpha^4}{2(|K|+k)^4}\left(\frac{|K|+k}{|K|} - \frac{3}{4}\right)\right] \tag{8}$$

引入主量子数

$$n = k + |K| \tag{9}$$

则有

$$E_{nK} \approx m_0c^2\left[1 - \frac{\alpha^2}{2n^2} - \frac{\alpha^4}{2n^4}\left(\frac{n}{|K|} - \frac{3}{4}\right)\right] \tag{10}$$

其中,量子数取值为

$$n = 1, 2, 3, \cdots \tag{11}$$
$$K = \pm 1, \pm 2, \pm 3, \cdots, \pm n \tag{12}$$
$$j = 1/2, 3/2, 5/2, \cdots \tag{13}$$

式(10) 中右端的第 3 项与习题 7.2 中的结果完全一样,由于它远小于第 2 项,将其略去后,能量只与主量子数 n 有关,即

$$E_n = m_0c^2\left(1 - \frac{\alpha^2}{2n^2}\right) \tag{14}$$

上式即非相对论氢原子的能级公式。

第 8 章　量子信息学基础

习题 8.1　证明当 $p_i=1/m,(i=1,2,3,\cdots,m)$ 时，熵达到最大值 $\log_2 m$，即

$$H(\boldsymbol{p})\leqslant \log_2 m$$

证明　首先，证明一个数学公式。

对任何实数，可以证明

$$\ln x\leqslant x-1 \tag{1}$$

成立。

证明的过程是：令

$$f(x)=\ln x-(x-1) \tag{2}$$

则

$$f'(x)=1/x-1 \tag{3}$$

当 $x=1$ 时，$f'(x)=0$，故 $x=1$ 是函数 $f(x)$ 的一个极值点。

又因为

$$f''(x)=-1/x^2<0 \tag{4}$$

所以，$f(x)$ 在 $x=1$ 处有极大值 $f(x)=0$。于是有

$$f(x)=\ln x-(x-1)\leqslant 0 \tag{5}$$

进而可知式(1) 成立。

其次，当 $\boldsymbol{p}=(p_1,p_2,p_3,\cdots,p_m)$ 与 $\boldsymbol{q}=(q_1,q_2,q_3,\cdots,q_m)$ 是两个不同的概率矢量时，可以证明

$$-\sum_{i=1}^{m}p_i\log_2 p_i\leqslant-\sum_{i=1}^{m}p_i\log_2 q_i \tag{6}$$

成立。

证明的过程是：利用对数的换底公式

$$\log_a x=\frac{\log_b x}{\log_b a} \tag{7}$$

可以将式(1) 改写为

$$\ln x=\log_e x=\frac{\log_2 x}{\log_2 e}\leqslant x-1 \tag{8}$$

若取 $x=q_i/p_i$，则上式可以改写为

$$\sum_{i=1}^{m} p_i \log_2(q_i/p_i) \leqslant \sum_{i=1}^{m} p_i(q_i/p_i - 1) = \sum_{i=1}^{m} q_i - \sum_{i=1}^{m} p_i = 0 \tag{9}$$

利用

$$\sum_{i=1}^{m} p_i \log_2(q_i/p_i) = \sum_{i=1}^{m} p_i \log_2 q_i - \sum_{i=1}^{m} p_i \log_2 p_i \leqslant 0 \tag{10}$$

立即得到式(6)，即

$$H(\boldsymbol{p}) = -\sum_{i=1}^{m} p_i \log_2 p_i \leqslant -\sum_{i=1}^{m} p_i \log_2 q_i \tag{11}$$

最后，将 $q_i = 1/m(i=1,2,3,\cdots,m)$ 代入式(11)，得到

$$H(\boldsymbol{p}) \leqslant -\sum_{i=1}^{m} p_i \log_2 q_i = -\sum_{i=1}^{m} p_i \log_2(1/m) = \log_2 m \sum_{i=1}^{m} p_i = \log_2 m \tag{12}$$

此即求证之式。

习题 8.2 证明二位控制－非门的作用是

$$|00\rangle \to |00\rangle;\ |01\rangle \to |01\rangle;\ |10\rangle \to |11\rangle;\ |11\rangle \to |10\rangle$$

证明 二位控制－非门相应的矩阵形式为

$$C_{\text{NOT}} = \begin{pmatrix} 1 & 0 & 0 & 0 \\ 0 & 1 & 0 & 0 \\ 0 & 0 & 0 & 1 \\ 0 & 0 & 1 & 0 \end{pmatrix} \tag{1}$$

两个量子位可以表示成

$$|00\rangle = \begin{pmatrix} 1 \\ 0 \\ 0 \\ 0 \end{pmatrix};\ |01\rangle = \begin{pmatrix} 0 \\ 1 \\ 0 \\ 0 \end{pmatrix};\ |10\rangle = \begin{pmatrix} 0 \\ 0 \\ 1 \\ 0 \end{pmatrix};\ |11\rangle = \begin{pmatrix} 0 \\ 0 \\ 0 \\ 1 \end{pmatrix} \tag{2}$$

用式(1) 分别作用式(2) 中各态矢，得到

$$\begin{pmatrix} 1 & 0 & 0 & 0 \\ 0 & 1 & 0 & 0 \\ 0 & 0 & 0 & 1 \\ 0 & 0 & 1 & 0 \end{pmatrix} |00\rangle = \begin{pmatrix} 1 & 0 & 0 & 0 \\ 0 & 1 & 0 & 0 \\ 0 & 0 & 0 & 1 \\ 0 & 0 & 1 & 0 \end{pmatrix} \begin{pmatrix} 1 \\ 0 \\ 0 \\ 0 \end{pmatrix} = \begin{pmatrix} 1 \\ 0 \\ 0 \\ 0 \end{pmatrix} = |00\rangle \tag{3}$$

$$\begin{pmatrix} 1 & 0 & 0 & 0 \\ 0 & 1 & 0 & 0 \\ 0 & 0 & 0 & 1 \\ 0 & 0 & 1 & 0 \end{pmatrix} |01\rangle = \begin{pmatrix} 1 & 0 & 0 & 0 \\ 0 & 1 & 0 & 0 \\ 0 & 0 & 0 & 1 \\ 0 & 0 & 1 & 0 \end{pmatrix} \begin{pmatrix} 0 \\ 1 \\ 0 \\ 0 \end{pmatrix} = \begin{pmatrix} 0 \\ 1 \\ 0 \\ 0 \end{pmatrix} |01\rangle \tag{4}$$

$$\begin{pmatrix}1&0&0&0\\0&1&0&0\\0&0&0&1\\0&0&1&0\end{pmatrix}|10\rangle=\begin{pmatrix}1&0&0&0\\0&1&0&0\\0&0&0&1\\0&0&1&0\end{pmatrix}\begin{pmatrix}0\\0\\1\\0\end{pmatrix}=\begin{pmatrix}0\\0\\0\\1\end{pmatrix}=|11\rangle \tag{5}$$

$$\begin{pmatrix}1&0&0&0\\0&1&0&0\\0&0&0&1\\0&0&1&0\end{pmatrix}|11\rangle=\begin{pmatrix}1&0&0&0\\0&1&0&0\\0&0&0&1\\0&0&1&0\end{pmatrix}\begin{pmatrix}0\\0\\0\\1\end{pmatrix}=\begin{pmatrix}0\\0\\1\\0\end{pmatrix}=|10\rangle \tag{6}$$

习题 8.3　证明

$$\langle\varphi_m^{(2)}|\varphi_{m'}^{(2)}\rangle=\frac{1}{B_m^*B_{m'}}\sum_n C_{mn}^*C_{m'n}$$

其中

$$B_m|\varphi_m^{(2)}\rangle=\sum_n C_{mn}|u_n^{(2)}\rangle$$

$|u_n^{(2)}\rangle$ 是第 2 个子系的正交归一化基矢。

证明　由 $|\varphi_m^{(2)}\rangle$ 的定义式

$$B_m|\varphi_m^{(2)}\rangle=\sum_n C_{mn}|u_n^{(2)}\rangle \tag{1}$$

可知

$$|\varphi_m^{(2)}\rangle=\frac{1}{B_m}\sum_n C_{mn}|u_n^{(2)}\rangle \tag{2}$$

将上式取共轭代入求证之式的左端，得到求证之式，即

$$\begin{aligned}\langle\varphi_m^{(2)}|\varphi_{m'}^{(2)}\rangle&=\frac{1}{B_m^*B_{m'}}\sum_{n,n'}C_{mn}^*C_{m'n'}\langle u_n^{(2)}|u_{n'}^{(2)}\rangle=\\ &\frac{1}{B_m^*B_{m'}}\sum_{n,n'}C_{mn}^*C_{m'n'}\delta_{n,n'}=\frac{1}{B_m^*B_{m'}}\sum_n C_{mn}^*C_{m'n}\end{aligned} \tag{3}$$

习题 8.4　证明算符

$$\hat{\rho}^{(2)}=\sum_m \rho_m|\varphi_m^{(2)}\rangle\langle\varphi_m^{(2)}|$$

并求出它的本征值与相应的本征矢。

证明　对于双粒子体系的归一化纯态 $|\psi\rangle$ 而言，其相应的密度算符为

$$\hat{\rho}=|\psi\rangle\langle\psi| \tag{1}$$

粒子 2 的密度算符 $\hat{\rho}^{(2)}$ 的定义为

$$\hat{\rho}^{(2)}=Tr^{(1)}\hat{\rho}=\sum_m\langle\varphi_m^{(1)}|\hat{\rho}|\varphi_m^{(1)}\rangle=\sum_m\langle\varphi_m^{(1)}|\psi\rangle\langle\psi|\varphi_m^{(1)}\rangle \tag{2}$$

由定理 8.1 可知

$$|\psi\rangle=\sum_m\sqrt{\rho_m}|\varphi_m^{(1)}\rangle|\varphi_m^{(2)}\rangle \tag{3}$$

将上式代入式(2),得到求证之式,即

$$\hat{\rho}^{(2)}=\sum_m\langle\varphi_m^{(1)}\mid\psi\rangle\langle\psi\mid\varphi_m^{(1)}\rangle=$$

$$\sum_m\langle\varphi_m^{(1)}\mid\sum_n\sqrt{\rho_n}\mid\varphi_n^{(1)}\rangle\mid\varphi_n^{(2)}\rangle\times$$

$$\sum_{n'}\sqrt{\rho_{n'}}\langle\varphi_{n'}^{(2)}\mid\langle\varphi_{n'}^{(1)}\mid\varphi_m^{(1)}\rangle=$$

$$\sum_{mnn'}\sqrt{\rho_n}\sqrt{\rho_{n'}}\delta_{m,n}\mid\varphi_n^{(2)}\rangle\langle\varphi_{n'}^{(2)}\mid\delta_{m,n'}=\sum_m\rho_m\mid\varphi_m^{(2)}\rangle\langle\varphi_m^{(2)}\mid \tag{4}$$

将算符 $\hat{\rho}^{(2)}$ 作用到 $\mid\varphi_m^{(2)}\rangle$ 上,利用 $\mid\varphi_m^{(2)}\rangle$ 的正交归一化条件,立即得到

$$\hat{\rho}^{(2)}\mid\varphi_m^{(2)}\rangle=\sum_n\rho_n\mid\varphi_n^{(2)}\rangle\langle\varphi_n^{(2)}\mid\varphi_m^{(2)}\rangle=$$

$$\sum_n\rho_n\mid\varphi_n^{(2)}\rangle\delta_{m,n}=\rho_m\mid\varphi_m^{(2)}\rangle \tag{5}$$

上式表明,$\hat{\rho}^{(2)}$ 的本征值为 ρ_m,相应的本征矢为 $\mid\varphi_m^{(2)}\rangle$。实际上,式(4) 是算符 $\hat{\rho}^{(2)}$ 的谱分解形式。

习题 8.5 若多粒子体系分别处于状态

$$\mid\psi_1\rangle=\sin(\theta/2)\mid 0\rangle+\cos(\theta/2)\,\mathrm{e}^{\mathrm{i}\varphi}\mid 1\rangle$$

$$\mid\psi_2\rangle=\sin(\theta/2)\mid 0\rangle+\cos(\theta/2)\mid 1\rangle$$

试用密度算符证明这两个态矢描述的并非同一个状态。式中的 θ,φ 是两个常数分布的随机变数。

证明 由密度算符的定义可知

$$\hat{\rho}_1=\frac{1}{4\pi}\int_0^\pi\mathrm{d}\theta\sin\theta\int_0^{2\pi}\mathrm{d}\varphi\hat{\rho}_1(\theta,\varphi)=\frac{1}{4\pi}\int_0^\pi\mathrm{d}\theta\sin\theta\int_0^{2\pi}\mathrm{d}\varphi\mid\psi_1\rangle\langle\psi_1\mid=$$

$$\frac{1}{4\pi}\int_0^\pi\mathrm{d}\theta\sin\theta\int_0^{2\pi}\mathrm{d}\varphi[\sin(\theta/2)\mid 0\rangle+\cos(\theta/2)\,\mathrm{e}^{\mathrm{i}\varphi}\mid 1\rangle]\times$$

$$[\langle 0\mid\sin(\theta/2)+\langle 1\mid\cos(\theta/2)\,\mathrm{e}^{-\mathrm{i}\varphi}]=$$

$$\frac{1}{2}\int_0^\pi\mathrm{d}\theta\sin\theta[\sin^2(\theta/2)\mid 0\rangle\langle 0\mid+\cos^2(\theta/2)\mid 1\rangle\langle 1\mid]+$$

$$\frac{1}{4\pi}\int_0^\pi\mathrm{d}\theta\sin\theta\int_0^{2\pi}\mathrm{d}\varphi\sin(\theta/2)\cos(\theta/2)\,\mathrm{e}^{\mathrm{i}\varphi}\mid 1\rangle\langle 0\mid+$$

$$\frac{1}{4\pi}\int_0^\pi\mathrm{d}\theta\sin\theta\int_0^{2\pi}\mathrm{d}\varphi\sin(\theta/2)\cos(\theta/2)\,\mathrm{e}^{-\mathrm{i}\varphi}\mid 0\rangle\langle 1\mid \tag{1}$$

由于

$$\int_0^{2\pi}\mathrm{d}\varphi\mathrm{e}^{\pm\mathrm{i}\varphi}=0 \tag{2}$$

所以，式(1) 中右端的第 3、4 项皆为零。对于式(1) 中的第 1、2 项，由三角函数的积分公式可知

$$\frac{1}{2}\int_0^{\pi}\mathrm{d}\theta\sin\theta\sin^2(\theta/2)=\frac{1}{4}\int_0^{\pi}\mathrm{d}\theta\sin\theta(1-\cos\theta)=$$

$$\frac{1}{4}\left(-\cos\theta\,|_0^{\pi}+\int_1^{-1}\mathrm{d}yy\right)=\frac{1}{2}\tag{3}$$

$$\frac{1}{2}\int_0^{\pi}\mathrm{d}\theta\sin\theta\cos^2(\theta/2)=\frac{1}{4}\int_0^{\pi}\mathrm{d}\theta\sin\theta(1+\cos\theta)=$$

$$\frac{1}{4}\left(-\cos\theta\,|_0^{\pi}-\int_1^{-1}\mathrm{d}yy\right)=\frac{1}{2}\tag{4}$$

于是

$$\hat{\rho}_1=\frac{1}{2}(|\,1\rangle\langle 1\,|+|\,0\rangle\langle 0\,|)\tag{5}$$

同理可知

$$\hat{\rho}_2=\frac{1}{4\pi}\int_0^{\pi}\mathrm{d}\theta\sin\theta\int_0^{2\pi}\mathrm{d}\varphi\hat{\rho}_2(\theta,\varphi)=\frac{1}{4\pi}\int_0^{\pi}\mathrm{d}\theta\sin\theta\int_0^{2\pi}\mathrm{d}\varphi\,|\,\psi_2\rangle\langle\psi_2\,|=$$

$$\frac{1}{2}\int_0^{\pi}\mathrm{d}\theta\sin\theta[\sin^2(\theta/2)\,|\,0\rangle\langle 0\,|+\cos^2(\theta/2)\,|\,1\rangle\langle 1\,|]+$$

$$\frac{1}{2}\int_0^{\pi}\mathrm{d}\theta\sin\theta\sin(\theta/2)\cos(\theta/2)\,[|\,1\rangle\langle 0\,|+|\,0\rangle\langle 1\,|]\tag{6}$$

上式中右端前两项的积分结果已由式(3) 与式(4) 给出，而最后一项的积分结果为

$$\frac{1}{2}\int_0^{\pi}\mathrm{d}\theta\sin\theta\sin(\theta/2)\cos(\theta/2)=\frac{1}{4}\int_0^{\pi}\mathrm{d}\theta\sin^2\theta=$$

$$\frac{1}{4}\left(\frac{\theta}{2}-\frac{1}{2}\sin\theta\cos\theta\right)_0^{\pi}=\frac{\pi}{8}\tag{7}$$

于是，式(6) 变成

$$\hat{\rho}_2=\frac{1}{2}(|\,0\rangle\langle 0\,|+|\,1\rangle\langle 1\,|)+\frac{\pi}{8}(|\,1\rangle\langle 0\,|+|\,0\rangle\langle 1\,|)\tag{8}$$

显然，题中给出的两个态矢描述的不是同一个状态。

习题 8.6　设有任意的二维的纯态与混合态

$$|\,\psi\rangle=\sin(\theta/2)\,|\,0\rangle+\cos(\theta/2)\,\mathrm{e}^{\mathrm{i}\varphi}\,|\,1\rangle$$

$$\hat{\rho}_2=\frac{1}{2}[|\,0\rangle\langle 0\,|+|\,1\rangle\langle 1\,|+(x+\mathrm{i}y)\,|\,0\rangle\langle 1\,|+(x-\mathrm{i}y)\,|\,1\rangle\langle 0\,|]$$

证明它们对应的密度算符分别可以写成

$$\hat{\rho}_1 = \frac{1}{2}(1 + \boldsymbol{n} \cdot \hat{\boldsymbol{\sigma}})$$

$$\hat{\rho}_2 = \frac{1}{2}(1 + \boldsymbol{p} \cdot \hat{\boldsymbol{\sigma}})$$

称之为布洛赫(Bloch) 球表示。其中,$\hat{\boldsymbol{\sigma}}$ 是泡利矩阵,$\boldsymbol{n}$ 是单位球面上某一点的矢径,$\boldsymbol{p}$ 是 $x-y$ 平面上的一个矢量,即

$$\boldsymbol{n} = \sin\theta\cos\varphi\boldsymbol{i} - \sin\theta\sin\varphi\boldsymbol{j} + \cos\theta\boldsymbol{k}$$

$$\boldsymbol{p} = x\boldsymbol{i} + y\boldsymbol{j}$$

证明　纯态 $|\psi\rangle$ 对应的密度算符为

$$\begin{aligned}&\hat{\rho}_1 = |\psi\rangle\langle\psi| = \\&[\sin(\theta/2)|0\rangle + \cos(\theta/2)e^{i\varphi}|1\rangle][\sin(\theta/2)\langle 0| + \cos(\theta/2)e^{-i\varphi}\langle 1|] = \\&\sin^2(\theta/2)|0\rangle\langle 0| + \cos^2(\theta/2)|1\rangle\langle 1| + \\&\sin(\theta/2)\cos(\theta/2)e^{-i\varphi}|0\rangle\langle 1| + \sin(\theta/2)\cos(\theta/2)e^{i\varphi}|1\rangle\langle 0|\end{aligned} \tag{1}$$

若取

$$|0\rangle = \begin{pmatrix}0\\1\end{pmatrix};\ |1\rangle = \begin{pmatrix}1\\0\end{pmatrix} \tag{2}$$

则

$$\begin{aligned}&|0\rangle\langle 0| = \begin{pmatrix}0&0\\0&1\end{pmatrix};\ |1\rangle\langle 1| = \begin{pmatrix}1&0\\0&0\end{pmatrix}\\&|0\rangle\langle 1| = \begin{pmatrix}0&0\\1&0\end{pmatrix};\ |1\rangle\langle 0| = \begin{pmatrix}0&1\\0&0\end{pmatrix}\end{aligned} \tag{3}$$

而泡利矩阵满足

$$\begin{aligned}&\frac{1}{2}(1-\hat{\sigma}_z) = \frac{1}{2}\begin{pmatrix}0&0\\0&2\end{pmatrix} = \begin{pmatrix}0&0\\0&1\end{pmatrix} = |0\rangle\langle 0|\\&\frac{1}{2}(1+\hat{\sigma}_z) = \frac{1}{2}\begin{pmatrix}2&0\\0&0\end{pmatrix} = \begin{pmatrix}1&0\\0&0\end{pmatrix} = |1\rangle\langle 1|\\&\frac{1}{2}(\hat{\sigma}_x - i\hat{\sigma}_y) = \frac{1}{2}\begin{pmatrix}0&0\\2&0\end{pmatrix} = \begin{pmatrix}0&0\\1&0\end{pmatrix} = |0\rangle\langle 1|\\&\frac{1}{2}(\hat{\sigma}_x + i\hat{\sigma}_y) = \frac{1}{2}\begin{pmatrix}0&2\\0&0\end{pmatrix} = \begin{pmatrix}0&1\\0&0\end{pmatrix} = |1\rangle\langle 0|\end{aligned} \tag{4}$$

将式(4) 代入式(1),得到

$$\begin{aligned}\hat{\rho}_1 = |\psi\rangle\langle\psi| = &\sin^2(\theta/2)|0\rangle\langle 0| + \cos^2(\theta/2)|1\rangle\langle 1| + \\&\sin(\theta/2)\cos(\theta/2)e^{-i\varphi}|0\rangle\langle 1| + \sin(\theta/2)\cos(\theta/2)e^{i\varphi}|1\rangle\langle 0| =\end{aligned}$$

$$\frac{1}{2}\sin^2(\theta/2)(1-\hat{\sigma}_z)+\frac{1}{2}\cos^2(\theta/2)(1+\hat{\sigma}_z)+$$

$$\frac{1}{2}\sin(\theta/2)\cos(\theta/2)e^{-i\varphi}(\hat{\sigma}_x-i\hat{\sigma}_y)+$$

$$\frac{1}{2}\sin(\theta/2)\cos(\theta/2)e^{i\varphi}(\hat{\sigma}_x+i\hat{\sigma}_y)=$$

$$\frac{1}{2}+\frac{1}{2}[\cos^2(\theta/2)-\sin^2(\theta/2)]\hat{\sigma}_z+$$

$$\frac{1}{2}\sin(\theta/2)\cos(\theta/2)(e^{i\varphi}+e^{-i\varphi})\hat{\sigma}_x+$$

$$\frac{1}{2}\sin(\theta/2)\cos(\theta/2)i(e^{i\varphi}-e^{-i\varphi})\hat{\sigma}_y=$$

$$\frac{1}{2}[1+\cos\theta\hat{\sigma}_z+\sin\theta\cos\varphi\hat{\sigma}_x-\sin\theta\sin\varphi\hat{\sigma}_y]=\frac{1}{2}(1+\boldsymbol{n}\cdot\hat{\boldsymbol{\sigma}}) \tag{5}$$

上式表明二维的纯态必定对应单位球面上的某一点。

已知混合态的密度算符为

$$\hat{\rho}_2=\frac{1}{2}[|0\rangle\langle 0|+|1\rangle\langle 1|+(x+iy)|0\rangle\langle 1|+(x-iy)|1\rangle\langle 0|] \tag{6}$$

将式(4)代入式(6),得到

$$\hat{\rho}_2=\frac{1}{2}\left[\frac{1}{2}(1-\hat{\sigma}_z)+\frac{1}{2}(1+\hat{\sigma}_z)\right]+$$

$$\frac{1}{2}\left[(x+iy)\frac{1}{2}(\hat{\sigma}_x-i\hat{\sigma}_y)+\frac{1}{2}(x-iy)(\hat{\sigma}_x+i\hat{\sigma}_y)\right]=$$

$$\frac{1}{2}+\frac{1}{2}(x\hat{\sigma}_x+y\hat{\sigma}_y)=\frac{1}{2}(1+\boldsymbol{p}\cdot\hat{\boldsymbol{\sigma}}) \tag{7}$$

由于

$$\det\hat{\rho}_2=\frac{1}{2}\begin{vmatrix}1 & x-iy\\ x+iy & 1\end{vmatrix}=\frac{1}{2}(1-x^2-y^2)=\frac{1}{2}(1-p^2)>0 \tag{8}$$

故

$$|p|<1 \tag{9}$$

进而可知,二维混合态必定对应单位球面内的某一点。上述二维量子态的表示方法称之为布洛赫球表示。

习题 8.7　设有两个二维纯态的布洛赫球表示分别为

$$\hat{\rho}_1=\frac{1}{2}(1+\boldsymbol{n}_1\cdot\hat{\boldsymbol{\sigma}})$$

$$\hat{\rho}_2=\frac{1}{2}(1+\boldsymbol{n}_2\cdot\hat{\boldsymbol{\sigma}})$$

证明

$$\mathrm{Tr}(\hat{\rho}_1\hat{\rho}_2)=\frac{1}{2}(1+\boldsymbol{n}_1\cdot\boldsymbol{n}_2)$$

证明 题中所给出的两个密度算符之积的阵迹为

$$\mathrm{Tr}(\hat{\rho}_1\hat{\rho}_2)=\mathrm{Tr}\left[\frac{1}{2}(1+\boldsymbol{n}_1\cdot\hat{\boldsymbol{\sigma}})\frac{1}{2}(1+\boldsymbol{n}_2\cdot\hat{\boldsymbol{\sigma}})\right]=$$
$$\frac{1}{4}\mathrm{Tr}[1+\boldsymbol{n}_1\cdot\hat{\boldsymbol{\sigma}}+\boldsymbol{n}_2\cdot\hat{\boldsymbol{\sigma}}+(\boldsymbol{n}_1\cdot\hat{\boldsymbol{\sigma}})(\boldsymbol{n}_2\cdot\hat{\boldsymbol{\sigma}})] \tag{1}$$

由单位算符与泡利算符的定义可知

$$\mathrm{Tr}\hat{I}=\mathrm{Tr}\begin{pmatrix}1&0\\0&1\end{pmatrix}=2$$
$$\mathrm{Tr}\hat{\sigma}_x=\mathrm{Tr}\begin{pmatrix}0&1\\1&0\end{pmatrix}=0$$
$$\mathrm{Tr}\hat{\sigma}_y=\mathrm{Tr}\begin{pmatrix}0&-\mathrm{i}\\\mathrm{i}&0\end{pmatrix}=0 \tag{2}$$
$$\mathrm{Tr}\hat{\sigma}_z=\mathrm{Tr}\begin{pmatrix}1&0\\0&-1\end{pmatrix}=0$$

利用上式可以将式(1) 简化为

$$\mathrm{Tr}(\hat{\rho}_1\hat{\rho}_2)=\frac{1}{2}+\frac{1}{4}\mathrm{Tr}[(\boldsymbol{n}_1\cdot\hat{\boldsymbol{\sigma}})(\boldsymbol{n}_2\cdot\hat{\boldsymbol{\sigma}})] \tag{3}$$

利用公式

$$(\boldsymbol{n}_1\cdot\hat{\boldsymbol{\sigma}})(\boldsymbol{n}_2\cdot\hat{\boldsymbol{\sigma}})=\boldsymbol{n}_1\cdot\boldsymbol{n}_2+\mathrm{i}(\boldsymbol{n}_1\times\boldsymbol{n}_2)\cdot\hat{\boldsymbol{\sigma}} \tag{4}$$

式(3) 可以改写成

$$\mathrm{Tr}(\hat{\rho}_1\hat{\rho}_2)=\frac{1}{2}+\frac{1}{4}\mathrm{Tr}[(\boldsymbol{n}_1\cdot\hat{\boldsymbol{\sigma}})(\boldsymbol{n}_2\cdot\hat{\boldsymbol{\sigma}})]=$$
$$\frac{1}{2}+\frac{1}{4}\mathrm{Tr}[\boldsymbol{n}_1\cdot\boldsymbol{n}_2+\mathrm{i}(\boldsymbol{n}_1\times\boldsymbol{n}_2)\cdot\hat{\boldsymbol{\sigma}}]=\frac{1}{2}(1+\boldsymbol{n}_1\cdot\boldsymbol{n}_2) \tag{5}$$

此即求证之式。

习题 8.8 已知两个粒子构成的复合体系处于纯态

$$|\psi\rangle=\frac{1}{\sqrt{2}}|+\rangle^{(1)}\left(\frac{1}{2}|+\rangle^{(2)}+\frac{\sqrt{3}}{2}|-\rangle^{(2)}\right)+$$
$$\frac{1}{\sqrt{2}}|-\rangle^{(1)}\left(\frac{\sqrt{3}}{2}|+\rangle^{(2)}+\frac{1}{2}|-\rangle^{(2)}\right)$$

计算 $\hat{\rho}^{(1)}=\mathrm{Tr}^{(2)}\hat{\rho}=\mathrm{Tr}^{(2)}|\psi\rangle\langle\psi|$ 与 $\hat{\rho}^{(2)}=\mathrm{Tr}^{(1)}\hat{\rho}=\mathrm{Tr}^{(1)}|\psi\rangle\langle\psi|$,进而求出 $|\psi\rangle$ 的施密特分解。

解 容易验证已知状态 $|\psi\rangle$ 已经归一化。由定义可知

$$\hat{\rho}^{(1)}=\mathrm{Tr}^{(2)}(|\psi\rangle\langle\psi|)=\sum_{k=\pm}{}^{(2)}\langle k|\psi\rangle\langle\psi|k\rangle^{(2)}=$$
$${}^{(2)}\langle+|\psi\rangle\langle\psi|+\rangle^{(2)}+{}^{(2)}\langle-|\psi\rangle\langle\psi|-\rangle^{(2)} \tag{1}$$

将 $|\psi\rangle$ 的表达式代入上式，得到

$$\hat{\rho}^{(1)}={}^{(2)}\langle+|\psi\rangle\langle\psi|+\rangle^{(2)}+{}^{(2)}\langle-|\psi\rangle\langle\psi|-\rangle^{(2)}=$$
$$\left(\frac{1}{2\sqrt{2}}|+\rangle^{(1)}+\frac{\sqrt{3}}{2\sqrt{2}}|-\rangle^{(1)}\right)\left(\frac{1}{2\sqrt{2}}{}^{(1)}\langle+|+\frac{\sqrt{3}}{2\sqrt{2}}{}^{(1)}\langle-|\right)+$$
$$\left(\frac{\sqrt{3}}{2\sqrt{2}}|+\rangle^{(1)}+\frac{1}{2\sqrt{2}}|-\rangle^{(1)}\right)\left(\frac{\sqrt{3}}{2\sqrt{2}}{}^{(1)}\langle+|+\frac{1}{2\sqrt{2}}{}^{(1)}\langle-|\right)=$$
$$\frac{1}{2}(|+\rangle^{(1)(1)}\langle+|)+\frac{1}{2}(|-\rangle^{(1)(1)}\langle-|)+$$
$$\frac{\sqrt{3}}{4}(|+\rangle^{(1)(1)}\langle-|)+\frac{\sqrt{3}}{4}(|-\rangle^{(1)(1)}\langle+|) \tag{2}$$

同理可知

$$\hat{\rho}^{(2)}={}^{(1)}\langle+|\psi\rangle\langle\psi|+\rangle^{(1)}+{}^{(1)}\langle-|\psi\rangle\langle\psi|-\rangle^{(1)}=\frac{1}{2}(|+\rangle^{(2)(2)}\langle+|)+$$
$$\frac{1}{2}(|-\rangle^{(2)(2)}\langle-|)+\frac{\sqrt{3}}{4}(|+\rangle^{(2)(2)}\langle-|)+\frac{\sqrt{3}}{4}(|-\rangle^{(2)(2)}\langle+|) \tag{3}$$

在 $\{|i\rangle^{(1)}|j\rangle^{(2)}\}$ 基底下，$\hat{\rho}^{(1)}$ 与 $\hat{\rho}^{(2)}$ 的矩阵形式皆为

$$\hat{\rho}^{(1)}=\begin{pmatrix}\frac{1}{2} & \frac{\sqrt{3}}{4}\\ \frac{\sqrt{3}}{4} & \frac{1}{2}\end{pmatrix} \tag{4}$$

它们的两个本征值与相应的本征矢分别为

$$\rho_1=\frac{1}{2}+\frac{\sqrt{3}}{4};\quad |\varphi_1\rangle=\frac{1}{\sqrt{2}}\begin{pmatrix}1\\1\end{pmatrix}$$
$$\rho_2=\frac{1}{2}-\frac{\sqrt{3}}{4};\quad |\varphi_2\rangle=\frac{1}{\sqrt{2}}\begin{pmatrix}1\\-1\end{pmatrix} \tag{5}$$

将上式代入施密特分解公式

$$|\psi\rangle=\sum_m\sqrt{\rho_m}\,|\varphi_m^{(1)}\rangle\,|\varphi_m^{(2)}\rangle \tag{6}$$

得到

$$|\psi\rangle=\frac{\sqrt{2+\sqrt{3}}}{2}|\varphi_1\rangle^{(1)}|\varphi_1\rangle^{(2)}+\frac{\sqrt{2-\sqrt{3}}}{2}|\varphi_2\rangle^{(1)}|\varphi_2\rangle^{(2)} \tag{7}$$

显然，上式也是归一化的态矢。

习题 8.9　证明两个粒子坐标算符之差 $\hat{x}_1-\hat{x}_2$ 和动量算符之和 $\hat{p}_1+\hat{p}_2$ 是

对易的，并且，可以存在一个两粒子态 $|\psi\rangle$ 是算符 $\hat{x}_1-\hat{x}_2$ 与 $\hat{p}_1+\hat{p}_2$ 的共同本征态，即

$$(\hat{x}_1-\hat{x}_2)|\psi\rangle=a|\psi\rangle$$

$$(\hat{p}_1+\hat{p}_2)|\psi\rangle=0$$

证明　由基本对易关系可知

$$\begin{aligned}&[\hat{x}_1-\hat{x}_2,\hat{p}_1+\hat{p}_2]=[\hat{x}_1-\hat{x}_2,\hat{p}_1]+[\hat{x}_1-\hat{x}_2,\hat{p}_2]=\\&[\hat{x}_1,\hat{p}_1]-[\hat{x}_2,\hat{p}_1]+[\hat{x}_1,\hat{p}_2]-[\hat{x}_2,\hat{p}_2]=\\&[\hat{x}_1,\hat{p}_1]-[\hat{x}_2,\hat{p}_2]=\mathrm{i}\hbar-\mathrm{i}\hbar=0\end{aligned}\tag{1}$$

由于 $\hat{x}_1-\hat{x}_2$ 和 $\hat{p}_1+\hat{p}_2$ 是对易的，所以两者存在共同本征函数系，设 $\hat{x}_1-\hat{x}_2$ 满足的本征方程为

$$(\hat{x}_1-\hat{x}_2)|\psi\rangle=a|\psi\rangle\tag{2}$$

则由式(1)可知

$$\begin{aligned}&[\hat{x}_1-\hat{x}_2,\hat{p}_1+\hat{p}_2]|\psi\rangle=\\&(\hat{x}_1-\hat{x}_2)(\hat{p}_1+\hat{p}_2)|\psi\rangle-(\hat{p}_1+\hat{p}_2)(\hat{x}_1-\hat{x}_2)|\psi\rangle=\\&(\hat{x}_1-\hat{x}_2)(\hat{p}_1+\hat{p}_2)|\psi\rangle-a(\hat{p}_1+\hat{p}_2)|\psi\rangle=\\&[(\hat{x}_1-\hat{x}_2)-a](\hat{p}_1+\hat{p}_2)|\psi\rangle=0\end{aligned}\tag{3}$$

由于，$\hat{x}_1-\hat{x}_2-a\neq 0$，于是得到

$$(\hat{p}_1+\hat{p}_2)|\psi\rangle=0\tag{4}$$

习题 8.10　证明

$$\begin{aligned}&|p(\boldsymbol{e}^{(1)},\boldsymbol{e}^{(2)})-p(\boldsymbol{e}^{(1)},\boldsymbol{e}'^{(2)})|=\\&\Big|\int\mathrm{d}\lambda\rho(\lambda)A(\boldsymbol{e}^{(1)},\lambda)B(\boldsymbol{e}^{(2)},\lambda)[1\pm A(\boldsymbol{e}'^{(1)},\lambda)B(\boldsymbol{e}'^{(2)},\lambda)]-\\&\int\mathrm{d}\lambda\rho(\lambda)A(\boldsymbol{e}^{(1)},\lambda)B(\boldsymbol{e}'^{(2)},\lambda)[1\pm A(\boldsymbol{e}'^{(1)},\lambda)B(\boldsymbol{e}^{(2)},\lambda)]\Big|\end{aligned}$$

证明　设 $\rho(\lambda)$ 是关于隐变量 λ 的归一化的概率分布函数，根据隐变量理论，电子 1 在 $\boldsymbol{e}^{(1)}$ 方向的自旋分量 $\sigma^{(1)}\cdot\boldsymbol{e}^{(1)}$ 与电子 2 在 $\boldsymbol{e}^{(2)}$ 方向的自旋分量 $\sigma^{(2)}\cdot\boldsymbol{e}^{(2)}$ 的关联函数为

$$p(\boldsymbol{e}^{(1)},\boldsymbol{e}^{(2)})=\int\mathrm{d}\lambda\rho(\lambda)A(\boldsymbol{e}^{(1)},\lambda)B(\boldsymbol{e}^{(2)},\lambda)\tag{1}$$

从求证之式的右端出发，得到

$$\begin{aligned}&\Big|\int\mathrm{d}\lambda\rho(\lambda)A(\boldsymbol{e}^{(1)},\lambda)B(\boldsymbol{e}^{(2)},\lambda)[1\pm A(\boldsymbol{e}'^{(1)},\lambda)B(\boldsymbol{e}'^{(2)},\lambda)]-\\&\int\mathrm{d}\lambda\rho(\lambda)A(\boldsymbol{e}^{(1)},\lambda)B(\boldsymbol{e}'^{(2)},\lambda)[1\pm A(\boldsymbol{e}'^{(1)},\lambda)B(\boldsymbol{e}^{(2)},\lambda)]\Big|=\\&\Big|\int\mathrm{d}\lambda\rho(\lambda)A(\boldsymbol{e}^{(1)},\lambda)B(\boldsymbol{e}^{(2)},\lambda)\pm\end{aligned}$$

$$\int d\lambda\rho(\lambda)A(\boldsymbol{e}^{(1)},\lambda)B(\boldsymbol{e}^{(2)},\lambda)A(\boldsymbol{e}'^{(1)},\lambda)B(\boldsymbol{e}'^{(2)},\lambda)-$$

$$\int d\lambda\rho(\lambda)A(\boldsymbol{e}^{(1)},\lambda)B(\boldsymbol{e}'^{(2)},\lambda)\mp$$

$$\int d\lambda\rho(\lambda)A(\boldsymbol{e}^{(1)},\lambda)B(\boldsymbol{e}'^{(2)},\lambda)A(\boldsymbol{e}'^{(1)},\lambda)B(\boldsymbol{e}^{(2)},\lambda)\Big|=$$

$$\left|\int d\lambda\rho(\lambda)A(\boldsymbol{e}^{(1)},\lambda)B(\boldsymbol{e}^{(2)},\lambda)-\int d\lambda\rho(\lambda)A(\boldsymbol{e}^{(1)},\lambda)B(\boldsymbol{e}'^{(2)},\lambda)\right|=$$

$$|p(\boldsymbol{e}^{(1)},\boldsymbol{e}^{(2)})-p(\boldsymbol{e}^{(1)},\boldsymbol{e}'^{(2)})| \tag{2}$$

习题 8.11　假设张三与李四之间需要进行秘密通信，张三随意选取两个大的素数 $p=5$ 和 $q=7$，此外，还要选取两个大数 $d=5$ 和 $e=5$，使得 $(de-1)=24$ 可被 $(p-1)(q-1)=24$ 除尽，张三将 p 和 q 的乘积 $N=35$ 和 $e=5$ 作为公钥公布，把 d 作为私钥秘而不宣。若李四欲将 $m=3$ 发送给张三，应该如何操作。

解　首先，李四利用所掌握的公钥 $N=35$ 和 $e=5$，将 $m=3$ 换算成密码

$$c=3^e(\mathrm{mod}N)=3^5(\mathrm{mod}35)=33 \tag{1}$$

式中，$m^e(\mathrm{mod}N)$ 的意思 m^e 被 N 除后所得的余数。

然后，李四将密码 $c=33$ 发送给张三。

最后，张三收到密码 $c=33$ 后，利用自己所掌握的私钥 $d=5$，将其解密，即

$$m=c^d(\mathrm{mod}N)=33^5(\mathrm{mod}35)=3 \tag{2}$$

$m=3$ 正是李四要传送的数值。

习题 8.12　对量子位 $|jr+l\rangle$ 做分立傅里叶变换。

解　设函数 $f(x)$ 在区间 $0\leqslant x\leqslant 2\pi$ 上 N 个等分点 $2\pi m/N(m=0,1,\cdots,N-1)$ 处的值已知，用已知周期为 2π 的函数 e^{ikx} 的线性组合做 $f(x)$ 在此区间上的三角插值函数，即

$$f(x)=\sum_{k=0}^{N-1}F_k e^{-ikx} \tag{1}$$

并要求在每一个分点 $2\pi m/N$ 上都满足

$$f(2\pi m/N)=\sum_{k=0}^{N-1}F_k e^{-i2\pi km/N} \tag{2}$$

F_k 即为离散傅里叶变换在 k 点处的值，F_k 通常为复数。

矢量 $(1,e^{-ik2\pi/N},\cdots,e^{-ik2\pi(N-1)/N})$ 具有如下的性质

$$\sum_{k=0}^{N-1}e^{ijk2\pi/N}e^{-ilk2\pi/N}=0(l\neq j) \tag{3}$$

$$\sum_{k=0}^{N-1}e^{ik2\pi/N}e^{-ik2\pi/N}=N \tag{4}$$

式(4) 显然是成立的。为证明式(3) 的正确性,记

$$A_j=\sum_{k=0}^{N-1}\mathrm{e}^{\mathrm{i}(j-l)k2\pi/N} \tag{5}$$

显然,式(5) 为一个等比级数,首项为 1,公比为 $\mathrm{e}^{-\mathrm{i}(j-l)2\pi/N}$,故有

$$A_j=\frac{1-(\mathrm{e}^{-\mathrm{i}(j-l)2\pi/N})^N}{1-\mathrm{e}^{-\mathrm{i}(j-l)2\pi/N}}=0 \tag{6}$$

于是,式(3) 得证。

为了求出 F_k,用 $\mathrm{e}^{\mathrm{i}jm2\pi/N}$ 乘以式(2) 两端,并对 m 求和,即

$$\begin{aligned}&\sum_{m=0}^{N-1}\mathrm{e}^{\mathrm{i}jm2\pi/N}f(2\pi m/N)=\sum_{m=0}^{N-1}\mathrm{e}^{\mathrm{i}jm2\pi/N}\sum_{k=0}^{N-1}F_k\mathrm{e}^{-\mathrm{i}km2\pi/N}=\\&\sum_{k=0}^{N-1}F_k\sum_{m=0}^{N-1}\mathrm{e}^{\mathrm{i}m(j-k)2\pi/N}=\sum_{k=0}^{N-1}F_kN\delta_{k,j}=NF_j\end{aligned} \tag{7}$$

于是有

$$F_k=\frac{1}{N}\sum_{m=0}^{N-1}f(2m\pi/N)\mathrm{e}^{\mathrm{i}km2\pi/N} \tag{8}$$

由式(2) 求 F_k,称之为 $f(x)$ 的离散傅里叶变换。

取 $k=jr+l,N=2^k$,得到 $|jr+l\rangle$ 做分立傅立叶变换的结果

$$u_{\mathrm{DFT}}\,|jr+l\rangle=\frac{1}{2^k}\sum_{y=0}^{2^k-1}\mathrm{e}^{\mathrm{i}2\pi(jr+l)y/2^k}\,|y\rangle \tag{9}$$